情报检索与知识产权分析评议

主　编◎袁学敏
副主编◎吴艳红　李静芳　张　勇　甄　乾　蒋建龙

科学技术文献出版社
SCIENTIFIC AND TECHNICAL DOCUMENTATION PRESS
·北京·

图书在版编目（CIP）数据

情报检索与知识产权分析评议 / 袁学敏主编；吴艳红等副主编. —北京：科学技术文献出版社，2023.6（2025.2 重印）
ISBN 978-7-5235-0422-2

Ⅰ.①情… Ⅱ.①袁… ②吴… Ⅲ.①信息检索 ②知识产权 Ⅳ.① G254.9 ② D913.4

中国国家版本馆 CIP 数据核字（2023）第 119215 号

情报检索与知识产权分析评议

策划编辑：崔　静　　责任编辑：韩　晶　　责任校对：张永霞　　责任出版：张志平

出 版 者　科学技术文献出版社
地　　址　北京市复兴路15号　邮编 100038
编 务 部　(010) 58882938，58882087（传真）
发 行 部　(010) 58882868，58882870（传真）
邮 购 部　(010) 58882873
官方网址　www.stdp.com.cn
发 行 者　科学技术文献出版社发行　全国各地新华书店经销
印 刷 者　北京虎彩文化传播有限公司
版　　次　2023 年 6 月第 1 版　2025 年 2 月第 2 次印刷
开　　本　787×1092　1/16
字　　数　601千
印　　张　30.5
书　　号　ISBN 978-7-5235-0422-2
定　　价　68.00元

前　言

当前我国经济已由高速增长阶段转向高质量发展阶段，创新成为引领发展的第一动力。技术创新是基于事物发展规律，对事物的整体或部分进行变革，从而使其得以更新与发展的活动。要继承前人的成就，要吸取他人的经验，要防止低水平重复，要避免知识产权侵权，这就需要发挥科技情报检索的作用。科技情报检索工作一直是我们发现世界科技前沿、支撑自身科技原创的一项基础性工作。随着国家创新驱动发展战略的实施，我国的科技情报工作在科技创新能力提升和推动经济转型升级中更具战略地位，而情报检索工作是获取科技信息的内在价值、提高科研和创新效率的有力工具。同时，知识产权制度作为激励创新的基本保障和重要制度性安排，为创新发展提供了强有力的支撑，知识产权已成为技术创新的重要战略资源和提高产业竞争力的核心要素。知识产权分析评议是基于情报学理论对专利信息进行挖掘与运营的具体实践，是综合运用情报方法对活动中的知识产权问题或创新问题进行分析评议，并提出对策建议的咨询服务。从根本上讲，知识产权分析评议是对专利文献中的各类情报信息进行定向选择和科学研究的活动，是情报信息工作和科技工作结合的产物。

本书以情报检索和知识产权分析评议为主线，阐述了以情报学理论为研究基础，利用情报检索和知识产权分析评议推动技术创新发展的策略；通过探索情报检索、知识产权分析评议的深层内涵，以翔实的案例多角度揭示其在科技活动中的应用效果，为情报服务人员、科研人员、科技管理人员等提供新的思路与方法。本书采用理论与应用相结合的理念，是所有作者多年来在甘肃省科学技术情报研究所工作期间对科技情报与知识产权的理解、思考、体会与探索的集成和总结。

全书分为两部分，主要围绕情报检索和知识产权分析评议的方法和应用展开。第1部分“情报检索”共7章，阐述了情报检索的概念、情报检索的理论、情报检索的资源等，探讨了情报检索的方法、情报检索的流程，明确了情报检索的基本用途、情报检索的发展趋势等；重点介绍了甘肃省科学技术情报研究所自主开发的用于情报检索业务的服务平台及其操作流程，并结合科技查新、引证检索、专题检索进行了情报检索的实践检验；探究了情报检索质量的评价指标、评价方法，构建了情报检索质量评价体系，并进行实例说明。第2部分“知识产权分析评议”共10章，介绍了知识产权分析评议概述、知识产权分析评议发展现状、知识产权分析评议流程、知识产权分析评议资源、知识产权分析评议服务系统，并对基于科技项目、人才引进、技术引进、科技成果的知识产权分析评议进行了定性分析、定量分析、图表分析等。所有章节紧密围绕知识产权分析评议的基本概述、发展现状、工作流程及信息资源，详细介绍了知识产权分析评议服务平台的功能及操作流程，结合科技项目、人才引进、技术引进、科技成果案例进行了重大经济活动的知识产权分析评议方法、指标及评议内容的研究。该书围绕科技情报服务与创新科技这一主题，在对情报检索和知识产权分析评议发展的前瞻性思考和判断基础上，提出情报服务与知识产权运营的融合模式、基础情报数据、专有方法工具、质量控制机制。

吴艳红撰写第 1 章、第 2 章、第 3 章、第 7 章（约 12 万字）；李静芳撰写第 4 章、第 5 章、第 6 章（约 11.1 万字）；张勇撰写前言、第 8 章、第 10 章、第 13 章（约 9 万字）；袁学敏撰写第 9 章、第 11 章、第 12 章、第 14 章、第 15 章（约 18 万字）；甄乾撰写第 16 章、第 17 章、参考文献（约 10 万字）；蒋建龙完成整书汇稿及校稿工作。

由于编著者的水平和学识有限，加之时间仓促，疏漏和不当之处在所难免，敬请同行和读者不吝赐教。

编著者

2022 年 5 月

目　　录

第1部分　情报检索

第 2 部分 知识产权分析评议

第1部分

情报检索

1　情报检索概述

情报检索指从储存的情报中，为用户查找、选择所需情报资料的工作。这一术语，由美国情报检索专家穆尔斯（Mooers）于1950年首先提出。他指出应把情报检索看作时间性的通信，即发信者发出信号后，并不立即传给收信者，而是储存起来，供日后某个时刻收信者发出提问信号，再将所需情报传递给收信者，它与即时的点与点之间的通信有区别（解怀宁，1997）。

1.1　情报检索的基本概念

1.1.1　情报与科技情报

（1）情报的特点

在情报学中，早期认为情报概念与知识概念相同。"情报"是一个最重要、最基本的概念，对情报工作有着直接的影响，它是情报学科的基础，也是情报学理论体系的奠基石。中国从严怡民（1984）开始，认为"自从出现了人类，就出现了情报"，他在《情报学概论》中描述了人们交流的对象是情报知识，其特有的属性为传递性、效用性和知识性。杨起全等（1988）提到"原始人一开始使用的工具就是木棒与情报"。寒江（1990）认为"传递中的知识差就是情报"。董光荣（1992）在《论情报意识》中提到钱学森认为的"信息情报"是人类行为和思维产生的、激活的知识和信息。赵红洲（1982）提出"科学知识所产生的社会存在方式是情报"。肖自力（1981）提出知识中有时间性、有针对性、动态的服务被称为情报，可为人类提供行动与思考所需要的知识，这也是知识中最积极、最活跃的一部分，是形成新知识的催化剂，也是知识中的精髓。纪晏平（1984）提出情报是一种原型，启发人类从更多方面去推测和模拟，并将其原来的经验和知识进行重组，形成科学技术的创造发明。吴永臻（1993）提到"客观事物本身并不是情报，情报是人类的大脑在接受了外界的客观信息后，进行加工处理而形成的产物，一切被认为是情报的事物，寻其根本原因，都不外乎是来自大脑信号，最终指向大脑的思维信息"。陆善德（1991）指出情报所具备的即时性和专指性，是"人类对情报的需要"，"它产生于某一特定事项的进行过程中，并且着眼于解决某一特定问题，必须具有很强的即时性和专指性"。吴敬柯（1991）提出情报选择处理具有一定利用价值且具有一定时效性的新知识、新消息、新数据和新事实等。王万宗（1994）指出，信息与人类活动作为社会现象中情报的特殊属性的现象，广泛存在于人类社会和自然界中，情报因用户的需求而存在、传递，以及变换形式。夏武宁（1991）提到情报的本质是社会性。朱永礼（1993）认为用户情报是情报的本质特征。张立厚（1993）指出情报是对解决某个领域问题所需的非领域知识的信息进行收集、整理、筛选、提炼、浓缩等加工而成的产品。胡安朋（1993）提出情报的竞争性是它的一种固有属性，他认为商品经济是一种竞争经济，只要存在商品生产就一定有竞争，而科技情报是科学技术知识的一个重要组成部分，世界级的科技竞争首先是科技情报或情报能力的竞争。侯金川（1994）认为竞争所需要的消息才是情报，他提出为了在竞争中做出决策而获取、传递的消息是情报。包昌火（1996）在 1996 年厘正 Information（信息）和 Intelligence（情报）二词词义的基础上，指出“Intelligence 的本质含义应是对 Information 的分析和评价，作为一项产品，它是经深度加工的 Information，具有明显的目的性、增值性和智能性，情报是对 Information 的 Intelligence 化的一项研究活动”。

迄今为止，什么是情报？对情报的定义，国内外研究者众说纷纭。有研究者认为被传递、整理、分析的信息是情报；有研究者将“情报”拆开，认为“有情有报告是情报”；也有研究者从情报搜集的方法来定义，认为情报是通过秘密方法搜集来的，是有关敌对方军事、政治、科技、经济等的相关信息。据了解，国内外不同的情报观对情报的定义也不同，有数百种，主要有以下 3 种。

1）信息情报

“含有最新知识的信息”“某一特定对象所需要的信息”“被人类感受并可交流的信息”“被人类所利用的信息”等都是情报。

2）知识情报

英国情报学家布鲁克斯提出“使人原有的知识结构发生变化的那一小部分知识就是情报”（郑彦宁 等，2011）；苏联情报学家米哈依洛夫将情报定义为“情报是传递、转换和储存对象的知识”（刘春燕，2010）；《牛津英语词典》中将情报解释为“被传递的有关特殊事实情报、问题或事情的知识”“有教益的知识的传达”；中国的情报学界指出“情报是运动着的知识，使用者在获得这种知识之前并不了解”“情报是传播中的知识”“情报是人们传递交流对象的知识”（苟宗泽 等，1989）。可见，情报是传递着的知识，而且这种传递着的知识可以改变认知主体的知识结构，从而解决其特定问题。

3）军事情报

以下为军事情报观对情报的解释：“军部搜集各种报告，预见机会，判断敌情，报告官吏”（1915 年版《辞源》）；“战时敌情报告，简称情报”（1939 年版《辞海》）；“从其他方面获得的有关资料及对其分析研究的结果”（1989 年版《辞海》）；情报是“通过侦察或其他手段获取有关对方秘密信息的情报”（《现代汉语辞海》）。

除信息情报、知识情报、军事情报3种主要情报观的情报定义外，还有许多从不同角度、不同社会功能、不同层面对情报进行的普遍意义上的定义，即情报是为实现某种特定目的，对相关的数据、事实、信息、知识等进行劳动加工的产品，意识性、目的性、劳动加工性和附属性是其最基本的属性，它们缺一不可，相互关联，基本属性的衍生物都是情报的其他特性。

（2）科技情报的特点

随着科学技术的发展，情报概念的内涵也随之发生变化，对其功能也有了新的要求。科技情报是指通过公开的信息渠道获得的有关科学发展、技术创新及其最新动态的有用知识。在国内外许多企业看来，重视技术创新的企业才能发展壮大，否则就会在市场竞争中被淘汰。技术创新是企业面临的一个复杂过程。许多因素影响和制约着生产技术的发展，而科技情报起着内在的、无形的推动作用。作为企业，不仅要了解技术、产品、市场的发展趋势，而且要清楚地知道自己的发展方向，否则企业中就会隐藏各种潜在的危机。为了提高产品的竞争力，企业必须依靠技术来实现创新，增加产品的技术含量，同时提高产品的生产质量和档次，不断开发具备新颖性、先进性和实用性的新产品，以适应不断变化的社会需求，增强企业发展的竞争优势。如果企业能掌握相关领域新材料、新技术的发展方向，那就有可能制定出具有前瞻性的发展规划，这就可能为企业的发展和新产品的研发提供更好的机会，而这些都与科技情报密切相关。

1）科技情报是获取科学知识的捷径

科学技术的发展具有继承性和连续性的特点。每一名科学技术工作者都在前人的基础上进行新的研究，通过科技情报检索了解和掌握相关领域科技文献的现状，了解某一研究方向的现状和发展趋势，筛选有价值的科技文献信息，明确科技选题和研究技术的思路，使科学研究以最小的成本和最佳方案取得最令人满意的效果。

2）科技情报能够使科研工作避免重复

在相关科技研究工作中，为了探索将来未知的科技活动，从选题、研究、分析到结题验收，每一步都离不开科技情报。只有完全掌握了科技情报，才能了解哪些工作已经被前人做过、哪些工作正在做、正在由谁做、进展如何等情况，这样才可以避免由科技情报缺乏和落后而导致的低水平、重复性、滞后研究及研究起点低等问题，也可以使科技研究具有创新性、前沿性（高智琛，2004）。

3）科技情报可以极大地提高科研效率

在技术创新与科学研究活动中，研究人员将一半以上的研究时间用于查阅科技文献和了解同行研究工作的进展信息。因此，有效的科技情报检索可以为研究人员节省精力和时间，大大提高研究人员的科研效率。

4）科技情报可以优化创新决策

企业技术创新的第一阶段是创新决策，也是创新选题的选择过程。创新决策优化与信息量成正比。先进思想的萌芽源于信息的“触发器”。科研人员获得的信息越多，他们的想法就越丰富、越有创新性。信息越全面、越准确、越及时，创新决策优化就越有保障。无论是基于经验的创新，还是基于科学原理的创新，都利用信息来实现优化。同时，信息可以提高效率，信息在创新实施中起着“加速器”的作用。信息的快速传递和准确应用，可以使整个创新过程被重新审视、定位和设计，从而大大提高创新效率。第二次世界大战后，日本之所以能够用15年时间走完美国50年的历程，在很大程度上是因为日本善于吸收国外的技术信息和创新。因此，掌握信息、加快创新是赢得“后发优势”、实现“后发优势”的必要条件。

5）科技情报能够帮助科研人员掌握科研方向

科技情报使科研人员了解和掌握学科前沿动态，使其科研活动和成果具有先进性、开拓性和创新性，有利于科研人员按照明确的目标和方向开展研究工作。

1.1.2 情报检索的概念

（1）情报检索

根据相关文献介绍，情报检索出自“信息检索”（Information Retrieval）一词，情报检索理论的创造者和先驱者穆尔斯（Calvin Mooers）于1949年提出“情报检索”的概念，即利用检索工具、数据库等情报信息查找用户所需要的信息的过程。最早提出的“情报检索”的含义是文献信息检索的同义词，用来解释技术壁垒与实际应用的问题。伴随着科学技术和图书情报工作的飞速发展，20世纪60年代以后，“情报检索”这个词在人类社会活动的各个领域得到了广泛的应用，并且演变为解释综合性问题。随着计算机技术的快速发展，情报检索和事实检索也相继发展起来，但它们是情报检索概念的延伸，是广义的情报检索，也是情报检索旁及的领域。

情报检索包含两部分内容：一部分内容是储存，通过把大量的情报学资料加工为科学组织，形成有序化的文摘、索引等检索工具；另一部分内容是检索，利用各种文献检索工具查找出用户所需要的各种情报信息。储存与检索是相互依存的，储存是为了检索利用，没有储存，检索利用就无法进行，而不检索利用，储存也就失去了意义。

情报检索的基本功能就是解决文献量庞大与用户情报信息需求的特定性矛盾。情报检索起源于文献检索，早期的情报检索就是指文献检索，文献检索主要涉及方法论，文献是检索的对象。随着现代科学技术的进步，特别是以计算机为中心的新技术在图书情报工作中应用的普及，情报检索已发展成为计算机信息处理的分支学科。其检索类型不仅有文献检索，还包括数据检索、事实检索等，而文献检索仍然是最基本、最重要的检索类型之一。

情报检索的技术手段分为手工检索和机械检索。最初的手工检索是利用印刷型检索工具进行情报检索，按照著录方法，检索工具可划分为目录、题录、文摘、索引等；机械检索主要指利用计算机进行情报检索，其优点是速度快，缺点是有时间限制。近年来，我国的情报检索已逐步发展成计算机情报检索。

情报检索是情报工作的重点。针对情报检索所开展的研究的大多数成果以总结、评论、回顾、综述类的学术论文形式发表。通过对这种文章中的研究成果进行情报检索，系统梳理和整理情报检索的方法论，总结情报检索研究的现状及成果(赵跃民 等，2016)。随着研究的推进，情报检索的相关文献数量已经非常庞大，综述类文献一般只是对研究的成果进行定性的列举分析，并不能够整体把握研究领域的发展动态，因此，所选取的样本因为数据不够而无法覆盖全部的研究领域。

情报检索可分为广义的情报检索和狭义的情报检索，其中广义的情报检索是指按照一定方式将情报信息予以储存、组织，再按用户的需求找出相关的信息，并经过分析研究，利用现有情报信息资源获取所需信息的活动过程，对参与竞争的用户了解事物的运动状态和状态的变化方式有着特别重要的意义，这是一种主观检索过程。狭义的情报检索是指该过程的后半部，即从信息数据库中检索、分析出相关情报的过程。情报检索除涉及方法理论外，还涉及人类对情报信息的需求，即行为、思维、竞争决策的需要。

（2）科技查新

科技查新是科研项目开题论证和成果评价中的重要环节。科技情报研究部门根据用户的委托和要求，通过各种情报检索手段，获取某项研究课题或成果国内外最新水平的动态文献，以文献资料为基础，运用科学的研究分析方法，通过分析、对比、推理、判断、综合等逻辑思维，从情报学角度对研究课题或成果的特性进行研究，得出查新报告结论，为今后科研项目或课题的综合评价提供理论依据。

1.2 情报检索的基本类型

情报检索的发展与成熟是由现代社会的信息化程度决定的。不同历史时期的科技水平不同，不同时代的特征与信息化水平也不同。在实际应用中，情报检索根据其发展阶段、情报储存内容、检索范围和结果、服务方式的不同划分为手工检索、机械检索、脱机检索、联机检索、网络信息检索、数据检索、事实检索等类型。

1.2.1 按照历史的发展阶段来划分

（1）手工检索

手工检索是通过手工翻检的方式来进行情报信息的检索。19 世纪 70 年代至 20 世纪 40 年代，手工检索为用户提供了咨询和参考服务，使得以前的参考工具由“目录”变成后来的“索引”，同时出现了情报检索语言。随着《杜威十进分类法》《美国国会图书馆主题词表》的出现，形成了具有划时代意义的分类法和主题法，情报检索从此成为单独的一项用户服务工作，并向科学化方向发展（廖利文，2006）。

（2）机械检索

20 世纪 40—50 年代，随着社会机械化程度的不断提高，机械检索利用机械装置进行情报检索，情报检索逐渐由手工检索过渡到机械检索，这一阶段的检索主要以光电检索、机电检索为主，它们分别利用电刷和光电检索元件来查找信息文献资料。

（3）脱机检索（批处理检索）

早期的计算机由于内存和外部设备都很落后，不能进行大规模的联机检索，只能进行定题检索和回溯性检索。当用户有了情报检索的需求后，需将检索需求告知专职检索工作人员，并由专职检索工作人员利用计算机的批量处理进行情报检索，同时把检索结果返回给用户，因此这种方法被称为脱机检索。脱机检索从 1954 年一直持续到 1965 年。

（4）联机检索

1965—1991 年，随着计算机硬件和软件技术的发展，采用实时操作技术且由一台主机带多个终端的系统问世，用户通过计算机检索终端设备，利用电信专线、拨号、计算机网络，向国内或国际联机服务中心申请，从数据库中检索出相关信息。联机检索使用人机对话的形式，用户在检索终端设备上输入检索需求，联机服务中心的计算机收到信息后在相应的数据库中查找符合用户需求的数据，并通过计算机互联网络将检索结果送回到用户的检索终端设备。用户能够利用计算机主动参与检索活动，根据与系统交流的信息得到不同的反馈结果，并在现场通过增加、删减、修改检索词来修正检索策略，从而获得比较精确的检索结果。

联机检索是通过将大量的初始信息按照统一的格式进行整理和处理并储存在计算机数据库中，以供用户检索。联机检索大致可分为两种方式：一种是利用通信线路、设备将检索中心和远程终端直接连接，用户通过远程终端输入需求，检索中心在收到指令后立即进行检索，并把检索结果及时发送到用户的检索终端设备；另一种是利用计算机本身的终端设备输入检索需求，直接检索本系统的数据库，并将答案及时输出给用户，这种计算机检索系统被称为问答式检索系统。联机检索的途径比较多、检索方便，具有广泛性、实时性、完整性、准确性的优点。联机检索与脱机检索相比较，在技术上、设备上、使用效率上都有了非常大的改进。

（5）网络信息检索

网络信息检索是利用计算机设备在互联网上检索各服务器站点储存的信息。从 1991 年开始，网络信息检索逐渐开始流行，这时手工检索、机械检索、脱机检索都显现出各种缺点。为了方便进行网上信息的检索，不同类型的网上资源都有各自的信息查询工具，如检索匿名FTP服务器的Archie、检索Gopher服务器的Veronica等，尤其是基于超文本技术的WWW信息检索工具——搜索引擎发展得更为迅速，它已经成为互联网上主要的信息检索工具。网络信息检索的最大优越性表现在只要用户的计算机能够接入互联网，就可以享有网络提供的所有服务，检索网络上各种各样的信息。因此，网络信息检索成为手工检索、机械检索、脱机检索之后迅速发展的情报检索模式，是计算机检索发展的高级阶段，网络信息检索也将在情报检索领域发挥越来越大的作用。

1.2.2 按照储存情报的内容来划分

（1）数据检索

数据检索又称数值检索，检索系统中储存的是数值型数据，用户以特定的数值为检索对象，如某一个统计数据或观测数据、某材料的成分和性能、某种元件的型号和参数等，也包括图表、公式或化学分子式等非数字数据。用户根据检索需求，通过搜索数据档案资料检索出数据答案，被称为数据检索，如检索铁的熔点、长江的长度等。

（2）事实检索

事实检索是以特定事实为检索内容的信息检索方式，检索的过程比较复杂，检索者利用辞典、百科全书、年鉴、名录等参考工具书或事实型数据库查找有关原始数据、事实或文献，进行分析比较后，才能把得到的“事实”提供给用户。例如，如果马是哺乳动物，哺乳动物是胎生的，那么检索者提问“马是否是胎生的”，答案是“是的”。

（3）文献检索

文献检索是情报检索中最重要的一部分，是指利用检索工具，把储存在其系统中的所需文献情报资料检索出来的过程，包括文献储存和检索两个方面。储存是为了检索，检索就必须先有储存，二者有着密不可分的关系，是相辅相成的。文献检索储存的信息包括论文题目、著录项目、关键词组成的文献单元，检索时按照关键词查找文献资料档案，最终输出文献题录或文摘等。在上述3种情报检索方式中，文献检索是最为普遍的一种检索方式。文献检索按照储存的内容可分为现刊检索和追溯检索；按照计算机检索的方式可分为脱机检索和联机检索。

1.2.3 按照情报服务的方式来划分

（1）定题情报检索（Selective Dissemination of Information，SDI）

定题情报检索是用户根据具体要求定期从资料数据库中提问，并通过计算机进行情报检索的服务方法，又称定题服务检索。美国IBM公司的H.P.卢恩于1959年提出这种方法，并开发了基于 IBM650 型计算机的第一个全球 SDI 系统。这是一种情报服务的检索方式，是某些特定用户进行研究课题检索的常用方式。定题情报检索是根据主题词和分类号，将特定用户提出的研究课题编制成提问磁带，计算机通过提问磁带检索新的相关文献，并将检索结果提供给用户（申裕燕，1983）。

（2）追溯检索（Retrospective Search，RS）

追溯检索又称回溯检索，是一种按时间逆序进行检索的方式，即通过现在的文献向过去的文献追溯来进行检索。利用这种方法检索的内容不仅限于最新相关文献，还可以检索到数据库文献所能提供那个年代的文献，用户在一定时间范围内的计算机资料库中进行检索，并可以通过计算机一次检出来源为多国、时间多样且系统完整的文献。使用这种检索方式时，需要拥有一个相当大规模的文献数据库。在制订科研计划、申请专利、选定课题、开展技术贸易或与外商谈判时使用这种追溯性检索方式就显得十分必要。

（3）科研项目检索

20 世纪 70 年代，一种新的情报检索服务形式——科研项目检索在国外逐步发展起来，一些正在进行的国内外科研项目的研究情况被情报中心收集、整理，科研项目的名称、单位、协作单位、研究人员、研究方法、研究设备、研究结果等数据被储存在计算机中，用户通过检索服务进行检索。

（4）问答检索

用户以自然语言的方式提出检索需求并得到检索结果，因此，每次检索提问时都需要重新编写提问式，这种检索方式被称为问答检索。

1.3 情报检索的基本用途

科研队伍、科研环境和科学文献对一个国家的科学技术发展起了决定性的作用。科研人员的创新成果数量和科研项目的科技水平，都与情报信息资源的开发、拥有和利用密切相关。在科研项目研究中，项目的选题、立项、实验、研究报告撰写、结题验收及申报奖励每个环节都离不开情报检索。据统计，在整个科研项目的研究过程中，科研人员检索与科研项目有关的文献时，所花费的时间大约占完成全部科研项目时间的 51%。因此，通过检索、整理和分析大量的文献资源，才能了解国内外科研项目的发展情况，包括项目的研究领域、研究理论、研究方法、研究结果、研究水平，以及科研项目的可行性、重要性和发展前景。这些信息有以下作用：第一，可以了解国内外科技发展动向，将自己的研究工作建立在现有的科研成果之上，避免出现重复性的劳动；第二，情报信息是智慧的火花，科研项目研究人员通过情报信息开阔了视野、开拓了研究思路、激发了创新能力，并通过情报检索开辟了新的、更高层次的、更广阔的研究领域；第三，对情报检索技术和方法的掌握，可以大大提高情报检索的效率，为科研项目的研究争取大量宝贵的时间，同时缩短了科研项目的研究周期，加快了科研项目的进程，创造出更多高附加值的科研项目技术成果。所以，情报检索是进行科研项目研究的重要环节，也是获得情报文献资源最直接、最重要的手段。利用情报检索可以借鉴、参考他人的科研项目技术成果，了解其研究领域的发展动态，学习最前沿、最高端的科学技术，同时可以节约科研项目研究人员的时间，对加快科技情报进程有着极为重要的意义。

（1）情报检索可避免对科研项目的重复研究

每一名科研项目研究人员都把前人研究的结果作为自己探索研究的起点。也就是说，研究人员对任何科研项目的研究都是在继承前人知识的基础上进行发明创造的。任何人开始做一项新的科研工作，或者从事某一研究领域的学术活动，都要花费大量的时间、精力去对相关文献资料进行全面的研究分析，了解国内外是否有研究者正在做或做过同样的研究、取得了什么样的研究成果、还存在哪些问题，以对自己今后的研究工作进行改进和部署。

我们知道，科学技术的发展具有持续性和继承性，没有继承，就没有创新。关起门来研究只会重复别人的研究成果。英国科学家牛顿说："如果我比别人看得更远，那是因为我站在巨人的肩膀上。"这句经典名言深刻概括了科学研究的持续性和继承性。古代人们对情报信息获取和利用的深刻总结有《孙子兵法》中提到的"知己知彼，百战不殆"。科学研究最忌讳重复性工作，因为任何一个项目或课题，从研究选题、做实验到形成研究结果都离不开情报信息，项目或课题研究人员在开始研究选题时就必须进行情报检索，了解其他研究人员在这个领域上的研究进展，如正在做什么研究、已经做了什么样的研究、都有谁在做此项研究、研究进展如何、研究结果如何等，这样就可以在他人的研究基础上进行再创造，减少重复研究，少走或不走弯路。

（2）情报检索可节约科研项目研究人员的时间

在科研项目研究中，收集和检索大量的文献资料是科研项目工作的重要组成部分，随着科学技术的飞速发展和信息量的快速增长，科研人员收集情报信息的难度加大，各个学科领域的相互渗透、文献数量的大量增加使科研人员需要花费大量的时间去查找所需要的相关文献。大多数科研人员在承担项目之后，首先会去图书馆查找相关文献资料，他们认为整天泡在图书馆就是进行情报检索，结果花费了很多时间也没有查到任何有价值的文献信息资料。情报检索作为科研项目研究工作的基础和必要环节，节约了科研人员的时间，使科研人员把更多的精力和时间放在科学研究中。根据日本和美国 20 世纪 60 年代的数据统计，科研项目研究人员进行各种科研活动所占的时间比例为：实验研究占 32.1%；计划、思考占 7.7%；数据处理占 9.3%；查找情报资料占 50.9%。如果研究人员熟悉情报检索的方法，就能缩短查找相关文献资料的时间。

在这种情况下，为了加快研究速度，早日取得高质量的科研成果，研究人员应掌握情报检索方法。情报检索能够让研究人员在众多的相关文献中查找到他们所需要的资料和结果，这不仅节省了时间，而且减少了他们的精力耗费，这样他们可以将更多的精力和时间用于其他的研究。

例如，德国人菲加士·汪克尔发明了“汪克尔”转子发动机，日本开展这项研究的时间比德国晚了10年，但日本政府和相关企业利用情报检索方式在德国的文献资源中全力搜集与转子发动机有关的信息，使得搭载这种发动机的日本汽车比德国早10年上市，共为日本赢得了20年的时间。

专利法对相同的发明创造成果按照先申请的原则授予专利权，即授予第一个申请人专利权后，之后申请的发明被作为已知技术处理。科研效率的提高、科研速度的加快，使同一个科研项目在国内外竞争中处于优势地位。如果忽视了科研速度，即使科研获得了成功，但由于发明失去了新颖性，也会变成无效劳动，给国家带来损失。因此，情报检索有助于利用和掌握文献资料，缩短查找文献资料所花费的时间。

（3）情报检索是获取新知识、新技术的捷径

在对从事的某一项科研工作或某一个科研问题进行研究探讨，或者对某一项研究技术、研究工艺进行优化创新时，都要查找相关的文献资料，寻找相关的信息，这样才能有成功的可能性。当今社会的科研人员，不仅要具备科学研究的能力，而且要具备文献资料的检索、收集、选择和利用能力。因此，科研人员进行情报检索，要学会检索相关文献资料的方法，从检索中获取更多、更重要的情报信息，这样不仅可以提升自己的信息意识和观念，而且可以提高独立分析和解决问题的能力，使自己在社会竞争中变得更加强大。

情报检索不仅可以帮助科研人员获取最新的知识，而且可以帮助他们及时了解和掌握研究项目所涉及研究领域的发展动态，指导科研项目顺利完成，同时有助于科研人员在情报检索的过程中扩大知识面、开阔视野，通过借鉴别人的方法来解决自己在研究过程中的疑难问题，并帮助自己完成相关的科学研究。科研人员通过情报检索，不但能够很快地获取研究所需要的相关知识，而且能够比较相关文献资料之间的优劣，明确学术的来源并进行正确识别，准确选择自己所需的文献资料。

（4）情报检索是开发情报信息资源的有效路径

在漫长的发展历程中，支配人类最基本生产活动的是物质、能源和信息，这3种资源在不同的历史发展时期有着不同的作用和地位。随着信息技术的不断发展，人类经济模式不断转换，人类从工业经济时代逐步进入信息经济时代，信息成为当今社会生产所需要的重要资源。物质提供各种各样的材料，能源提供各种各样的动力，信息提供的是知识和智慧。美国未来学家约翰·奈斯比特提到：“在我们的新社会里，战略资源已是信息。它不是唯一的资源，却是最重要的资源。”人们也越来越清楚地看到知

识就是力量，信息就是通向成功的财富，信息资源在人类社会生产和生活中发挥着重要的作用。邓小平同志曾在《经济参考报》中题词，指出："开发信息资源，服务四化建设。"江泽民同志强调，工业、农业、国防、科学技术四个现代化，哪一个也离不开信息化。科学技术的进步和社会的发展离不开情报信息资源，国家兴衰和个人成败的关键与情报信息的使用和占有密切相关。谁优先掌握了有价值的情报信息，谁就能够在激烈的竞争中立于不败之地。

由此可见，在科学技术及产品项目开发中，情报检索有着至关重要的作用，我们每一名科研人员都要努力提高自己的情报检索能力，从而提高科研项目的研发能力，缩短科研项目的研发时间，获得最高的经济和社会效益。

（5）情报检索是科学决策的前提

在日常生活和工作中，人们经常要进行重大的科学决策，如关于个人前途、团体成败等的决策。情报信息是决策的前提和基础，在决策中起着重要作用。正确的决策受各种因素的影响和制约，决定性因素对决策者的未来行动及其结果起到至关重要的作用，正确决策取决于决策者对情报信息及时、准确、全面的把握。信息的重要性在于消除不确定性，做到知己知彼，只有形势明确，才能确定决策。从提出问题到选择方案，从确定目标到具体实施，每一个步骤都贯穿决策的全过程。在一定程度上，生产关系和生产力之间的主要矛盾是情报信息模糊、不畅与失真，情报信息生产力有助于缓解和消除生产关系和生产力之间的矛盾，减少二者的冲突，使生产关系更加适应生产力的发展。

知识经济以知识决策为导向。知识、情报信息对社会各生产要素的作用，就如同人类的大脑和其他器官一样，发挥着主导作用。情报信息可以通过杠杆的作用，对国家的经济发展产生巨大的影响，它既是资本经营者的指挥棒，也是有限资本的倍增器。情报信息化大大降低了以市场为导向的生产经营的盲目性。高效的情报信息传递，不仅在很大程度上避免了浪费，而且为宏观政策的制定提供了发展方向，可以根据实际情况不断调整自身的经营方针。因此，把握住了瞬息万变的信息，就意味着把握住了稍纵即逝的商机。

在知识经济时代，科学技术及情报信息将超越土地、人才和资源等生产要素，成为社会发展的第一生产力。科技的飞速发展为社会发展和经济增长带来了巨大动力，不仅提高了劳动生产率，而且拉动了消费，推动了社会发展。国家、企业都将更多地依赖数据等情报信息的迅速传播和利用。智能技术日益成为制定政策的重要手段，知识和情报信息也日益成为科学、民主、合理决策的源泉，情报检索则是获取重要信息的路径，是科学决策的依据。

1.4　情报检索的发展趋势

在网络迅速发展的时代，计算机情报检索技术发展的动力一方面是现代社会日益信息化的需求；另一方面是情报信息技术的迅速发展。目前，情报检索的对象由相对封闭、稳定一致、单独数据库集中管理的情报信息内容扩展到开放、动态、更新快、分布广泛的网络内容，情报检索也发展到智能化、网络化的阶段。因此，在未来时代，情报检索也将会出现智能化、可视化、多元化、专业化、商业化、国际化、简单化、个性化的发展趋势。

（1）智能化

网络情报检索未来主要的发展方向是智能化。近年来，人工智能（AI）的一个独立分支智能化信息检索（Intelligent Information Retrieval）得到了飞速发展。自然语言是智能检索中最基本的检索形式。在智能检索中，用户给计算机提出自然语言分析搜索需求，计算机根据用户的需求进行分析，最终形成检索策略，在网络中进行搜索。用户只需要告诉计算机要做什么，计算机根据用户的需求检索后将结果告知用户，实现过程并不需要人工干涉，这样就可以使用户从烦琐的检索规则中彻底解脱。今天，随着互联网技术在人类生活和工作中的普及，网络情报信息的获取成为当今社会计算机研究领域迫切需要解决的问题，人工智能技术在这个研究领域的应用，是它走向应用研究的一个新的机遇和突破口。

智能情报检索是情报检索和人工智能的结合。在情报检索中，人工智能主要应用于两个方面：一是通过人工智能技术改进现有计算机系统的用户接口，从而提高检索效率，最大限度地发挥现有系统的潜力；二是建立一种与基于布尔逻辑的系统有着本质区别的智能情报检索系统，它完全基于知识表示、结构和功能。智能接口方式不需要改变原有情报检索系统的储存和结构方式，只是在原有系统的基础上，加入知识库及其管理信息系统，从而使情报检索系统具有智能化接口，以上两种不同的结合方式具有不同的结构，不同的知识库是二者最显著的区别。基于知识表达的情报检索系统建立在知识表达与推理的基础上，可以利用智能知识库中已有的知识来解答科研人员提出的学术问题，还能根据现有知识进行分析、推理，从而获得新的知识，它不仅具有智能性，而且具有创造性。

（2）可视化

2400多年前，哲学家柏拉图指出通过眼睛观察来识别物体。据研究资料统计，人们通过视觉、听觉、触觉来获取相关信息，其中靠视觉获取的信息占70%～80%，靠听觉获取的信息占20%，靠触觉获取的信息占10%。与单一、模糊的纯文字表述方式相比较，图像表达方式更生动、形象、准确，可以从多角度展示物体的特点。通过现阶段的网络情报检索会得到列表式的检索结果，虽然这种结果会给用户提供相关度排序，但不能说明检索结果之间的关系，更无法实现与用户的交互。因此，在未来的发展中，情报检索结果的可视化，可以帮助用户快速寻找自己所需的情报信息，换句话来说，情报检索方式向可视化转变，也是帮助人们提高观察信息效果、利用信息效果的重要路径。

（3）多元化

网络信息检索的主体是文本信息。基于内容检索技术和语音识别技术的发展，多媒体信息的检索变得更加普遍。检索信息的形态包括文本、声音、图像、动画等，多元化的检索方式向多国、多语种化方向发展。随着互联网络的飞速发展，全球各地上网人数不断增多，整个世界变成了地球村，但语言障碍越来越明显，英语已无法满足所有用户的需求。网络检索工具服务的多元化，使得网络检索不再是简单的检索工具，而是向其他服务领域发展，提供新闻报道、天气预报、股票信息、站点评论、电话号码、列车时刻表等面向社会大众的多种信息，以多种服务形式满足人类生活和工作的需要。在国内外，情报检索工具正在向多元化方向发展，为所有用户提供全方位的服务。

多元化的网络情报检索还可以间接地服务于其他行业。例如，为投资、科研、项目的研究和评估提供有力依据的数据挖掘技术，可以分析历史数据的变化趋势，预测未来发展方向，发现大量数据中的潜在模式和规律；它可以使情报信息中心、图书馆等信息服务机构不断调整文献资料及图书的订阅和收集工作，系统地、定量和定性地分析当前热门研究发展领域，搜索更新频繁的文献资料信息，做到有的放矢，并以需求为导向，驱动服务朝着多元化方向发展，建立起一套更为科学、系统的管理方式。

（4）专业化

检索效果的不断提升和检索机制的不断完善，使情报信息的检索更加专业化。一方面，研究人员开发出更加专业的搜索引擎，通过该搜索引擎查找某一特定专业领域的相关文献信息时，可以提高情报信息的查准率和查全率；另一方面，在社会分工更加细化的基础上，可以保证数据库中的情报信息更具有针对性，在情报检索过程中可以更准确地使用相关技术。与此同时，情报检索效果也会朝着综合性的方向发展，将多个网站内容汇聚到一起，使得用户在同一界面进行网络情报检索时能够获得各种相关的情报信息。

（5）商业化

网络情报检索系统拥有全球最多的用户，吸引了大量的广告，为电子信息增值服务提供了广阔的空间。网络情报检索系统已成为一个新的投资热点。网络情报检索系统不再只是一种检索工具，它将成为一种产业，使网络情报信息的检索和利用从公共化向商业化发展，商业利益成为推动系统完善和发展的主要动力。美国数字媒体评估公司 Jupiter Media Metrix 曾发表一份研究报告，称“搜索引擎公司的付费附加服务是一个新兴的互联网领域，与目前低迷的在线广告市场相比，具有巨大的增长潜力”。

（6）国际化

由单一语言的检索向跨语言检索发展，这是情报检索国际化的特点，其检索对象面更加广阔，使得网络中不同语言的情报信息都可以被轻松检索、获取，对于那些不精通其他语言而又希望获得更多情报信息的用户是非常有益的。国际化的发展趋势不但会促进情报信息的交流与共享，还会加快情报信息量增长的速度。

（7）简单化

目前，计算机已经向着网络化、智能化、人性化和绿色环保的方向发展，操作系统的用户界面友好性不断增强，如微软和苹果公司操作系统的网络化研究，使得操作系统的任何一个应用程序都能够进行网络情报检索，并与网络进行“交互”；各种搜索引擎的检索界面变得更加“傻瓜化”，使得用户学习和进行网络情报信息的检索更加容易。同时，网络自动标引、自动跟踪、机器翻译、自动文摘、自动漫游、多媒体、动态链、数据挖掘等技术的发展和完善，使得用户能够越来越方便、及时、准确地检索各种网络情报信息。这些硬件与软件技术的发展使得网络情报检索变得更加简单。

（8）个性化

个性化指各网站注重内容的特色化和个性化服务。个性化情报检索是指为具有不同情报信息需求的用户提供个性化搜索技术。也就是说，当给不同用户提供相同的检索词时，也可以根据不同的用户需求产生不同的检索结果。从实现原理来看，目前个性化信息检索方法主要包括基于文本内容分析的方法、基于点击流量的方法和基于超链接分析的方法 3 种。基于文本内容分析的方法可通过分析用户的查询历史、访问网页等文本信息，获取个性化的搜索结果，有时甚至可以结合用户提交的能反映用户兴趣的关键词，获取个性化的检索结果；基于点击流量的方法采用了一些间接的方法来反映用户的个性化需求信息，往往能够更有效地提供个性化检索服务；基于超链接分析的方法主要通过修改网页的标准 PageRank 值来反映用户的个性化信息需求。

1.5 情报检索与科技查新

科技查新是情报研究工作的一种，它将文献信息检索和情报研究相结合，以科技文献为基础，以文献信息检索和情报研究为手段，以检索出的研究结果为客观事实依据，通过综合比较分析，对科技查新检索项目的新颖性进行情报学审查，撰写出有依据、有分析、有对比、有结论的查新报告（王欣 等，2014）。国家标准《科技查新技术规范》将科技查新定义为“以反映查新项目主题内容的查新点为依据，以计算机检索为主要手段，以获取密切相关文献为检索目标，运用综合分析和对比方法，对查新项目的新颖性作出文献评价的情报咨询服务”（夏冬 等，2022）。目前，常规的科技查新检索服务工作主要是指立项、成果验收、申报奖励、专利检索、新产品查新等。1990年、1994年和1997年，科技部（原国家科委）分别公布了全国第一批、第二批和第三批国家一级查新单位，全国共有38家国家一级资质科技查新单位。甘肃省科学技术情报研究所科技查新检索咨询中心是目前甘肃省唯一的国家一级科技查新检索咨询机构，承接了甘肃省大部分科技查新项目，为全省科技立项、成果验收、项目申报、新产品开发、专利检索等提供了大量权威、客观公正的报告。

《国务院关于加快科技服务业发展的若干意见》（国发〔2014〕49号）指出，“加强科技信息资源的市场化开发利用，支持发展竞争情报分析、科技查新和文献检索等科技信息服务”（杨睿智，2022）。2015年9月，《科技查新技术规范》（GB/T 32003—2015）的重新发布，标志着我国科技查新行业将更加规范化。在这种新形势下，科技查新不应只局限于出具科技项目查新报告这一种服务模式，而是应当结合情报检索、知识产权分析评议、成果评价等，将其融入科技计划管理、科技奖励、科技成果验收及科技成果转化，并探索出更加适应科技信息领域创新发展的服务模式，为用户提供科技、社会、经济领域及科学前沿的调研、项目现状分析、可行性分析、知识产权状况分析，帮助用户进行项目申报前的相关材料准备等。

（1）为科研管理工作提供依据

现阶段，随着科研项目数量的大幅增加，项目所涉及的专业也越来越广，各种学科之间的界限也变得越来越模糊，而研究者对知识的掌握只局限于自己的领域，再加上个人的主观性，若不借助第三方机构的佐证材料，很难得出正确、客观的结论。科研项目只通过成果验收、成果评价、转移转化等方式组织专家来衡量，难免会出现各种偏差。科技查新作为第三方评价服务，为科研项目的成果验收、成果评价、转移转化等提供依据，防止主观看法影响客观事实。

（2）为科研人员提供情报研究服务

在完成科研项目的过程中，科研人员花费在文献信息收集和阅读上的时间约占完成整个项目时间的50%。经国家科技主管部门认定的科技查新检索机构（如中国知网、万方、SCI、EI）均能够进行美国专利、欧洲专利等数据库的检索，其检索类型涉及期刊、学位论文、科技成果、科技报告、专利和标准等。科研人员提交科技查新需求，委托专业情报人员有效利用科技查新检索，并及时与科技查新机构进行项目信息沟通，将有效节省文献信息收集和阅读的时间，以便将更多的时间用于科研项目的研发。

（3）为企业提供知识产权信息服务

目前，国内知识产权越来越受到科研人员和企业的重视，越来越多的企业鼓励科研人员将研发的科研成果进行专利申请。为了确保所申请的专利具备创新性与新颖性，虽然国家知识产权局在专利申请方面没有明确提出科技查新的要求，但某些企业内部提出在申报专利前进行科技查新检索，这为企业和科研单位申请专利的成功授权增加了更多的可能性，同时能对知识产权风险、知识产权资产的品质价值及处置方式的合理性、技术创新的可行性等进行评估、评价、核查与论证，并根据问题提出对策建议，为政府和企事业单位开展经济科技活动提供咨询服务。

（4）为企业技术创新提供数据支撑

有效的科技信息分析可以为科研人员技术创新提供数据支撑。企业的技术创新主要取决于科研项目的可行性、反馈性和执行性，其中科研项目的可行性在项目研发过程中起到了决定性的作用，因此企业技术创新中的科技信息分析尤为重要。在庞大的科技信息资源中，科技信息检索机构具有丰富的信息资源和完善的计算机检索系统，可以突破时间、空间和地域的限制为企业提供科技信息检索服务。同时，科技查新检索既可以弥补科研决策者的能力局限性，又能为科研人员吸收各种信息的精华用于技术创新提供决策依据，使科研项目的技术创新更加科学化、规范化。

2 情报检索理论

情报检索理论是指对情报储存、情报检索的规律性，以及情报检索系统的设计、运行和评价等问题进行研究所得的概念与认识，一般包括情报检索语言、情报检索文档、情报检索策略、情报检索效率、情报检索系统和情报加工自动化 6 个领域。

情报检索理论的核心是情报检索语言，它可分为主题检索语言和分类检索语言两大类。这两类语言相互渗透、相互融合，产生了一系列新型的检索语言。为了克服分类表和叙词表与灵活多变的文献术语之间的矛盾，目前重点研究自然语言索引和检索的使用。情报检索策略是完成情报检索目标的途径和方法。它直接影响着检索的效率和文档的结构。传统意义上的情报检索策略理论基于二值相关理论，与实际的检索还存在一定的差距。目前研究的各种信息检索模型，如概率检索模型、矢量空间检索模型、模糊检索模型等，都是建立在多值相关的情报检索理论体系上。

情报检索理论研究中的一个主要领域是情报检索效率的评价，通常以相关文献的查准率和查全率作为情报检索效率评价的主要指标。情报检索效率的理论研究主要集中在查准率（P）和查全率（R）的数学定义及对 P–R 关系中一些特殊点的解释、检索效率的影响因素和改进措施、检索效率的评价指标、P–R 的互逆相关性 4 个问题上。

情报加工自动化主要包括自动标引、自动分类和自动编制文摘，而情报检索系统的研究内容主要包括系统的设计原则、模式、算法、运行最佳化。随着情报信息技术和人工智能技术的飞速发展，大型情报检索系统运用系统工程的原理与方法使得情报加工作业全面实现了自动化。微型机、光盘技术和光纤通信在生活和工作中的广泛应用，引起了情报检索技术重大的变革。情报检索系统可识别声音和图形、处理自然语言，还可模仿人脑进行推理判断和咨询，相应地，情报检索理论通过研究知识的表述、转换、组合、推导等实现情报检索的智能化，并持续发展。

2.1 情报检索原理

情报检索是指根据用户的查询要求，利用储存在计算机里的信息进行检索。也就是说，人们使用特定的检索指令、检索词和检索策略，通过计算机或计算机检索网络的终端机，从计算机检索系统的数据库中检索出所需的相关信息，继而显示在终端设备上或终端设备直接打印的过程。计算机在进行信息检索前，必须将大量的原始信息进行加工处理并将其以数据库的形式储存在计算机中，所以情报检索广义上包括信息的储存和信息的检索两个方面。

先通过手工或自动的方式对大量的初始信息进行加工，即将收集到的所有原始文献（一次文献）进行主题分析，根据相关的检索语言提取出主题词、关键词、分类号、题名、作者、出版社、出版年等并进行标识，再写出文献的内容摘要，最后将这些经过处理的信息数据按照统一的格式输入计算机储存起来，计算机通过程序指令对数据进行控制、处理，形成计算机可读数据库，储存在磁带、光盘、磁盘等储存介质里，这样就完成了信息的加工储存过程。

在计算机进行信息检索前，用户需先对检索的内容进行分析，确定检索的范围，明确主题概念并用系统检索语言表达主题概念，抽取准确的主题词或关键词，制定检索标识或检索策略，最后利用计算机进行检索。

计算机根据用户的要求将检索策略转换成一系列计算机语言进行提问，利用程序进行逻辑运算，选出符合检索需求的信息并将其输出。计算机的检索过程是一个信息比较和匹配的过程，检索提问只要与数据库中储存信息的特征标识、逻辑组配关系一致，则属于“命中”，也就是找到了符合要求的相关信息；反之，则属于“未命中”。

2.1.1 情报检索模型

目前，布尔逻辑模型、模糊逻辑模型、概率模型和向量空间模型是情报检索常用的模型。不同检索模型的方法不同，但所要表达的结果是相同的，即根据用户的要求，给用户提供相关的信息。事实上，在计算机进行检索时，情报检索系统往往将各种情报检索模型混合在一起，以便找到最优检索路径。

布尔逻辑模型是一种常用的、简单的严格匹配模型。常用的逻辑运算有逻辑与、逻辑或和逻辑非。用户根据检索项在文档中的布尔逻辑关系提交检索，检索工具根据事先确定的文档结构进行查询。二元逻辑是标准的布尔逻辑模型，搜索的文档要么与检索无关，要么与检索相关，其检索结果一般没有按照检索内容的相关性排序。

模糊逻辑模型是在检索结果处理的过程中引进了模糊逻辑比较，并按照相关的优先次序排列检索结果，这样就可以避免布尔逻辑模型信息检索结果的无序性。

概率模型是根据词条和文档的内在联系，利用词条与词条间、词条与文档间的概率相依性来进行信息检索。概率模型是在贝叶斯概率原理基础上提出的，它通过概率推理网络来模拟人脑的思维推理方式，并将文档内容与用户检索匹配的过程转化为一个从文档到查询的推理过程。文本概念表示节点与提问概念表示节点之间的信息链将文档内容与用户检索连接起来，每一个节点都有一个概率值，利用给定文本节点的先验概率及中间节点的条件概率得到每一个节点的后验概率，从而得到文本与用户提问的匹配程度。

在向量空间模型中，文档被看作由互相独立的词条组（T_1，T_2，…，T_n）构成，根据每一个词条 T_i 在文档中的主要程度给其赋予相应的权值 W_i，并将 T_1，T_2，…，T_n 看作一个 n 维坐标系中的坐标轴，其中 W_1，W_2，…，W_n 为对应的坐标值。这样由（T_1，T_2，…，T_n）分解而得到的正交词条矢量组形成了一个文档的向量空间，文档则映射空间中的每一个点。所有用户检索和文档都可映射该文本的向量空间，并由词条矢量（T_1，W_1，T_2，W_2，…，T_n，W_n）表示，同时将文档的信息匹配转化为向量空间的矢量匹配问题。向量空间模型不仅可以提供有效的检索结果，而且能够提供相关文档的摘要，并对检索结果进行分类，这样用户可以准确获得所需要的信息。

2.1.2 情报检索系统结构

情报检索系统主要包括对索引情报信息文档格式的预处理、情报信息分析和索引、用户情报信息检索等，情报检索系统的核心是搜索引擎。

（1）对索引情报信息文档格式的预处理

情报信息格式转换和过滤是情报信息预处理的两个层次。通过信关来完成情报信息格式转换。访问不同信息的部件是信关，它能够访问不同组织形式的情报数据信息，如各种类型的数据库、不同的文件系统及 Web 页面等。过滤环节能过滤 Word、WPS、Text 和 HTML 等不同格式的文档。因此，搜索引擎不仅能够检索正文的文档，而且能够检索原有格式的文档信息。

（2）情报信息分析和索引

情报信息索引是指创建情报文档信息特征记录，使用户很容易检索到所需的情报信息，建立索引主要包括词语切分、词法分析、词性标注与短语识别、建立索引项索引 4 个部分。

词语切分是指将文章信息分解成数字、单词、日期、时间等可以辨识的字串。在情报检索系统中，词语是情报信息表达的最小单位。词法分析是指通过识别各个词语的词干，建立基于词干的情报信息索引。词性标注与短语识别是指为了区别名词、形容词、介词、动词等，用一个完整的标注集给相应的名词、形容词、介词、动词等做标注。通过词性标注识别出主要的短语结构，利用这些短语结构来提高情报检索的精度，如形容词后面紧跟一系列名词组成了名词短语。通常使用倒排文件的方式建立检索项相关信息，即建立索引项索引。相关信息一般包括检索项、检索项所在文件的位置信息、检索项权重，建立索引项索引的目的是使文档信息的更新处理更容易。

（3）用户情报信息检索

情报信息检索在本质上是一种认知活动，基于用户的情报信息需求，可分为需求表达、进行查询和结果评价 3 个部分。传统的情报信息检索认为：当用户在进行课题研究时认识到知识不足，会产生情报信息需求，于是上网查询相关信息；当需求暂时得到满足后，用户的认知也就被做了调整；随后用户又感觉到缺乏知识，于是产生新的情报信息需求。如此周而复始，直至研究的课题结束。由此可知，用户情报信息检索的过程是一项复杂的认知活动，是用户情报信息需求不断被满足的过程。

2.2 情报检索方法

随着情报信息技术的飞速发展，互联网上的各种情报信息每日呈指数级增长。为了从大量情报信息中快速、准确地获取高质量、有用的信息，我们每一个人必须了解和掌握情报检索的方法和技巧。情报检索技术的应用，对开发出性能优越、使用效果更好的情报检索系统及提供更加完善的情报检索服务起了很大作用。情报检索方法一般有追溯法、常用法、浏览法和综合法 4 种。

2.2.1 情报检索的一般方法

（1）追溯法

追溯法，也叫追逆法，是指从已检索到的相关文献所列举的参考文献入手，逐一查看原文，然后根据这些新查到的原文所附的参考文献进行逐一追查、不断扩大检索范围的检索方法。使用这种检索方法查阅相关文献资料，有利于读者追踪阅读，若用综述性质的文献进行追溯，能起到事半功倍的效果。追溯法的线索依据主要源于每篇文献后所附的参考文献。根据每篇参考文献逐一追踪，得到的线索越来越多，从而能够更加深入地了解原文的始末。追溯法运用起来虽然非常方便，但也存在一定的短板，主要表现为查全率和查准率都不太高。

（2）常用法

常用法，也称工具法，是指我们检索信息时相对查全率和查准率较高，使用频率高的一种方法，即根据检索系统的功能和用户的需求，在检索过程中使用各种不同的检索方法，达到使用户满意的检索效果。常用法包括顺查法、倒查法、抽查法。

顺查法是按从远到近的时间顺序查找文献信息的方法。这种方法的查全率比较高，但比较费时，一般可用于重大项目或课题、新兴学科，以及各学科发展史等研究课题的检索。

倒查法是一种按照逆时顺序（由近及远）回溯性查找相关文献的方法，其目的是获取最近发表的最新的相关文献信息，也是科研人员在工作中最常用的检索方法。使用该方法查到的相关文献信息为近几年的研究成果，针对性较强。倒查法适用于检索某项科研成果是否有创新。

抽查法是重点针对某一时间段、某一学科内的课题进行检索的方法，这种方法多用于检索专题报告或具有代表性的文献。该方法耗时少，效率高。

（3）浏览法

浏览法是对电子文献目录、纸质型文献目录进行浏览的方法。该方法耗时比较少，获得的大部分文献都是最新的信息，可以通过目录锁定需要阅读和使用的文献。

（4）综合法

综合法是交替使用常用法与追溯法的检索方法，也称循环法。在使用综合法时，既要利用检索工具进行常规检索，也要利用文献后所附参考文献进行追溯检索，需要分期分段地交替使用这几种方法，即先利用检索工具查找到一批相关文献，再以相关文献末尾的参考文献为线索进行逆序查找，之后按照这种方法循环进行，直到满足要求为止。

2.2.2 联机检索

自 20 世纪 60 年代发展到今天，联机检索的检索方式也在不断地完善。目前，联机检索主要包括自然语言检索、相关词检索、单词检索、词组检索、截词检索、加权检索、字段检索、引文检索等，并且提供的可检索字段也非常丰富。回溯检索、定题服务、联机订购文献原文、电子邮件、光盘服务等是联机检索提供的基本服务。因此，联机检索具有检索速度快、检索范围广、检索途径多、检索质量高、服务对象很广、服务内容和服务方式多样化等特点。联机检索服务还具有强大的信息源，检索结果的准确率远远高于网络搜索引擎。联机检索提供的回溯检索服务等功能，是一般的网络信息检索服务不能提供的。目前，主要的联机检索系统包括 Dialog 系统、STN 系统（The Scientific and Technical Information Network International）、美国联机书目检索服务中心（Bibliographic Retrieval Services，BRS）。

（1）Dialog 系统

美国的 Dialog 系统是目前世界上最大的联机检索系统，也是我国情报检索用户使用最多的检索系统。它覆盖了多个行业的 900 多个数据库，涉及 40 多个语种的 7000 多种期刊，其数据类型主要包括文献型、数值型、名录字典型、全文型 4 种。Dialog 系统收录的信息涉及的学科领域共有 20 个，其专业范围广泛。Dialog 系统的信息总量约 15 TB，共有 14 亿条记录，文档的专业涉及自然科学、应用科学、综合性学科、社会科学、人文科学、商业经济、时事报道等多个领域。Dialog 系统可提供各种类型的信息检索、定题服务、原文订购等服务项目。利用 Dialog 系统可进行项目查新、文献调研、课题立项、专利申报了解市场动态和竞争对手、新产品开发、公司的背景情况、经济预测等。

（2）STN 系统

STN 系统创建于 1983 年，是由德国卡尔斯鲁厄（Karlsruhe）的能源、物理、数学专业信息中心，美国俄亥俄州哥伦布的美国化学协会化学文摘社（CAS），以及日本科学技术情报中心（JICST）共同合作形成的三位一体的分布式国际性联机检索系统，是一个国际性的科技信息检索系统。STN系统是全球第一个能够实现图形检索功能、完成化学物质结构检索的联机检索系统。

（3）美国联机书目检索服务中心

美国联机书目检索服务中心是美国第二大综合性联机检索系统。它为全美图书馆与情报中心服务，1979年开始为奥地利、比利时、卢森堡、荷兰、葡萄牙、西班牙、瑞士、南斯拉夫等国提供服务，拥有200多个数据库及近100个私人数据库，检索费用相对较低。这个系统的检索特点是使用自由词检索，次日可提供打印的检索结果，检索年限一般可回溯至1966年。

2.2.3 网络信息检索工具

网络信息检索工具可以用于网页信息检索、文件检索，还可以以文件名检索多媒体信息。多媒体信息检索工具主要采用示例查询和用户反馈方式，并逐步细化。例如，图像检索一般是利用检索工具先展现出样本集，再进行样本训练，用户选择样本某个区域进行相似图像检索，检索系统会根据用户选择区域的颜色、像素、纹理等进行特征匹配检索，并提取出相似的图像进行显示。用户同时可以根据结果来进一步“限制”检索条件，以得到更为接近的结果。网络信息检索的广泛、易用、免费等特点是它在工作和生活中流行的一个很重要的原因。无论是科学情报研究，还是生活信息查询等，我们都可以在网络上找到相应的检索工具，如国内中文搜索工具百度、英文搜索工具Google等。

人们需要快速获取信息时，可通过网络信息检索工具进行检索。需求不同，使用的检索方法也有所不同。

（1）目录导引型。用户首先要有明确的检索需求，然后通过点击等级式主题目录树来获得所需要的信息。

（2）搜索引擎。用户通过输入关键词进行检索，大多数搜索引擎提供高级检索功能。

（3）元搜索引擎。与一般搜索引擎的检索方法类似，它只是在获取结果的时候，同时在其他多个元搜索引擎上进行检索，并将结果反馈给用户。元搜索引擎的检索功能较为单一，不像其他独立的搜索引擎具有多样化功能。

其他的检索方式还有1995年出现的光盘检索，《美国国会图书馆机读目录》（BIBIIOFICE）是第一张正式的CD-ROM数据库产品。光盘检索的诞生被研究者当作情报检索的一个划时代的转折点，也是CD-ROM走向市场化的起点。光盘检索由于费用低廉、检索简单，成为人们检索的一种好工具。联机服务提供商可提供光盘产品，大多数网络数据库也推出光盘数据库作为商业化产品。

2.3 情报检索流程

根据情报信息的要求，通过检索工具查找有关情报资料的具体过程被称作情报检索流程，其主要包括分析问题后形成检索需求、制定检索策略、实施检索策略、辅助问题决策等（图 2–1）。情报检索一般需要经过一个迭代过程。

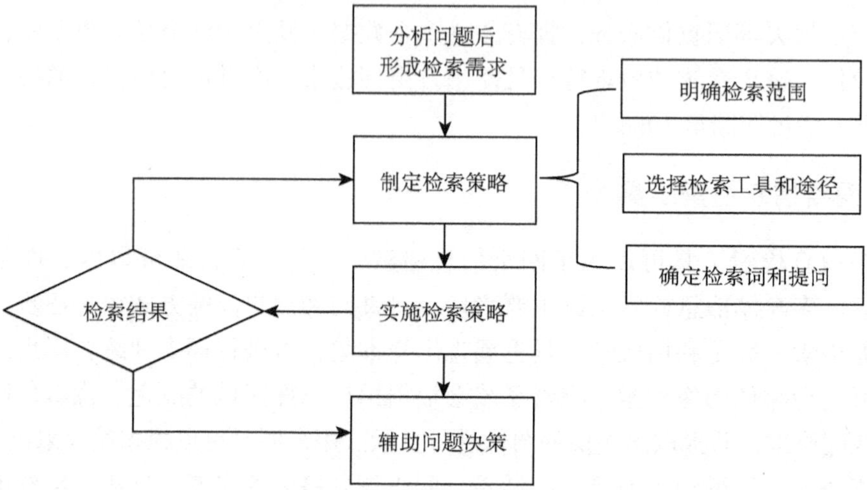

图 2–1 情报检索流程

（1）分析问题后形成检索需求

情报检索中最基本的要求是分析情报信息需求，这也是制定检索策略的依据。首先要确定情报检索的目的，明确情报检索的学科或专业范围，弄清楚情报检索的真正内涵，并根据它们之间的逻辑关系提取关键词，在此基础上确定检索主题。在全面分析情报信息的基础上，根据检索的学科范围、研究内容等要求，选择合适的数据库或检索系统。数据库是选择检索系统的关键。不同类型、不同学科范围的数据库所适用的检索对象、检索需求也不同。因此，正确选择数据库，首先要掌握各个数据库的来源、主题、适用范围、检索技巧等，然后筛选出最适合某种情报的数据库。

（2）制定检索策略

检索词是表达情报检索信息需求和内容的基本要素，也是与系统中的相关数据库进行匹配运算的基本单元。检索词选择得正确与否，会直接影响检索的效果。检索词中无用词过多，检索效果就会大打折扣，会出现零结果或文献量过少的情况；检索词过少，文献数量就会庞大，不相关文献会夹在其中，筛选起来会很困难。

情报检索策略的制定是指通过分析情报需求，明确检索的范围，选择正确的检索途径，确定符合情报信息内容的检索词和逻辑组配方法，并通过反复试验进行调整，使整个检索计划能体现用户的目标。情报检索成功的关键是检索策略的制定。明确情报的检索范围、选择正确的检索工具和途径、确定合适的检索词是检索策略制定的主要内容。在明确情报检索需求的前提下，要进一步明确检索的范围，如检索的起止时间、检索结果涵盖的领域等。随着信息技术的不断发展，涌现出大量可供检索利用的检索工具和检索系统。传统的检索服务也开辟了计算机环境和网络环境下的检索模式，使得情报检索服务可以面向更为广泛的用户群体，也使得检索操作变得更加实用和便利。然而，各个检索工具和系统之间存在着一定的差异，检索涵盖的范围和检索的特点也都不是完全相同的，因此需要根据检索的范围来选择恰当的检索工具和系统。之后，根据选择好的检索工具和系统确定检索词，制定正确的检索策略，为实施具体的检索做好准备。

（3）实施检索策略

制定好策略后，利用确定的检索词，使用合适的检索工具进行检索，之后得到检索结果。研究者会对检索结果进行评价分析，如果检索结果达到了检索要求，那么检索任务完成，研究者进入下一个环节；如果它没有完全达到检索要求，需要对检索策略进行调整，在调整时需要分析检索没有成功的具体原因，如检索工具和检索词选择得是否合适、检索式是否正确等，从而进一步调整检索策略，重新进行检索。

（4）辅助问题决策

辅助问题决策是指人们通过认知上的转变，利用检索获得解决问题所需要的情报信息或线索，最终实现情报检索的目的。

3　情报检索资源

情报检索是以科技文献信息资源为基础的，丰富的科技文献信息资源是情报检索工作中实现情报信息查准、查全的必备支撑。科技文献信息资源是集图、文、声、像于一体的多媒体信息，其数量庞大，内容繁杂，形式多样，广泛分布在整个信息网络中。随着网络情报信息技术、电子信息资源建设的飞速发展，数据库资源也日益增多，互联网成为情报信息联机检索的重要平台，科技文献信息资源共享平台拥有清华同方、重庆维普、万方数据、万方软件、国研网、重庆聚合等十大厂商的数据资源，涵盖期刊、学位论文、会议论文、标准、专利、科技成果等6种基础资源，以及国务院发展研究中心信息网、重庆尚维产品样本数据库、中国生物医学文献服务系统等10种专题资源。综合考虑科技文献信息资源的存在方式、获取方法、内容特征等要素，根据情报检索机构服务资源的类型，情报检索资源可分为情报检索基础资源和情报检索专题资源两大类。

3.1　情报检索基础资源

情报检索基础资源是学科发展、科学研究、经济建设和国家安全的重要基础，也是科技情报检索机构在情报服务中所拥有的主要资源，如图书、专利、科技情报、标准等。

3.1.1　期刊

（1）概述

期刊是指按统一专业课题定期或不定期出版的连续性读物。其出版数量大、发行周期短、报道速度快、内容新颖、学科广泛、流通面广，能及时、迅速地反映国内外科技发展动向，是人们获取一般基础理论研究知识的重要情报源，也是主要的检索对象。科技期刊按内容可划分为综合性期刊、专业性期刊；按性质可划分为学术性期刊、技术性期刊、消息性期刊、检索性期刊、通报期刊；按对原文压缩程度可划分为目录期刊、索引期刊、文摘期刊、快报期刊、速评期刊、文献指南期刊、书目期刊等。

目前，国内期刊数据库平台主要有中国知网的中国学术期刊（网络版）、万方数据知识服务平台的中国学术期刊数据库、重庆维普的中文科技期刊数据库等；国外期刊数据库平台主要有科学引文索引数据库（SCI数据库）、工程索引数据库（EI数据库）、ScienceDirect数据库、IEEE/IET Electronic Library（IEL数据库）、Springer Link期刊数据库等。

（2）主要数据库介绍

1）中国学术期刊（网络版）（Chinese Academic Journal Network Publishing Database，CAJD）

中国学术期刊（网络版）具有全球影响力，且连续动态更新，实现了中外文期刊整合检索。中国学术期刊（网络版）是《国家"十一五"时期文化发展规划纲要》中国家"知识资源数据库"出版工程的重要组成部分，还是"十一五"国家重大网络出版工程的子项目。它收录了1915—2022年出版的国内学术期刊8560余种（包含北大核心期刊1970余种、网络首发期刊2260余种），文献总量达到6000余万篇；收录了1915—2022年出版的国外学术期刊7.5万余种（包括来自80个国家及地区的900余家出版社的期刊），覆盖JCR期刊的96%、Scopus期刊的90%，共有1.1亿余篇外文题录可链接到全文。

中国学术期刊（网络版）的出版内容以政策指导、技术、学术、高等科普及教育类为主，涵盖农业、工程技术、自然科学、哲学、医学、人文社会科学等各个领域，其产品可分为10个专辑、168个专题，10个专辑具体为基础科学、工程科技（Ⅰ和Ⅱ）、农业科技、医药卫生科技、哲学与人文科学、社会科学（Ⅰ和Ⅱ）、信息科技、经济与管理科学。

中国学术期刊（网络版）的资源特色为网络首发和增强出版。网络首发可视为正式出版，论文可得到国家出版管理、科研与人事管理等相关部门的认可。网络首发可减少出版时滞，促进科研成果的快速传递。根据首发时的编辑状态，作品可分为录用定稿、排版定稿、整期定稿、印后上网4种。2021年，中国知网年网络首发文献量为16万篇，主要遴选学术影响力在Q1、Q2区的高质量期刊，以此来提升高质量学术期刊的传播时效性。增强出版是指对文本和相关联的其他数字资源进行组织和封装，形成一个有内在联系的复合数字作品的数字出版方式，其作品称为增强出版论文。增强出版论文中的根文本部分可以用印刷方式或数字方式刊出，但增强内容仅通过网络呈现。2022年，中国知网继续扩大增强出版规模。中国学术期刊（网络版）检索界面如图3-1所示。

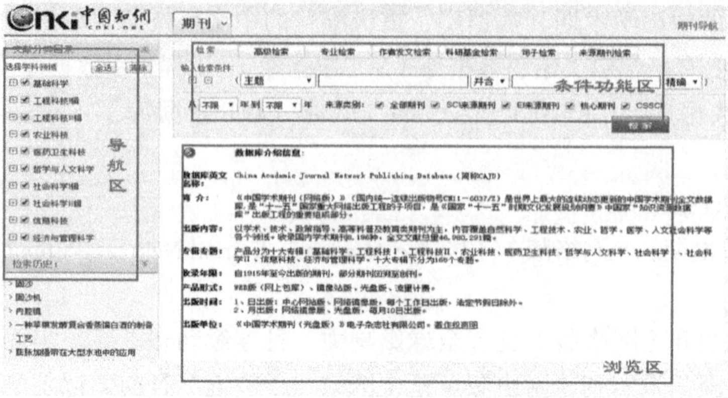

图 3-1　中国学术期刊（网络版）检索界面

2）中国学术期刊数据库（COJ）

中国学术期刊数据库是万方数据知识服务平台的主要组成部分，收录了多种科技、人文和社会科学期刊的全文内容。中国学术期刊数据库的收录始于 1998 年，包含 8000 余种期刊，其中包含北京大学、中国科学技术信息研究所、中国科学院文献情报中心、南京大学、中国社会科学院历年收录的核心期刊 3300 余种，年增 300 万篇，每周更新两次，涵盖的学科领域为自然科学、工程技术、哲学政法、农业科学、医药卫生、社会科学、科教文艺等。

期刊论文提供学科分类、核心收录、收录地区、优先出版、出版周期等多种导航浏览，可帮助广大用户快速进行期刊筛选。广大用户也可直接通过基本检索、高级检索、专业检索及期刊导航等方式，对多种渠道资源进行统一检索，其返回结果实现混合排序。期刊论文的检索结果也支持发表时间、被引频率、相关度等维度的排序，同时中国学术期刊数据库提供学科、作者、机构、获取范围等多维度聚类，全面揭示知识分布。中国学术期刊数据库检索界面如图 3-2 所示。

图 3-2　中国学术期刊数据库检索界面

3）中文科技期刊数据库

中文科技期刊数据库是由国家科委（现为科技部）西南信息中心、重庆维普资讯有限公司出版的，1989 年面世，累计收录期刊 15 000 余种、现刊 9000 余种，文献总量为 7000 余万篇，是国内容量最大的综合性文献题录型数据库之一。它目前已拥有包括港澳台地区在内的 2000 余家大型机构用户，是我国数字图书馆建设的核心资源之一，也是科研工作者进行科技查新的必备数据库。其涵盖的学科领域主要包括社会科学、自然科学、工程技术、农业科学、医药卫生、经济管理、教育科学和图书情报。

中文科技期刊数据库采用“尚唯全文检索系统”实现对数据库的检索管理，具有检索入口多、辅助手段丰富、查全查准率高和人工标引准确的优点，其包含基本检索、传统检索、高级检索、期刊导航、检索历史五大文献检索方式，可对题名或关键词、文摘、刊名、机构、作者（第一作者）、参考文献、分类号等字段进行检索，实现了各个检索字段之间的组配检索。中文科技期刊数据库检索界面如图 3-3 所示。

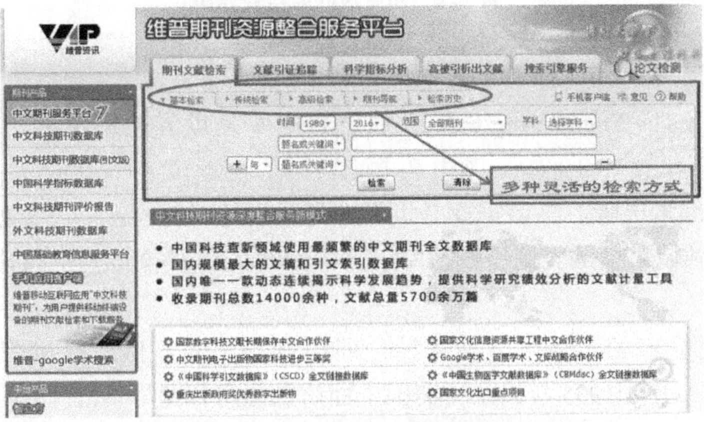

图 3-3　中文科技期刊数据库检索界面

4）科学引文索引数据库（SCI 数据库）

科学引文索引（Science Citation Index，SCI）数据库是由美国科学信息研究所（ISI）于 1961 年创办的引文索引数据库，是世界著名的三大科技文献检索系统之一。SCI 数据库是 Web of Science 中的一个子库，是世界权威的科技文献检索工具，可提供科学技术领域最重要的研究成果。它目前收录了自然科学领域 8800 多种具有国际性、高影响力的学术期刊。

作为世界知名的引文索引数据库，SCI 数据库涵盖了农业、天文学与天体物理、生物化学与分子生物学、生物学、化学、计算机科学、生态学、工程、环境科学、食品科学与技术、基因与遗传、地球科学、免疫学、材料科学、数学、医学、微生物学、矿物学、肿瘤学、儿科学、药理学与制药、物理学、植物科学、精神病学、外科学、通信科学、热带医学、兽医学、动物学等 176 个学科领域，数据最早可以追溯到 1900 年，通过使用 SCI 数据库能够轻松打破最新、最重要的科技文献在期刊与期刊之间、数据库与数据库之间及出版社与出版社之间的壁垒，帮助科研工作者轻松获取世界范围内自己研究领域最新、最前沿的相关科技文献，激发科研工作者的研究思想，使其获取更多的研究思路。SCI 数据库检索界面如图 3-4 所示。

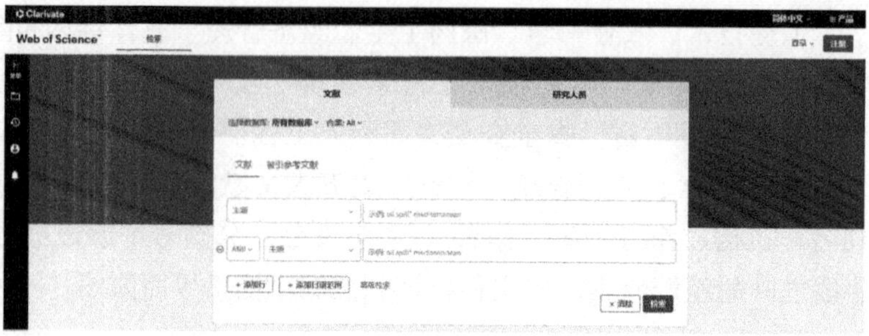

图 3-4　SCI 数据库检索界面

5）工程索引数据库（EI 数据库）

工程索引（The Engineering Index，EI）数据库是世界上最早的工程技术文摘数据库，创刊于 1884 年 10 月，现由美国工程信息公司（The Engineering Information Incorporation）编辑出版。EI 数据库是世界上最全面的工程检索二次文献数据库，涵盖了所有的工程领域，也是文摘型数据库，其中大约 22% 的文献为会议论文，90% 的文献语种是英文。

目前 EI 数据库的出版形式有 4 种，即印刷版、光盘版、联机版和 Web 版（EI Compendex Web）。自 1995 年以来，美国工程信息公司开发了"EI Village"系列产品，涉及核技术、生物技术、交通运输、化学和工艺工程、照明和光学技术、农业工程和食品技术、计算机和数据处理、应用物理、电子通信、控制工程、土木工程、机械工程、材料工程等领域及其该领域的子学科与其他主要的工程领域。EI 数据库可以检索到 1969 年到现在的数据，主要检索方法包括快速检索、专家检索、主题词检索和浏览索引。EI 数据库检索界面如图 3-5 所示。

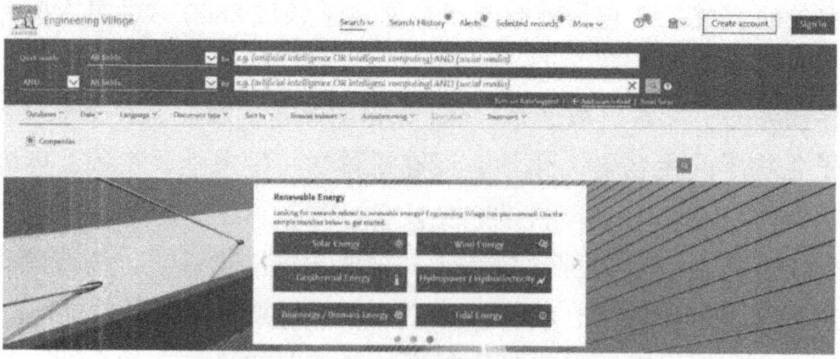

图 3-5　EI 数据库检索界面

6）ScienceDirect 数据库

Elsevier（爱思唯尔）是全球最大的科技与医学文献出版发行商之一，它帮助科学家和临床医生研究发现新的答案、重塑人类知识并帮助应对最急迫的人类危机，在战略研究、研发表现、临床决策支持和专业教育等领域提供数字化解决方案，其数据库主要包括 ScienceDirect、Scopus、SciVal 等，现已有 180 多年的历史。Elsevier 出版 2700 多种电子期刊 [如 *The Lancet*（《柳叶刀》）、*Cell*（《细胞》）]、42 000 多种电子书籍及经典参考书，如 *Gray's Anatomy*（《格氏解剖学》）等。Elsevier 电子期刊数据库已经从 SDOS 平台转换到 SDOL（ScienceDirect Online）平台。SDOL 数据库提供 1995 年以来到现在 Elsevier 公司出版的 1700 多种期刊的全文。SDOL 数据库和 SDOS 数据库提供的数据相同，检索平台略有区别。

ScienceDirect 数据库（网址：https：//www.sciencedirect.com）是 Elsevier 公司的主要产品。1999 年，Elsevier 公司开始面向读者用户提供电子出版物的全文在线服务，包括 Elsevier 公司的 2200 多种同行评议期刊和 2000 多种系列丛书、手册及参考书等，其中约 1500 种期刊具有全文浏览权限。该数据库涵盖了计算机科学、工程技术、能源学、环境科学、数学、物理、化学、天文学、商业及经济管理、医学、生命科学、材料科学、社会科学等众多学科。

ScienceDirect 数据库是全球最大的科学、技术、工程与医学全文文献数据库，包含 1800 多万篇全文文献，覆盖化学工程，化学，计算机科学，地球与行星学，工程，能源，材料科学，数学，物理学与天文学，农业与生物学，生物化学、遗传学和分子生物学，环境科学，免疫学和微生物学，神经系统科学，医学与口腔学，护理与健康，药理学、毒理学和药物学，兽医科学，艺术与人文科学，商业、管理和财会，决策科学，经济学、计量经济学和金融，心理学，社会科学等 24 个学科领域。ScienceDirect 数据库是科学界使用最广泛的全文文献平台，每个月有 1700 万名读者在使用。ScienceDirect 数据库检索界面如图 3–6 所示。

图 3–6　ScienceDirect 数据库检索界面

7）IEEE/IET Electronic Library 数据库（IEL 数据库）

IEL 数据库是 IEEE 旗下最完整、最有价值的在线数字资源，通过智能的检索平台为用户提供最新的文献信息。IEL 数据库收录的期刊、会议录和标准大约有 500 万篇，其内容覆盖了电气电子工程、航空航天、计算机、通信工程、生物医学工程、机器人自动化、人工智能、半导体、纳米技术、机械工程、石油化工、水利水电、能源、核科学等技术领域。

IEEE 是全球最大的技术行业协会，成员遍布 160 多个国家和地区，是一个会员超过 40 万人的非营利组织。IEEE 成立于 1884 年，总部在美国新泽西州，成立目的是创造、驱动和传播创新知识，为人类谋福祉。IEL 数据库的期刊影响因子和被引用量都名列前茅。IEEE 每年在全球范围内举办 1200 多场会议，研究领域很广阔，出版世界上电气电子工程和计算机领域 30% 的文献，提供 1000 多个现行的产业标准，以及 500 个正在制定的标准。它不仅在电气电子工程、通信工程和计算机等领域有重大影响力，在诸多新兴热点领域（如纳米、生物医学工程、能源、自动化控制等）也具权威性。IEL 数据库检索界面如图 3-7 所示。

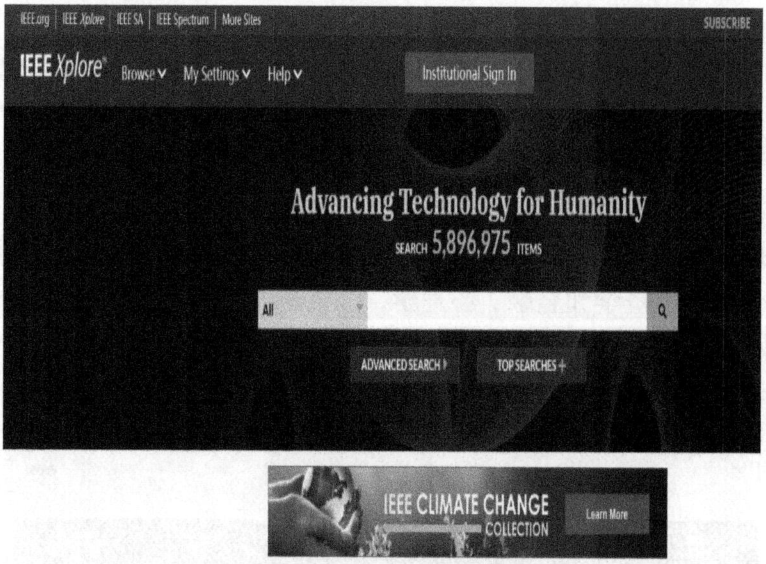

图 3-7　IEL 数据库检索界面

8）Springer Link 数据库

目前，Springer Nature（施普林格 · 自然）是全球最大的学术书籍出版公司，出版全球具有广泛影响力的期刊，也是开放研究领域的开路者，2015 年由自然出版集团、帕尔格雷夫 · 麦克米伦、麦克米伦教育、施普林格科学与商业媒体合并而成。Springer Link 数据库为广大用户提供在线服务，主要涉及学术期刊及其他电子图书，收录文献超过 1000 万篇，包括期刊、参考工具书、实验指南和数据库等，其中电子期刊主要涵盖数学、化学、生命科学、医学、计算机科学、环境科学、地球科学、经济、法律、工程学、物理学与天文学等学科，涉及 1500 余种学术期刊，是科研人员在学术领域进行研究的重要信息资源。Springer Link 数据库检索界面如图 3-8 所示。

图 3-8　Springer Link 数据库检索界面

3.1.2　学位论文

（1）概述

学位论文是指高等院校研究生（硕士或博士）攻读学位撰写的毕业论文。它经专家评审、鉴定通过，一般来说具有学术性强的特点，往往有独到的见解。根据所申请的学位不同，学位论文可分为博士论文、硕士论文、学士论文。

（2）主要数据库介绍

1）中国博士学位论文全文数据库

中国博士学位论文全文数据库（China Doctoral Dissertations Full-text Database，CDFD）涵盖基础科学、工程技术、农业、医学、哲学、人文、社会科学等多个领域，具有内容详细、质量上乘、数据规范、出版快速、使用便捷等特点，是国内唯一的博士学位论文全文数据库。它收录了 1984—2022 年 520 家培养单位的 50 万篇博士学位论文，数据来源为国内“985 工程”和“211 工程”等重点高校及中国社会科学院、中国科学院等研究院所。中国博士学位论文全文数据库检索界面如图 3-9 所示。

2）中国优秀硕士学位论文全文数据库

自 1984 年以来，中国优秀硕士学位论文全文数据库（China Master’s Theses Full-text Database，CMFD）收录了 771 家培养单位的 400 万篇优秀硕士学位论文，覆盖基础科学、工程技术、农业、哲学、医学、人文、社会科学等多个领域，重点收录了“985 工程”和“211 工程”等重点高校及中国社会科学院、中国科学院等研究院所的优秀硕士论文，包括重要特色学科（军事学、通信、中医药等）的优秀硕士论文。中国优秀硕士学位论文全文数据库检索界面如图 3–10 所示。

图 3–9　中国博士学位论文全文数据库检索界面

图 3–10　中国优秀硕士学位论文全文数据库检索界面

3）中国学位论文全文数据库

中国学位论文全文数据库（China Dissertations Database）是万方数据知识服务平台下的学位论文数据库，收录始于 1980 年，年增 35 余万篇，涵盖基础科学、理学、工业技术、人文科学、社会科学、医药卫生、农业科学、交通运输、航空航天和环境科学等各学科领域。中国学位论文全文数据库检索界面如图 3–11 所示。

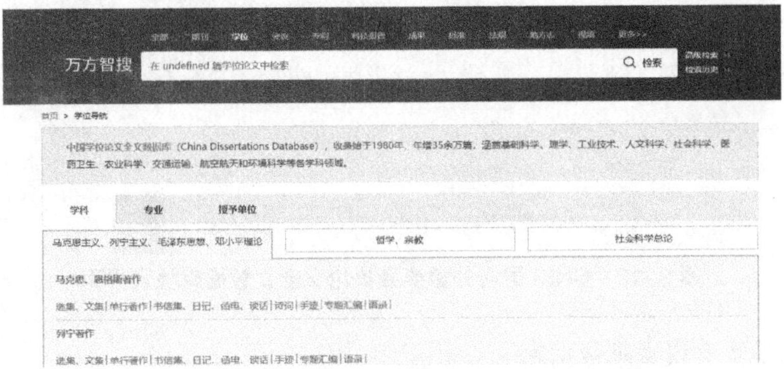

图 3–11 中国学位论文全文数据库检索界面

3.1.3 会议论文

（1）概述

会议论文是指在国内外学术团体举行的专业会议上发表的论文与报告。与期刊相比，会议论文具有能更加迅速传播情报的功能。它反映了某学科、专业的最新成果、发展现状及趋势，是科研工作不可缺少的情报源。

（2）主要数据库介绍

1）CNKI 国内外重要会议论文全文数据库

CNKI 国内外重要会议论文全文数据库中的文献是由《中国学术期刊（光盘版）》电子杂志社有限公司编辑出版发行的国家级连续电子出版物专辑，也是由国内外会议主办单位或论文汇编单位书面授权并推荐出版的重要会议论文。

1999 年以来，它重点收录了中国科协系统及国家二级以上的学会、协会、高校、科研院所、政府机关举办的重要会议，以及在国内召开的国际会议上发表的相关文献。其中，国际会议文献占全部文献的 20% 以上，全国性会议文献超过总量的 70%，部分重点会议文献回溯至 1953 年，目前，已收录国内会议、国际会议论文集 4.1 万余本，累计文献总量 360 余万篇。它遴选国内外 11 000 余家重要会议主办单位产出的学术会议文献，基本囊括了我国各学科重要会议论文，是我国第一个连续出版重要会议论文的全文数据库。其内容涵盖基础科学、工程科技、农业科技、医药卫生科技、哲学与人文科学、社会科学、信息科技、经济与管理科学等领域。CNKI 国内外重要会议论文全文数据库检索界面如图 3–12 所示。

图 3-12　CNKI 国内外重要会议论文全文数据库检索界面

2）中国学术会议文献数据库

中国学术会议文献数据库（China Conference Proceedings Database）资源包括中文会议文献和外文会议文献，中文会议文献收录始于 1982 年，年收集约 3000 篇重要学术会议文献，年增 20 万篇论文，每月更新。外文会议文献主要来源于 NSTL 外文文献数据库，收录了 1985 年以来世界各主要学协会、出版机构出版的学术会议论文共计 766 万篇全文（部分文献有少量回溯），每年增加论文约 20 余万篇，每月更新。

3.1.4　标准

（1）概述

标准是指对具有重复性的事物和概念进行统一规定，对农业、工业、服务业及社会事业等领域的技术进行统一要求，以科学技术和实践经验的结合为基础，经有关方面协商制定，由主管机构批准，以特定形式发布的某一领域共同遵守的准则和依据。标准按使用范围可划分为国际标准、区域标准、国家标准、专业标准、行业标准、地方标准、企业标准；按内容可划分为基础标准、产品标准、辅助产品标准、原材料标准、方法标准；按成熟程度可划分为法定标准、推荐标准、试行标准、标准草案。国际标准由国际标准化组织（ISO）理事会审查，ISO 理事会接纳国际标准并由中央秘书处颁布；国家标准由国务院标准化行政主管部门制定；行业标准由国务院有关行政主管部门制定；地方标准由省级人民政府标准化行政主管部门制定，或者经批准后由设区的市级人民政府标准化行政主管部门制定；企业生产的产品没有制定国家标准和行业标准的，应当制定企业标准，作为组织生产的依据，并报有关部门备案。

标准制定应当在科学研究成果和社会实践经验的基础上广泛征求意见，深入调查论证，保证标准的科学性、规范性、时效性；还应当有利于合理利用国家资源、推广科学技术成果、提升产品和服务的质量、促进科技进步、保障人身健康和生命财产安全、维护国家和生态环境安全、提高经济社会发展水平，以及产品的通用互换及标准的协调配套等。

（2）主要数据库介绍

1）CNKI 中国知网标准数据总库

CNKI 中国知网标准数据总库是国内数据量较大、收录相对完整的标准数据库，包括国家标准全文数据库（SCSF）、中国行业标准全文数据库（SCHF）、中国标准题录数据库（SCSD）、国外标准题录数据库（SOSD）、职业标准全文数据库（CVSD），共收录标准 60 余万项。国家标准全文数据库（SCSF）收录了中国标准出版社出版、国家标准化管理委员会发布的所有国家标准，占国家标准总数量的 90% 以上。中国行业标准全文数据库（SCHF）收录了现行、废止、被代替及即将实施的行业标准，全部标准均获得权利人的合法授权。中国标准题录数据库（SCSD）收录了所有的中国国家标准（GB）、国家建设标准（GBJ）、中国行业标准的题录摘要数据，共计 16 万余项。国外标准题录数据库（SOSD）收录了世界范围内重要标准的题录摘要数据，如国际标准（ISO）、国际电工标准（IEC）、欧洲标准（EN）、德国标准（DIN）、英国标准（BS）、法国标准（NF）、日本工业标准（JIS）、美国标准（ANSI）、美国部分学协会标准（如 ASTM、IEEE、UL、ASME）等，共计 38 万余项。职业标准全文数据库（CVSD）收录了由人力资源和社会保障部职业能力建设司编制、中国劳动社会保障出版社出版的《国家职业标准汇编》中的标准，为各级职业技能鉴定机构及职业教育培训机构、职业院校等开展职业教育培训和职业技能鉴定工作提供了重要依据。CNKI 中国知网标准数据总库检索界面如图 3-13 所示。

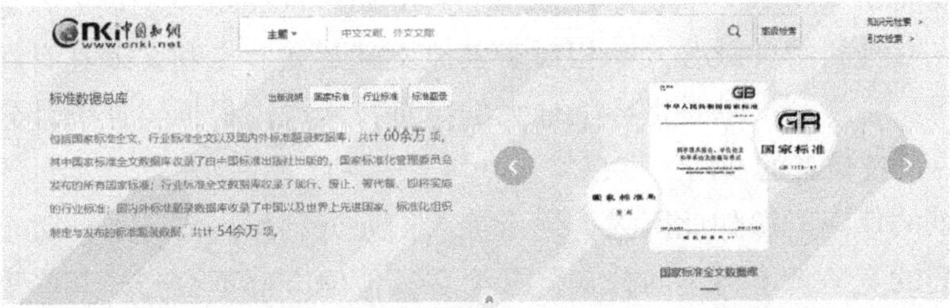

图 3-13 CNKI 中国知网标准数据总库检索界面

2）中外标准数据库

中外标准数据库（China Standards Database）收录了所有中国国家标准（GB）、中国行业标准（HB），以及中外标准题录摘要数据，共计 200 余万条记录，其中中国国家标准全文数据内容来源于中国质检出版社，中国行业标准全文数据收录了机械、建材、地震、通信标准，以及由中国质检出版社授权的部分行业标准，中外标准题录摘要数据内容来源于浙江省标准化研究院。它收录的国外标准来源于科睿唯安国际标准数据库，涵盖国际及国外先进标准，包含超过 55 万个标准相关文档，涵盖各个行业。

中外标准数据库检索界面如图 3–14 所示。

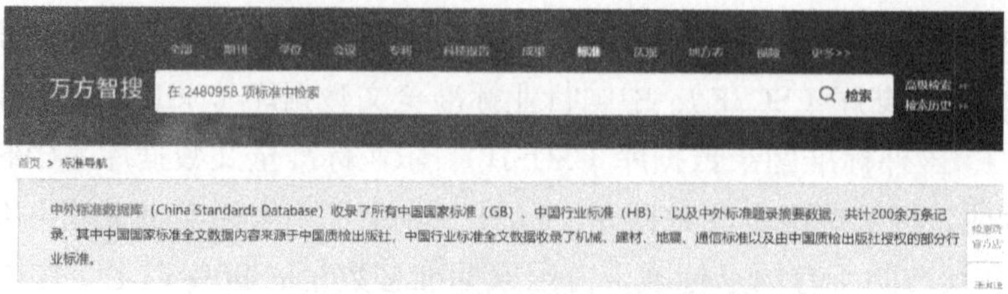

图 3–14　中外标准数据库检索界面

3.1.5　专利

（1）概述

在拉丁语中，“专利”被称为 Litterae patentes，称为公开的信件或公共文献，是中世纪君主颁布某项特权的证明，后来指英国国王签署的独占权利证书。当今，专利一般是由国家政府机关或代表若干国家的区域性组织根据申请颁发的一种文件，这种文件记载了发明创造的内容，并且在一定时期内产生这样一种法律状态，即在一般情况下，获得专利的发明创造只有经专利权人许可后他人才能予以实施。在中国专利可分为发明、实用新型和外观设计三种类型。

专利文献是信息技术最有效的载体，包含了全球 90% 以上的最新情报技术，比一般技术刊物提前 5 ～ 6 年公开相关信息，而且 70% ～ 80% 的发明创造只通过专利文献公开，并未在其他科技文献公开。相对于其他文献形式，专利文献具有新颖性、实用性的特点。可见，专利文献是世界上最大的信息技术源，根据实证统计分析，专利文献涵盖了世界科技信息的 90% ～ 95%。

专利文献的信息资源如此巨大，远未被人们充分利用。实际上，对企业而言，专利是企业之间的竞争者不得不向公众公开而在其他地方都不会公开某些重要信息的地方。因此，企业竞争情报的研究者通过严密、细致、综合地分析相关专利文献，可以从中得到有用的信息，使公开的专利资料为企业所用，从而实现该企业特有的经济价值。科研工作中经常查阅相关专利文献，不仅可以提高科研项目的研究起点和研究水平，还可以节约 60% 的研究时间和 40% 的研究经费。

专利文献包括专利说明书、专利公报（摘要）、商标、设计公报，以及检索专利的工具等。专利文献具有技术性、新颖性、实用性的特征，是重要的技术经济情报源。

（2）主要数据库介绍

1）国家知识产权局专利检索及分析系统

国家知识产权局专利检索及分析系统是集专利检索与专利分析于一身的综合性专

利服务系统，它依托丰富的数据资源，提供了简单、快捷、丰富的专利检索与专利分析功能。该数据库共收集105个国家、地区和组织的专利数据，还收录了引文、同族、法律状态等数据信息。国家知识产权局专利检索及分析系统检索界面如图 3-15 所示。

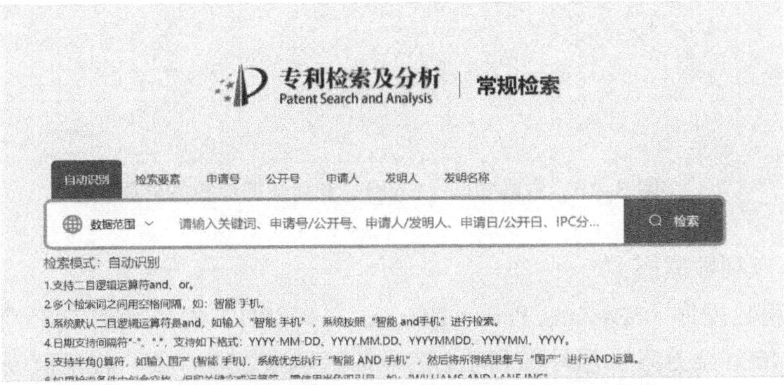

图 3-15　国家知识产权局专利检索及分析系统检索界面

2）中国知网（CNKI）专利数据库

中国知网（CNKI）专利数据库由中国专利全文数据库（知网版）和海外专利摘要数据库（知网版）组成。该数据库包含申请号、申请日、公开号、公开日、专利名称、摘要、分类号、申请人、发明人、优先权等检索字段，用户可通过这些字段进行专利文献检索，对于国内专利，可一次性下载专利说明书全文，对于国外专利，说明书全文被链接到欧洲专利局网站。与一般的专利数据库相比，中国专利全文数据库（知网版）和海外专利摘要数据库（知网版）每条专利的知网节都汇集了与该专利相关的最新科技文献、科技成果、标准等信息，可以完整地展现该专利的相关研究背景、最新发展动态、研究领域的发展趋势，用户也可以浏览发明人与发明机构的更多研究论述，以及其在各种出版物上发表的相关文献。目前，中国专利全文数据库（知网版）收录了 1985—2022 年的中国专利 4980 余万条；海外专利摘要数据库（知网版）收录了 1970—2022 年的国外专利 105 648 500 条。中国知网（CNKI）专利数据库检索界面如图 3-16 所示。

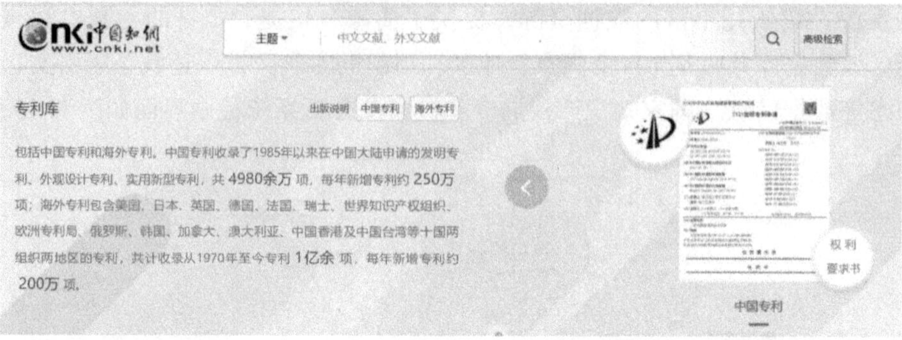

图 3–16　中国知网（CNKI）专利数据库检索界面

3）中外专利数据库

中外专利数据库（Wanfang Patent Database，WFPD）收录始于 1985 年，目前共收录中国专利 4060 余万条、国外专利 1.1 亿余条，年增 200 万条，收录范围涉及 11 个国家、2 个组织等，其中 11 个国家为中国、美国、澳大利亚、加拿大、瑞士、德国、法国、英国、日本、韩国、俄罗斯；2 个组织为世界知识产权组织、欧洲专利局。中外专利数据库检索界面如图 3–17 所示。

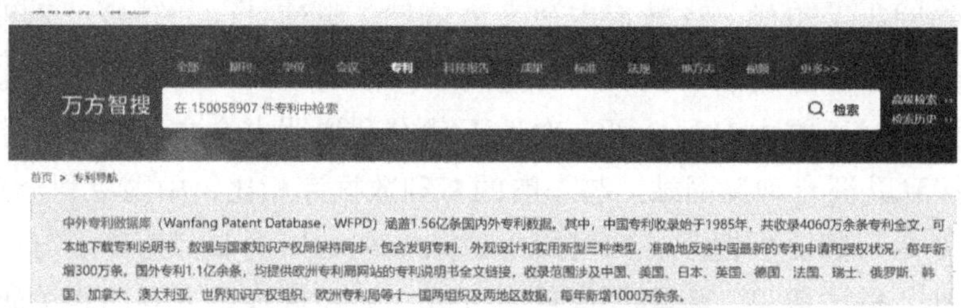

图 3–17　中外专利数据库检索界面

4）美国专利全文数据库

美国是拥有专利最多的国家，其专利局每年公布的专利数量达 7 万～ 8 万件，以日本和西欧各国为代表的先进工业国的先进技术涌入美国，其在美国申请专利并占领美国市场。外国人在美国申请的专利约占美国专利总数的 28%。美国每年批准的专利数量居世界首位，且在一定程度上反映了世界各国技术发展的水平和趋势。

美国专利商标局网站向广大公众提供了全方位的专利服务信息，该网站是由美国专利商标局建立的政府性官方网站。美国专利全文数据库除了提供专利数据库检索服务外，还提供对其他相关信息的检索服务，如专利概述、专利申请、文献公布程序、美国专利分类体系、专利维持费用、专利审查流程等。美国实行完全审查制，公布的专利质量比较高，但对专利数据出版公布比较晚。该数据库收录了 1790 年以来的专利，分为授权专利及公开专利申请两个数据库，检索分数据库进行，另外，还包括按专利号检索的失效专利数据库。美国专利全文数据库有快速检索、高级检索、精确检索、专利号检索 4 种检索方式。美国专利全文数据库检索界面如图 3–18 所示。

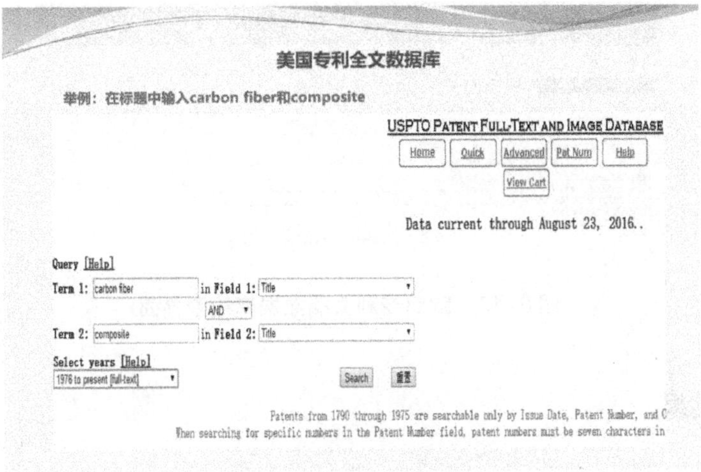

图 3–18　美国专利全文数据库检索界面

5）欧洲专利文摘数据库

欧洲专利文摘数据库是由欧洲专利局（EPO）及其成员国的专利局提供的，为免费全文数据库，该数据库由 EP（欧洲专利局的专利）、Patent Abstracts of Japan（日本专利英文文摘数据库）、WIPO（世界知识产权组织的专利）、Worldwide（世界范围内的专利）4 个数据库组成。

EP（欧洲专利局的专利）展示欧洲专利局在最近 24 小时内公布的专利申请，只提供目录信息，每周更新。

Patent Abstracts of Japan（日本专利英文文摘数据库）收录 1976 年 10 月以来存档的日本专利申请文摘，包括未审查的文摘，从 1998 年起它也收录优先权不在日本的专利申请文摘，部分专利有全文，按月更新。

WIPO（世界知识产权组织的专利）展示世界知识产权组织在最近 24 小时内公布的专利申请，只提供目录信息，每周更新。

Worldwide（世界范围内的专利）用英文文摘展示了 70 个国家和地区的专利文献，用户可在线浏览多个国家的专利说明书全文，目前其专利数据量已达到 4500 万条。欧洲专利文摘数据库检索界面如图 3–19 所示。

图 3–19　欧洲专利文摘数据库检索界面

3.1.6　科技成果

（1）概述

科技成果是指人们在科学技术活动中通过复杂的智力劳动所得出的具有某种被公认的学术或经济价值的知识产品。1986 年，《中国科学院科学技术研究成果管理办法》中将其定义为“对某一项科学技术研究课题，通过观察实验、研究试制或辩证思维活动取得的具有一定学术意义或实用意义的结果”（佚名，2020）。科技成果是在开展科研项目、科研成果管理及科研服务工作时，情报检索机构构建的基于本省或本行业的科技成果数据库，其中最主要的是因科研项目管理需要而形成的科技成果资源库。围绕科技成果资源库，情报检索机构可以开展科技查新、科研产出分析、科研绩效评价、知识产权分析报告和科技报告撰写等服务。科技成果按其研究性质分为基础研究成果、应用研究成果和发展工作成果。

（2）主要数据库介绍

1）中国科技项目创新成果鉴定意见数据库（知网版）

中国科技项目创新成果鉴定意见数据库（知网版）由中国化工信息中心采集和编制，通过中国知网整合出版。它主要收录了 1978 年以来正式登记的中国科技成果，部分成果可追溯至 1920 年。每条成果信息包括成果概况、立项概况、评价概况、知识产权状况、成果应用情况、成果完成单位及完成人等，特别收录了专家组预估的科技成果推广应用前景及提出的措施、主要技术文件目录及来源、测试报告和鉴定意见等。与通常的科技成果数据库相比，中国科技项目创新成果鉴定意见数据库（知网版）中每项科技成果的知网节都集成了与该科技成果相关的最新文献、科技成果、标准等信息，可以完整地显示出该科技成果产生的背景、最新发展动态、相关领域的发展趋势，用户可以浏览科技成果完成人和完成机构的更多论述，以及其在各种出版物上发表的相关文献。中国科技项目创新成果鉴定意见数据库（知网版）检索界面如图 3-20 所示。

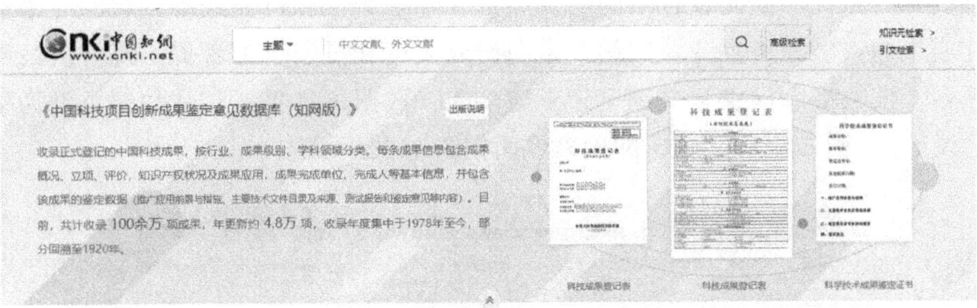

图 3-20　中国科技项目创新成果鉴定意见数据库（知网版）检索界面

2）中国科技成果数据库

中国科技成果数据库（China Scientific & Technological Achievements Database）是万方数据知识服务平台下的数字资源，该数据库收录了自 1978 年以来国家和地方的主要科技计划、科技奖励成果，以及企业、高等院校和科研院所等单位的科技成果信息，涵盖新技术、新产品、新工艺、新材料、新设计等众多学科领域，共计 64 万余项。数据库每两个月更新一次，年新增数据量在 1 万条以上。中国科技成果数据库检索界面如图 3-21 所示。

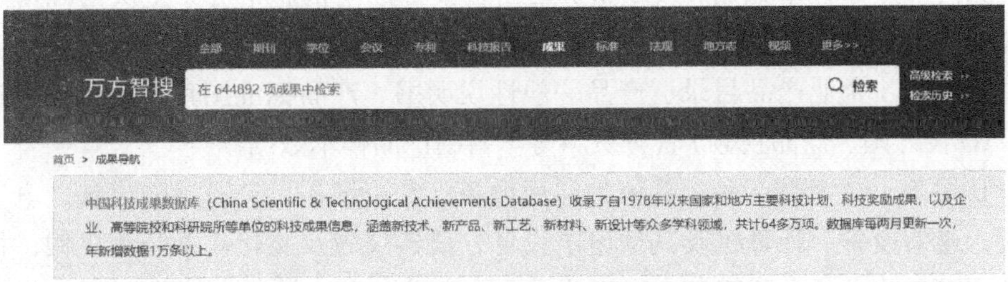

图 3-21　中国科技成果数据库检索界面

3.2　情报检索专题资源

专题资源数据库是针对特定领域专业特点和用户特色需求，从海量的初级情报信息数据中进行筛选，并通过一定的加工过程所形成的数据资源。目前，甘肃省科学技术情报研究所收录的情报检索专题资源数据库主要有国务院发展研究中心信息网、重庆尚唯产品样本数据库、中国生物医学文献服务系统、incoPat 全球专利数据库、PatSnap 智慧芽全球专利数据库等。

3.2.1 国务院发展研究中心信息网

国务院发展研究中心信息网（简称“国研网”）是以国务院发展研究中心丰富的信息资源为依托，全面整合中国宏观经济、金融研究和行业经济领域的专家资源及其研究成果的大型经济类专业网站，是向研究人员和投资决策者提供经济决策支持的信息平台。该数据库提供全文浏览、下载功能，数据每日更新。其数据类型为事实数据、会议论文 / 科技报告。国研网检索界面如图 3–22 所示。

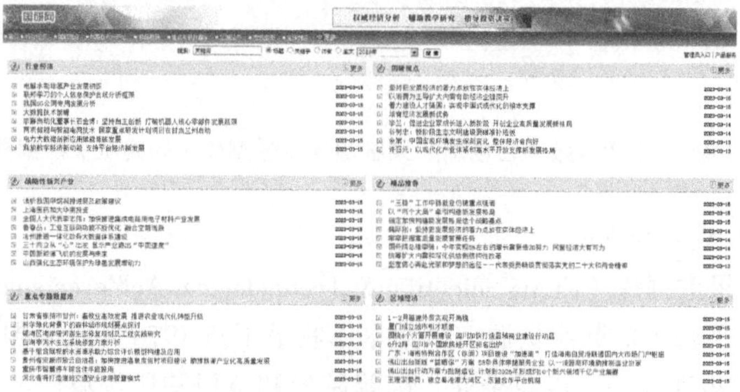

图 3–22 国研网检索界面

3.2.2 重庆尚唯产品样本数据库

重庆尚唯产品样本数据库（GPD）是由科技部西南信息中心 · 重庆尚唯信息技术有限公司研制开发的，是中国第一个有规模的、深度建设的产品样本数据库。GPD 收录了企业信息、企业产品目录、产品一般性说明书、产品标准图片、产品技术资料、产品 CAD 设计图、产品视频 / 音频资料等丰富的产品样本数据。

GPD 覆盖了 7 大类产品，具体为通用设备，专用设备，交通运输设备，电气机械和器材，通信设备、计算机及其他电子设备，仪器仪表及文化、办公用机械，材料与物资等。GPD 收录了全球知名大型工业企业的产品样本，截至 2013 年 7 月，样本总量已达到 311 万余件。重庆尚唯产品样本数据库检索界面如图 3–23 所示。

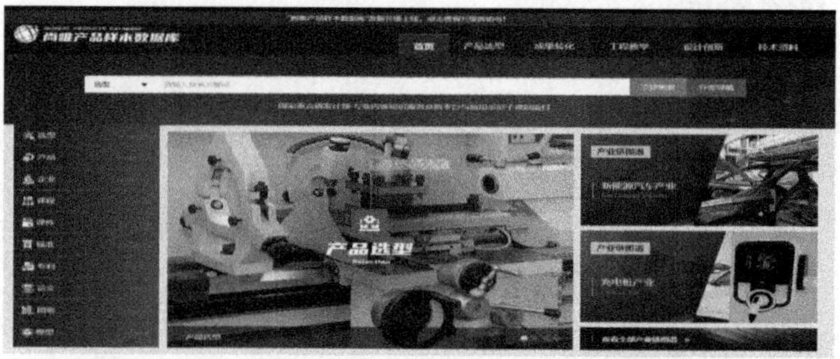

图 3–23 重庆尚唯产品样本数据库检索界面

3.2.3　中国生物医学文献服务系统

中国生物医学文献服务系统（SinoMed）由中国医学科学院医学信息研究所/图书馆开发研制，整合了中国生物医学文献数据库（CBM）、西文生物医学文献数据库（WBM）、北京协和医学院博硕学位论文数据库（PUMCD）等多种资源，是将文献检索、开放获取、个性化定题服务、全文传递服务集于一体的生物医学中外文整合文献服务系统。SinoMed 涵盖了丰富的信息资源，且专业性强，能全面、快速地反映国内外生物医学领域的研究进展。目前，中国生物医学文献服务系统已整合了中国生物医学文献数据库（CBM）、西文生物医学文献数据库（WBM）、中国医学科普文献数据库（CPM）、北京协和医学院博硕学位论文数据库（PUMCD）、日文生物医学文献数据库、俄文生物医学文献数据库、英文会议文摘数据库、英文文集汇编文摘数据库 8 种信息资源，学科范围十分广泛，年代跨度较大，更新及时。中国生物医学文献服务系统检索界面如图 3–24 所示。

图 3–24　中国生物医学文献服务系统检索界面

（1）中国生物医学文献数据库（CBM）

1978 年以来，中国生物医学文献数据库收录了生物医学期刊 2900 余种，其中 2019 年在版期刊有 1890 余种，文献题录总数量为 1080 余万篇，对全部题录都进行了主题标引和分类标引，同时对作者的机构、发表期刊、所涉及的基金等进行了加工处理，使其规范化，并可支持在线引文检索，辅助用户开展引证分析、机构分析等学术研究分析。从 2019 年开始，新增标识 2015 年以来发表的文献通信作者，全面整合中文数字对象唯一标识符（DOI）的链接信息，以便更好地支持生物医学文献的发现与全文在线获取。

（2）西文生物医学文献数据库（WBM）

西文生物医学文献数据库收录了世界各国出版的重要生物医学期刊文献题录共2900余万篇，北京协和医学院馆藏的期刊有6300余种，其中免费期刊有2400余种，时间年代跨度大，部分可追溯至期刊创办年，全面体现北京协和医学院图书馆悠久丰厚的历史馆藏资源。

（3）中国医学科普文献数据库（CPM）

中国医学科普文献数据库收录了1989年以来近百种国内出版的医学科普期刊，文献总数量达到43万余篇，重点体现在养生保健、运动健身、心理健康、生殖健康、婚姻家庭、医学美容、食品营养等医学健康方面的内容。

（4）北京协和医学院博硕学位论文数据库（PUMCD）

北京协和医学院博硕学位论文数据库收录了1981年以来北京协和医学院培养的博士、硕士的学位论文，涉及医学、药学各专业领域及其他相关专业，内容丰富，用户可在线浏览论文全文。

（5）日文生物医学文献数据库

日文生物医学文献数据库收录了1995年以来日本出版的日文重要生物医学学术期刊90余种，部分期刊可少量追溯。

（6）俄文生物医学文献数据库

俄文生物医学文献数据库收录了1995年以来俄国出版的俄文重要生物医学学术期刊30余种，部分期刊可少量追溯。

（7）英文会议文摘数据库

英文会议文摘数据库收录了2000年以来世界各主要学会、协会、出版机构出版的60余种生物医学学术会议文献，部分文献可少量追溯。

（8）英文文集汇编文摘数据库

英文文集汇编文摘数据库收录了馆藏生物医学文集、汇编240余种（册），以及能够从中析出单篇文献的各种参考工具书等资源。数据库内容以最新出版的文献为主，部分文献可追溯至2000年。

3.2.4 incoPat全球专利数据库

incoPat是国内首个将全球顶尖的“发明智慧”深度整合，并将数据翻译为中文，为中国的企业决策者、研发人员、知识产权管理人员提供科技创新情报的专利信息平台。incoPat收录了全球158个国家、地区或组织的超过1.7亿项专利文献，其数据采购自官方和商业机构，并且对专利著录信息及法律、运营、同族、引证等信息进行了深度加工及整合，可实现数据的2小时动态更新。incoPat对全球专利均提供了中英双语的标题和摘要，集成了专利检索、专利题库、分析和监视预警等多个功能模块。

3.2.5 PatSnap 智慧芽全球专利数据库

PatSnap 智慧芽全球专利数据库深度整合了 1790 年至今的全球 116 个国家、地区或组织的 1.45 亿条专利数据，更新速度及时，提供 420 万条文献数据，以及 97 个国家、地区或组织的公司财务数据；提供公开、实质审查、授权、撤回、驳回、期限届满、未缴年费等法律状态数据，还包括专利许可、诉讼、质押、海关备案等法律事件数据。它支持中、英、日、法、德 5 种检索语言，可为广大用户提供智能检索、命令检索、高级检索、批量检索、分类号检索、语义检索、法律检索、扩展检索、图像检索、文献检索十大检索方式，支持检索结果展示、导出、分析、3D 专利地图、工作空间、预警提醒、价值评估、一键生成 8 种类型的分析报告等功能。

4　情报检索业务系统

4.1　业务系统搭建背景

情报检索工作全部过程中最重要的两个文件为情报检索合同和情报检索报告，情报检索工作从业务委托开始到报告归档结束，情报检索流程包括业务委托、业务受理、意见反馈、签订合同、业务分配、查新员检索、报告撰写、审核员审核、报告交付、报告归档等。

在使用信息化手段以前，情报检索业务委托、业务受理及管理靠纯手工运作，业务委托用户在填好委托合同后采用邮箱发送或移动硬盘复制的方式，甚至以纸质件形式将其提交至情报检索机构，情报检索机构业务受理人员经过形式审查、查新点梳理、反复沟通修改后才可以受理情报检索业务。业务受理人员在受理过程中用手工方式对委托合同进行编号、登记、分类，并记录用户的特殊要求等相关信息，成功受理后，业务受理人员将情报检索任务以电子件或纸质件形式移交至情报检索人员，情报检索人员在报告模板中进行项目名称、委托信息、文献检索范围及检索策略、检索结果、结论等部分内容的整理、编辑与排版，形成情报检索报告初稿，将其交送至审核员审核后，出具情报检索正式报告，然后在约定的完成时间内将报告交付给用户。这种“纯手动 + 纸质件”受理与检索的工作方式烦琐低效，进行业务受理时需要专人进行登记管理，业务受理后需要业务委托用户与业务受理人员、业务受理人员与情报检索人员之间多次沟通，频繁打印纸质件、登记受理信息、审核信息，增加了情报检索机构工作人员工作量的同时，也增加了办公耗材的用量；业务受理人员与用户主要通过打电话沟通，机构无法对沟通过程进行管理，同时通信成本占据了很大一部分比例；情报检索流程和业务质量无法得到监控和跟踪管理，如果中间受理、检索或审核某个环节出了问题，相关人员容易互相推诿，解释不清，机构无法寻找证据确定责任人，用户的意见也没有反馈的渠道，无法留下反馈痕迹，导致无法评估情报检索业务的服务质量；情报检索业务管理全靠手工记录，情报检索业务的一切信息都无法得到很好的保留，在进行情报检索数据统计分析时需要手动翻阅查询记录，不仅费时费力，而且无法利用信息化手段进行情报检索数据的深度挖掘与分析。

随着信息化时代的发展，情报检索工作在数字化、规范化的道路上不断前进。甘肃省科学技术情报研究所原来的情报检索业务系统已运行了十几年，几乎每年都要升级改造，虽然比手工模式方便快捷，业务受理与管理都通过系统进行，但是运行状态不太稳定，功能相对简单，一些工作依旧需要手工记录与统计。随着工作量的加大，原来的情报检索业务系统已不能满足当前的情报检索需要。为了提高系统的稳定性，解决效率相对低下的问题，在甘肃省科学技术情报研究所科技信息网络中心的大力支持下，情报检索中心于2019年12月正式上线了新的甘肃省科技情报检索评价管理系统。

4.2 业务系统简介

4.2.1 业务系统概述

甘肃省科技情报检索评价管理系统综合运用数据挖掘、流程管理、电子防伪等技术，集用户委托与业务管理于一体，是一个数字化、流程化、规范化、网络化的业务服务平台。

甘肃省科技情报检索评价管理系统是甘肃省科学技术情报研究所着眼于甘肃科研机构或个人对情报检索的需求，自主研发运行的业务系统，旨在为全省乃至全国科研机构或个人提供全学科、全行业、全方位的科技情报检索服务。该平台运行以来，已为电子信息、先进制造、航空航天、现代交通、生物医药与医疗器械、新材料、新能源与节能、环境保护、现代农业等领域的科研机构和个人提供了上万次服务，完成超10 000项情报检索服务。该平台的主要服务对象为甘肃省内外的科研机构或个人，为评价项目创新水平、发掘优秀科研成果、协助奖励申报、促进科技成果转移转化、服务甘肃省科技创新提供了重要支撑，为甘肃省科技发展、社会发展、经济发展做出一定贡献。

甘肃省科技情报检索评价管理系统主要立足甘肃地区，秉承“开放革新、立足甘肃、服务全国”的发展理念，愿与全国同行深化合作交流，携手共促发展，努力推动我国科技情报检索事业的蓬勃发展，促进科技情报检索方式更加科学合理，业务流程更加规范顺畅，检索结果更加具有独立性、客观性、公正性、真实性、全面性，更加能够体现情报检索业务的鉴证作用和使用价值。

4.2.2 业务系统发展历程

（1）需求提出阶段

随着计算机科学技术的飞速发展，情报检索中心使用多年的科技查新管理系统已不能满足数字化、信息化的要求，原有系统面临升级或重建的选择，随着甘肃省科学技术情报研究所业务的扩充和发展，重建情报检索平台的契机到来。2016年6月，科技部正式废止了科技成果鉴定制度，科技行政管理部门不再组织成果鉴定，由第三方专业评价机构取而代之开展科技成果评价工作。甘肃省科技厅积极响应国家政策，落实科技管理“放、管、服”改革要求，着力培育甘肃省专业化、规范化、市场化的科技成果评价机构，依据《甘肃省科技厅科技管理工作委托方案》，在充分调研的基础上于 2017 年 11 月发布了《关于科技成果第三方评价机构的公告》，明确甘肃省科学技术情报研究所、甘肃省科技发展促进中心为甘肃省首批科技成果第三方评价试点机构，专业从事科技成果评价、科技成果宣传推介等工作，甘肃省科学技术情报研究所科技成果评价工作由情报检索中心具体开展，经过两年的工作实践，其提出了搭建科技成果评价业务系统的需求，由此产生了将科技成果评价业务系统、情报检索业务系统、知识产权评议业务系统整合形成甘肃省科技情报检索评价管理系统的想法和思路。

（2）系统研发阶段

2019 年初，甘肃省科学技术情报研究科技信息网络中心接受了甘肃省科技情报检索评价管理系统的研究开发工作。甘肃省科学技术情报研究科技信息网络中心一直以来承担全省科技网络系统的建设和运维工作，如承担了甘肃省科技厅相关网站的建设和运维工作。甘肃省科学技术情报研究科技信息网络中心建有绿色节能模块化标准机房，现有云服务器 50 台，存储容量为 500 TB，网络出口带宽为 1 Gbps，拥有防火墙、入侵检测、备份容灾、负载均衡等软硬件一体的完善可靠的网络安全运营体系。甘肃省科学技术情报研究科技信息网络中心拥有雄厚的技术功底和丰富的研发经验，技术研发团队擅长电子政务系统、科研服务系统、科技查新管理系统的研究开发和运营维护，其中，电子政务系统以项目申报系统和专家管理系统为主，现已推广应用至 5 家单位；科研服务系统以创新平台为主，现已推广应用至 6 家单位；科技查新管理系统现已推广应用至 25 家单位。2019 年 10 月底，甘肃省科学技术情报研究科技信息网络中心历时 8 个月完成了甘肃省科技情报检索评价管理系统所有功能模块的开发。

（3）系统测试阶段

2019 年 11 月，甘肃省科技情报检索评价管理系统进行了为期两个月的内部测试运行，包括账户注册、业务委托、业务受理、业务分配、报告提交、报告审核、短信发送、全流程留痕监督等功能是否符合运行需求，信息填写、修改、保存和附件上传等操作的响应时间，信息的安全性和兼容性，运行的稳定性和可靠性等测试内容。测试运行期间进行了多次测试意见反馈和系统修改设计工作，系统测试成熟以后开展了试运行工作。

（4）系统试运行阶段

在甘肃省科技情报检索评价管理系统基本能满足情报检索工作的基础上，定于 2019 年 12 月 1 日正式上线试运行。用户反馈的意见总体为业务系统使用便捷、运行相对平稳，可以直接以短信接收修改意见，实现了项目信息、开票信息在线填写、汇款凭证和相关附件一键上传，解决了以邮箱或短信发送必要信息的问题，减少了用户工作量，提高了其工作效率。情报检索人员反馈的意见总体为业务系统操作简单流畅，处理速度较快，实现了情报检索工作的无纸化办公，每个环节都留有痕迹，提高了情报检索工作效率。新冠疫情以来，甘肃省科技情报检索评价管理系统实现线上办公，情报检索人员居家办公，情报检索工作得以正常开展，基本不受疫情影响，用户与情报检索人员无须见面，甚至杜绝纸质材料往来，极大地减少了新冠病毒感染风险。

4.2.3 业务系统特点

（1）数字化、流程化

业务委托用户在甘肃省科技情报检索评价管理系统注册并登录账号后，填写、提交委托单；业务受理人员登录业务系统进行业务受理，将委托合同分配给选定的情报检索人员；报告初稿完成后，情报检索人员通过平台将报告初稿提交给审核员进行审核；审核员通过审核后报告被自动归档，用户可以在平台进行报告下载和查看。业务系统采用信息化工具对以上流程进行数字化管理，通过分析记录业务委托用户和情报检索人员的流程，使业务委托用户与情报检索人员、甘肃省科学技术情报研究所情报检索中心内部情报检索工作人员之间能相互协同工作，解决了情报检索业务管理中存在的问题，实现了高效的数字化、流程化管理。

（2）精确化、规范化

甘肃省科技情报检索评价管理系统将互联网技术、工作流技术、精确化管理有机地结合起来，贯穿情报检索业务的全过程，让每个环节可追踪、可监控、可管理。系统拥有精确、丰富的统计功能，可以统计所选择时段业务委托数量、学科类型、检索目的、检索范围等情况，查看和统计每名工作人员的业务量和完成情况，方便业务受理人员及时协调和分配检索任务。系统嵌套了情报检索报告模板，可自动将用户委托内容转换为查新报告的相关部分，情报检索人员通过下载使用报告模板，规范了报告的格式，降低了查新员的工作量，提高了其工作效率。系统根据情报检索机构不同人员的工作需要设置不同的使用权限，实现情报检索业务的分层次、规范化管理。

甘肃省科技情报检索评价管理系统从根本上提高了情报检索管理工作的科学化、规范化、智能化和信息化水平，为业务委托用户和情报检索人员提供了便捷的服务，减少了情报检索人员的工作负荷和重复劳动，提高了情报检索工作效率。

4.3 业务系统功能

4.3.1 业务系统首页

甘肃省科技情报检索评价管理系统将科技成果评价、科技查新检索、知识产权评议业务集成在一起，业务委托用户和业务管理人员共用一个管理平台，可在登录时选择身份，如图 4–1 所示。业务系统网址为 http：//www.gskjpj.cn/。

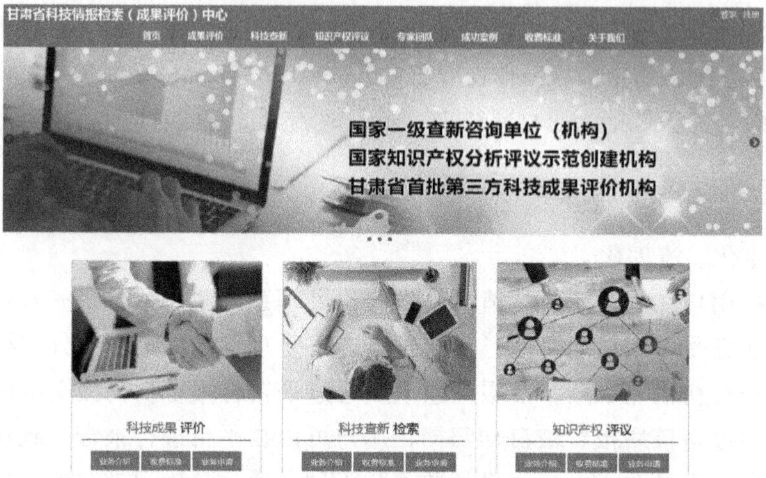

图 4–1　业务系统首页

4.3.2　业务委托用户身份

（1）注册

1）老用户使用用户名和密码直接登录，无须注册。登录成功后，老用户必须首先在“信息维护 —> 申请机构信息”中完善单位信息后才能委托业务。

2）新用户在登录页面点击“手机登录”标签，填写手机号、获取验证码后直接登录，无须注册。登录成功后，新用户必须首先在“信息维护 —> 申请机构信息”中完善单位信息后才能委托业务。

（2）登录

在图 4–2 所示的业务委托用户登录界面输入账号、密码及验证码，点选“业务委托用户”，即可登录业务委托用户界面，它包括委托业务、信息维护、退出登录三大模块（图 4–3）。

（3）委托业务

委托业务包括新增科技查新委托、新增论文检索委托、新增知识产权评议、新增科技成果评价、委托进度信息查询等功能，信息维护包括申请机构信息和密码设置修改功能。其中申请机构信息维护内容包含申请机构名称、申请机构性质、项目负责人和项目联系人及其联系方式、通信地址，以及发票类型、纳税人名称、纳税人识别号、纳税人地址及电话、开户行、开户行账号等信息（图 4–4）；业务委托用户可以通过密码设置修改功能重置密码，方便记忆（图 4–5）。

图 4–2　业务委托用户登录界面

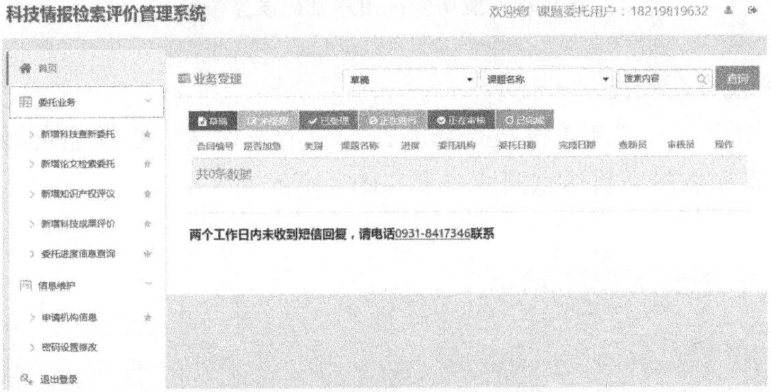

图 4–3　业务委托用户界面

图 4–4　申请机构信息维护

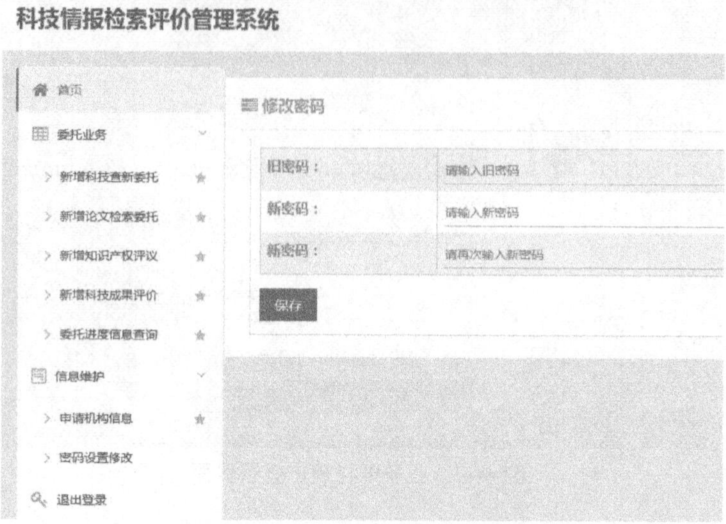

图 4-5　业务委托用户密码设置修改

1）新增科技查新委托

业务委托用户点击“新增科技查新委托”向情报检索中心发起查新申请，需要填写申请机构信息和查新项目信息两块内容（图 4-6）。

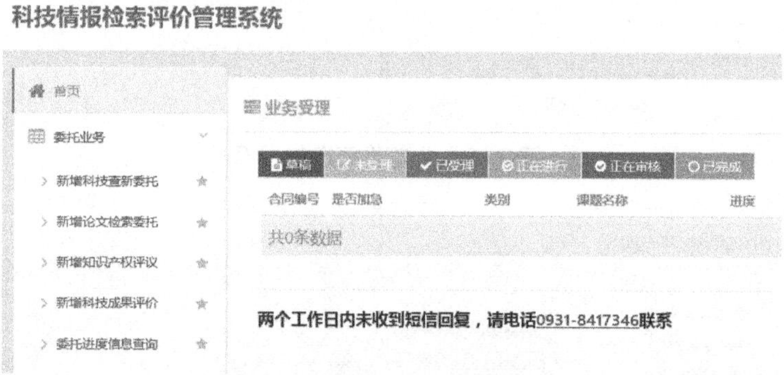

图 4-6　新增科技查新委托界面

①申请机构信息

如图 4-7 所示，申请机构信息包括申请机构名称、申请机构性质，项目负责人和项目联系人及其联系方式、通信地址，以及发票类型、纳税人名称、纳税人识别号、纳税人地址及电话、开户行、开户行账号等信息。

图 4–7　新增科技查新委托界面 1

②查新项目信息

如图 4–8 所示，查新项目信息包括查新目的、查新范围、项目名称、学科类型、项目来源、项目的技术要点、项目的创新点等内容。在填写申请机构信息和查新项目信息过程中可以随时保存草稿，需要修改时在草稿箱点击“修改”，需要删除时在草稿箱点击“删除”。业务委托用户将信息填写完整后点击“提交委托”，查新委托会出现在平台业务管理界面。

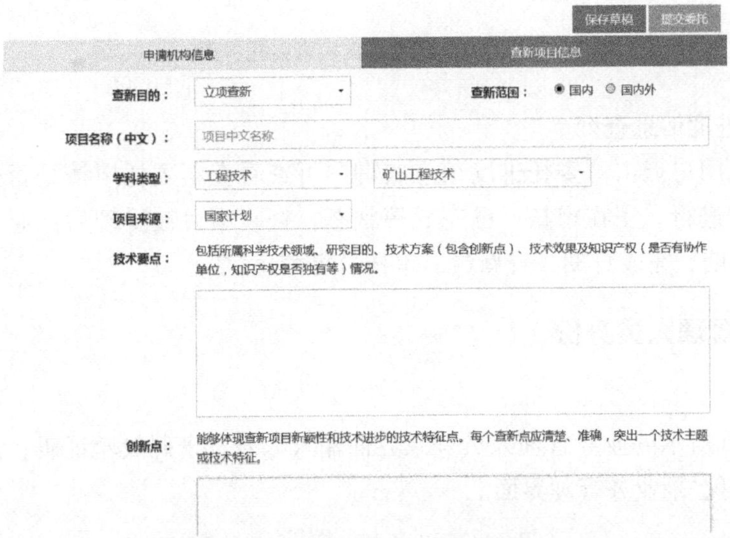

图 4–8　新增科技查新委托界面 2

2）新增论文检索委托

业务委托用户点击“新增论文检索委托”向情报检索中心发起论文检索申请，需要填写的申请机构信息同新增科技查新委托。如图 4–9 所示，检索项目信息包括检索目的、检索范围、检索项目名称、检索数据库、检索要求、检索内容、检索词、相关附件等，需要检索的论文太多导致在检索内容框中填不下或上传太慢时，可以将论文以附件形式上传至平台。完善申请机构信息和检索项目信息后点击“提交委托”，等待情报检索中心的反馈。

图 4–9　新增论文检索委托界面

3）委托进度信息查询

业务委托用户点击“委托进度信息查询”可查看查新委托申请是否处于未受理、已受理、正在进行、正在审核、已完成等状态，查新项目被受理后，业务委托用户可以看到委托日期、完成日期、查新员、审核员等信息。

4.3.3　业务管理人员身份

（1）登录

在图 4–10 所示的业务管理人员登录界面输入账号、密码及验证码，点选“业务管理人员”，即可登录业务管理界面。

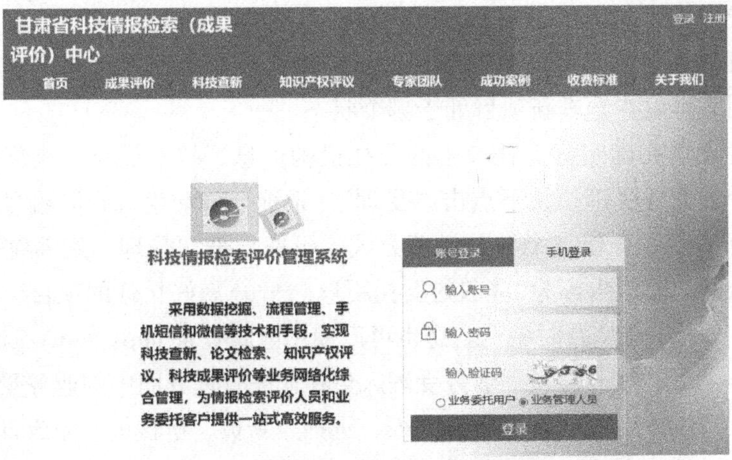

图 4-10　业务管理人员登录界面

（2）业务管理

业务管理包括我的工作、快递统计、业务统计、财务统计、系统管理、退出登录等六大模块。根据业务需求，平台对业务受理人员、情报检索人员、审核员开放的权限不同，业务受理人员和情报检索人员没有审核权限，情报检索人员和审核员没有受理及快递统计、财务统计权限。

1）我的工作

我的工作包括业务受理、业务进度、课题检索、正在检索、正在审核、已完成、审核任务、审核完成等内容，如图 4-11 所示。

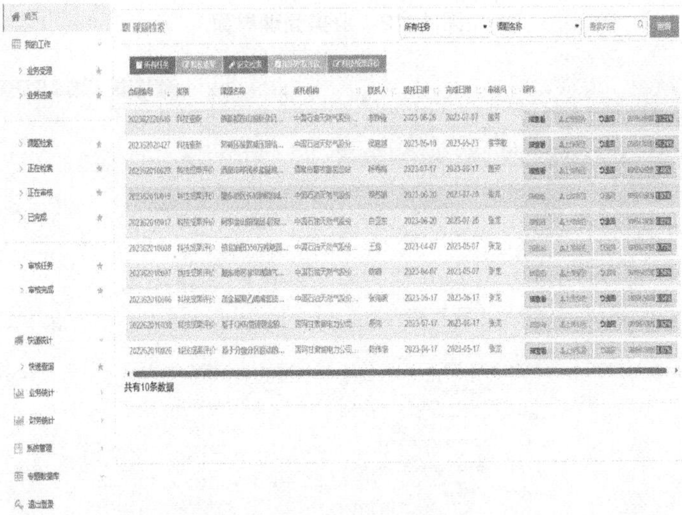

图 4-11　业务管理界面

①业务受理

业务受理界面显示出来的查新项目为业务委托用户提交的等待受理的查新项目，在“进度”列表可以查看查新项目处于哪个状态。

业务受理人员在确定好委托单中的委托机构信息、技术要点、查新点以后，在业务管理界面中的业务受理模块下点击“受理”，系统会自动生成合同编号，业务受理人员记录好查新费用、查新点个数及缴费方式，再次点击“受理”后系统会自动发送短信告知用户缴费，短信内容为“尊敬的委托用户 ****** 您好！你的项目《××××××》需查新费用 *** 元，请您及时缴费。您也可以使用电脑登录 http：//www.gskjpj.cn/ 查看业务进度”（图 4–12）。用户缴费后业务受理人员在业务管理界面中的业务受理模块下核对收款单并点击“分配”，进入业务分配界面，选择查新员、审核员、完成日期后点击“分配”，将查新业务分配给所选的查新员（图 4–13）。

图 4–12　业务受理界面

图 4–13　业务分配界面

②业务进度

如图 4–14 所示，业务管理界面中的业务进度模块包含全部进度、已分配、正在检索、正在审核、已完成等功能，可查看合同编号、类别、课题名称、委托机构、联系人、联系电话、委托日期、完成日期、查新费用、状态、查新员、审核员等信息，业务受理人员可点击“撤回”，进行受理信息修改。

图 4–14　业务进度界面

③课题检索

查新员从课题检索界面点击“查看”进入查新项目查看界面，可自动生成查新合同和空白版查新报告，也可通过发送短信与业务委托用户取得联系（图 4–15、图 4–16）。查新报告初稿完成以后，查新员点击“上传报告”上传初稿，该项查新自动转移到正在检索模块；点击“退回”可将该项查新退回到业务受理界面。

图 4–15　课题检索界面

图 4–16　查新项目查看界面

点击“生成查新合同”自动生成查新合同及合同编号，在固定位置自动嵌套申请机构名称、联系人及其通信地址、联系方式，查新机构名称、开户银行名称和账号、联系人及其通信地址、联系方式，以及查新费用、法定代表人 / 委托代理人签名、合同生成的日期等，业务受理人员直接打印合同，让双方机构盖章并签字。

点击“生成查新报告”自动生成查新报告及报告编号，在固定位置自动嵌套项目名称、委托单位、委托人、委托日期、查新机构、查新目的、项目的科学技术要点、查新要点与查新要求、文献检索范围及检索策略等信息，查新员只需要调整格式，撰写检索结果和查新结论部分内容，这为查新员提供了极大的方便。

④正在检索

查新员将初稿上传后在“正在检索”模块中点击“提交审核”，将查新提交给审核员，该项查新自动移动到“正在审核”模块；若审核员审核不通过，需要查新员进行修改，从正在审核界面退回的查新重新回到“正在检索”模块，查新员从该处下载审核报告修改后重新提交审核，如图 4–17 所示。

图 4–17　正在检索界面

⑤正在审核

“正在审核”模块中出现的查新皆为查新员提交给审核员的查新报告，它们同时会出现在审核员的“任务审核”模块中，如图 4–18 所示。

图 4–18　正在审核界面

⑥已完成

通过审核的查新报告，全部存档在“已完成”模块中，方便之后使用，如图 4–19 所示。

⑦审核任务

“审核任务”模块和“完成审核”模块只出现在审核员的业务管理平台中，“审核任务”模块中出现的查新为查新员提交给审核员的查新报告，其包括查看、通过审核、退回等功能，如图 4–20 所示。审核员通过点击“查看”下载查新报告初稿进行审核，通过审核的查新报告自动移动至“完成审核”模块，退回的查新报告重新回到查新员的“正在检索”模块。

图 4-19　已完成界面

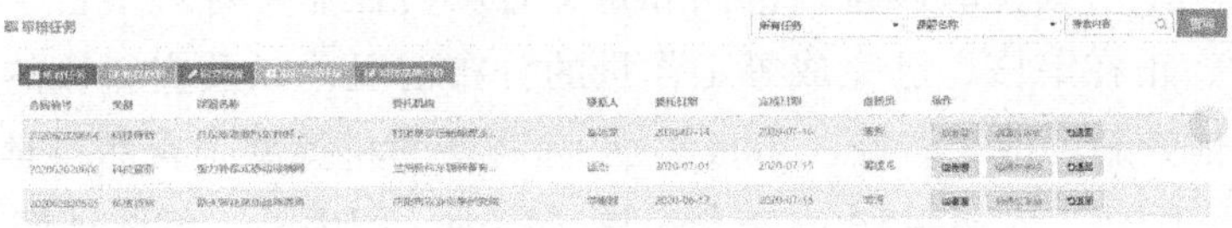

图 4-20　审核任务界面

⑧完成审核

审核员通过审核的查新报告全部存档在“完成审核”模块，方便之后使用，如图 4-21 所示。

图 4-21　完成审核界面

2）快递统计

快递统计模块包括未快递、已快递、查询、导出快递单、更改快递状态等功能。未快递功能下的为通过审核但未交付给用户的查新，已快递功能下的为已经交付给用户的查新，未快递功能下的查新可通过更改快递状态功能自动移动至已快递功能下；

工作人员可通过查询功能查询所选择时段的快递状态；通过导出快递单功能导出的 Excel 表格可自动嵌入快递公司的官网，工作人员可直接打印快递单，省去了复制、粘贴快递信息的麻烦，为业务管理人员提供了极大的方便，如图 4-22 所示。

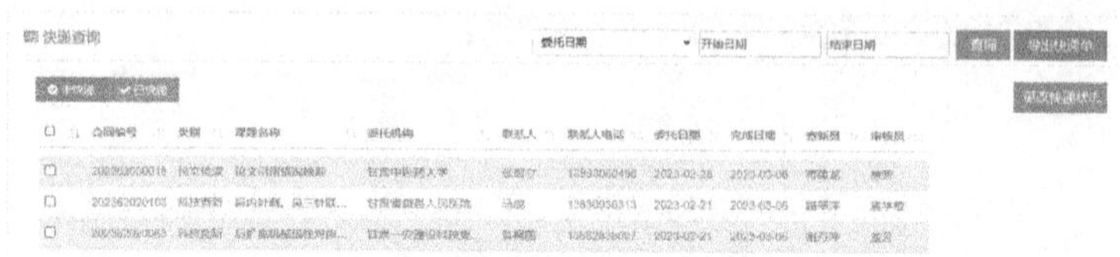

图 4-22　快递统计界面

3）业务统计

业务统计模块包括课题统计、统计报表功能。课题统计功能以折线图、柱状图的形式直观地展现出所选择时段整个部门和每个查新员在业务管理平台中未分配、已分配、正在检索、正在审核、已完成等工作量的分布情况，以及查新目的（专利查新、产品查新、其他查新、成果查新、申报奖励）、查新学科类型（自然科学、社会科学、工程技术、医学医药、农林水利）、查新范围（国内、国内外）的统计情况，如图 4-23 所示。统计报表功能可以统计所选择时段整个部门和每个查新员在业务管理平台中的所有任务，如图 4-24 所示。

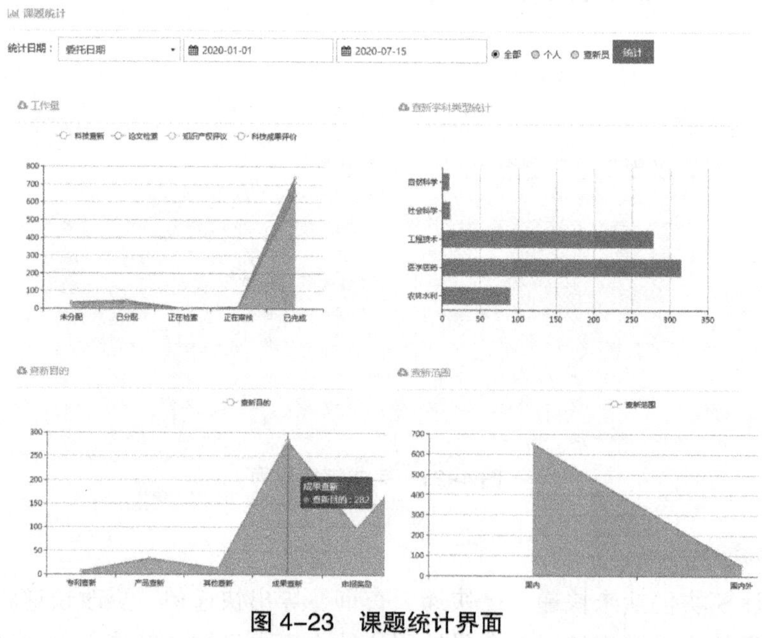

图 4-23　课题统计界面

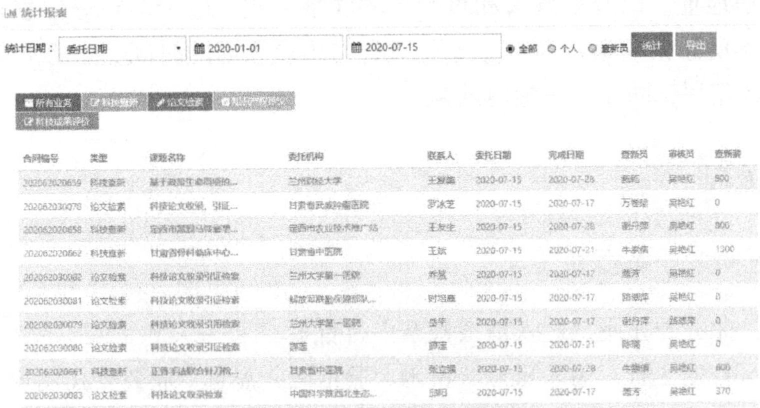

图 4–24 统计报表界面

4）财务统计

财务统计模块可以展现出所选择时段整个部门和每个查新员、审核员在业务管理平台中所有任务的费用情况，他们可以在该界面进行费用的补填和修改，方便以后更加精准地统计，如图 4–25 所示。

图 4–25 财务统计界面

5）系统管理

系统管理模块包括委托用户管理、中心人员管理、单位信息管理、短信模板、密码修改功能，审核员和查新员的业务管理平台系统管理模块中只有委托用户管理和密码修改功能。在用户忘记密码的情况下，工作人员可通过委托用户管理功能帮用户重置密码；中心人员管理功能用来编辑中心人员姓名、职称、电话、邮箱等个人信息，重置中心人员业务管理平台登录密码和设置管理权限（业务管理、课题查新、课题审核、业务统计、财务统计）；单位信息管理功能可编辑机构名称、机构资质、机构网址、机构通信地址，以及联系人和负责人的联系方式、电子信箱等信息；短信模板功能可编辑常用的短信模板，为中心人员节省与用户沟通的时间；中心人员可通过密码修改功能修改密码，防止密码泄露或被盗。

4.4 操作流程

4.4.1 情报检索业务委托

第一步：业务委托用户进入情报检索平台首页。

第二步：首先注册，输入账号、密码、验证码，点选“业务委托用户”进行登录。

第三步：完成新增科技查新委托、新增论文检索委托、新增知识产权评议、新增科技成果评价等业务。

第四步：填写委托单，如图 4–26 所示。

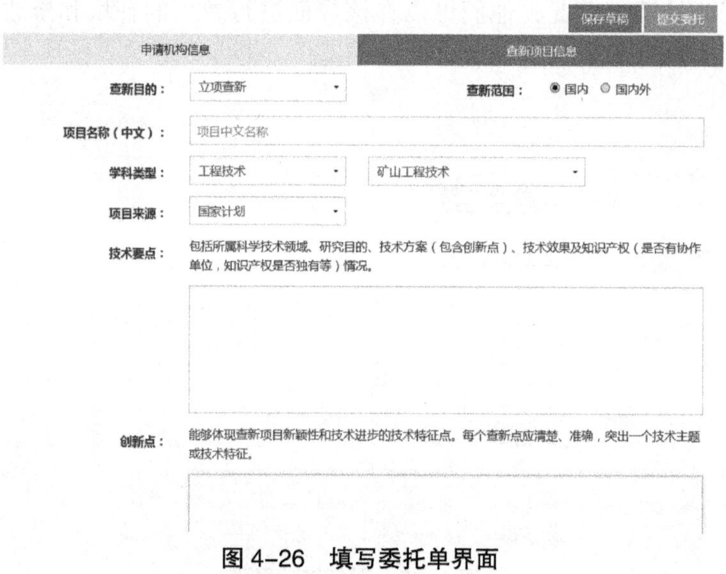

图 4–26　填写委托单界面

第五步：提交委托单，如图 4–27 所示。

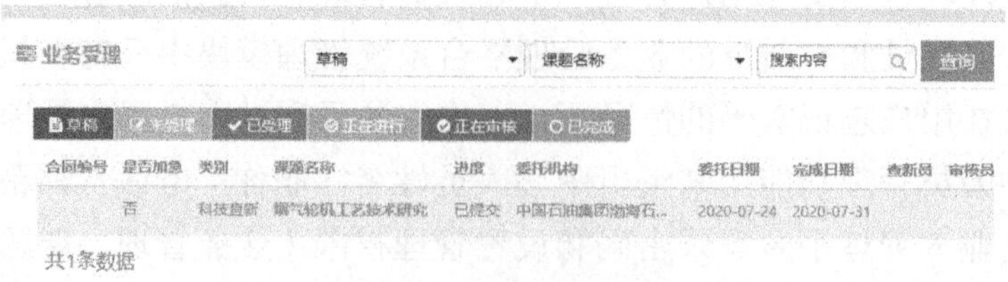

图 4–27　提交委托单界面

4.4.2　情报检索业务受理与分配

第一步：业务受理人员进入情报检索平台首页。

第二步：输入个人账号、密码、验证码，点选“业务管理人员”进行登录。

第三步：点击左侧列表中的“业务受理”。

第四步：找到用户提交的委托单，点击“受理”，平台自动生成合同编号。

第五步：查看委托单，需要用户修改时点击“退回修改”，直接受理时填写费用等信息，点击“受理”，发送短信。

第六步：重新点击左侧列表中的“业务受理”。

第七步：找到显示的已经缴费的业务并查看付款凭证，点击“分配”。

第八步：点击“生成查新合同”，可下载情报检索合同。

第九步：点击“收款单查看”，可下载收款单据。

第十步：选择情报检索人员、审核员、完成时间，点击“分配”。

第十一步：点击左侧列表中的“业务进度”。

第十二步：找到该业务名称，核对查新费用、查新员、审核员、完成时间等，如图 4–28 所示。

图 4–28　业务受理与分配界面

4.4.3　报告撰写

第一步：情报检索人员进入情报检索平台首页。

第二步：输入个人账号、密码、验证码，点选“业务管理人员”进行登录。

第三步：点击左侧列表中的“课题检索”。

第四步：找到业务受理人员分配的业务，点击“查看”，如图 4–29 所示。

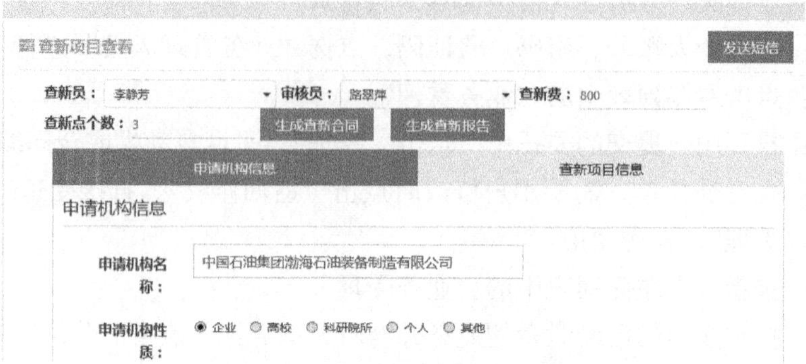

图 4–29　查新项目查看界面

第五步：点击“生成查新合同”，可下载情报检索合同。

第六步：点击“生成查新报告”，可下载报告模板。

第七步：点击“发送短信”可利用平台向用户发送短信。

第八步：打开下载的报告模板，撰写报告。

第九步：点击“上传报告”，选择做好的报告，点击“上传”，如图 4–30 所示。

图 4–30　上传科技查新报告界面

第十步：点击左侧列表中的“正在检索”。

第十一步：找到已上传的业务，点击“提交审核”，如图 4–31 所示。

图 4-31　提交审核界面

4.4.4 报告审核

第一步：情报检索审核员进入情报检索平台首页。

第二步：输入个人账号、密码、验证码，点选“业务管理人员”进行登录。

第三步：点击左侧列表中的“审核任务”，如图 4-32 所示。

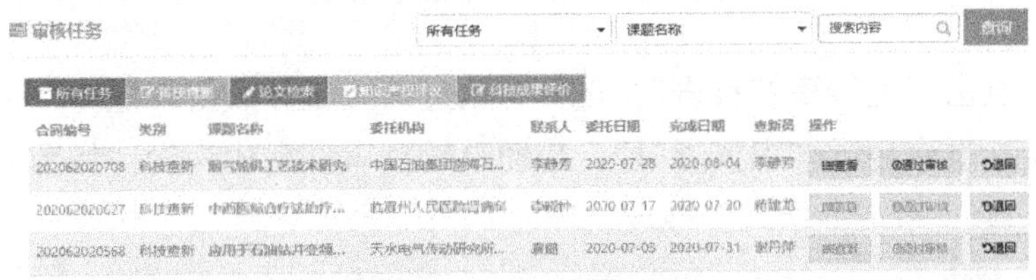

图 4-32　审核任务界面

第四步：找到情报检索人员提交审核的业务，点击“查看”，如图 4-33 所示。

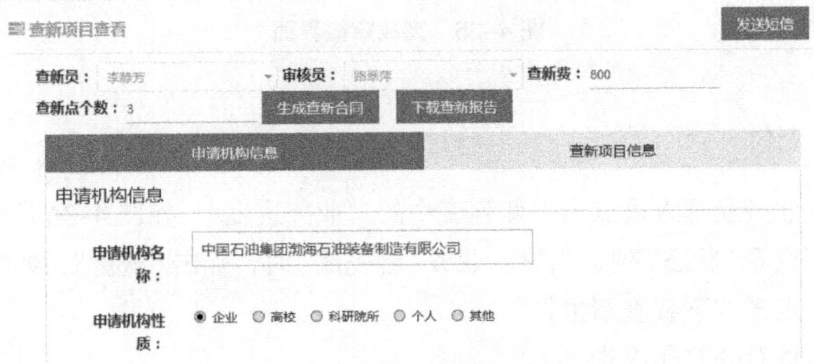

图 4-33　查新项目查看界面

第五步：点击“下载查新报告”。

第六步：审核下载的报告。

第七步：重新点击左侧列表中的“审核任务”。

第八步：需要退回让情报检索人员修改的点击“退回”，通过审核的点击“通过审核”。

第九步：点击“通过审核”，如图 4–34 所示。

图 4–34　上传审核报告界面

第十步：点击“上传审核报告”，选择审核过的报告，点击“上传”。

第十一步：平台显示“审核通过”，自动跳转到审核完成列表。如图 4–35 所示。

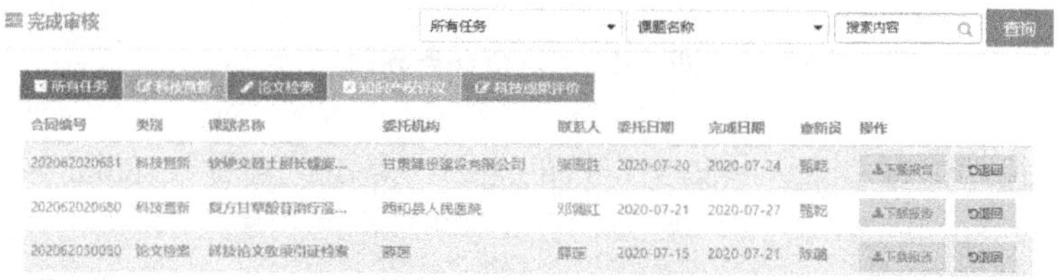

图 4–35　完成审核界面

4.4.5　报告交付

第一步：业务受理人员点击左侧列表中的“业务进度”，如图 4–36 所示。

第二步：查看“状态”列，当显示业务“已完成”时，点击“查看”，如图 4–37 所示。

第三步：点击“下载查新报告”。

第四步：保存并打印报告。

第五步：让查新员和审核员签字。

第六步：盖情报检索机构专用章。

第七步：邮寄或当面交付报告、合同、发票。

图 4–36 业务进度界面

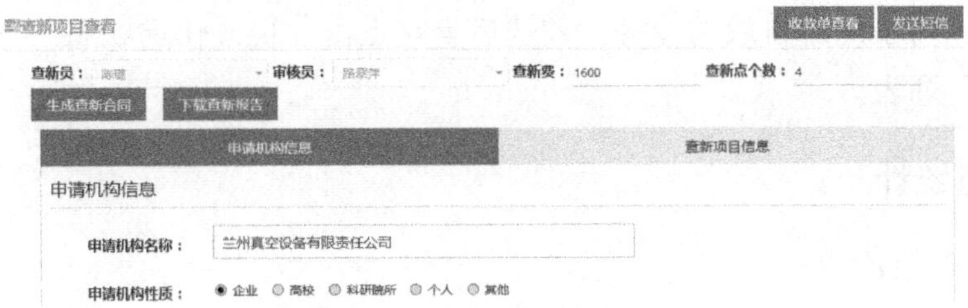

图 4–37 查新项目查看界面

4.4.6 报告归档

第一步：业务受理人员点击左侧列表中的“业务进度”。

第二步：查看“全部进度”“已分配”“正在检索”“正在审核”“已完成”业务列表，业务通过审核以后自动归档至“已完成”列表。

4.4.7 快递统计

第一步：业务受理人员点击左侧列表中的“快递统计”，如图 4–38 所示。

图 4–38 快递查询界面

第二步：勾选需要打印快递单的业务，点击“导出快递单”并保存，如图4-39所示。

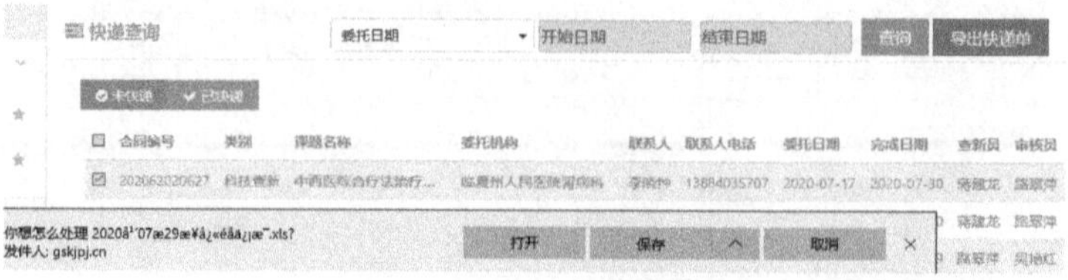

图 4-39　导出快递单界面

第三步：打开有合作关系的快递公司官网，导入快递单并打印。

第四步：重新勾选已打印快递单的业务，点击“更改快递状态”，业务自动归档至“已快递”列表。

第五步：对于用户自取的业务，勾选后直接点击“更改快递状态”，业务自动归档至“已快递”列表。

4.4.8　业务统计

（1）课题统计

第一步：业务受理人员点击左侧列表中的“业务统计”，再点击“课题统计”。

第二步：选择统计日期。

第三步：点选“全部”，如图 4-40 所示。

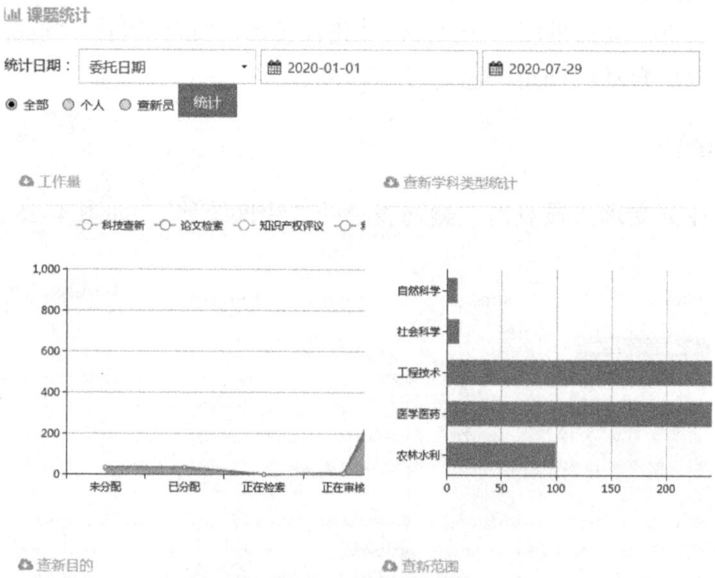

图 4-40　课题统计界面

第四步：点击“统计”，查看中心总 / 分业务量及其类型、目的、范围。

第五步：点选查新员，如图 4–41 所示。

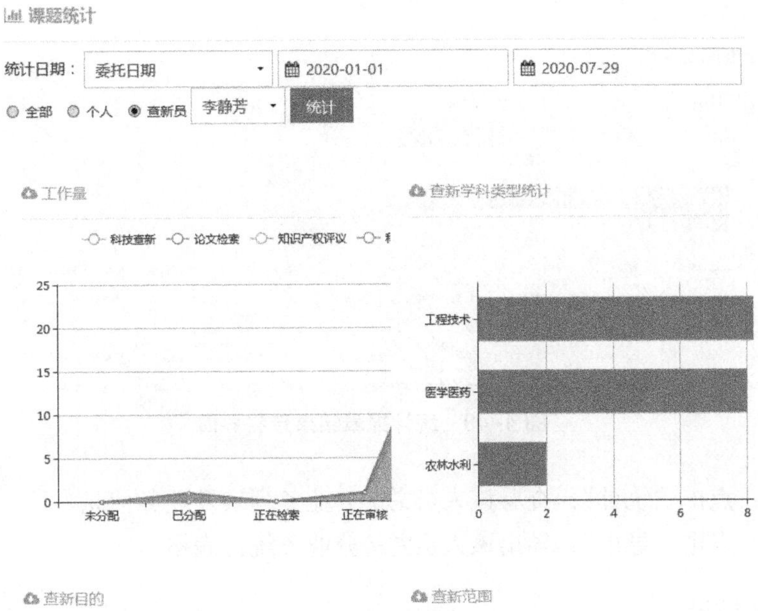

图 4–41　课题统计结果查看界面

第六步：点击“统计”，查看该人员总 / 分业务量及其类型、目的、范围。

（2）统计报表

第一步：业务受理人员点击左侧列表中的“业务统计”，再点击“统计报表”。

第二步：选择统计日期。

第三步：点选“全部”，如图 4–42 所示。

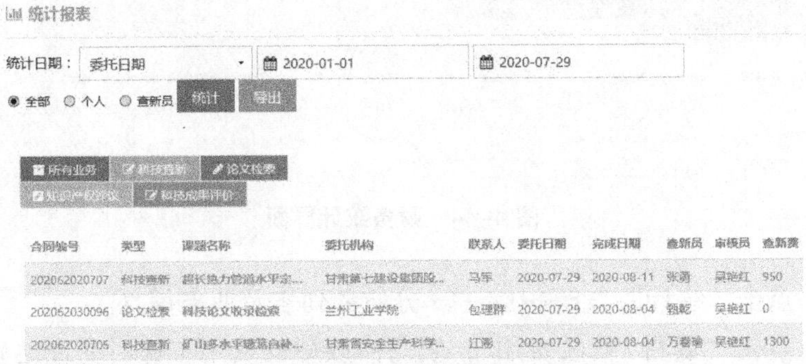

图 4–42　统计报表界面

第四步：点击“统计”，查看中心总 / 分业务列表及业务信息。

第五步：点击“导出”，导出中心总 / 分业务统计表格。

第六步：点选查新员，如图 4–43 所示。

图 4–43　统计报表结果查看界面

第七步：点击“统计”，查看该人员总 / 分业务列表及业务信息。

第八步：点击“导出”，导出该人员总 / 分业务统计表格。

4.4.9　财务统计

第一步：业务受理人员点击左侧列表中的“财务统计”，再点击“财务报表”。

第二步：选择统计日期。

第三步：点选“全部”，如图 4–44 所示。

图 4–44　财务统计界面

第四步：点击“统计”，查看中心总 / 分业务列表及业务信息。

第五步：点击“填写 / 修改费用”，填写修改后的费用（针对受理之后费用变动的业务）。

第六步：点击“导出”，导出中心总 / 分业务的财务报表。

第七步：点选查新员，如图 4–45 所示。

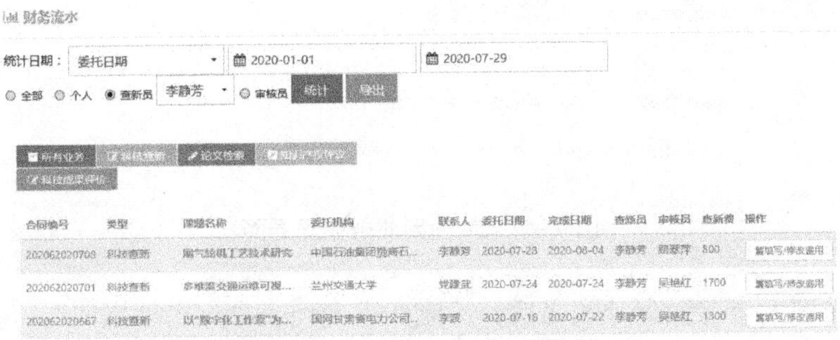

图 4–45　财务统计结果查看界面

第八步：点击“统计”，查看该人员总 / 分业务列表及业务信息。

第九步：点击“填写 / 修改费用”，填写修改后的费用（针对受理之后费用变动的业务）。

第十步：点击“导出”，导出该人员总 / 分业务财务报表。

4.4.10　删除 / 退回

①业务委托用户只能删除草稿箱的业务，直接点击“删除”即可，如图 4–46 所示。

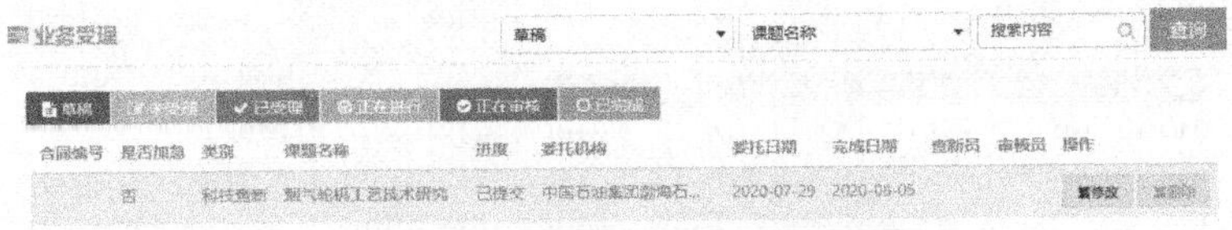

图 4–46　删除 / 退回查看界面

②业务受理人员受理时，从业务受理列表中可点击“删除”，以彻底删除用户委托信息；可点击“受理”，再点击“退回修改”，可将业务退回到业务受理界面，如图 4–47 所示。

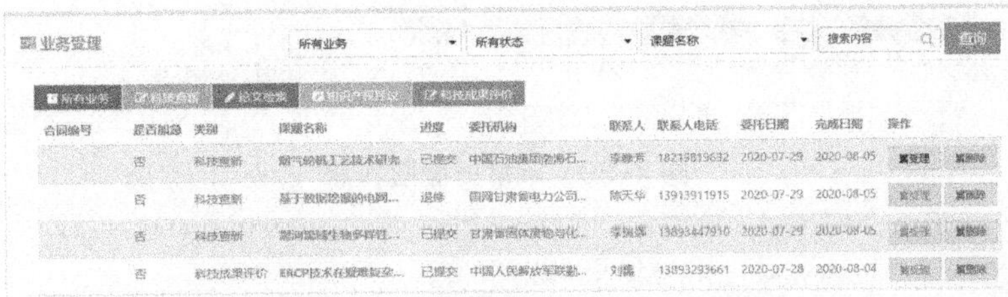

（a）

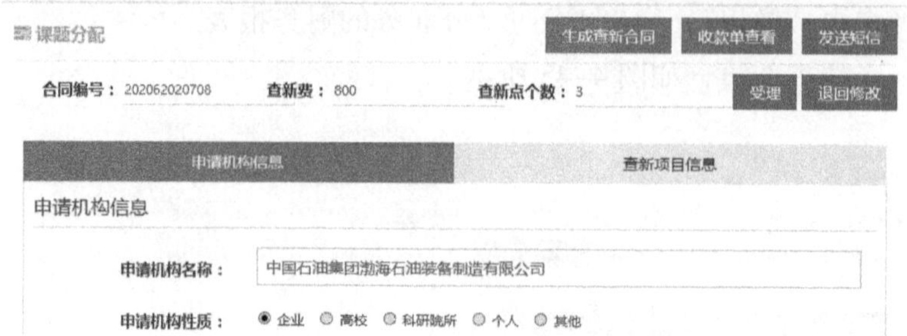

（b）

图 4–47　退回到业务受理界面

③业务受理人员在受理分配之后，从业务进度列表中点击“撤回”，可将业务撤回到未分配状态，如图 4–48 所示。

图 4–48　业务受理人员撤回界面

④情报检索人员从课题检索列表中点击“退回”，可将业务撤回到未分配状态，如图 4–49 所示。

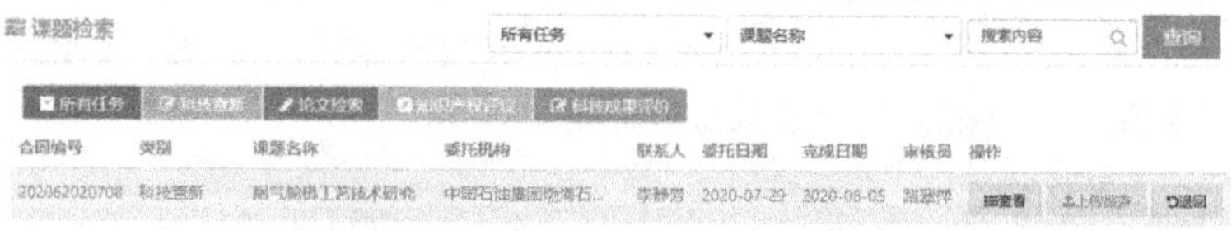

图 4–49　情报检索人员撤回界面

⑤审核员从“完成审核”列表中点击“退回”，可将业务撤回到未审核状态，如图 4–50 所示。

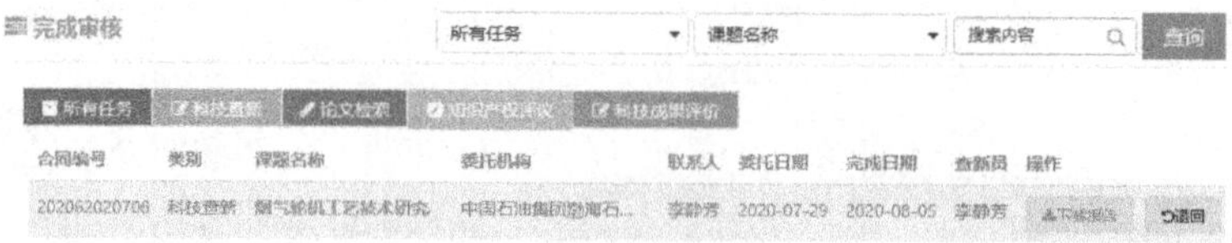

图 4–50　审核员撤回界面

5　情报检索实践

5.1　科技查新

5.1.1　科技查新委托

用户注册并登录平台后根据流程填写并提交科技查新委托单，按照要求填写申请机构信息，如图 5–1、图 5–2 所示。

图 5–1　科技查新委托单 1

技术要点指查新项目的主要技术内容，具体内容包括查新项目技术方案所属或直接应用的科学技术领域，项目研究过程中解决的技术问题，为达到研究目的所采取的技术方法和技术路线，产品结构、技术配方、工艺流程、技术参数等技术特征，获得的技术指标、技术适用范围、推广程度、产品功能功效等。项目的技术要点必须包含查新项目查新点相关内容，一般为对查新点的解释和说明性文字。

查新点是从项目的技术要点中总结提炼的能够表述查新项目新颖性的条目化技术特征，是开展查新检索工作最重要的材料，贯穿查新工作的全流程，是开展文件检索和文献对比分析的中心主体，查新点的表述要简洁明了、清楚准确，不得使用自造词汇，每条查新点只表达查新项目的一个技术主题或技术特征。

保存草稿 提交委托

申请机构信息 查新项目信息

查新目的： 成果查新

查新范围： 国内 国内外

项目名称（中文）： 烟气轮机工艺技术研究

英文： Research on flue gas turbine technology

学科类型： 工程技术 产品应用相关工程与技术

项目来源： 计划外

技术要点： 包括所属科学技术领域、研究目的、技术方案（包含创新点）、技术效果及知识产权（是否有协作单位，知识产权是否独有等）情况。

1.主要技术内容
烟气轮机工艺技术研究主要针对轮盘、叶片等烟气轮机核心部件加工制造工艺进行研究。设计新式工装夹具与刀具，采用新数字化设备、新工艺技术对当前工艺进行提升改进，最终达到核心部件质量提升、降本增效之目的。
2.主要特征
轮盘与叶片是烟气轮机转子体系的核心部件，也是占用成本最高、难度最大、加工周期最长的零件之一，是整台设备制造的瓶颈。二者机械加工特点表现为：①结构复杂。轮盘榫槽为带空间角度的纵树形榫槽结构，叶片型面

创新点： 能够体现查新项目新颖性和技术进步的技术特征点。每个查新点应清楚、准确，突出一个技术主题或技术特征。

1、轮盘拉削专用夹具采用电液控制，自动化程度高，精度与刚性好，可靠性高；
2、专用夹具可PLC编程控制，参数调节方便快捷；
3、采用棘爪式分度机构，能实现重型轮盘拉削分度；
4、基于CATIA建模编程、IMS后处理、MAZAK INTE200Ⅳ机床的叶片五轴联动加工；
5、使用仿真分析技术对G代码进行碰撞与过切/残余分析。

检索词-中文： 烟气轮机、轮盘、榫槽拉削

英文： Flue gas turbine Roulette Broaching of tenon and groove

相关附件： 现有工作基础和主要相关文献（包括 1. 委托单位在本项目研究开发方面的现有工作基础和条件； 2. 项目有关人员发表的相关论文和所申请的专利； 3.其他主要相关文献、网站及相关专利申请号）

是否加急： 是 否

获取报告方式： 快递

收件人姓名： 李静芳

收件人电话： 18219819632

收件人地址： 兰州市城关区平凉路531号

保存草稿 提交委托

图 5–2　科技查新委托单 2

5.1.2　查新点分析与反馈

业务受理人员与用户进行多次沟通，确定最终的查新点。以下为示例。

（1）用户第一次提交的查新点

轮盘加工工艺：轮盘拉削夹具克服了老式夹具的缺点，主要表现在：①夹具驱动采用电液控制方式，增加了液压棘爪自动分度机构、液压插拔销机构和液压辅助锁紧机构及对应的位置传感器，具有精度与刚性好、自动化程度高、中心高可微调等特点；②采用PLC控制方式，可以实现拉床与夹具动作编程联动、动作参数调整方便等。

叶片加工工艺：①基于 CATIA V5、IMS 后处理及 MAZAK INTE200 Ⅳ 五轴联动车铣复合加工中心的叶片数字化加工方式，使用 CATIA V5 软件对叶片叶身复杂曲面进行

建模和编程设计，IMS 后处理将 CATIA 生成的 APT 文件转换为 MAZAK INTE200 Ⅳ机床能执行的 G 代码，使用 MAZAK INTE200 Ⅳ五轴联动车铣复合加工中心进行数字化铣削加工；②对生成的 G 代码进行碰撞、过切等仿真分析，确保机床运行安全及程序设计正确，有效缩短了试制周期。

（2）第一次进行查新点分析与反馈

从用户提交的原始查新点来看，用户想要查新的点主要为烟气轮机的轮盘加工工艺和叶片加工工艺。其中，轮盘加工工艺方面主要针对拉削夹具进行查新，具体可以分为三个点，分别是夹具驱动采用电液控制方式，增加了液压棘爪自动分度机构、液压插拔销机构和液压辅助锁紧机构及对应的位置传感器，采用 PLC 控制方式实现拉床与夹具动作编程联动；叶片加工工艺方面具体可以分为两个点，即基于 CATIA V5、IMS 后处理及 MAZAK INTE200 Ⅳ五轴联动车铣复合加工中心的叶片数字化加工方式，以及对生成的 G 代码进行碰撞、过切等仿真分析。

建议用户将轮盘加工工艺和叶片加工工艺中包含的创新点分开写，满足科技查新的单一性原则，并对每个查新点编号，将描述性的语句和文字删除，只在查新点部分体现关键技术内容，对技术的阐述和解释等内容在项目的技术要点中详细说明，这样会显得更清楚明了，能帮助查新员快速找到用户想要查新的关键技术。

（3）第一次修改后的查新点

查新点 1：夹具驱动采用电液控制，自动化程度高，精度与刚性好，可靠性高。

查新点 2：增加了液压棘爪自动分度机构、液压插拔销机构和液压辅助锁紧机构及对应的位置传感器，具有精度与刚性好、自动化程度高、中心高可微调等特点。

查新点 3：采用 PLC 控制方式，可以实现拉床与夹具动作编程联动，动作参数调整方便等。

查新点 4：基于 CATIA V5、IMS 后处理及 MAZAK INTE200 Ⅳ五轴联动车铣复合加工中心的叶片数字化加工方式，使用 CATIA V5 软件对叶片叶身复杂曲面进行建模和编程设计，IMS 后处理将 CATIA 生成的 APT 文件转换为 MAZAK INTE200 Ⅳ机床能执行的 G 代码，使用 MAZAK INTE200 Ⅳ五轴联动车铣复合加工中心进行数字化铣削加工。

查新点 5：对生成的 G 代码进行碰撞、过切等仿真分析，确保机床运行安全及程序设计正确，有效缩短了试制周期。

（4）第二次进行查新点分析与反馈

用户只是将 5 个查新点分开了，有的查新点没有将技术的载体表达清楚，导致查新员不能完全理解，有的查新点表述还有些啰唆。建议用户将技术载体表达清楚，再对创新点进行精简，以突出关键技术点。

（5）第二次修改后的查新点

查新点 1：夹具驱动采用电液控制方式。

查新点 2：夹具增加了液压棘爪自动分度机构、液压插拔销机构和液压辅助锁紧机构及对应的位置传感器。

查新点 3：采用 PLC 控制方式，实现拉床与夹具动作编程联动。

查新点 4：基于 CATIA V5、IMS 后处理及 MAZAK INTE200 Ⅳ五轴联动的叶片数字化加工方式。

查新点 5：在叶片加工过程中对生成的 G 代码进行碰撞、过切等仿真分析。

（6）最终确定的查新点

查新点 1：轮盘拉削专用夹具驱动采用电液控制方式。

查新点 2：轮盘拉削专用夹具增加了液压棘爪自动分度机构，实现重型轮盘拉削分度。

查新点 3：轮盘采用 PLC 控制方式，实现拉床与夹具动作编程联动。

查新点 4：采用 CATIA V5、IMS 后处理及 MAZAK INTE200 Ⅳ五轴联动的数字化叶片加工工艺。

查新点 5：在叶片加工过程中，使用仿真分析技术对 G 代码进行碰撞与过切 / 残余分析。

5.1.3 生成科技查新报告

业务受理人员受理科技查新委托以后将其分配给选定的查新员，系统自动生成科技查新报告，如图 5-3 所示。

自动生成的科技查新报告按照国家标准《科技查新技术规范》（GB/T 32003—2015）中的科技查新报告模板设计完成，封面页（第一页）内容包括报告编号、项目名称、委托单位、委托人、委托日期、查新机构、查新完成日期。科技查新报告正文内容有查新项目名称、查新机构详细信息（包括名称、通讯地址、邮政编码、负责人及其电话传真、联系人及其电话、电子信箱及网址），以及查新目的、项目的科学技术要点、查新要点与查新要求、文献检索范围及检索策略、检索结果、查新结论、查新员与审核员声明、附件清单、备注等内容。

科技查新报告编号为 12 位，左起第 1 ～ 4 位为年份，第 5 ～ 7 位为甘肃省行政区划代码，第 8 位为甘肃省科技情报研究所情报检索中心查新业务编号，第 9 ～ 12 位为报告序号，业务编号和报告序号为情报检索中心自行编号，编号不足位的补零。

科技查新报告封面页（第一页）的项目名称只填写中文名称；科技查新报告正文（第二页）表头中的查新项目名称，若是国内查新只填写中文名称栏，英文名称栏不填，若是国内外查新需要同时填写中英文名称，科技查新报告正文其他位置的项目名称只填写中文名称。

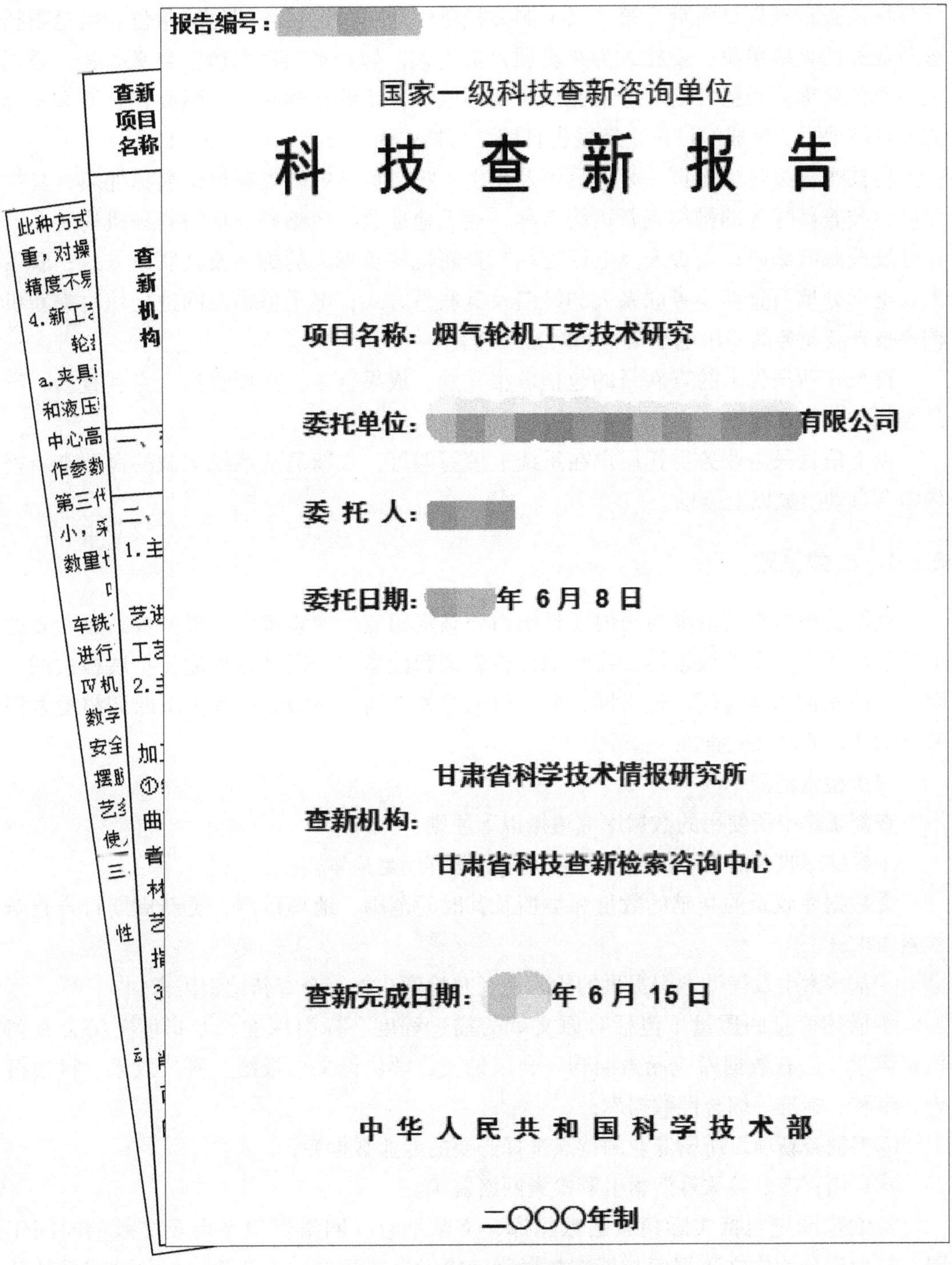

报告编号：[redacted]

国家一级科技查新咨询单位

科　技　查　新　报　告

项目名称：烟气轮机工艺技术研究

委托单位：[redacted]有限公司

委 托 人：[redacted]

委托日期：[redacted]年 6月 8日

查新机构：甘肃省科学技术情报研究所

甘肃省科技查新检索咨询中心

查新完成日期：[redacted]年 6月 15日

中 华 人 民 共 和 国 科 学 技 术 部

二〇〇〇年制

图 5–3　生成科技查新报告

科技查新报告封面页（第一页）的委托单位为项目完成或拟完成单位，也是委托查新业务的直接单位；委托人为查新项目负责人，如查新项目以单位名义委托，委托人为单位名称；委托日期和查新完成日期按照业务系统受理时的实际委托日期和实际完成日期填写。生成的科技查新报告日期填写格式为“×年×月×日”。

科技查新报告封面页（第一页）及正文（第二页）中的查新机构名称处填写具体完成科技查新任务的科技查新机构名称，通讯地址及邮政编码处填写查新机构所在具体地址及邮政编码；负责人及电话处填写查新机构负责人的姓名及其联系方式；联系人及电话处填写查新业务联系人的姓名及其联系方式；电子信箱及网址处填写查新机构科技查新业务的专用电子信箱和网站地址。

科技查新报告中的查新目的包括申报奖励、成果查新、立项查新、专利查新、产品查新、其他查新等。

以上信息只需业务委托用户在系统上填写即可，查新员从系统下载的科技查新报告中会自动生成以上信息。

5.1.4 检索策略

查新员根据查新范围为国内还是国内外确定相应的检索范围，根据查新点所表达的信息和用户提供的检索词，初步拟订检索词和检索式，通过各种途径扩展检索词，要注意检索词的缩写词、近义词、上下位词等关系词，在检索过程中不断调整检索词和检索式，争取做到查准、查全。

（1）检索范围

查新工作中所使用的数据库应遵循以下原则：

①数据库收录的文献的专业领域和范围能够满足检索需要；

②数据库收录的文献的数量和类型及其时间范围、地理范围、更新周期符合查新检索需求；

③基本索引及辅助索引提供的检索途径及检索功能符合查新检索需求；

④描述信息的质量（包括对原文献的描述程度、标引深度、专指度）符合查新检索需求，必查数据库应涵盖期刊、会议论文、学位论文、报纸、科技成果、科技报告、专利、标准等综合性数据库；

⑤根据查新项目所属专业的特点选择必要的专业数据库；

⑥利用百度、谷歌等搜索引擎检索网络资源。

检索范围应包括实际检索的数据库、文献平台、网络资源平台及文献的时间年限。数据库分为中文数据库与外文数据库，检索中涉及的与查新项目相关的国内外数据库均应列入检索范围，未检索的数据库不得列入检索范围，列入检索范围的数据库可按先中文数据库后外文数据库的顺序统一编号排列，著录格式为“数据库序号、数据库名称、数据库检索的起止时间”。

情报检索中心常用的数据库资源包括：

① 中文科技期刊数据库（1989 年至今）；

② 中国期刊全文数据库（1994 年至今）；

③ 中国学位论文数据库（1990 年至今）；

④ 中国学术会议论文数据库（1987 年至今）；

⑤ 中国科学技术成果数据库（1987 年至今）；

⑥ 中国专利文摘数据库（1985 年至今）；

⑦ 万方数据知识服务平台（1985 年至今）；

⑧ 国家科技图书文献中心（1985 年至今）；

⑨ 中国知识资源总库——CNKI 系列数据库（？年至今）；

⑩Internet 网络信息资源（？年至今）；

⑪ISI Web of Knowledge（1969 年至今）；

⑫ 美国工程索引（1969 年至今）；

⑬ 美国专利全文数据库（1979 年至今）；

⑭ 欧洲专利文摘数据库（1969 年至今）；

⑮ 世界专利索引（1969 年至今）。

（2）检索词

选择检索词时应充分利用词表、辞海、术语标准、词典、百科全书、手册、分类法等已有的工具书，或者利用网络搜索引擎和已有数据库，通过反复对比和搜索试验，将检索概念转化为数据库可以识别的具体检索词。选择检索词时应选择行业内惯用的专有名词、专业术语或特定的概念词，对于专有名词应采用固定词语和精确检索等方式。尽量选择数据库中的规范词，考虑检索词在数据库中所对应的字段，以及在文献中的位置与深度；广泛列举同义词、替代词、近义词、相关词、缩写词、上位词、下位词等相关检索词；国内外查新应注意英美单词的不同拼写方式、词组间的位置算符等，可以在检索前使用外文数据库“试验”确定英文检索词；对标引分类号的文献可根据数据库所采用的分类法选择相应的分类号进行检索，检索国内非专利文献一般采用中图法分类号，检索专利文献可以选择相应的国际专利分类号和其他专利分类号。

【案例】

烟气轮机；汽轮机 gas expander；gas flue expander；flue gas turbine；gas turbine

轮盘 rotary；roulette；turbine tray

榫槽拉削；拉削 broaching of tenon and groove；mortise broaching；broaching

夹具 fixture

电液控制；PLC编程控制；PLC electro hydraulic control；PLC programming control；PLC

分度机构 indexing mechanism

叶片 blade；vane

加工 machine-finishing；process

CATIA；IMS；MAZAK INTE200 Ⅳ；五轴联动 5-axis

G代码 G code

仿真 simulation

（3）检索式

根据查新项目的查新要点、技术主题和数据库的要求组配检索词，确定各个检索词之间合理的逻辑关系，根据每个查新点的内容从不同角度组配多个检索式，通常由严格到宽松，经反复试检、字词拆分更替、检索词组配、字段调整等方式确定最终的检索式。

编制的检索式应当满足准确反映查新项目技术主题和与技术主题密切相关的查新要点、适应所查数据库的索引体系和检索用词规则、符合检索系统的功能及限制条件等要求。

【案例】

①((((TIAB=(烟气轮机 OR 汽轮机))AND((FULL=(轮盘))AND((FULL=(榫槽拉削 OR 拉削)))AND（（FULL=（夹具）））AND（（FULL=（电液控制 OR PLC 编程控制 OR PLC）））））

②((((TIAB=(烟气轮机 OR 汽轮机))AND((FULL=(轮盘))AND((FULL=(榫槽拉削 OR 拉削)))AND((FULL=(夹具)))AND((FULL=(分度机构)))))

③（（（（（TIAB =（榫槽拉削 OR 拉削））OR（（FULL=（轮盘）））AND（（FULL=（夹具）））AND（（（FULL=（分度机构）））OR（（FULL=（电液控制 OR PLC 编程控制 OR PLC））））））

④（（（（TIAB=（烟气轮机 OR 汽轮机）））AND（（FULL=（叶片）AND FULL=（加工）））AND（（FULL=（CATIA OR IMS OR MAZAK INTE200 Ⅳ OR 五轴联动）））））

⑤（（（（TIAB=（烟气轮机 OR 汽轮机）））AND（（FULL=（叶片）AND FULL=（加工）））AND（（FULL=（G代码）AND FULL=（仿真）））））

⑥（（（（TIAB=（gas expander OR gas flue expander OR flue gas turbine OR gas turbine）））AND（（FULL=（rotary OR roulette OR turbine tray）））AND（（FULL=（broaching of tenon and groove OR mortise broaching OR broaching）））AND（（FULL=（fixture）））AND（（FULL=（electro hydraulic control OR PLC programming control OR PLC）））））

⑦（（（（TIAB=（gas expander OR gas flue expander OR flue gas turbine OR gas turbine）））AND（（FULL=（rotary OR roulette OR turbine tray）））AND（（FULL=（broaching of tenon and groove OR mortise broaching OR broaching）））AND（（FULL=（fixture）））AND（（FULL=（indexing mechanism）））））

⑧（（（（（TIAB =（broaching of tenon and groove OR mortise broaching OR broaching）））OR（（FULL=（rotary OR roulette OR turbine tray））））AND（（FULL=（fixture）））AND（（（FULL=（indexing mechanism）））OR（（FULL=（electro hydraulic control OR PLC programming control OR PLC））））））

⑨（（（（TIAB=（gas expander OR gas flue expander OR flue gas turbine OR gas turbine）））AND（（FULL=（blade OR vane）AND FULL=（machine-finishing OR process）））AND（（FULL=（CATIA OR IMS OR MAZAK INTE200 Ⅳ OR 5-axis）））））

⑩（（（（TIAB=（gas expander OR gas flue expander OR flue gas turbine OR gas turbine）））AND（（FULL=（blade OR vane）AND FULL=（machine-finishing OR process）））AND（（FULL=（G code）AND FULL=（simulation）））））

查新报告中应填写实际检索过程中采用的检索词和检索式，对于检索词，按照先中文检索词后外文检索词的顺序分开对应填写；对于分类号，按查新项目所属技术领域的相应分类号及相关度的顺序填写；对于检索式，可对应每个查新点分别依次列出，也可先根据情况罗列出贯通多个查新点或多个技术点的公用检索式，列入查新报告的检索式为最终确定的检索式，无须展示试检摸索确定检索式的过程，最终检索式为优选的检出效果较好的一个检索式或几个分步检索式。国内外查新报告中应将中文检索式和外文检索式分别列出，必须为计算机可识别的实际检索式，不得拼接编造，应可重复检索验证。

5.1.5 检索过程与结果

确定查新检索式的过程也是检索相关文献的过程。确定检索式后进入具体数据库实施初步检索，初步检索实施后应对检索结果的相关性和有效性进行初步判断，若发现密切相关文献可确定本次检索有效、采用的检索式合理，若仅发现一般相关文献可确定本次检索部分有效，需进一步优化检索词和检索式，确认是否真的不存在密切相关的文献，未发现密切相关的文献一般需要重新梳理检索策略。在仅发现一般相关文献和未发现相关文献的情况下，可以分别通过关键词和分类号试验检索，并对检索结果进行互相验证。

当检索结果太多且相关度不高时，通过使用逻辑“与”连接更多的检索词，使用短语进行检索，限制分类、时间、地域等检索范围，可选用下位词等方式缩小检索范围；当检索结果太少时，需要去掉不重要的检索词，减少逻辑“与”连接的检索词个数，补充近义词、同义词，选用上位词或其他相关词，去除已有的文献类型、出版年、语种等字段限制或位置限制，可通过使用分类检索、采用截词技术、新增检索的相关数据库等方式方法扩大检索范围；当检索结果为零时，应重新核验检索策略和检索词是否准确，查看同类研究文献的表述，调整检索词和检索式，改变检索途径，放宽检索年限和回溯期，利用搜索引擎和其他网络资源进行补充检索，搜集相关刊物、专辑、汇编、简报等资料，将检索范围扩大到上位概念领域或相关领域。

当在检索过程中发现了否定查新项目查新点的对比文献，或者找到多篇与查新项目查新点相关的对比文献，所属领域的技术人员能够很容易地把检索到的文献结合起来并且认为它们清楚地公开了符合单一性原则的查新项目的查新点，通过多次检索后检索人员认为不可能再找到密切相关的对比文献时，应当停止检索。删除不相关的文献及重复文献后，保留相关文献，保存所有相关文献的著录信息，数据输出格式应全面、规范、整齐，文献著录字段原则上应包括题名、作者、机构、出处（包括年份、卷期数、页码）、关键词、摘要，专利文献著录字段应包括专利名称、专利申请号和公开号（公告号）、专利权人、发明人、专利申请日和公开日（公告日）、国际专利分类号、专利摘要，网络新闻或技术报道著录字段应包括信息标题、网址、公司或作者、报道日期或其他出处、内容摘要等。从相关文献中选择所属领域、解决的问题、解决方案、研究方法、技术指标、功能、功效、适用范围、推广程度等方面与查新项目的查新点相同或相近的对比文献，主要围绕以下几个方面确定最合适的对比文献：①单篇对比文献能够否定项目查新点的新颖性；②单篇对比文献不能否定项目查新点的新颖性，但是相同主题特征数目最多；③显而易见能够与其他对比文献相结合否定项目查新点，所引用的内容可以是每篇对比文献的全部内容，也可以是其中的部分内容；④对于密切相关的文献原则上都应选用，如果没有检索到密切相关的对比文献，但一般相关文献数量比较多，应该针对每个查新点从不同的方向选取数篇具有代表性的文献，一般情况下可选取 1 ～ 3 篇一般相关文献。

一般围绕检索结果归纳分析和相关文献罗列展示两部分撰写检索结果。检索结果归纳分析方面通常可概述检索出的国内、国外文献及查新项目成员发表的相关文献的数量。相关文献罗列展示部分的文献按照查新点的顺序依次罗列，也可以按照与查新点的相关程度依次罗列；涉及国内外文献时，首先罗列与所有查新点相关的国内文献，然后罗列与所有查新点相关的国外文献，当密切相关文献较多时可以不罗列一般相关文献。如果一些对比文献缺少摘要或摘要过于简单，或者摘要中没有体现相关内容但正文中有相关内容，那么需要从原文中提取与项目查新点相关的成分、工艺、配方、指标等内容描述，将其罗列到摘要部分。对于查新项目成员发表的相关文献，根据查新点的相关程度罗列在检索结果的最后，并进行简要说明，可在题目后面备注该文献为查新项目成员发表的密切相关文献或相关文献。

【案例】

受用户委托，在上述数据库、网络资源及检索刊物中，采用上述检索策略，对课题“烟气轮机工艺技术研究”进行了科技文献检索，检索到国内外相关文献45篇，其中国内文献26篇，国外文献13篇，查新项目申请机构发表的论文6篇，具体内容如下：

（1）大型烟机轮盘大榫槽的拉削自动夹具

【申请号】200920082609　【申请日】2009年7月16日

【公告号】201455679U　【公告日】2010年5月12日

【申请人】成都成发（集团）物资有限公司

【发明人】刁成顺　黄其才　朱裕梅　王庆华

【摘要】本实用新型涉及一种最大尺寸的烟机轮盘榫槽的拉削自动夹具，大型烟机轮盘大榫槽的拉削自动夹具由分度油缸（1）、分度油缸活塞杆、分度油缸滑块（2）、棘轮式拨爪（3）、消除间隙油缸（4）、带有斜度面的顶块（5）、分度盘（6）、分度盘斜齿槽、消除间隙油缸活塞杆、锁紧柄（7）、锁紧油缸滑块（8）、锁紧油缸（9）、锁紧油缸活塞杆、锁紧柄上的端齿盘（10）、固定端齿盘（11）、插销油缸（12）、插销油缸活塞杆（13）、分度销（14）、短轴（15）、拖动油缸（16）、支撑板（17）、支撑杆（18）、基座（19）、滑板（20）、螺栓（21）、定位销（22）、压紧油缸（23）、压紧油缸活塞杆、压板小轴（24）、压板（25）组成。其特征在于：分度油缸（1）中的活塞杆与分度油缸滑块（2）连接，棘轮式拨爪（3）拨动分度盘上的斜齿槽，消除间隙油缸（4）中的活塞杆与顶块（5）连接，顶块（5）斜面插入分度盘斜齿槽。

……[文献（2）～（44）略]

（45）×××××× 设计与应用（查新项目成员发表的相关文献）

《机械工程师》2015年第9期

【作者】曾瑜　陈荣　陈增辉

【机构】×××××× 有限公司　×××××× 研究中心

【关键词】复杂曲面叶身　打中心孔工装　数控加工

5.1.6 查新结论

查新结论是查新报告的核心部分，查新结论包括下列两个部分。

（1）对相关文献的描述

先简单描述查新项目的背景，以及查新项目采用的设备、研究的关键技术等具体内容，再根据查新点依次分段描述检索到的相关文献。在描述相关文献时，为了弥补一些相关文献缺少摘要、摘要过于简单、摘要中没有体现相关内容但正文中有相关内容等缺陷，在对检索结果的描述中经常需要调取原文，从原文中提取与项目查新点相关的成分、工艺、配方、指标等内容和相关数据，密切相关文献在引用文摘的同时应将原文中与查新点具有可比性的核心技术内容、指标数据等摘引其中，对一般相关文献可直接从文摘或原文中简要引用需要进行文献对比的主要内容，对检索出的外文相关文献应有足够准确的中文表述，描述文献时应突出重点，仅摘引与项目查新点密切相关的部分表述，尽量避免将过多无关的内容不加取舍地全部引用，同时应当在引用中纠正对比文献中显而易见的错误。

（2）对新颖性的判断

根据查新委托人提交的查新委托中所描述的查新点，必要时从科学技术要点中补充形成完整查新点，作为查新项目确定的对比内容。在进行文献对比分析时需要依据新颖性判断原则，将查新项目的每个查新点分别与检索到的相关文献进行比较，揭示项目查新点与对比文献的相同点与不同点，从而判断查新项目是否具有新颖性。如果查新项目符合单一性主题的所有查新点能够被一篇对比文献中的内容所覆盖，则该查新项目不具备新颖性。如果查新项目的科学技术领域、研究目的、技术方案和技术效果等均与检索到的已公开报道的对比文献实质上相同，即检索到的对比文献能够否定项目查新点，那么该查新项目缺乏新颖性。如果查新项目与对比文献的区别仅在于查新项目的技术特征属上位概念，检索到的对比文献的技术特征属下位概念，则依据“下位否定上位”原则，判定该查新项目不具备新颖性，反之则具备新颖性。如果查新项目与检索到的对比文献的区别仅仅是所属技术领域惯用手段的直接置换，则该查新项目不具备新颖性。如果检索到的对比文献中或现有技术公开的某个数值范围是为了让所属技术领域的技术人员避免选用该数值范围，而查新项目正是突破这种认识而重新确立该数值范围，则该查新项目具备新颖性。

对确认具备新颖性的查新项目，可以采用该查新项目“在国内未见相同公开文献报道”“在国内已有公开文献报道”“在国内外未见相同公开文献报道”“在国内外已有公开文献报道”的结论表达。一个查新项目一般包含多个查新点，对于已经被对比文献否定的查新点，可以采用“该查新点在国内已有公开文献报道”“该查新点在国内外已有公开文献报道”的方式表达；对于没有被对比文献否定的查新点，可以采用“该查新点在国内未见相同公开文献报道”“该查新点在国内外未见相同公开文献报道”的方式表达；对于以区域区分新颖性的查新项目和查新点，如国外找到否定新颖性的文献而国内没有找到则可用“国外已有公开文献报道而国内未见相同公开文献报道”的方式表达，如国内找到否定新颖性的文献而国外没有找到则可用“国内已有公开文献报道而国外未见相同公开文献报道”的方式表达；对于时间先后的查证，可用“该查新项目于 × 年 × 月 × 日公开（或鉴定、生产等），早于公开文献的日期”的方式表达；对于项目成员发表的文献，一般可写成“除委托单位 / 项目成员 / 课题组成员发表的文献外未见其他相同公开文献报道”。

【案例】

烟气轮机是利用催化再生器烧焦所产生的高温低压烟气的热能及压力能做功的旋转机械。本查新项目针对 ××× 烟气轮机工艺技术进行研究，现将国内与之相关的文献分析如下：

文献 1 ～ 26 为国内文献。文献 1 涉及一种最大尺寸的烟机轮盘榫槽的拉削自动夹具，由分度油缸、棘轮式拨爪、分度盘、分度盘斜齿槽、插销油缸、分度销、压紧油缸、压板等组成，分度油缸中的活塞杆与分度油缸滑块连接，棘轮式拨爪拨动分度盘上的斜齿槽，消除间隙油缸中的活塞杆与顶块连接，顶块斜面插入分度盘斜齿槽。

文献 2 ～ 14 为拉削夹具及分度机构的相关报道。其中，文献 2 介绍了一种燃气轮机动力涡轮轮盘榫槽拉削夹具，定位键上端插入底座的定位键槽中，下端插入机床分度台的键槽中以实现底座与机床分度台的圆周方向的定位，T 形螺栓的下端埋入机床分度台径向的 T 形槽中，以实现底座与机床分度台的轴向、圆周方向和径向的定位；文献 3 介绍了一种 30 MW 燃压机组 0 级轮盘分度拉削夹具，龙门架设置在定位基座的上表面，双头螺柱竖直设置在定位基座的上方，双头螺柱的上端插装在龙门架横梁的中部，分度轴套装在双头螺柱上，压紧螺母和压盖由上至下依次套装在分度轴的上端；文献 4 涉及一种燃气轮机轮盘轮槽加工定位装夹用工具；文献 5 介绍了燃气轮机轮盘榫槽拉削方法，夹具由分度盘和夹具体组成，夹具体通过止口和键槽与分度盘连接；文献 6 针对 30 MW 燃气轮机钛合金轮盘枞树型榫槽设计夹具、拉刀，实现榫槽的拉削，拉削夹具采用机械压紧式结构；文献 7 提供一种大型轮盘榫槽拉削夹具，主要包括底座、定位装置部分和夹紧装置部分；文献 8 介绍了多工位组合钻床的夹具设计及 PLC 控制，机床各项指标合格后，自动工作方式下可以实现节拍生产、周期动作；文献 9 报道了 PLC 控制的多工序气动夹具设计方案；文献 10 以发动机不同系列的缸盖加工为对象，从液压子系统、PLC 子系统入手，设计了适用于加工不同尺寸系列、不同工步切削力的数控夹具变夹紧力控制系统，通过 PLC 的 PID 调节功能控制输出的 PWM 波以控制高速开关电磁阀的开合；文献 11 涉及一种多功能分度夹具，固定在基座上的棘爪与分度板的分度槽配合，定位盘和手轮通过螺杆固定于主轴上，待加工零件置于定位盘上，通过压板、蝶形螺母与定位盘的螺纹配合旋紧；文献 12 介绍了一种分度头快速分度夹具；文献 13 公开了一种机床夹具分度机构及机床夹具，机床夹具分度机构包括分度底盘，分度底盘上具有用于支撑钻模板的支座滑动的环形滑槽及多个均匀设置在与环形滑槽为同心圆的圆周上用于定位支撑钻模板支座的定位螺孔；文献 14 涉及一种涡轮盘榫槽拉削机床分度盘，采用电机直接驱动的形式。

文献 15 ～ 21 为有关烟气轮机、汽轮机叶片加工的介绍。其中，文献 15、文献 16 应用 D-H 法为 MAZAK INTEGREX 100- Ⅱ SY 五轴联动数控机床建立运动学数学模型，解出机床各轴运动的坐标变换公式，YL 型烟气轮机动叶片叶身加工工艺过程选用 Pro/E 软件进行叶片三维建模，选用 Powermill 软件进行数控加工编程，并结合 Vericut 软件对生成的 NC 程序进行仿真加工，以验证 NC 程序的正确性；文献 17 介绍了烟气轮机动叶片叶身数控加工方法，用 CAD/CAM 软件进行数控加工编程，应用 Powermill 软件得到刀具路径和数控加工程序代码，运用 Vericut 软件建立了数控机床的仿真环境，并以此为基础实现了动叶片叶身曲面的仿真加工；文献 18 利用数控加工仿真软件 Vericut 实现了汽轮机大叶片四坐标数控加工仿真；文献 19 报道了基于 Cimatron 的汽轮机叶片多轴数控加工技术；文献 20 研究了应用 NX 软件来完成叶片多轴加工编程所涉及的一些关键技术；文献 21 报道了烟气轮机动叶片的参数化建模及加工仿真，利用 NURBS 曲面造型模块生成烟气轮机动叶片的实体模型，运用 UG 的加工模块进行加工仿真。

文献 22 介绍了一种基于型线调整的汽轮机叶片加工方法，利用五轴联动程序坐标系沿 x 轴、y 轴或 z 轴移动进行实际机床加工时，将沿 x 轴、y 轴或 z 轴移动的参数转换为工件坐标系下的数值，再通过转换后的参数与 G 代码中的 x、y、z 值矢量进行加减操作；文献 23 公开了一种涡轮增压器压气机叶轮的铣削加工方法，加工步骤依次为输入压气机叶轮叶型数据、装夹毛坯、五轴数控编程、数控程序仿真模拟后置处理 G 代码、五轴数控加工、三坐标测量检测、加工成品；文献 24 论述了叶片类曲面加工工艺，采用数控车铣加工技术，应用三维 CAD 建模技术、软件自动生成 G 代码和虚拟数控加工仿真技术；文献 25 采用非正交五轴联动机床和“3+2”工艺方法，对整体叶轮进行编程工艺研究，编程采用 UG 软件进行刀轨生成，利用专用后处理器进行后置并生成 G 代码，采用 Vericut 软件进行加工仿真并对 G 代码进行验证；文献 26 介绍了五轴联动数控叶片加工技术，根据 DYNA FM125TR 机床空间结构、数控系统、代码格式的不同，在 UG/Post Builder 通用后置处理器的基础上，对机床尺寸参数、G 代码、M 代码等进行部分定义和修改，开发适合于 DYNA FM125TR 五轴联动数控机床的专用后处理程序。

文献 27 ～ 39 为国外文献。文献 27 介绍了通过对燃气涡轮叶片夹具的改进设计，改善了等离子体喷涂工艺的生产率和安全性；文献 28 介绍了火箭发动机涡轮盘叶片夹具的设计，基于三角函数方法和 VC 软件计算夹具极限偏差；文献 29 报道了采用芯轴式夹具和 EDM 的多任务机床加工大尺寸涡轮盘；文献 30 介绍了燃气轮机动力涡轮轮盘的拉削夹具、多轴铣床、拉床等加工方法；文献 31 介绍了基于摩擦力学分析和动平衡的数控机床旋转式夹具的设计和研制；文献 32 介绍了轮盘加工方法及工装夹具；文献 33 介绍了一种液压弹性工件固定装置，包括液压缸、滑动体、摇杆，液压缸通过一个电磁阀与 PLC 控制装置连接；文献 34 介绍了用于低压涡轮的密封环多功能夹具；文献 35 介绍了一种轮盘加工装置；文献 36 介绍了利用涡轮叶片电化学的加工方法，在电解质流动数学模型的基础上设计了一种涡轮叶片新的电解液流动模式，同时设计了相应的叶片加工夹具；文献 37 介绍了用于燃气轮机高压涡轮叶片的加工工艺和设备，该设备包括可控工具头和喷嘴，射流喷嘴连接从外部供给处理液的软管；文献 38 介绍了燃气轮机叶片铸造工艺，叶片具有前缘和后缘，内表面限定的内部空间用于引导冷却空气，在后缘位置设置的紊流器和销可在一定的角度范围内延伸到内部空间；文献 39 介绍了燃气轮机涡轮叶片的冷却方法，涡轮叶片的冷却过程发生在前缘的平台区域，冷却空气从下侧平台进行冲击冷却，可以用激光钻孔。

文献 40 ～ 45 为本查新项目委托单位发表的论文。

综上所述，以下内容在国内外已有文献介绍：有关烟机轮盘榫槽的拉削自动夹具；燃气轮机轮盘榫槽拉削夹具采用机械压紧式结构；燃压机组 0 级轮盘分度拉削夹具；由 PLC 控制的多工位组合钻床的夹具，棘爪与分度槽配合的多功能分度夹具；应用 D-H 法对 MAZAK INTEGREX 100- Ⅱ SY 五轴联动数控机床建立运动学数学模型，采用 Pro/E 软件进行叶片三维建模，采用 Powermill 软件进行数控加工编程；采用非正交五轴联动机床和“3+2”工艺方法，对整体叶轮进行编程工艺研究，利用专用后处理器进行后置并生成 G 代码，采用 Vericut 软件进行加工仿真并对 G 代码进行验证；燃气轮机轮盘加工方法及夹具的设计，燃气轮机高压涡轮叶片的加工工艺和设备等。

以下技术特征，在国内外未见相同文献报道：

本查新项目研究的 ××× 烟气轮机，轮盘拉削夹具采用电液控制、增加了 ××× 机构，基于 CATIA 建模编程、IMS 后处理、MAZAK INTE200IV 机床的叶片五轴联动加工工艺。

5.1.7　查新审核

查新审核工作主要着重于审核查新报告总体上的完整性、检索策略的合理性和准确性、相关文献的可比性和充实程度，以保证查新结论的公正性、准确性和客观性。同时，对查新报告中存在的细节问题也不能忽视，查新报告细节上的缺陷往往会影响整个查新报告的质量，影响查新机构的公信力。在审核查新报告过程中，应注意查新报告的各个部分是否达到内容完整、著录项目齐全、版式协调得体、内容相关、结论合理的要求，杜绝可能存在的政治性或政策性失误，纠正常识性和技术性的错误，进行适当的文字和词语的修订，处理查新报告初稿中存疑和待定的问题。在必要的情况下，如检索结果中罗列的相关文献偏离项目查新点的核心内容、所用检索词不足以涵盖项目查新点的技术主题、罗列的相关文献偏少、罗列的文献与查新点无可比性、文献分析对比内容过于牵强、查新结论论据不足等，审核员应向查新员提出补充检索的建议。查新员应当根据审核员的建议，进行补查和修改后再次提交审核。

5.1.8 出具查新报告

查新报告通过审核员审核以后，按规定对其打印装订，由查新员、审核员分别签字，并在封面页、结论签字页加盖查新机构的科技查新专用章，然后按约定的日期将查新报告交付给查新委托人。如果查新委托人收到查新报告后提出修改查新点或增加查新点的要求，则应重新委托查新。

5.1.9 复审

复审是查新委托人对查新结论有异议而启动的救济程序，也是查新审核程序的延续，复审程序应当基于查新委托人的请求启动。查新委托人如果对查新结论有不同意见，对查新报告中失去新颖性或部分失去新颖性的结论存在疑问，可在收到查新报告一周之内，将相关意见、证明文件和补充资料等提交至查新机构，由查新机构组织复审小组复审，复审小组应重新针对有疑问的部分进行补充检索，如复审后证明查新委托人的意见正确则应更改查新结论并收回原报告。

5.1.10 文件归档

委托单、查新合同、查新报告等在情报检索业务平台中自动归档，少量纸质版的查新合同、查新报告及查新过程中产生的文件等存放在专用文件柜中，并已做好归档记录。

5.2 引证检索

5.2.1 引证委托

用户注册并登录情报检索业务平台后根据流程填写并提交引证检索委托单，如图 5-4、图 5-5 所示。对于引证检索委托单上的申请机构信息，用户按照要求填写即可；对于检索要求部分，需要表达清楚从哪些数据库检索论文的收录、引用、期刊影响因子、期刊分区等情况。对于检索内容部分，可以参考文献的格式依次罗列出需要检索的论文。

图 5–4 引证检索委托单 1

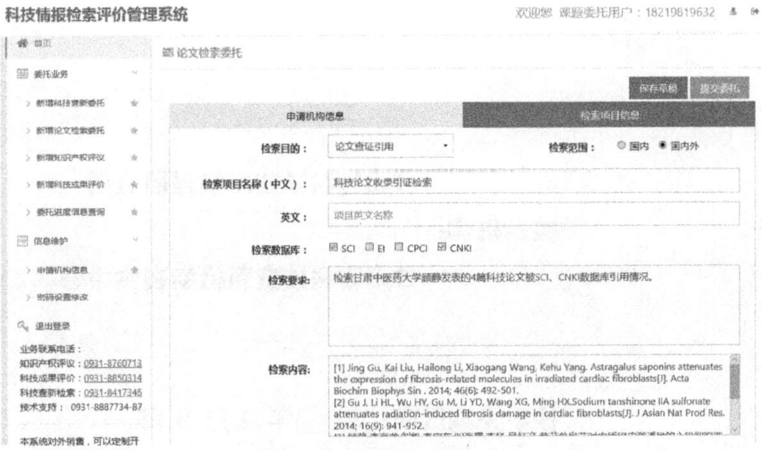

图 5–5 引证检索委托单 2

5.2.2 生成检索证明报告

业务受理人员受理引证检索委托单以后，将其分配给选定的情报检索人员，平台会自动生成检索证明报告，如图 5–6 所示。

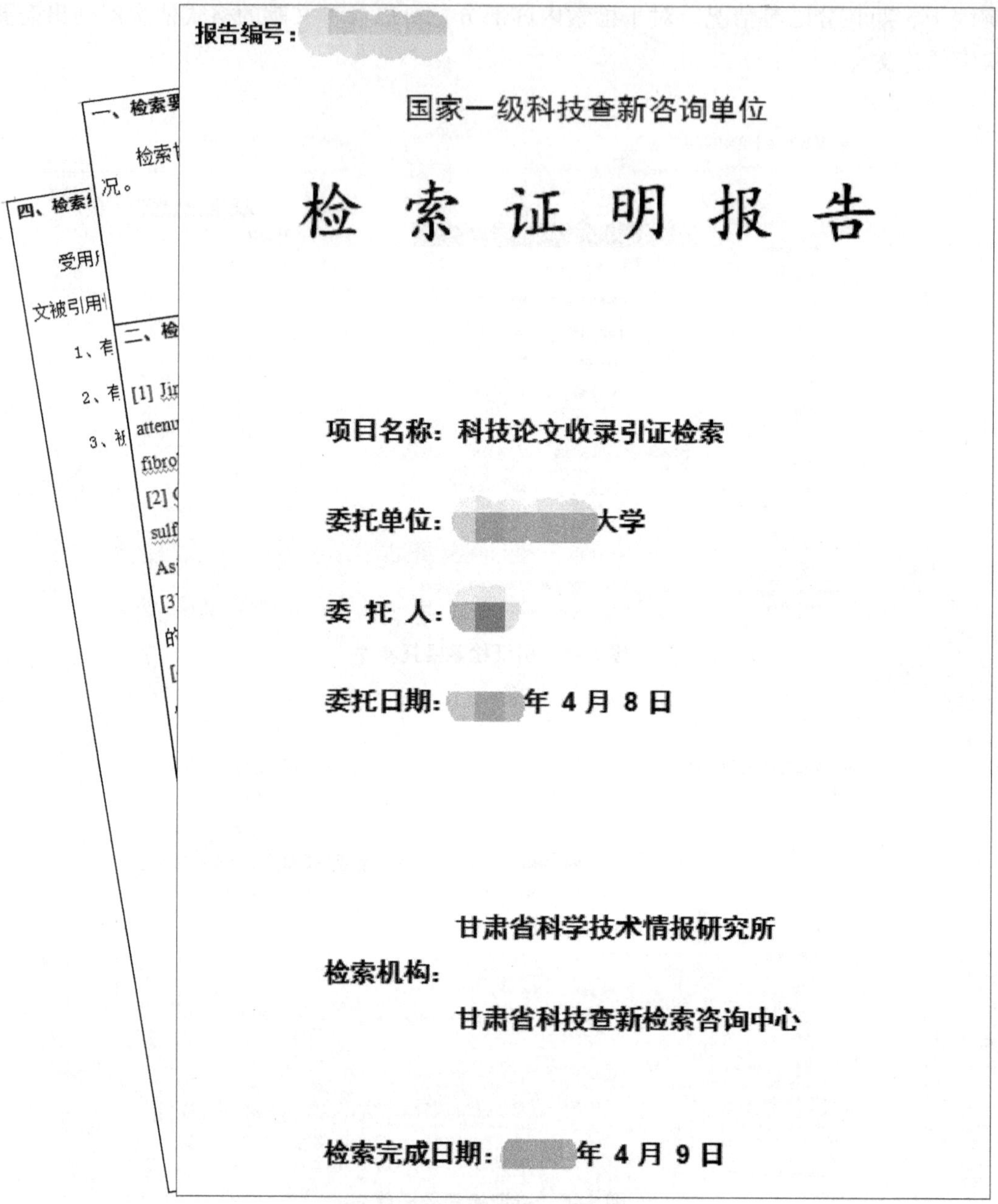

报告编号：[redacted]

国家一级科技查新咨询单位

检 索 证 明 报 告

项目名称：科技论文收录引证检索

委托单位：[redacted]大学

委 托 人：[redacted]

委托日期：[redacted]年 4 月 8 日

甘肃省科学技术情报研究所

检索机构：

甘肃省科技查新检索咨询中心

检索完成日期：[redacted]年 4 月 9 日

图 5-6　生成检索证明报告

5.2.3　检索过程

（1）科学引文索引数据库（SCI 数据库）

科学引文索引数据库是由美国科学信息研究所（Institute for Scientific Information，ISI）于 1961 年创办的引文索引数据库，该数据库覆盖了农业、生物学、兽医学、生命科学、临床医学、物理学、化学、工程技术等方面的综合性刊物，尤其能反映国内外自然科学研究的学术水平，是目前国际检索系统中最权威、最著名的数据库之一，其中生命科学、临床医学、物理学、化学领域数据所占比例最大，收录内容包括国际重要期刊和当年国际重要会议等，其引文索引具有独特的科学参考价值，在学术界占有重要地位。

1）收录情况检索

用 SCI 数据库检索论文的收录情况时，为确保检索的准确性，先将数据库选择为“Web of Science 核心合集”，在下方“更多设置”中勾选“Science Citation Index Expanded（SCI-EXPANDED）—1999 年至今”。检索时选择“基本检索”，然后输入主题、标题、作者、出版物名称、入藏号、DOI、授权号、PubMed ID 等检索字段进行检索，可以添加行进行多字段同时检索，如图 5-7 所示。

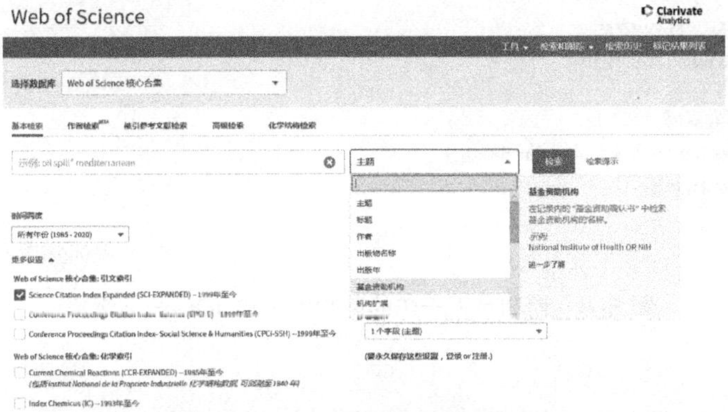

图 5-7　SCI 数据库收录情况检索

2）期刊影响力检索

将检索到的论文打开，点击“查看期刊影响力”，可以查看期刊最近一年的影响因子和 JCR 分区情况，如图 5-8、图 5-9 所示；点击“期刊信息”中的“Journal Citation Reports”，可以查看历年影响因子、引文分布等期刊主要指标，如图 5-10、图 5-11 所示。

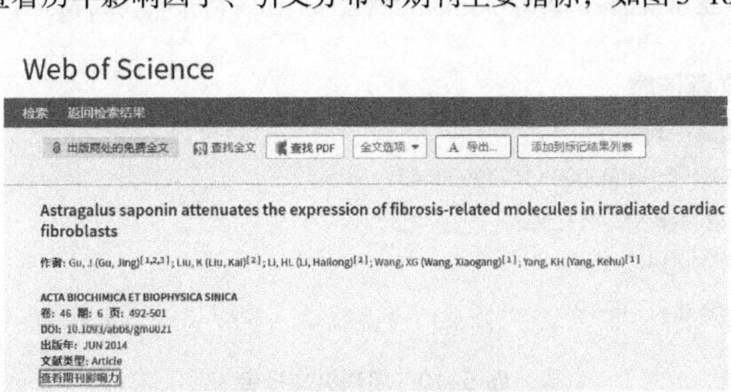

图 5-8　SCI 数据库期刊影响力检索

ACTA BIOCHIMICA ET BIOPHYSICA SINICA

impact factor

2.836 **2.924**

2019 *5 年*

JCR® 类别	类别中的排序	JCR 分区
BIOCHEMISTRY & MOLECULAR BIOLOGY	172/297	Q3
BIOPHYSICS	27/71	Q2

数据来自第 2019 版 Journal Citation Reports

出版商

OXFORD UNIV PRESS, GREAT CLARENDON ST, OXFORD OX2 6DP, ENGLAND

ISSN: 1672-9145

eISSN: 1745-7270

研究领域

Biochemistry & Molecular Biology

Biophysics

关闭窗口

图 5–9 期刊最近一年的影响因子和 JCR 分区情况

期刊信息

Impact Factor (影响因子): Journal Citation Reports

类别 / 分类

研究方向: Biochemistry & Molecular Biology; Biophysics

Web of Science 类别: Biochemistry & Molecular Biology; Biophysics

文献信息

语言: English

入藏号: WOS:000337029500008

PubMed ID: 24739634

ISSN: 1672-9145

eISSN: 1745-7270

图 5–10 期刊引文报告 1

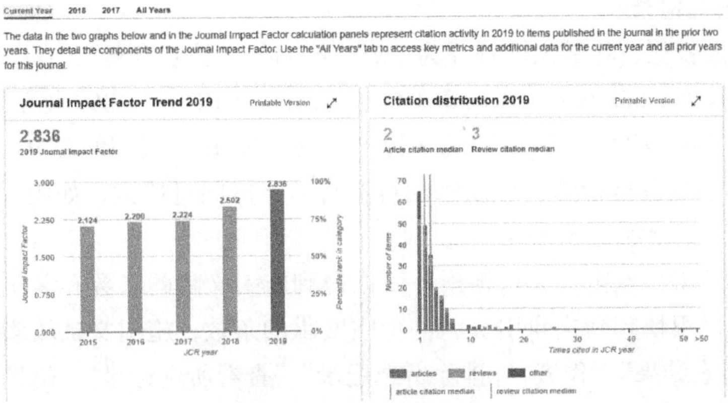

图 5–11 期刊引文报告 2

在实践中，有的用户要求查询期刊的中科院分区情况和影响因子，此时可以从 SCI 期刊分区及影响因子查询平台进行检索，输入期刊名、ISSN 等检索字段，可以看到期刊的中科院分区情况，通过“点击查看 IF”，可以查看期刊历年的影响因子，如图 5–12、图 5–13 所示。

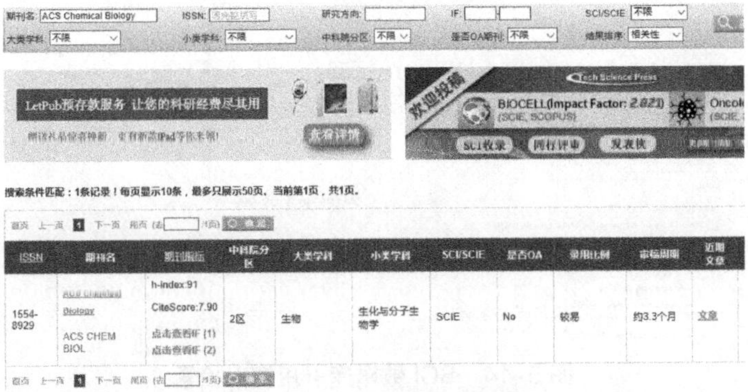

图 5–12 期刊的分区情况

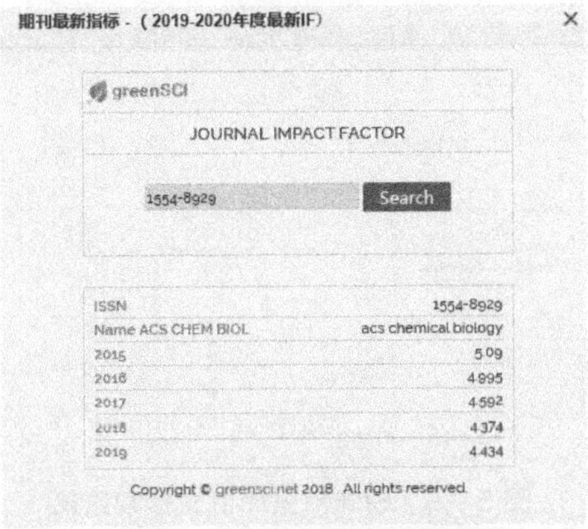

图 5–13 期刊的影响因子

3）引用情况检索

同收录情况检索，将数据库选择为“Web of Science 核心合集”，在下方“更多设置”中勾选“Science Citation Index Expanded（SCI–EXPANDED）—1999 年至今”。检索时选择“被引参考文献检索”，然后输入被引作者、被引著作、引用的 DOI、被引年份、被引标题等检索字段进行检索，可以添加行进行多字段同时检索，如图 5–14 所示。SCI 数据库引文检索结果如图 5–15 所示。

勾选检索结果，点击“完成检索”可以得到施引文献的条数和著录信息，施引文献较少时，可以很快判断出自引文献与他引文献的条数；施引文献较多时，可以依次点击 “分析检索结果”“作者”“排除所选记录”“查看所选记录”，辅助情报检索人员统计论文他引文献与自引文献的条数，如图 5–16、图 5–17 所示。

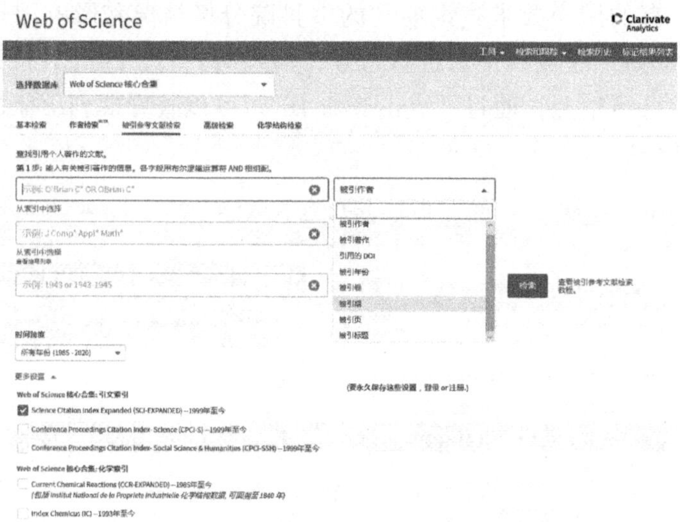

图 5–14　SCI 数据库引用情况检索

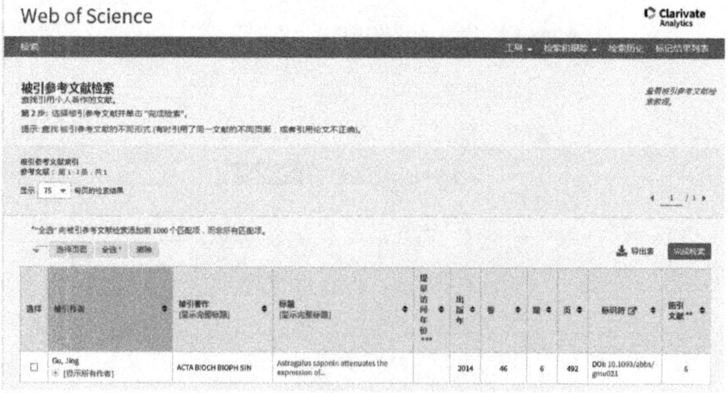

图 5–15　SCI 数据库引文检索结果

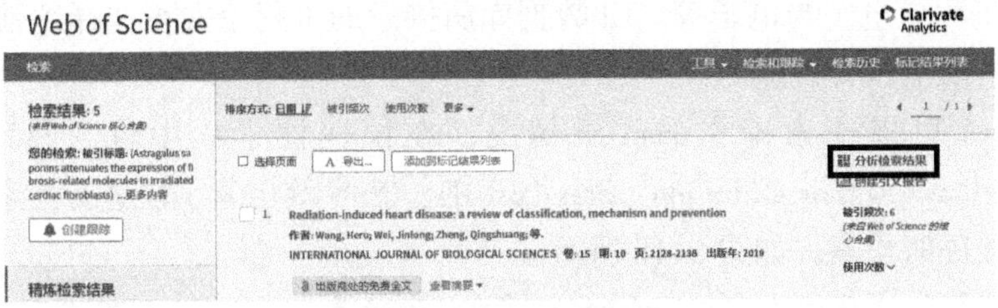

图 5–16　检索结果分析 1

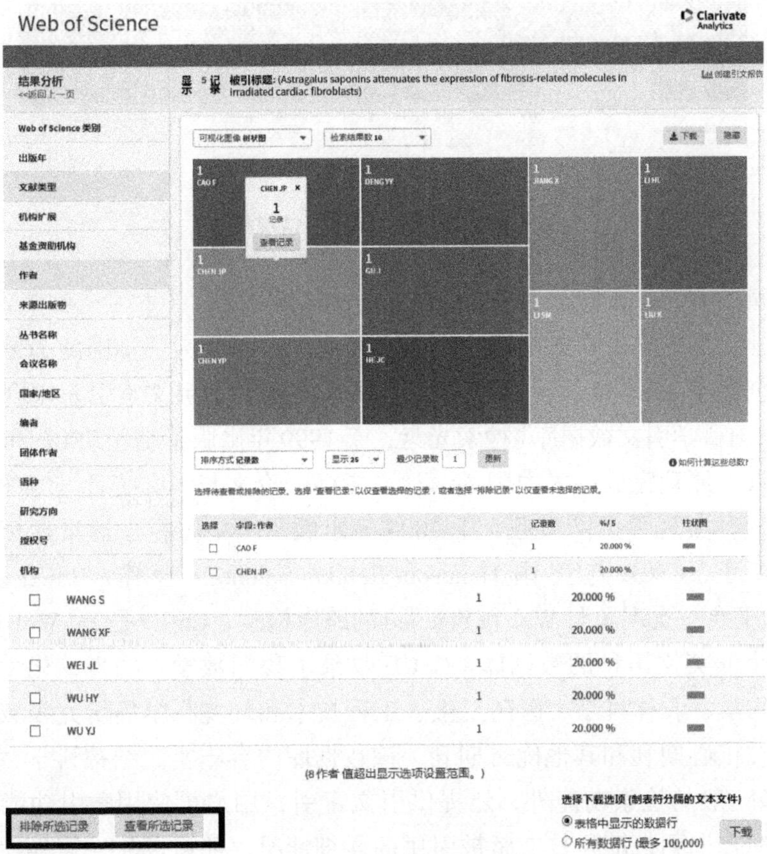

图 5–17　检索结果分析 2

（2）工程索引数据库（EI 数据库）

工程索引数据库是由美国工程信息公司于 1884 年创办的著名工程技术类综合性检索系统，具有数据回溯期长、信息量大、综合性强、权威性高、资料来源广、内容质量好、地理区域覆盖面广等特点。它主要介绍有关工程技术方面的信息，收录的数据领域包括化学和工艺工程、农业、生物工程、生态环境、地质工程、土木工程、燃料工程、石油化工、冶金工程、矿业、仪表数据、工业管理、核能、宇航工程、汽车与机车、控制工程、电工与电子等。EI 数据库所摘录的工程论文可选择性强，对新学科和边缘学科的反应较为迅速。

EI 数据库可以检索论文的收录情况，在快速检索框中输入 Subject、Title、Abstract、Author、Author affiliation、Standard ID、ISSN 等检索字段进行检索，可以添加行进行多字段同时检索，如图 5-18 所示。

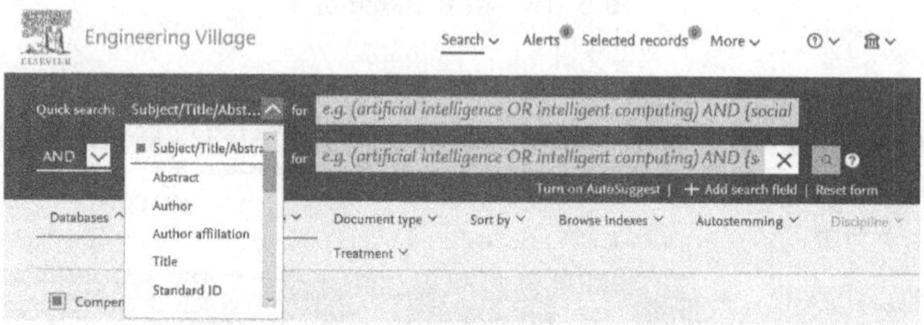

图 5-18 EI 数据库收录情况检索

（3）中国科学引文数据库（CSCD）

中国科学引文数据库是我国第一个引文数据库，被誉为“中国的 SCI”。中国科学引文数据库创建于 1989 年，于 1995 年出版了《中国科学引文索引》印刷本，于 1998 年出版了《中国科学引文数据库》检索光盘，于 1999 年出版了基于 CSCD 和 SCI 数据的、利用文献计量学原理完成的《中国科学计量指标：论文与引文统计》。2003 年，CSCD 推出了网络版，实现了上网服务，于 2005 年出版了《中国科学计量指标：期刊引证报告》。2007 年，CSCD 与美国 Thomson-Reuters Scientific 合作，CSCD 以 ISI Web of Knowledge 为平台，实现了与 Web of Science 的跨库检索，CSCD 是 ISI Web of Knowledge 平台上第一个非英文语种的数据库。CSCD 收录了我国数学、物理、化学、天文学、地理学、生物学、农林科学、医药卫生、工程技术和环境科学等研究领域出版的千余种中英文科技核心期刊和其他优秀期刊，该数据库内容丰富、结构科学、数据准确。CSCD 除具备一般的检索功能外，还提供引文索引，用户可使用索引功能迅速地从数百万条引文中查询到某篇科技文献被引用的详细情况，还可以从一篇早期的重要文献或作者姓名入手，检索到该作者近期发表的或与该重要文献相关的文献，对交叉学科和新学科的发展研究具有十分重要的参考价值。

1）收录情况检索

用 CSCD 检索论文收录情况时，从“来源文献检索”中输入作者、第一作者、题名、刊名、ISSN、文摘、机构、DOI 等检索字段进行检索，可以添加行进行多字段同时检索，如图 5-19 所示。

2）引用情况检索

用CSCD检索引文时，从“引文检索”中输入被引作者、被引第一作者、被引来源、被引机构、被引文献主编等检索字段进行检索，可以添加行进行多字段同时检索，如图5-20所示。勾选对应的检索结果，点击“完成检索”，可以得到施引文献的条数和著录信息，如图5-21所示。

图5-19 CSCD收录情况检索

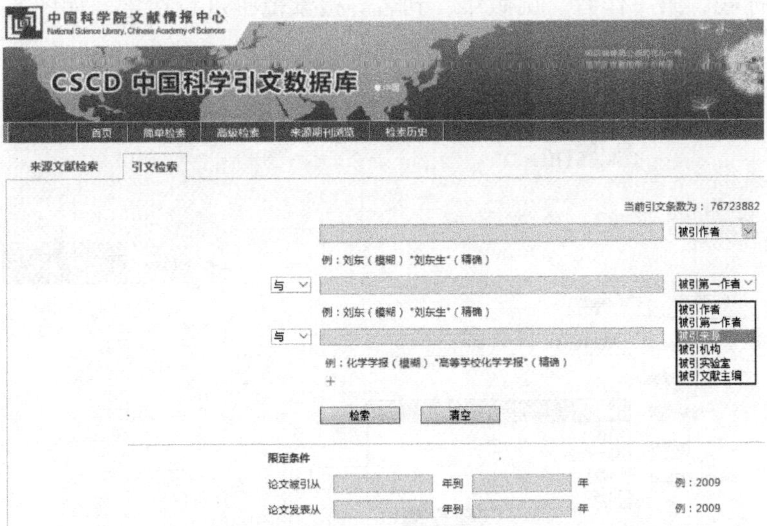

图5-20 CSCD引用情况检索

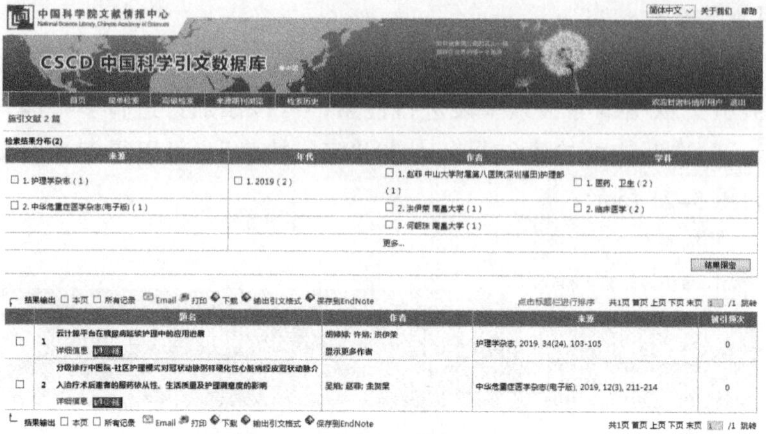

图 5-21　CSCD 引文检索结果

（4）中国科技论文统计与分析网（CSTPCD）

该系统以中国科技论文与引文数据库为基础，整合了科学引文索引（SCI）、工程索引（EI）、医学索引（MEDLINE）、社会科学引文索引（SSCI）、科学会议录引文索引（CPCI-S）、德温特世界专利索引（DWPI）等国际权威检索数据库和中国科技期刊引证报告。CSTPCD 为科技管理部门、高等院校、科研机构、期刊编辑部和科研工作者提供了科技论文的收录引证数据和期刊评估指标数据。

1）收录情况检索

用 CSTPCD 检索论文收录情况时，可从“文献检索”中选择“高级检索”，输入检索词并选择标题、第一作者、出版年、刊名等检索范围进行检索，如图 5-22、图 5-23 所示。

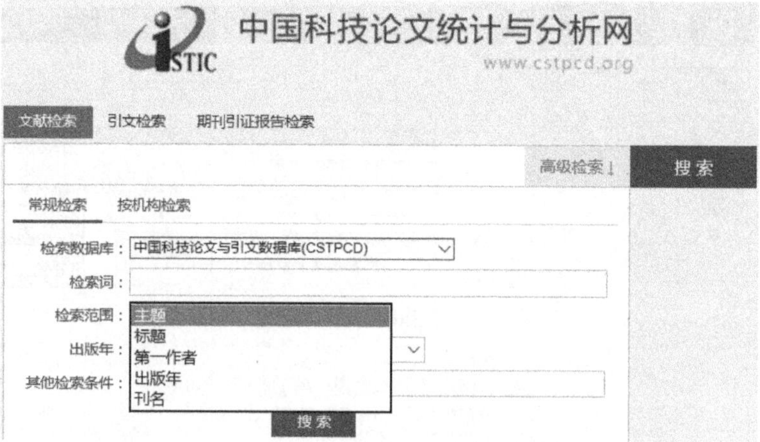

图 5-22　CSTPCD 收录情况检索

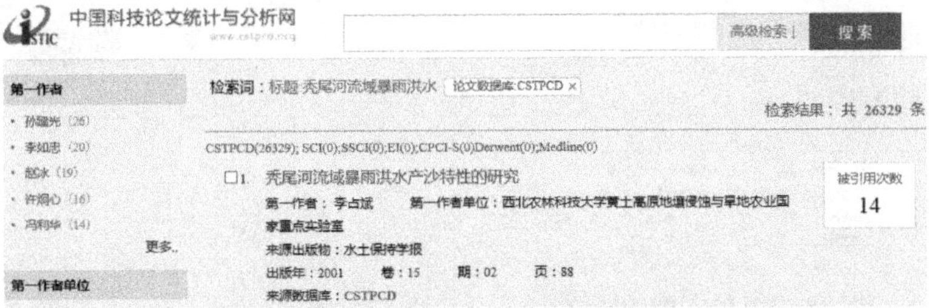

图 5-23　CSTPCD 收录检索结果

2）引用情况检索

用 CSTPCD 检索引文时，同样可从“引文检索”中选择“高级检索”，输入检索词并选择被引标题、被引作者、被引年份、被引著作、被引卷、被引期、被引页等检索范围进行检索，如图 5-24、图 5-25 所示。

勾选对应的检索结果，点击施引文献，可以得到施引文献列表，如图 5-26 所示。点击“总施引文献数”，可以得到文献历年被引用统计图，如图 5-27 所示。

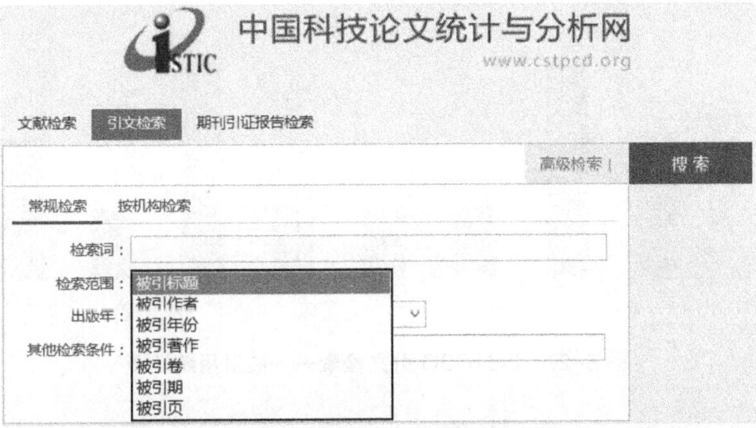

图 5-24　CSTPCD 引用情况检索

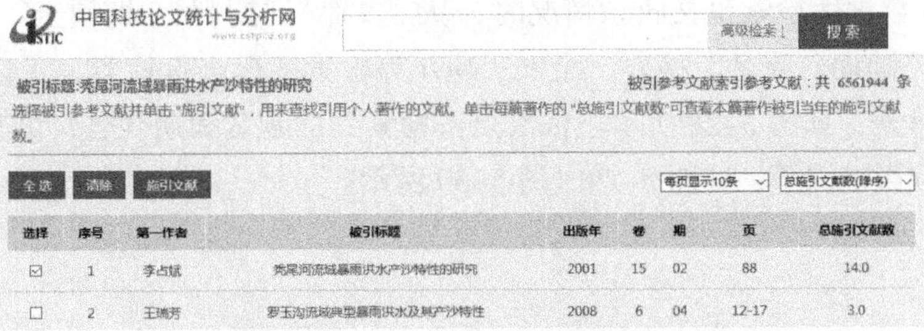

图 5-25　CSTPCD 引文检索结果

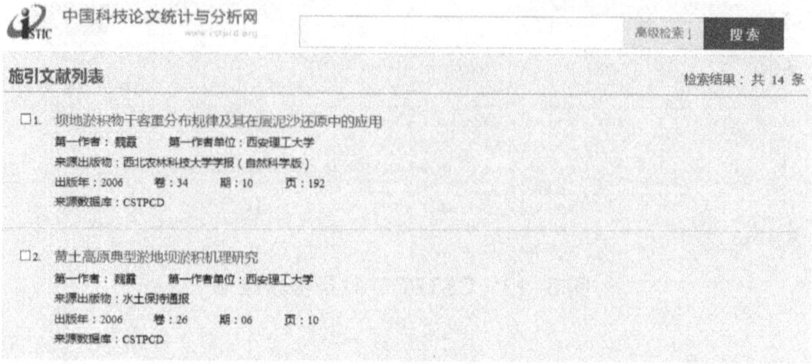

图 5-26 CSTPCD 引文检索——施引文献列表

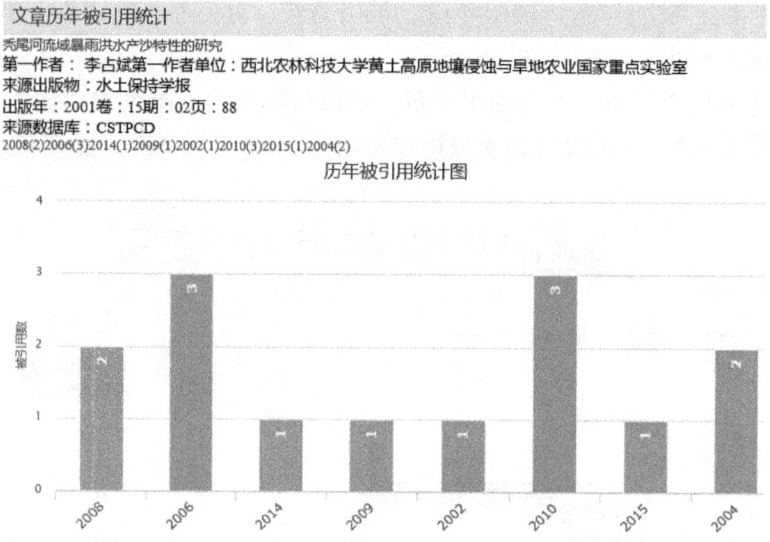

图 5-27 CSTPCD 引文检索——被引用统计图

（5）中国知网数据库（CNKI 数据库）

1）收录情况检索

用 CNKI 数据库检索论文收录情况时，从“文献”“期刊”“博硕士”“会议”等中输入主题、关键词、篇名、摘要、全文、DOI 等检索字段进行检索，可以添加行进行多字段同时检索，如图 5-28 所示。依次点击检索到的题名和期刊名，可查看论文的著录信息和期刊影响因子，如图 5-29、图 5-30 所示。

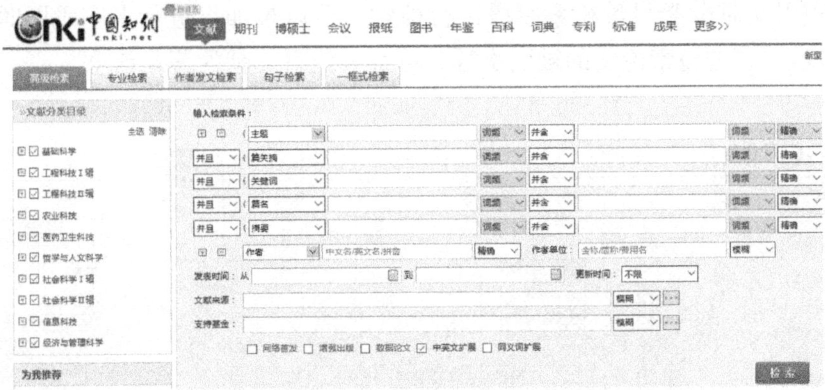

图 5–28　CNKI 数据库收录情况检索

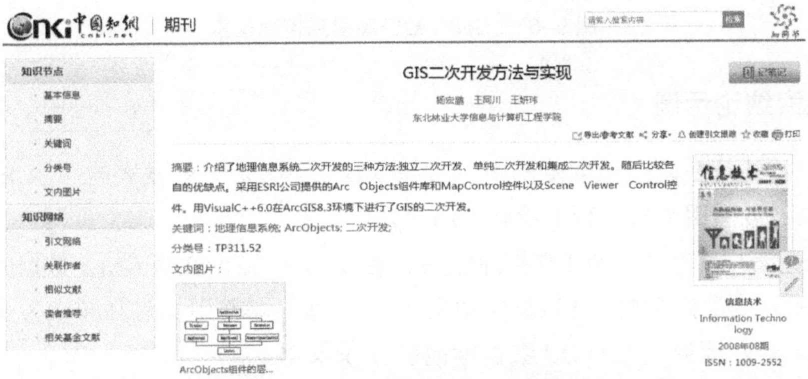

图 5–29　CNKI 数据库论文著录信息

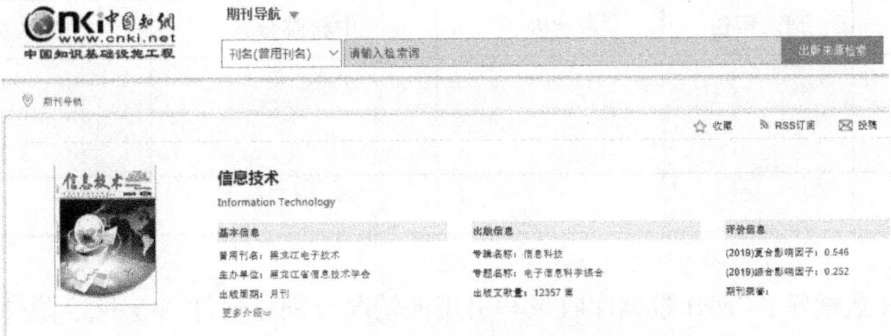

图 5–30　CNKI 数据库期刊影响因子

2）引用情况检索

用 CNKI 数据库检索引文时，从“引文”中输入被引题名、被引关键词、被引文献摘要、被引文献分类号等检索字段进行检索，可以添加行进行多字段同时检索，如图 5–31 所示。点击检索论文的被引次数，可查看施引文献的著录信息。

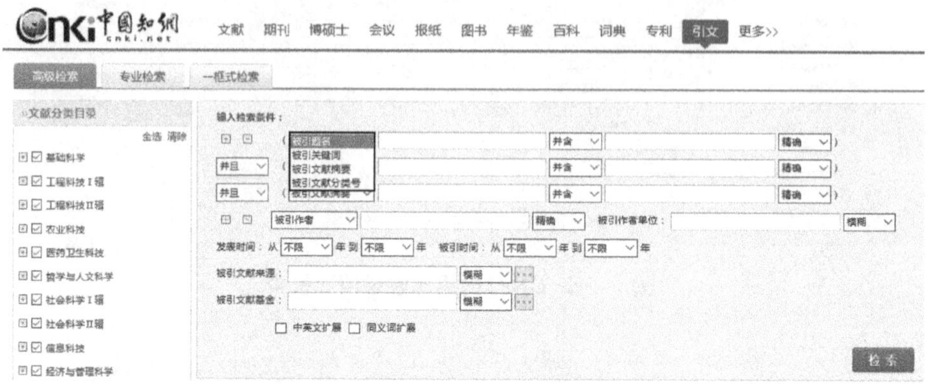

图 5–31　CNKI 数据库引用情况检索

5.2.4　检索结论示例

受用户委托，在以上检索范围中，对 ××× 大学 ××× 发表的 ××× 篇科技论文的被收录、被引用情况进行了检索，结果如下：

①有 ××× 篇论文被 SCI 数据库收录，有 ××× 篇论文被 CNKI 数据库收录；

②有 ××× 篇论文被 SCI 数据库他引 ××× 次，单篇引用最高频次为 ××× 次；

③有 ××× 篇论文被 CNKI 数据库他引 ××× 次。

论文收录期刊的影响因子、中科院分区、JCR 分区情况如下表所示。

期刊名	刊出年份	影响因子	中科院分区	JCR 分区

被 SCI 数据库、CNKI 数据库收录和引用的情况分别见附件 ×××、附件 ×××。

5.3　专题检索

专题检索是根据用户教学或研究的特定需求，以用户描述课题的主题词、关键词等作为检索入口，以题录、文摘和全文等方式为用户提供检索结果的信息服务，主要分为技术检索、专利检索、标准检索。

5.3.1 技术检索

技术检索是针对教学、科研、技术攻关、行业发展动态及项目规划、立项等过程中的技术点进行的科技论文、专利、标准、成果文献的检索，可以为用户提供参考依据和文献保障。

常用数据库包括：

① 中文科技期刊数据库（1989 年至今）；

② 中国期刊全文数据库（1994 年至今）；

③ 中国学位论文数据库（1990 年至今）；

④ 中国学术会议论文数据库（1987 年至今）；

⑤ 中国科学技术成果数据库（1987 年至今）；

⑥ 中国专利文摘数据库（1985 年至今）；

⑦ 万方数据知识服务平台（1985 年至今）；

⑧ 国家科技图书文献中心（1985 年至今）；

⑨ 中国知识资源总库——CNKI 系列数据库（1990 年至今）；

⑩Internet 网络信息资源（? 年至今）；

⑪ISI Web of Knowledge（1969 年至今）；

⑫ 美国工程索引（1969 年至今）；

⑬ 美国专利全文数据库（1979 年至今）；

⑭ 欧洲专利文摘数据库（1969 年至今）；

⑮ 世界专利索引（1969 年至今）；

⑯ 美国化学文摘数据库（SciFinder）（1969 年至今）。

案例一

技术专题检索证明报告（案例一）如图 5-32 所示。

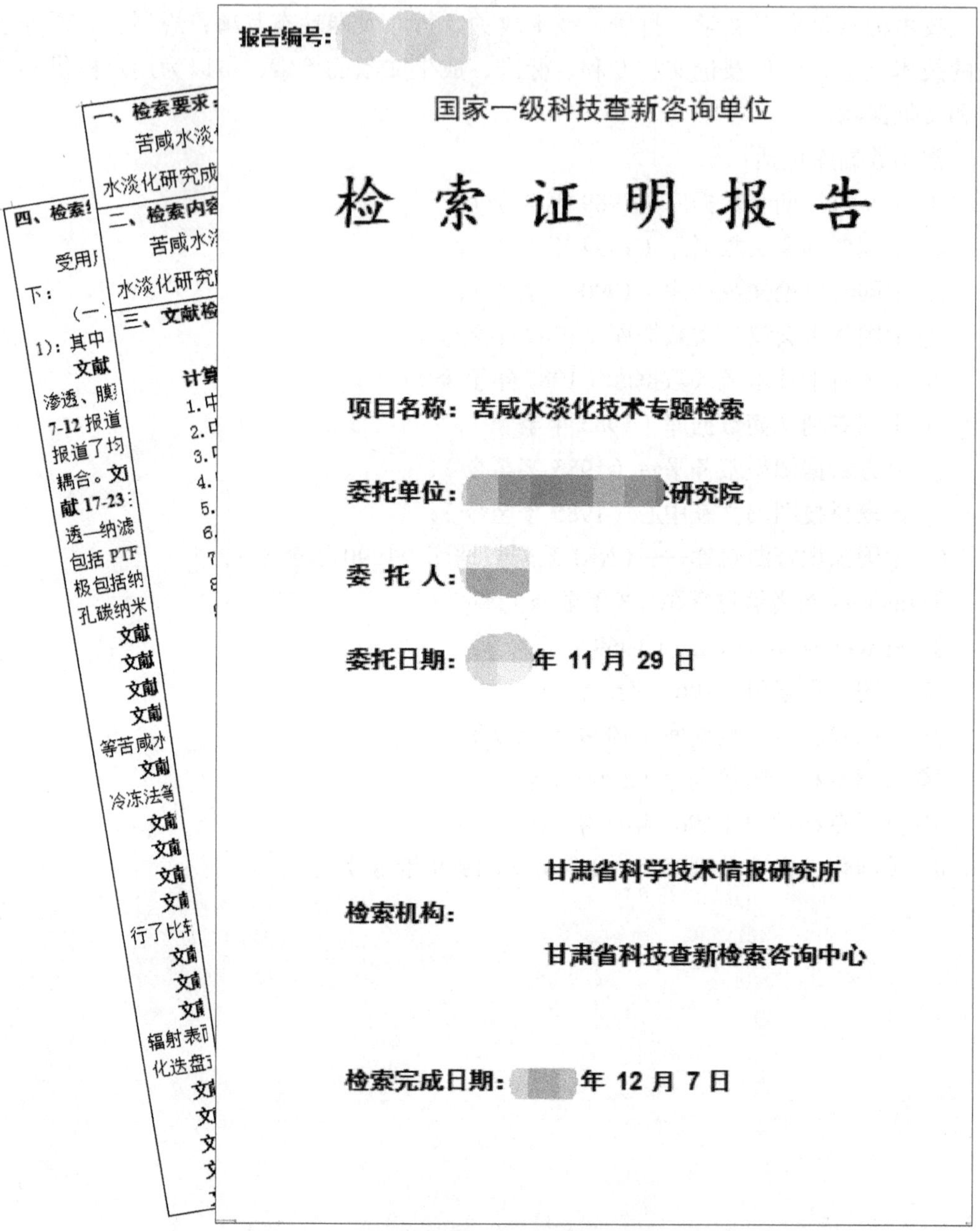
报告编号：[redacted]

国家一级科技查新咨询单位

检 索 证 明 报 告

项目名称：苦咸水淡化技术专题检索

委托单位：[redacted]研究院

委 托 人：[redacted]

委托日期：[redacted]年 11 月 29 日

检索机构：甘肃省科学技术情报研究所
甘肃省科技查新检索咨询中心

检索完成日期：[redacted]年 12 月 7 日

图 5-32　技术专题检索证明报告（案例一）

【检索要求】

要求检索有关以下内容的科技论文、专利、标准、成果文献。

【检索内容】

苦咸水淡化技术国外发展历程、国内发展现状、苦咸水淡化相关标准、苦咸水淡化研究成果。

【检索词】

苦咸水 brackish water

淡化 desalination

技术 technology

【检索式】

① FULL=（苦咸水）AND FULL=（淡化）AND FULL=（技术）

② FULL=（brackish water）AND FULL=（desalination）AND FULL=（technology）

【检索结论】

受用户委托，在以上检索范围中，对苦咸水淡化技术进行了检索，结果如下：

（1）在国内数据库中检索到有关苦咸水淡化技术的文献共 64 篇

文献 1 ～ 33 介绍了采用膜技术淡化处理苦咸水。其中，文献 1 ～ 6 介绍了反渗透、纳滤、正渗透、膜蒸馏、电渗析、电容去离子化、离子交换等的苦咸水淡化膜技术；文献 7 ～ 12 报道了反渗透膜技术；文献 13 报道了反渗透 – 离子交换联合技术；文献 14 报道了均相离子交换膜电渗析脱盐技术与低压抗污染苦咸水反渗透膜脱盐技术耦合；文献 15 报道了快滤 – 超滤 – 反渗透技术；文献 16 报道了超滤膜技术；文献 17 ～ 23 报道了纳滤技术，包括双级纳滤、太阳能纳滤等；文献 24 报道了正渗透 – 纳滤耦合技术；文献 25 报道了正渗透技术；文献 26 ～ 29 报道了膜蒸馏技术，包括 PTFE 疏水膜、PP 中空纤维膜等；文献 30 ～ 33 报道了电容去离子化技术，电极包括纳米碳管 / 活性炭复合电极、改性活性炭电极、石墨烯基碳材料电极、多孔碳纳米纤维电极；文献 34 报道了倒极电去离子（EDIR）技术；文献 35 报道了渗透汽化膜分离技术；文献 36 报道了机械蒸汽压缩技术；文献 37 比较了电渗析法、蒸馏法、反渗透法、电吸附法、冷冻法和纳滤法等苦咸水淡化方法的优点与不足；文献 38 ～ 42 报道了苦咸水冷冻淡化技术，包括自然冷冻淡化技术、单极层状冷冻法等；文献 43 报道了垂直电泳技术；文献 44 报道了多级闪发蒸馏技术；文献 45 ～ 46 报道了露点蒸发淡化技术；文献 47 对苦咸水淡化的反渗透法、膜蒸馏法、盘式蒸馏法和降膜蒸发法进行了比较；文献 48 报道了苦咸水淡化 CARIX 工艺；文献 49 报道了电吸附技术；文献 50 ～ 56 报道了太阳能海水淡化技术，包括直热式太阳能海水淡化法、光辐射表面挥发苦咸水淡化法、分级回热式太阳能增湿海水淡化法、太阳能动力强化迭盘式蒸馏法等；文献 57 报道了微生物脱盐燃料电池淡化技术；文献 58 公开了一种海水电磁淡化法；文献 59 公开了一种使用可调阴离子交换床的苦咸水淡化方法；文献 60 公开了一种海水场析淡化法；文献 61 公开了一种电解法淡化技术；文献 62 公开了一种海水或苦咸水淡化物及其淡化方法，包括有机盐和有机酸；文献 63 公开了一种苦咸水净化为微含盐水的方法，采用活性炭吸附 + 超滤等耦合技术；文献 64 公开了一种基于水合物法的海水淡化方法。

综上所述，国内现用于苦咸水淡化的技术有基于反渗透、纳滤、正渗透、膜蒸馏、电渗析、电容去离子化、离子交换等的膜技术，倒极电去离子（EDIR）技术，渗透汽化膜分离技术；机械蒸汽压缩技术，冷冻淡化技术，垂直电泳技术，多级闪发蒸馏技术，露点蒸发淡化技术，CARIX 技术，电吸附技术，太阳能海水淡化技术，微生物脱盐燃料电池淡化技术，海水电磁淡化技术，使用可调阴离子交换床的淡化技术，海水场析淡化技术，电解法淡化技术，使用有机盐和有机酸进行中和的淡化技术；基于水合物法的海水淡化技术。

（2）在国外数据库中检索到有关苦咸水淡化技术的文献共 57 篇

文献 1 报道了电容去离子化（CDI）技术；文献 2 报道了用纳米多孔碳气凝胶电极进行电容去离子化的苦咸水淡化技术；文献 3 报道了柔性三维纳米多孔石墨烯用于苦咸水的电容去离子化技术；文献 4 报道了用于苦咸水连续阳离子插层脱盐的铁氰化镍电极；文献 5 报道了纤维素衍生的石墨纤维用于苦咸水的电容化脱盐；文献 6 介绍了五氧化二钒修饰多壁碳纳米管电极用于电容去离子化淡化苦咸水；文献 7 报道了氧化锌纳米棒改性活性炭布电极用于电容去离子化淡化苦咸水；文献 8 报道了介孔碳电极对苦咸水脱盐；文献 9 ～ 15 报道了基于 RO 膜（反渗透膜）的苦咸水淡化技术；文献 16 ～ 21 报道了基于电渗析的苦咸水淡化技术；文献 22 报道了用于苦咸水淡化的可再生能源膜技术；文献 23 ～ 26 报道了基于纳滤的苦咸水淡化技术；文献 27 报道了正向渗透苦咸水淡化技术；文献 28 ～ 30 报道了太阳能淡化技术；文献 31 ～ 32 报道了风力发电咸水脱盐技术；文献 33 报道了阴离子交换树脂与反渗透交换结合苦咸水淡化技术；文献 34 报道了卤水蒸发冷却苦咸水淡化技术；文献 35 报道了离子交换膜电容去离子化苦咸水淡化技术；文献 36 报道了苦咸水淡化技术，热处理过程包括多级闪蒸（MSF）、多效蒸馏（MED）和蒸汽压缩蒸馏（VCD），膜处理过程包括反渗透（RO）和电渗析；文献 37 报道了膜蒸馏和正渗透苦咸水淡化技术；文献 38 报道了正渗透过程使用包覆 Fe_3O_4 磁性纳米粒子葡聚糖淡化苦咸水；文献 39 报道了对以碳酸盐浓度为特征的苦咸水进行酸化处理；文献 40 报道了采用风力膜系统进行苦咸水脱盐；文献 41 报道了反渗透－光伏耦合苦咸水淡化技术；文献 42 报道了利用天然气水合物对苦咸水脱盐的理论研究；文献 43 报道了以唐南透析为预处理在脱盐前对苦咸水成分进行改性，然后利用离子交换膜进行脱盐；文献 44 综述了结合加湿与减湿过程的太阳热能苦咸水淡化技术；文献 45 报道了低温太阳能有机 Rankine 循环（ORC）驱动反渗透膜海水和苦咸水淡化系统；文献 46 报道了通过空气剥离溶液中二氧化碳增加溶液 pH 来脱盐的过程；文献 47 报道了使用地热能源的苦咸水淡水；文献 48 报道了将纳米过滤和低压力反渗透膜的物理、化学特性与传质模型结合在一起的苦咸水淡水；文献 49 报道了纳滤和反渗透膜结合淡化；文献 50 报道了膜蒸馏淡化；文献 51 报道了苦咸水脱盐膜工艺的耦合；文献 52 报道了无液体排放结晶技术淡化；文献 53 报道了共生反渗透淡化苦咸水；文献 54 公开了利用离子交换技术进行苦咸水脱盐；文献 55 报道了高通量反渗透膜与 NaY 沸石纳米粒子结合在一起用于海水淡化；文献 56 报道了一个海水淡化闭路系列；文献 57 报道了利用离子交换介质对咸水进行脱盐。

综上所述，国外现用于苦咸水淡化的技术有基于电容去离子化、反渗透、电渗析、纳滤、正渗透、膜蒸馏、离子交换等的膜技术，太阳能淡化技术，风力发电咸水脱盐技术，阴离子交换树脂与反渗透交换结合苦咸水淡化技术，利用酸化处理、天然气水合物、剥离溶液中二氧化碳、离子交换介质、结晶等方法的苦咸水淡化技术。

案例二

技术专题检索证明报告（案例二）如图 5-33 所示。

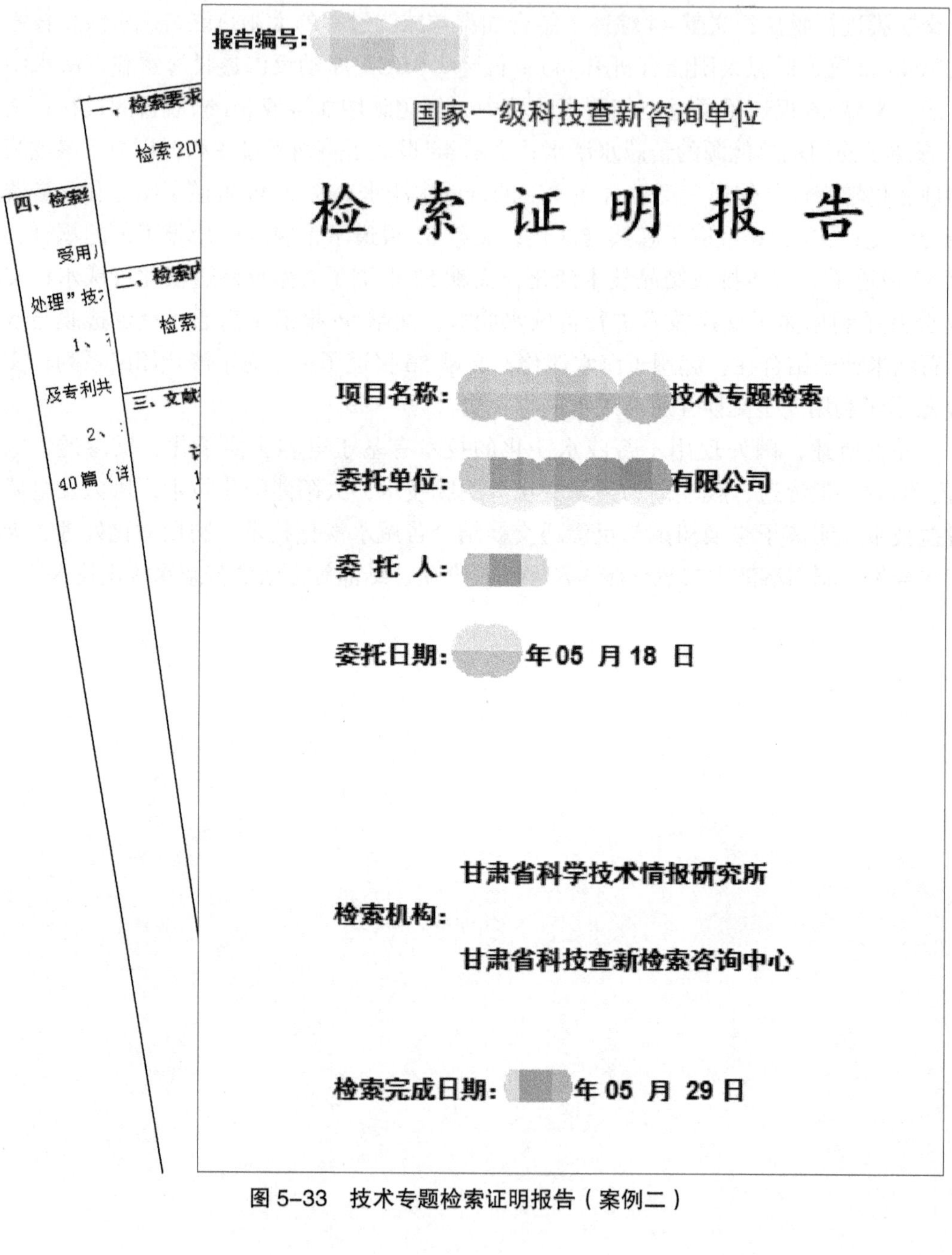

报告编号：[redacted]

国家一级科技查新咨询单位

检 索 证 明 报 告

项目名称：[redacted]**技术专题检索**

委托单位：[redacted]**有限公司**

委 托 人：[redacted]

委托日期：[redacted]**年 05 月 18 日**

检索机构： **甘肃省科学技术情报研究所**
甘肃省科技查新检索咨询中心

检索完成日期：[redacted]**年 05 月 29 日**

图 5-33　技术专题检索证明报告（案例二）

【检索要求】

检索 2017—2020 年关于“聚苯乙烯表面处理”的相关论文及专利。

【检索词】

聚苯乙烯 PS；polystyrene

表面 surface

处理 treatment

改性 modified；modification

【检索式】

① FULL=（聚苯乙烯）AND FULL=（表面）AND FULL=（处理 OR 改性）

② FULL=（PS OR polystyrene）AND FULL=（surface）AND FULL=（treatment OR（modified OR modification））

【检索结论】

受用户委托，在以上检索范围中，对 2017—2020 年聚苯乙烯表面处理技术进行了检索，结果如下：

（1）在国内数据库中检索到聚苯乙烯表面处理技术相关论文及专利共 ××× 篇，其中专利 ××× 篇、期刊及学位论文 ××× 篇；

（2）在国外数据库中检索到聚苯乙烯表面处理技术相关论文 ××× 篇。

5.3.2　专利检索

专利检索是指针对某个产业（行业）、机构（企业）、产品（技术）进行专利信息的检索，以帮助用户了解该产业（行业）的技术发展现状与趋势、竞争对手（合作伙伴或潜在客户）的专利布局情况与技术研发趋势、产品（技术）的专利布局情况等。

常用数据库包括：

①中国专利文摘数据库（1985 年至今）；

②美国专利全文数据库（1979 年至今）；

③欧洲专利文摘数据库（1969 年至今）；

④世界专利索引（1969 年至今）；

⑤检索网站

· 国家知识产权局（http：//www.sipo.gov.cn）

· Incopat 专利搜索引擎（https：//www.incopat.com/）

· Soopat 专利搜索引擎（http：//www.soopat.com）

· PatSnap 专利搜索引擎（https：//www.zhihuiya.com/）

· 专利之星检索系统（http：//cprs.patentstar.com.cn/）

· CNIPR 专利信息服务平台（http：//search.cnipr.com/）

案例三

专利专题检索证明报告（案例三）如图 5-34 所示。

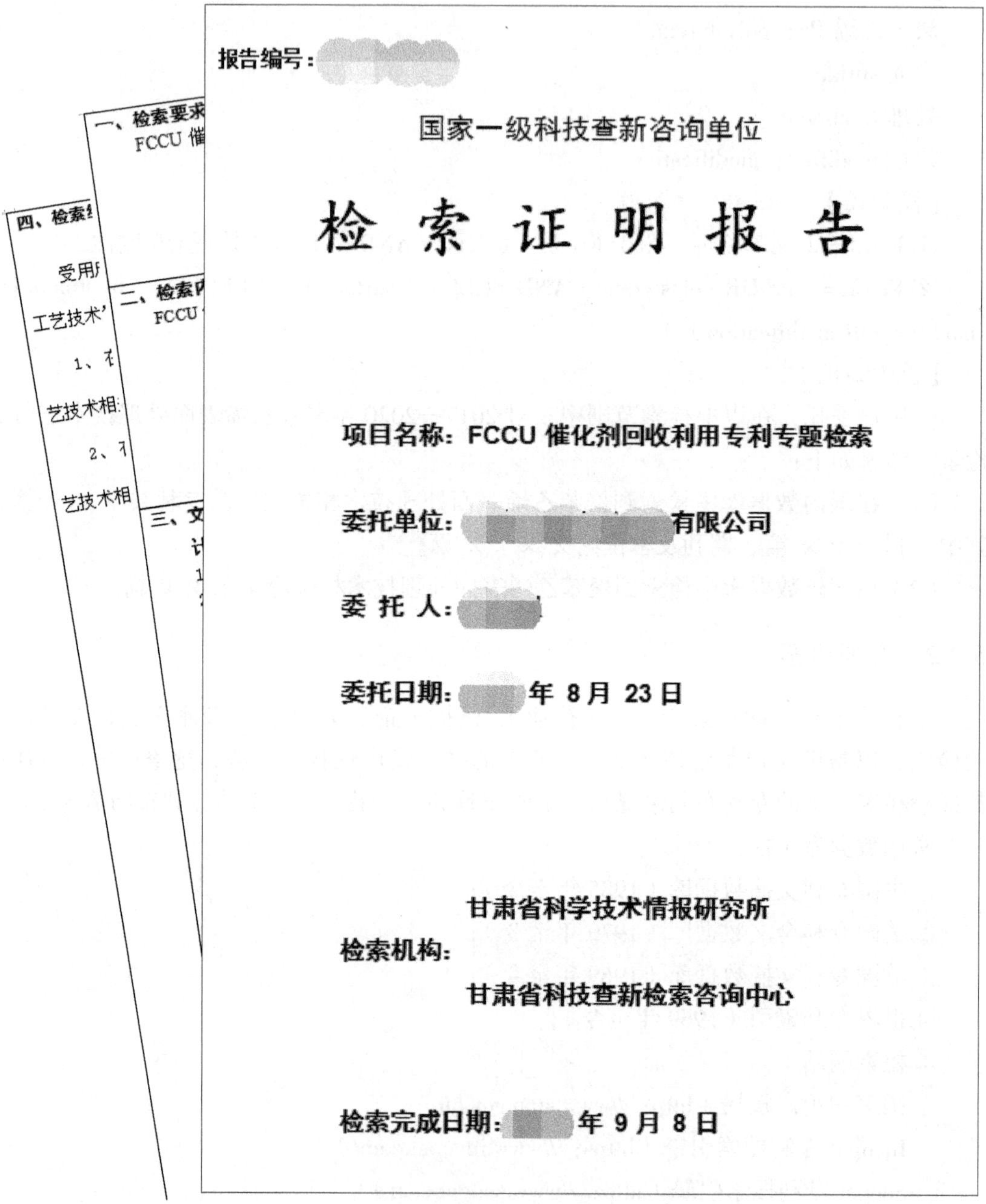

报告编号：[redacted]

国家一级科技查新咨询单位

检 索 证 明 报 告

项目名称：FCCU 催化剂回收利用专利专题检索

委托单位：[redacted]**有限公司**

委 托 人：[redacted]

委托日期：[redacted]**年 8 月 23 日**

检索机构： **甘肃省科学技术情报研究所**

甘肃省科技查新检索咨询中心

检索完成日期：[redacted]**年 9 月 8 日**

图 5-34　专利专题检索证明报告（案例三）

【检索要求】

检索 FCCU 催化裂化稀土催化剂回收利用工艺技术相关专利。

【检索词】

催化裂化 FCCU；catalytic cracking

稀土催化剂；废催化剂；催化剂 rare earth catalyst；waste catalyst；catalyst

回收；再生；再利用 recycle；regeneration；reuse

【检索式】

① FULL=（催化裂化）AND FULL=（稀土催化剂 OR 废催化剂 OR 催化剂）AND FULL=（回收 OR 再生 OR 再利用）

② FULL=（FCCU OR catalytic cracking）AND FULL=（rare earth catalyst OR waste catalyst OR catalyst）AND FULL=（recycle OR regeneration OR reuse）

【检索结论】

受用户委托，在以上检索范围中，对 FCCU 催化裂化稀土催化剂回收利用工艺技术相关专利进行了检索，结果如下：

（1）在国内数据库中检索到 FCCU 催化裂化稀土催化剂回收利用工艺技术相关专利共 ××× 篇；

（2）在国外数据库中检索到 FCCU 催化裂化稀土催化剂回收利用工艺技术相关专利 ××× 篇、论文 ××× 篇。

5.3.3 标准检索

标准是对重复性事物和概念（工农业生产和工程建设的产品质量、检验方法和技术要求等方面）所做的统一规定，它以科学、技术和实践经验的综合成果为基础，经有关方面协商一致，由主管机构批准，以特定形式发布，作为共同遵守的准则和依据。标准文献是标准化工作的成果，主要是指由技术标准、生产组织标准、管理标准及其他具有标准性质的文件所组成的特种科技文献体系，广义的标准文献是指记载、报道标准化的所有出版物，狭义的标准文献是指技术标准、规范和技术要求等。

常用数据库包括：

①万方数据知识服务平台（1985 年至今）；

②中国知识资源总库——CNKI 系列数据库（1990 年至今）；

③世界标准检索数据库（1969 年至今）；

④检索网站。

· 国家标准网（http：//www.biaozhun8.cn/）

· 全国标准信息公共服务平台（http：//std.samr.gov.cn/）

· 中国标准服务网（http：//www.cssn.net.cn）

· 中国标准咨询网（http：//biaozhunzixunwang.cn.b2b168.com/）

· 中国标准信息服务网（https：//www.sacinfo.cn/）
· 标准网（http：//www.biaozhuns.com/）
· 国际标准化（http：//www.iso.ch/cate/cat.html）
· 美国国家标准协会（http：//web.ansi.org/public/search.html）
· 英国标准协会（http：//www.bsi.org.uk/bsis/index.htm）
· 德国标准化协会（http：//www.beuth.de/de）

案例四

标题专题检索证明报告（案例四）如图 5-35 所示。

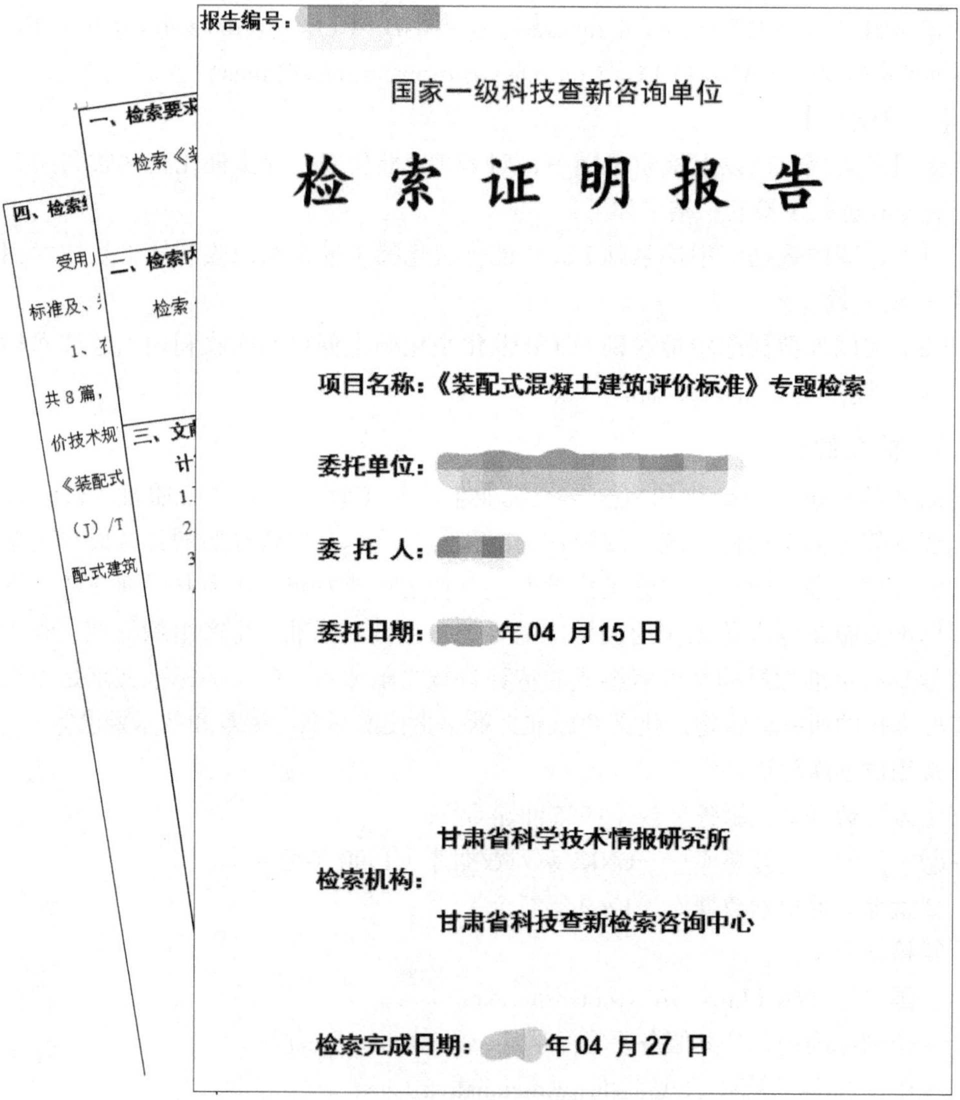

报告编号：[redacted]

国家一级科技查新咨询单位

检 索 证 明 报 告

项目名称：《装配式混凝土建筑评价标准》专题检索

委托单位：[redacted]

委 托 人：[redacted]

委托日期：[redacted]年 04 月 15 日

检索机构：甘肃省科学技术情报研究所 甘肃省科技查新检索咨询中心

检索完成日期：[redacted]年 04 月 27 日

图 5-35 标准专题检索证明报告（案例四）

【检索要求】

检索《装配式混凝土建筑评价标准》相关标准、规范。

【检索词】

装配式混凝土建筑 or 装配式建筑

评价

标准 or 规范

【检索式】

FULL=（装配式混凝土建筑 OR 装配式建筑）AND FULL=（评价）AND FULL=（标准 OR 规范）

【检索结论】

受用户委托，在以上检索范围中，对《装配式混凝土建筑评价标准》的相关标准、规范进行了检索，结果如下：

在国内数据库中检索到《装配式混凝土建筑评价标准》的相关标准规范共 7 篇，包括《装配式建筑评价标准》（GB/T 51129—2017）、《装配式建筑评价技术规范》（DB34/T 3830—2021）、《装配式建筑评价标准》（DBJ 61/T 168—2020）、《装配式建筑评价标准》（DB33/T 1165—2019）、《装配式建筑评价标准》（DB13（J）/T 8321—2019）、《装配式建筑评价标准》（DB11/T 1831—2021）、《装配式建筑评价标准》（DBJ/T 15-163—2019）。

6 情报检索质量评价

情报检索质量把控是情报检索工作管理中的一项重要内容，也是情报检索工作自我完善的重要措施和长远目标。情报检索质量代表情报检索机构的服务能力和持续发展水平，重视情报检索质量评价对提高情报检索服务能力和保证情报检索工作的顺利开展具有重要的现实意义。情报检索质量评价有利于情报检索机构发现情报检索工作过程中存在的问题，质量评价的总体结果可以帮助情报检索机构判断自身在整个情报检索行业中所处的位置，客观认识自己的业务能力和水平，有针对性地解决自身存在的问题，增强行业竞争力，保证得到的情报检索结论具有准确性、公正性和权威性。情报检索质量评价有利于督促情报检索机构为用户提供准确可靠的科研领域前沿信息资源，以提升科研项目内容的深度、广度；有利于避免政府管理部门在科研项目管理中重复立项，从而减少科研经费支出、缩短科研项目研究周期；有利于用户选择高水平的情报检索机构，用户为了保证项目顺利进行，必然会选择高水平的、有一定地位和信誉的情报检索机构进行业务委托；有利于科技管理部门引导情报检索事业的发展，科技管理部门通过质量评价活动，能够掌握各个情报检索机构的水平，对情报检索行业进行监督，促进整个行业的健康发展。

科技部颁布的《科技查新机构管理办法》《科技查新规范》等文件中都对科技查新质量评价做出要求。为了提高情报检索质量，树立情报检索机构的公信力和权威性，有必要建立一套合理、可操作的科技情报检索质量评价指标体系，从根本上控制科技情报检索质量，加强对科技情报检索工作的监督管理，减少科技情报检索工作的随意性，使科技情报检索工作更加规范化、标准化、精细化，进一步促进科技情报检索工作的良性循环发展。目前，我国对情报检索质量评价的研究比较少，还没有规范的、通用的情报检索质量评价指标体系。因此，构建具有科学性、合理性、可操作性的科技情报检索质量评价指标体系，使科技情报检索工作规范化、标准化显得尤为重要。

6.1 评价指标

6.1.1 国内现状

近年来，科技情报检索行业科研人员针对情报检索质量的研究，大部分围绕文献检索的方法、文献数据库对比与选择、情报检索报告撰写经验与技巧等方面，对于科技情报检索质量评价指标体系构建、指标筛选、指标权重等的研究仅停留在理论层面，至今仍未形成有统一规定的科技情报检索质量评价指标体系。

较早进行情报检索质量研究的学者丁蕴一等（1998）提出查新报告是一种特殊的公开的科技信息产品，可以划分为反映产品使用价值的技术指标和反映产品价值的经济指标两类指标，其中技术类的定量指标包括信息质量、结论判断层次、信息分析等，经济类的定量指标包括情报检索效率和项目覆盖率，此外还设定了定性指标，主要包括项目科学性、定位准确性、检索方法和结论正确性等。丁蕴一等（2004）参考国家科学技术进步奖评价指标体系，结合部分省级情报检索机构、高校情报工作站和产行业情报部门的情报检索实践，提出新的查新报告质量评定标准，其中定性指标包括密切相关文献不能漏检及创新点判断与表述必须科学、客观、准确；定量指标包括信息采集、新颖性判断、信息加工、文字表达 4 类 12 项指标，并设定了每类指标的分值及扣分和加分的原则。马景娣等（2005）针对查新报告的具体内容设计了评定查新质量的 5 类指标，包括基本信息的正确表述、相关信息的准确采集、相关文献的正确分析和著录、查新报告规范的文字表述，以及查新结论客观、准确、清晰的表述。肖湘（2013）进行了高校图书馆科技查新质量研究，主要从提高查新人员综合素质、建立查新工作质量评价规范、健全监督机制与问责机制等几个方面开展了研究。杨传瑞等（2001）进行了查新咨询质量评价标体系研究，确定了影响情报检索咨询质量的主要因素，从文献检索质量和报告质量两个方面，构建了包括检索全面性、检索准确性、对比分析质量、结论质量、表述质量 5 个二级指标，以及查新要点分析、检索标识、检索途径、检索范围、检索年限、检索手段、相关文献判断、对比分析准确性、对比分析针对性和可比性、对比分析引用文献相关性、报告结论逻辑性、报告结论公正性、报告结论决策参考性、报告语言简捷性、报告格式规范化 15 个三级指标的查新咨询质量评价体系。孙清玉（2009）确立了查新质量评价指标体系及各指标的权重，评价指标主要包括要素质量、环节质量、终末质量 3 个一级指标，查新人员素质、文献资源配置、查新人员与用户沟通质量、文献检索质量、查新报告质量、专家咨询质量、查新课题总体水平、用户反馈、档案管理 9 个二级指标，以及 26 个三级指标。孙清玉等（2015）将“全评价”体系应用于科技查新质量评价中，“全评价”体系主要包括形式评价、内容评价、效用评价。其中，形式评价是指对科技查新项目所表现出来的外部特征进行评价，主要针对文献资源配置、查新报告质量、查新人员素质、查新系统等进行评价；内容评价是指针对科技查新的学术性、新颖性、完整性等内容进行评价，包括文献检索的质量、专家咨询的质量、查新课题整体水平；效用评价是指用户或相关职能部门管理人员看到查新报告一段时间后，对查新报告产生效用的评价，可以反映出他们对查新报告的认可度、满意度及质量提升建议。杨勇等（2010）提出了科技情报检索质量评价指标体系构建的基本思路和原则，提出科技情报检索质量评价指标必须涵盖基本要素评价、工作流程评价、服务成果评价、工作效果评价几个部分，最终提出了科技情报检索工作质量评价指标体系。肖雯等（2015）构建了包括科技查新项目基本信息获取、相关信息采集检索、相关信息加工、新颖性判断等指标的科技查新报告质量评价体系。王世雯等（2010）设计了包括基本信息的表达、相关信息的采集、相关文献的分析、查新结论的表述 4 个层面，以及提取关键词的准确性、检索式与查新点的合理匹配性、检索手段、检索范围、对比分析引用文献的相关性、对比分析的准确性、对比分析的针对性、结论的准确性、结论的客观性、结论表述是否清晰等 19 个指标的科技查新质量评价指标体系。张静等（2011）提出科技查新质量与查新资源、查新人员水平、用户反馈及业务管理机制等方面有关，针对 5 个层面设置了网络资源、设备设施、检索质量、结论质量、人员数量、人员素质、人员经验、人员结构、用户满意度、档案管理等 16 个二级指标。邹艺等（2009）从业务管理、查新资源、查新人员、查新报告、档案管理、用户反馈等方面构建了科技查新质量评价指标体系。谢新洲等（2009）构建了包括文献资源、人力资源、内部管理机制、办公设备、工作效率、业务状况等指标的科技查新机构评价指标体系。田艳玲等（2007）从科技查新检索前的要素质量、文献检索质量、文献分析环节质量、查新报告质量、业务管理质量等方面建立了科技查新质量考核体系。何晓萍等（2011）提出查新质量评价指标包括数据库种类、网际联机系统、机器设备、网络环境、规章制度完善程度、纸质文件、交流时长、检索手段、检索范围及检索策略、相关文献篇数、审核通过率、人员水平、人员结构、用户满意度、档案管理等 25 个指标。王芸凤等（2012）构建了科技查新质量评价的层次结构模型，提出查新报告的质量评价可以通过基本信息获取、文字表述、新颖性判断、相关信息采集、相关信息加工 5 个方面进行评价，其中，基本信息获取主要从查新项目的名称、查新项目科学技术要点、查新要点、检索词及其翻译等方面进行评价；文字表述主要从文字水平、专业化水平、译文准确性等方面进行评价；新颖性判断主要考虑结论是否以事实为依据、是否准确具体，表达是否简明、扼要、清楚等；相关信息采集主要从制定的检索策略是否正确、信息采集方式是否全面、获取的信息能否充分正确地判断查新点的新颖性等方面进行评价；相关信息加工指对同类文献进行概括，优化处理文献信息，区分出密切相关文献与一般相关文献，对密切相关文献进行正确引述，对一般相关文献做摘录。侯林丽等（2011）考虑了查新报告的有效期限和搜索引擎的使用两个方面，从科技查新检索前的要素、查新检索环节、文献分析环节、查新报告的结果、查新报告有效期限 5 个方面进行了科技查新质量评价。

6.1.2 评价指标确定原则

（1）科学性原则

选取的情报检索质量评价指标必须能够科学地反映项目的查新水平，指标的名称、含义等必须科学、明确且没有歧义，一般采用国内外同行研究人员公认的或具有较高代表性的指标，指标在不同时空和范围内具有可比性。

（2）系统性原则

应将情报检索工作作为一个有机的整体，紧密结合科技查新工作的具体业务流程，从具体查新业务的不同侧面选取指标，各指标相对独立，但指标之间具有相关和递进的关系，情报检索评价的整体结果和各指标的评价结果是一致的。

（3）全面性原则

情报检索工作包含多个环节和多种类型的信息交互过程，要充分考虑影响其质量的各种因素，选取的评价指标力求能够全面反映情报检索工作各个方面的特性，充分考虑到各种因素，从多个方面选取多个评价指标，指标数量和结构应当合理，层次应当清楚。

（4）可操作性原则

各指标的设置以科技部的要求为依据，要充分考虑到指标的可操作性，指标能够容易被情报检索工作人员和评价人员所接受。

（5）定性结合定量原则

为了让质量评价更加有说服力、更加科学，在确定指标时将可以量化的部分定性指标进行量化处理，通过定性与定量相结合的方式呈现出最终评价结果。

6.1.3 评价指标及其含义

以情报检索工作流程为出发点，采用文献分析法，从情报检索资源、情报检索队伍、情报检索过程、情报检索报告、交流反馈、业务管理等 6 个维度进行情报检索质量评价，形成评价指标表，如表 6–1 所示。

表 6–1 评价指标表

一级指标	二级指标	
	定性指标	定量指标
情报检索资源	网络环境	数据库总量
	国际联机系统	数据库学科覆盖范围
	电脑、打印机、电话等设备	国内外数据库比率

续表

一级指标	二级指标	
	定性指标	定量指标
情报检索队伍	人员专业结构	人员的总数量
	计算机应用能力	情报检索人员和审核员数量与年情报检索课题量的比例
	外语水平	获得情报检索资格证和审核证书的人员数量和比例
	服务意识	硕士学历以上的人员比例
	沟通能力	高级职称以上的人员比例
情报检索过程	对课题的理解程度	情报检索点逐条分析率
	检索手段	命中相关文献率
	检索策略	命中密切相关文献率
	检索频次	相关文献和密切相关文献与情报检索点的比例
情报检索报告	对比分析质量	完成情报检索报告占用小时数
	结论质量	审核通过率
	文字表达水平	报告补查率
	专家 / 社会认可度	复核通过率
交流反馈	情报检索宣传	交流小时数
	用户沟通	用户情报检索知晓率
	用户满意度	用户投诉率
业务管理	业务管理自动化程度	国内外情报检索课题比例
	业务流程规范	高校、科研院所情报检索课题比例
	工作规章制度	情报检索报告归档率

（1）情报检索资源

在快速发展的信息化时代，情报检索机构的电脑、打印机、电话等设备及网络运行权限和速度等都是影响情报检索工作的关键因素，决定着情报检索工作能否顺利开展，直接影响着工作人员的工作时间和效率。

情报检索资源是情报检索工作的源头，是保证情报检索质量的物质基础，情报检索资源主要包括纸质资源、数据库资源及国际联机检索系统，其中文摘数据库、全文数据库、专利数据库、成果数据库、标准数据库和网络资源等是情报检索机构进行情报检索工作必须拥有的基础型情报检索资源，情报检索资源的种类与数量不足将影响情报检索报告的查全率和查准率，进而影响整个情报检索工作的质量，因此情报检索资源的全面与否决定着情报检索工作是否具有科学性、客观性和鉴证性。

其定性指标包括网络环境、国际联机系统及电脑、打印机、电话等设备；定量指标包括数据库总量、数据库学科覆盖范围、国内外数据库比率等。

（2）情报检索队伍

情报检索是一项深加工、高标准、高要求的信息服务工作，情报检索队伍是情报检索工作的主体，是情报检索活动中最关键的因素，因此要求情报检索队伍是接受过正规的系统培训并取得相应的情报检索资格的人员，情报检索人员的素质直接决定情报检索服务的质量。大数据时代，科技情报检索人员不但要有扎实的专业知识背景、较强的信息意识和计算机应用能力、高超的外语水平、过硬的专业素养和情报分析能力，而且要有良好的沟通协调能力和较强的服务意识。

情报检索人员在文献检索之前要充分了解项目的研究背景和研究内容，全面掌握项目的情报检索点，根据情报检索点和项目主要内容提炼出关键词或主题词，寻找关键词或主题词的相近词、同义词、上位词或下位词。在文献资源不能满足检索需求的时候，情报检索人员应利用不断增多的网络信息资源进行资源的补充，使检索结果更加全面、准确，情报检索人员利用自身的知识背景在情报检索中可以快速发现所检索项目的发展水平及其新颖性，因此情报检索机构要不定期地对情报检索人员进行专业领域培训，以提高情报检索人员自身的素质、丰富情报检索人员的知识结构、提高情报检索人员的服务水平和工作效率。

其定性指标包括人员专业结构、计算机应用能力、外语水平、服务意识、沟通能力等；定量指标包括人员的总数量、情报检索人员和审核员数量与年情报检索课题量的比例、获得情报检索资格证和审核证书的人员数量和比例、硕士学历以上的人员比例、高级职称以上的人员比例等。

（3）情报检索过程

情报检索过程的质量体现在规范的工作流程、充分的沟通交流、科学合理的检索策略、全面而精准的文献检索、客观的文献分析、公平公正的情报检索结论。

情报检索点是需要查证的情报检索项目的科学技术特征点，能够体现情报检索项目的新颖性和技术进步。每个情报检索点应清楚、准确，突出一个技术主题或技术特征，情报检索点的归纳和提炼是否准确，反映了情报检索人员对情报检索课题实质内容的理解与掌握程度，是文献检索的前提，是对比分析的依据，是影响情报检索质量的一个非常重要的因素。情报检索人员在充分和用户沟通的基础上，要准确掌握情报检索点所表达的含义。

检索策略即通过分析检索需求，选择检索范围、确定检索词，明确各检索词之间的逻辑关系与检索步骤。检索策略能够体现情报检索人员对文献检索方法和技巧的熟练程度。文献检索范围是情报检索过程中情报检索人员实际使用的检索工具及其时间范围，审核员应审核情报检索报告的文献检索范围是否合适，防止情报检索人员漏检专业数据库。

其定性指标包括对课题的理解程度、检索手段、检索策略、检索频次等；定量指标主要指情报检索点逐条分析率、命中相关文献率、命中密切相关文献率、相关文献和密切相关文献与情报检索点的比例等。

（4）情报检索报告

情报检索报告是情报检索机构用书面形式就情报检索事务及其结论向情报检索委托人所做的正式陈述，是情报检索过程质量的反映，作为最终的载体集中体现整体情报检索服务的质量，直接对科技项目和科研工作产生作用。

情报检索报告应遵循统一格式，情报检索审核员审核情报检索报告是否规范，即审核情报检索报告各栏填写是否翔实、完备、前后一致。情报检索结论是针对情报检索点将情报检索项目与文献检索结果进行对比分析，并由此得出情报检索项目是否具有新颖性的判定结果。审核情报检索结论即审核情报检索结论部分的表述是否严谨、清晰，审核相关文献和项目情报检索点的对比分析是否客观、合理，审核检出的文献是否与情报检索项目密切相关或具有对比性。

其定性指标包括对比分析质量、结论质量、文字表达水平、专家/社会认可度等；定量指标包括完成情报检索报告占用小时数、审核通过率、报告补查率、复核通过率等。

（5）交流反馈

受理科技情报检索时，业务受理人员需要掌握情报检索项目的具体情况和情报检索技术点的表达是否合理、准确，通过与用户深入交流初步确定项目的科学技术要点和情报检索点。在情报检索过程中，情报检索人员发现项目的科学技术要点和情报检索点前后矛盾、含混不清、不符合单一性原则等情况时，需要与用户进行沟通交流，探讨项目的科学技术要点，确定情报检索项目的情报检索点。与用户进行交流有利于情报检索人员准确地掌握情报检索点、确定检索词和检索策略，提高科技情报检索质量。

其定性指标有情报检索宣传、用户沟通、用户满意度等；定量指标有交流小时数、用户情报检索知晓率、用户投诉率等。

（6）业务管理

业务管理包括业务流程、规章制度和档案管理制度，合理的业务流程是保障查新服务质量的前提，完善而规范的规章制度和健全的档案管理制度是科技查新科学管理的基础。

其定性指标包括业务管理自动化程度、业务流程规范、工作规章制度等；定量指标包括国内外情报检索课题比例、情报检索报告归档率及高校、科研院所情报检索课题比例等。

6.2 评价方法

6.2.1 国内现状

王世雯等（2010）通过现场调研确定了形成情报检索报告的4个过程及主要影响因素，通过专家咨询工作收集和分析了每位专家的意见和建议，对情报检索报告的主要影响因素进行了分析、筛选，最终得到了情报检索报告质量评价体系的各级指标。孙清玉（2010）将德尔菲法运用到情报检索质量评价指标体系设计中，进行了两轮专家问卷调查工作，综合了专家们的意见和建议，对指标进行了筛选和论证，构建了情报检索质量评价指标体系。化明艳等（2013）通过文献调研、专家咨询了解情报检索工作过程中的各项质量影响因素，汇集分析出情报检索质量评价指标初选集，然后通过两轮专家调查，利用灰色理论中的灰类决策系数法筛选出关键评价指标，利用灰色理论中的灰色关联度分析法确定各项指标权重，最终构建了情报检索质量评价指标体系。刘佳等（2009）从文献资源、人员结构、工作环境与设备、业务状况等方面，使用层次分析法构建了情报检索机构质量的评价模型。杨传瑞等（1997）研究了层次分析法在情报检索咨询质量评价中的应用。何晓萍等（2011）利用模糊层次综合评价法进行了情报检索质量评价，以便及时发现情报检索过程中存在的问题并提出解决问题的对策。侯林丽等（2011）利用模糊综合评价法对情报检索质量进行了评价。张静等（2011）应用基于层次分析法和模糊综合评价法构建的层次分析模型对科技情报检索质量进行评价，并结合实际给出了应用模型。汪媛等（2017）采用层次分析法建立了情报检索报告质量评价指标体系，计算出各项评价指标的相对权重，从定量和定性两个角度研究了情报检索报告质量评价的新途径，并建立了情报检索报告质量综合评价模型。刘燕等（2015）利用基于模糊神经网络的情报检索人员综合素质测评方法和基于模糊德尔菲法的情报检索质量综合评价方法，对基于智能信息方法的情报检索质量评价体系进行了研究。连丽艳等（2011）提出了一种基于神经网络的情报检索报告质量评价方法，避免了人为确定权重，减少了评价过程中的随机性和评价人员主观上的不确定性，使评价结果更公平、更有效、更客观。韦成礼等（1998）提出用矩阵体系和程序的评判分析方法对情报检索工作质量进行评价。王芸凤等（2010）将熵权法引入情报检索质量评价，根据评价指标数据提供的信息量对情报检索质量进行多目标客观综合评价，设计了一个提升策略交叉判断矩阵，根据该判断矩阵可确定每名情报检索人员的优先提升策略，不断提升科技情报检索报告质量；利用改进的层次分析法，从定性、定量相结合的角度，确定各因素在情报检索报告质量评价中的权重。丁德臣（2010）提出了杂合 DEA 和 SOM 的情报检索质量评价模型，既能全面分析制约科技情报检索质量的各种因素，又能有效避免评价中影响权重确定的主观因素。

6.2.2 确定评价方法

通过对上述学者采用的情报检索质量评价方法进行归纳发现，他们主要是从调研咨询、文献分析、数学分析几个角度进行情报检索质量评价。调研咨询是指通过现场调研、问卷调查、专家咨询等方式确定的情报检索质量评价指标更准确，更具有操作性，因为这些指标聚集了专家和科研人员的智慧。文献分析是指对现有的文献进行查阅、对比分析、整理，从中找出目前研究学者们对情报检索质量评价的研究方向及主要研究内容，所确定的指标使得整体评价更加全面和具体，更能体现目前科技情报检索质量的状况，并且有利于提高科技情报检索的质量。数学分析主要有层次分析法、模糊层次综合评价方法、模糊神经网络法、灰色理论法、熵权法等方法，数学分析可以使人的决策思维过程规范化，避免在多指标条件下出现判断混乱的现象。

层次分析法（AHP）是美国运筹学家匹兹堡大学教授萨蒂于 20 世纪 70 年代初为美国国防部研究“根据各个工业部门对国家福利的贡献大小进行电力分配”课题时，应用网络系统理论和多目标综合评价方法提出的一种层次权重决策分析方法。层次分析法是指将一个复杂的多目标决策问题作为一个系统，将其分解为多个目标或准则，通过定性指标模糊量化方法算出层次单排序和总排序情况，以作为多指标、多方案优化决策的系统方法。将层次分析法应用到科技情报检索质量评价中，进行各指标的定性和定量分析，能够较为准确地确定各项评价指标的权重，使科技情报检索各项评价指标间的相对重要性得到合理体现，为制定公正、科学的科技情报检索质量评价体系奠定了基础。

模糊层次综合评价方法是将模糊数学的理论和层次分析法中的指标分层方法相结合的评价方法，它集层次结构、模糊数学、权衡比较于一体，在科学决策中占有重要的地位。模糊层次综合评价方法在判断矩阵的模糊性方面弥补了层次分析法的缺点，简化了人们判断目标相对重要性的复杂程度，借助模糊判断矩阵实现了指标由定性向定量的转化，并且使判断的一致性问题得到了解决。情报检索质量的评价指标往往带有一定程度的模糊性，采用模糊理论进行综合评价，不仅实现了定性与定量的结合，而且通过量化计算得到的值能在一定程度上反映情报检索报告的实际水平。

本书将文献分析法、德尔菲法与层次分析法相结合来构建情报检索质量评价指标体系，采用文献分析法确定评价指标，采用德尔菲法与层次分析法计算各指标的权重。

6.2.3 确定指标权重

（1）构建情报检索质量评价层次结构模型

根据上面确定的评价指标，构建情报检索质量评价层次结构模型，如表6–2所示。

表 6–2 情报检索质量评价层次结构模型

准则层	方案层	
情报检索资源 A	网络环境 A1	数据库总量 A01
	国际联机系统 A2	数据库学科覆盖范围 A02
	电脑、打印机、电话等设备 A3	国内外数据库比率 A03
情报检索队伍 B	人员专业结构 B1	人员的总数量 B01
	计算机应用能力 B2	情报检索人员和审核员数量与年情报检索课题量的比例 B02
	外语水平 B3	获得情报检索资格证和审核证书的人员数量和比例 B03
	服务意识 B4	硕士学历以上的人员比例 B04
	沟通能力 B5	高级职称以上的人员比例 B05
情报检索过程 C	对课题的理解程度 C1	情报检索点逐条分析率 C01
	检索手段 C2	命中相关文献率 C02
	检索策略 C3	命中密切相关文献率 C03
	检索频次 C4	相关文献和密切相关文献与情报检索点的比例 C04
情报检索报告 D	对比分析质量 D1	完成情报检索报告占用小时数 D01
	结论质量 D2	审核通过率 D02
	文字表达水平 D3	报告补查率 D03
	专家 / 社会认可度 D4	复核通过率 D04
交流反馈 E	情报检索宣传 E1	交流小时数 E01
	用户沟通 E2	用户情报检索知晓率 E02
	用户满意度 E3	用户投诉率 E03
业务管理 F	业务管理自动化程度 F1	国内外情报检索课题比例 F01
	业务流程规范 F2	高校、科研院所情报检索课题比例 F02
	工作规章制度 F3	情报检索报告归档率 F03

（2）构建判断矩阵并进行指标权重计算和一致性检验

此处主要采用德尔菲法，即邀请行业内专家对各项指标进行打分，根据专家打分结果计算出各项指标的相对重要程度，按照1～9标度法进行判断，对不同指标进行两两比较后构造判断矩阵，采用特征根法计算指标权重并进行一致性检验（表6–3）。

表6–3　层次分析法的1～9标度

标度	含义
1	表示两个因素相比，具有相同重要性
3	表示两个因素相比，前者比后者稍重要
5	表示两个因素相比，前者比后者明显重要
7	表示两个因素相比，前者比后者强烈重要
9	表示两个因素相比，前者比后者极端重要
2，4，6，8	表示上述相邻判断的中间值
倒数	若因素 i 与因素 j 的重要性之比为 a_{ij}，那么因素 j 与因素 i 的重要性之比为 $a_{ji}=1/a_{ij}$

首先，构造准则层6个评价指标的判断矩阵，用特征根法计算出各项指标的权重，并进行一致性检验，结果如表6–4所示；其次，构造方案层各项指标的判断矩阵，计算各项指标的权重并进行一致性检验，结果分别如表6–5至表6–10所示。

表6–4　准则层评价指标的判断矩阵及权重计算

目标	A	B	C	D	E	F	几何平均值	权重	加权和	近似 λ
A	1	2	4	4	6	5	3.14	0.39	2.44	6.26
B	1/2	1	3	3	5	4	2.12	0.26	1.64	6.22
C	1/4	1/3	1	1	4	3	1.00	0.12	0.77	6.18
D	1/4	1/3	1	1	4	3	1.00	0.12	0.77	6.18
E	1/6	1/5	1/4	1/4	1	1/2	0.32	0.04	0.25	6.29
F	1/5	1/4	1/3	1/3	2	1	0.47	0.06	0.36	6.21
λ_{max}=6.22，CI=0.11，RI=1.26，CR=0.09，通过一致性检验										

表 6-5 A 层评价指标的判断矩阵及权重计算

指标 A	A1	A2	A3	几何平均值	权重	加权和	近似 λ
A1	1	2	1/3	0.87	0.24	0.72	3.02
A2	1/2	1	1/4	0.50	0.14	0.41	3.02
A3	3	4	1	2.29	0.63	1.89	3.02
λ_{max}=3.02，CI=0.01，RI=0.52，CR=0.02							
指标 A	A01	A02	A03	几何平均值	权重	加权和	近似 λ
A01	1	1/3	2	0.87	0.25	0.76	3.05
A02	3	1	3	2.08	0.59	1.81	3.05
A03	1/2	1/3	1	0.55	0.16	0.48	3.05
λ_{max}=3.05，CI=0.03，RI=0.52，CR=0.05，通过一致性检验							

表 6-6 B 层评价指标的判断矩阵及权重计算

指标 B	B1	B2	B3	B4	B5	几何平均值	权重	加权和	近似 λ
B1	1	2	2	3	3	2.05	0.35	1.83	5.17
B2	1/2	1	1	3	3	1.35	0.23	1.18	5.08
B3	1	1	1	3	3	1.35	0.23	1.18	5.08
B4	1/3	1/3	1/3	1	2	0.59	0.10	0.53	5.18
B5	1/3	1/3	1/3	1/2	1	0.45	0.08	0.40	5.18
λ_{max}=5.14，CI=0.07，RI=1.12，CR=0.06，通过一致性检验									
指标 B	B01	B02	B03	B04	B05	几何平均值	权重	加权和	近似 λ
B01	1	1/3	1/4	1/3	1/4	0.37	0.06	0.32	5.11
B02	3	1	1/2	1/2	1/3	0.76	0.13	0.67	5.16
B03	4	2	1	2	1	1.74	0.30	1.51	5.05
B04	3	2	1/2	1	1/2	1.08	0.19	0.95	5.09
B05	4	3	1	2	1	1.89	0.32	1.64	5.06
λ_{max}=5.10，CI=0.05，RI=1.12，CR=0.04，通过一致性检验									

表 6-7 C 层评价指标的判断矩阵及权重计算

指标 C	C1	C2	C3	C4	几何平均值	权重	加权和	近似 λ
C1	1	3	3	5	2.59	0.52	2.13	4.13
C2	1/3	1	2	4	1.28	0.25	1.04	4.11
C3	1/3	1/2	1	2	0.76	0.15	0.61	4.02

续表

指标 C	C1	C2	C3	C4	几何平均值	权重	加权和	近似 λ
C4	1/5	1/4	1/2	1	0.40	0.08	0.32	4.06
λ_{max}=4.08，*CI*=0.04，*RI*=0.89，*CR*=0.05，通过一致性检验								

指标 C	C01	C02	C03	C04	几何平均值	权重	加权和	近似 λ
C01	1	2	2	3	1.86	0.41	1.68	4.09
C02	1/2	1	1	3	1.11	0.25	0.99	4.03
C03	1/2	1	1	3	1.11	0.25	0.99	4.03
C04	1/3	1/3	1/3	1	0.44	0.10	0.40	4.10
λ_{max}=4.06，*CI*=0.03，*RI*=0.89，*CR*=0.03，通过一致性检验								

表 6-8　D 层评价指标的判断矩阵及权重计算

指标 D	D1	D2	D3	D4	几何平均值	权重	加权和	近似 λ
D1	1	3	5	1/3	1.50	0.27	1.11	4.10
D2	1/3	1	2	1/5	0.60	0.11	0.44	4.03
D3	1/5	1/2	1	1/6	0.36	0.06	0.27	4.10
D4	3	5	6	1	3.08	0.56	2.30	4.14
λ_{max}=4.09，*CI*=0.05，*RI*=0.89，*CR*=0.05，通过一致性检验								

指标 D	D01	D02	D03	D04	几何平均值	权重	加权和	近似 λ
D01	1	1/4	1/4	1/6	0.32	0.06	0.25	4.10
D02	4	1	1	1/3	1.07	0.21	0.84	4.03
D03	4	1	1	1/3	1.07	0.21	0.84	4.03
D04	6	3	3	1	2.71	0.52	2.14	4.09
λ_{max}=4.06，*CI*=0.03，*RI*=0.89，*CR*=0.03，通过一致性检验								

表 6-9　E 层评价指标的判断矩阵及权重计算

指标 E	E1	E2	E03	几何平均值	权重	加权和	近似 λ
E1	1	1/3	1/5	0.41	0.10	0.32	3.04
E2	3	1	1/3	1.00	0.26	0.78	3.04
E3	5	3	1	2.47	0.64	1.94	3.04
λ_{max}=3.04，*CI*=0.02，*RI*=0.52，*CR*=0.04							

指标 E	E01	E02	E03	几何平均值	权重	加权和	近似 λ
E01	1	3	3	2.08	0.59	1.81	3.05

续表

指标 E	E01	E02	E03	几何平均值	权重	加权和	近似 λ
E02	1/3	1	2	0.87	0.25	0.76	3.05
E03	1/3	1/2	1	0.55	0.16	0.48	3.05
λ_{max}=3.05，CI=0.03，RI=0.52，CR=0.05，通过一致性检验							

表 6-10　F 层评价指标的判断矩阵及权重计算

指标 F	F1	F2	F3	几何平均值	权重	加权和	近似 λ
F1	1	2	4	2.00	0.56	1.69	3.02
F2	1/2	1	3	1.14	0.32	0.96	3.02
F3	1/4	1/3	1	0.44	0.12	0.37	3.02
λ_{max}=3.02，CI=0.01，RI=0.52，CR=0.02							
指标 F	F01	F02	F03	几何平均值	权重	加权和	近似 λ
F01	1	1	1/5	0.58	0.16	0.47	3.03
F02	1	1	1/3	0.69	0.19	0.56	3.03
F03	5	3	1	2.47	0.66	2.00	3.03
λ_{max}=3.03，CI=0.01，RI=0.52，CR=0.03，通过一致性检验							

（3）构建情报检索质量评价指标体系

根据上述计算结果构建情报检索质量评价指标体系，如表 6-11 所示。

表 6-11　情报检索质量评价指标体系

一级指标	权重	二级指标			
		定性指标	权重	定量指标	权重
情报检索资源	0.39	网络环境	0.24	数据库总量	0.25
		国际联机系统	0.14	数据库学科覆盖范围	0.59
		电脑、打印机、电话等设备	0.63	国内外数据库比率	0.16
情报检索队伍	0.26	人员专业结构	0.35	人员的总数量	0.06
		计算机应用能力	0.23	情报检索人员和审核员数量与年情报检索课题量的比例	0.13
		外语水平	0.23	获得情报检索资格证和审核证书的人员数量和比例	0.30
		服务意识	0.10	硕士学历以上的人员比例	0.19
		沟通能力	0.08	高级职称以上的人员比例	0.32

续表

一级指标	权重	二级指标			
		定性指标	权重	定量指标	权重
情报检索过程	0.12	对课题的理解程度	0.52	情报检索点逐条分析率	0.41
		检索手段	0.25	命中相关文献率	0.25
		检索策略	0.15	命中密切相关文献率	0.25
		检索频次	0.08	相关文献和密切相关文献与情报检索点的比例	0.10
情报检索报告	0.12	对比分析质量	0.27	完成情报检索报告占用小时数	0.06
		结论质量	0.11	审核通过率	0.21
		文字表达水平	0.06	报告补查率	0.21
		专家 / 社会认可度	0.56	复核通过率	0.52
交流反馈	0.04	情报检索宣传	0.10	交流小时数	0.59
		用户沟通	0.26	用户情报检索知晓率	0.25
		用户满意度	0.64	用户投诉率	0.16
业务管理	0.06	业务管理自动化程度	0.56	国内外情报检索课题比例	0.16
		业务流程规范	0.32	高校、科研院所情报检索课题比例	0.19
		工作规章制度	0.12	情报检索报告归档率	0.66

6.3 实例评价

以下为科技查新质量评价实例。

在情报检索质量评价指标体系已建立的基础上，从定性的角度进行情报检索质量评价。首先对科技查新质量评价指标进行单因素评价，邀请 10 位专家对科技查新质量定性指标进行打分，其中 5 分代表非常满意，4 分代表比较满意，3 分代表一般，2 分代表不太满意，1 分代表不满意，“评价结果统计”栏中数字代表专家人数，根据专家打分情况算出平均分，如表 6–12 所示。

表 6–12 科技查新质量定性指标专家打分统计

一级指标	定性指标	评价结果统计					平均分	权重
		5 分	4 分	3 分	2 分	1 分		
情报检索资源	网络环境 A1	1	4	5			3.6	0.24

续表

一级指标	定性指标	评价结果统计					平均分	权重
		5 分	4 分	3 分	2 分	1 分		
情报检索资源	国际联机系统 A2		3	7			3.3	0.14
	电脑、打印机、电话等设备 A3	6	4				4.6	0.63
情报检索队伍	人员专业结构 B1		5	3	2		3.3	0.35
	计算机应用能力 B2		6	4			3.6	0.23
	外语水平 B3		6	4			3.6	0.23
	服务意识 B4	2	3	3	2		3.5	0.10
	沟通能力 B5	2	5	3			3.9	0.08
情报检索过程	对课题的理解程度 C1	3	4	3			4.0	0.52
	检索手段 C2	2	4	3	1		3.7	0.25
	检索策略 C3	2	4	4			3.8	0.15
	检索频次 C4		6	4			3.6	0.08
情报检索报告	对比分析质量 D1	4	6				4.4	0.27
	结论质量 D2	5	3	2			4.3	0.11
	文字表达水平 D3	3	5	2			4.1	0.06
	专家 / 社会认可度 D4	5	4	1			4.4	0.56
交流反馈	情报检索宣传 E1	2	4	4			3.8	0.10
	用户沟通 E2	3	4	3			4.0	0.26
	用户满意度 E3	2	5	2	1		3.8	0.64
业务管理	业务管理自动化程度 F1	3	4	2	1		3.9	0.56
	业务流程规范 F2	3	5	2			4.1	0.32
	工作规章制度 F3	3	4	2	1		3.9	0.12

根据表 6–12 中各项指标的权重和专家平均分，分别计算出准则层 A ～ D 的平均分，构建科技查新质量定性指标评价结果，如表 6–13 所示。可以看出科技查新质量定性指标评价结果约为 3.93 分，即专家们对科技查新质量的评价结果为比较满意。

表 6-13 科技查新质量定性指标评价结果

一级指标	权重	平均分	评价结果	备注
情报检索资源	0.39	4.224	3.93034 分	比较满意
情报检索队伍	0.26	3.473		
情报检索过程	0.12	3.863		
情报检索报告	0.12	4.371		
交流反馈	0.04	3.852		
业务管理	0.06	3.964		

在情报检索质量评价指标体系已建立的基础上，从定量的角度进行情报检索质量评价，主要是情报检索工作人员的自评价，如表 6-14 所示。

表 6-14 科技查新质量定量指标评价结果

一级指标	定量指标	评价结果
情报检索资源	数据库总量 A01	41 个
	数据库学科覆盖范围 A02	98%
	国内外数据库比率 A03	40%
情报检索队伍	人员的总数量 B01	14 人
	情报检索人员和审核员数量与年情报检索课题量的比例 B02	0.9%
	获得情报检索资格证和审核证书的人员数量和比例 B03	100%
	硕士学历以上的人员比例 B04	75%
	高级职称以上的人员比例 B05	40%
情报检索过程	情报检索点逐条分析率 C01	100%
	命中相关文献率 C02	96%
	命中密切相关文献率 C03	82%
	相关文献和密切相关文献与情报检索点的比例 C04	450%
情报检索报告	完成情报检索报告占用小时数 D01	16 小时
	审核通过率 D02	54%
	报告补查率 D03	38%
	复核通过率 D04	86%
交流反馈	交流小时数 E01	1.2 小时
	用户情报检索知晓率 E02	93%
	用户投诉率 E03	1%

续表

一级指标	定量指标	评价结果
业务管理	国内外情报检索课题比例 F01	18%
	高校、科研院所情报检索课题比例 F02	30%
	情报检索报告归档率 F03	100%

7 附　录

附录 1　《情报检索服务规范》

为了加强对科技情报检索的管理，规范科技情报检索活动的准确性和独立性，维护科技情报检索有关各方的合法权益，根据《科技查新技术规范》《甘肃省科技查新工作规范》，特制定了《情报检索服务规范》。

1　范围

本标准规定了科技情报检索服务的基本术语、科技情报检索服务应遵循的基本规则和流程，规定了情报检索报告的基本内容、要求及撰写格式，旨在用统一的技术规范和术语指导科技情报检索服务工作。

本标准适用于科技情报检索机构及科技情报检索人员从事的科技情报检索服务工作。

本标准为科技情报检索委托人及其他情报检索相关人员提供参考。

2　规范性引用文件

下列文件对于本文件的应用是必不可少的。凡是注日期的引用文件，仅注日期的版本适用于本文件。凡是不注日期的引用文件，其最新版本（包括所有的修改单）适用于本文件。

《中华人民共和国行政区划代码》（GB/T 2260—2007）

《国际单位制及其应用》（GB 3100—93）

《有关量、单位和符号的一般原则》（GB/T 3101—93）

《信息与文献 参考文献著录规则》（GB/T 7714—2015）

《学科分类与代码》（GB/T 13745—92）

《组织机构类型》（GB/T 20091—2006）

3 术语和定义

3.1 科技情报检索

以反映科技情报检索项目主题内容的检索要点为依据，利用计算机检索获取密切相关文献，运用综合分析和对比方法，对科技情报检索项目的新颖性作出文献评价的情报咨询服务。

3.2 科技情报检索项目

科技情报检索项目委托人提出的要求查证新颖性的科技情报项目。

3.3 科技情报检索机构

具有科技情报检索业务资质的信息咨询机构。

3.4 科技情报检索目的

科技情报检索报告的具体用途，如用于科研立项、成果验收、新产品、标准、专利检索等相关事务。

3.5 科技情报检索范围

科技情报检索的专业范围、地域范围和时间范围。专业范围指科技情报检索项目主题涉及的专业技术领域，如化工、医学等；地域范围是指科技情报检索项目应当检索的文献出版区域，一般分国内和国内外检索；时间范围是指科技情报检索项目应当检索的时间区间。

3.6 科技情报检索的科学技术要点

科技情报检索项目的主要技术内容包括所属科学技术领域、研究目的、技术方案和技术效果。所属科学技术领域是指科技情报检索项目技术方案所属或直接应用的科学技术领域；研究目的是指科技情报检索项目需要解决的技术问题；技术方案是指科技情报检索项目为达研究目的所采取的技术手段，通常包括采用的技术路线和方法，产品的结构、配方、工艺、技术参数等若干技术特征；技术效果是指科技情报检索项目的技术方案所获得的结果，包括技术指标、功能、功效、适用范围、推广程度等；

科学技术要点须包含科技情报检索项目检索要点。

3.7 检索要点

需要查证的科技情报检索项目的科学技术要点，能够体现科技情报检索项目新颖性和技术进步的技术特征点。每个检索要点应清楚、准确地突出一个技术主题或技术特征。

3.8 新颖性

科技情报检索委托日或指定日以前科技情报检索项目的检索要点没有在国内或国外公开出版物上发表过。出版物包括纸质、电子、缩微胶片等多种载体形式。印有“内部资料”“内部发行”等字样的出版物，或仅在特定范围内发行并要求保密的出版物，不属于公开出版物。

3.9 科技情报检索委托人

提出科技情报检索申请的自然人、法人或者其他组织。

3.10 科技情报检索人员

参与科技情报检索工作的人员，包括科技情报检索人员、科技情报检索审核员及对科技情报检索工作负有责任的其他人员。

3.11 科技情报检索员

参与科技情报检索全过程的具有检索资质的检索人员。

3.12 审核员

负责审核科技情报检索报告及科技情报检索员所做的检索工作是否规范，并向检索员提出审核意见的具有检索审核资质的科技情报检索人员。

3.13 科技情报检索合同

科技情报检索机构和科技情报检索委托人之间依照国家现行的《中华人民共和国

合同法》，在平等、协商的原则下签订的科技情报检索服务合同。

3.14 科技情报检索委托单

科技情报检索机构要求查新委托人就查新项目以书面形式填写的查新委托凭据。

3.15 科技情报检索报告

科技情报检索机构就其处理检索项目的过程以及得出的检索结论向科技情报检索委托人或有关部门所形成的正式书面报告。

3.16 科技情报检索结论

针对检索要点将检索项目与文献检索结果进行对比分析，并由此得出检索项目是否具有新颖性的判定结果。

3.17 科技情报检索报告附件

随科技情报检索报告提供给科技情报委托人的相关文献等资料。

3.18 检索

查找所需相关文献信息的过程。

3.19 检索词

用于描述文献特征和表达用户信息需求的检索语言的基本成分，是构成检索提问式最基本的单元，包括关键词、规范词、分类号、化学物质登记号及文献外部特征词等。

3.20 检索工具

用以报道、存储和查找文献的工具，是检索系统、数据库、搜索引擎、目录、索引、指南等的统称。

3.21 数据库

存储在某种存储介质上的相关数据有组织的集合。

3.22 文献检索范围

科技情报检索过程中检索员实际使用的检索工具及其时间范围。

3.23 检索策略

分析情报检索需求，选择合适的检索工具，确定正确的检索词，明确各检索词之间的逻辑关系与查找步骤的科学安排。狭义上检索策略是指检索提问式。

3.24 检索提问式

情报检索策略的具体体现，是表达用户检索提问的逻辑表达式，通常由检索词及检索工具所规定的各种逻辑算符、截词符、位置算符以及其他连接组配符号等构成的计算机可识别并可执行的检索语句。

3.25 文献

记录有科学技术信息或知识的载体，科技文献的简称。

3.26 参考文献

科技情报检索委托人提供的与检索项目相关的文献，供科技情报检索机构进行检索时参考。

3.27 相关文献

与科技情报检索项目的检索要点有关的文献，分为一般相关文献和密切相关文献。

3.28 一般相关文献

与科技情报检索项目的检索要点部分相同，单独不否定科技情报检索项目新颖性的文献。

3.29 密切相关文献

与科技情报检索项目的检索点实质相同，单独否定科技情报检索项目新颖性的文献。

3.30 对比文献

判定科技情报检索项目新颖性时，用来与科技情报检索项目进行比较分析的相关文献。

4 科技情报检索原则

4.1 基本原则

4.1.1 文献依据原则

科技情报检索是以公开文献为依据判断检索项目的新颖性，不包括 “使用公开”和“以其他方式公开”。

4.1.2 公正原则

科技情报检索机构应当站在公正的立场上完成项目检索。

4.1.3 客观原则

科技情报检索机构应当依据公开文献客观地完成项目检索。检索报告中的任何技术性描述、分析对比、结论，不能包含任何个人偏见。

4.1.4 独立原则

科技情报检索不受任何行政部门、社会团体、企事业单位、个人、科技情报检索委托人等的干预。

4.2 单一性原则

一个科技情报检索项目应当仅限于一个主题，当多个主题有一个密不可分的特定技术特征时才被允许出现在同一科技情报检索项目中。

4.3 新颖性判断原则

4.3.1 单独对比原则

在判断科技情报检索项目新颖性时，应当将情报检索项目的各检索要点分别与每一篇对比文献中公开的相关内容进行单独比较，不得将其与几篇对比文献公开的相关内容的组合，或者与一篇对比文献中的多项技术方案的组合进行比较，也不得要求一篇文献覆盖所有的检索要点才能比较。

4.3.2 相同排斥原则

如果科技情报检索项目在科学技术领域、研究目的、技术方案和技术效果等方面均与已公开报道的某一对比文献实质上相同，则该项目缺乏新颖性。

4.3.3 具体（下位）概念否定一般（上位）概念原则

在同一科学技术主题中，当科技情报检索项目和对比文献分别采用一般（上位）概念和具体（下位）概念限定同类技术特征时，具体（下位）概念的公开可使一般（上位）概念的科技情报检索项目丧失新颖性。反之，一般（上位）概念的公开并不影响采用具体（下位）概念限定的科技情报检索项目的新颖性。

4.3.4 惯用手段的直接置换否定原则

如果科技情报检索项目与对比文献的区别仅仅是所属技术领域惯用手段的直接置换，则该科技情报检索项目不具备新颖性。

4.3.5 突破传统原则

传统上对某个技术问题普遍存在的认识是引导人们舍弃某种技术手段。如果科技情报检索项目恰恰突破传统，采用了这种被舍弃的技术手段解决了技术问题，则科技情报检索项目具有新颖性。

4.4 回避和保密原则

4.4.1 回避原则

科技情报检索机构在从事检索活动时，应当执行如下回避制度。

a）科技情报检索机构、检索员、审核员应当与科技情报检索项目无利害关系。

b）科技情报检索机构受理本机构内部的检索委托时，不得对外出具检索报告。

c）科技情报检索机构在委派检索员和审核员时，应当遵循下列回避原则：

· 不得委派在与科技情报检索项目有关联的单位（包括情报检索项目承担单位、使用单位或者申请单位以及合作单位等）任职，或者离职后未满两年的人员；

· 不得委派持有与科技情报检索项目有关联的单位的股票、债券，或者在这些单位有其他经济利益的人员；

· 不得委派与科技情报检索项目有其他利害关系的人员。

4.4.2 保密原则

科技情报检索机构及其工作人员在处理查新事务时，应当遵循以下保密原则。

a）维护科技情报检索项目所有者的知识产权，不得非法占有、使用，或者向他人披露、转让科技情报检索项目所有者的科技成果。除以下人员和机构外，科技情报检索机构及其工作人员不得向任何人泄露检索项目的科学技术秘密和检索结论：

· 科技情报检索委托人或者由科技情报检索委托人明确指定的人（或机构）；

· 法律、法规允许的第三方（如省、自治区、直辖市的科学技术行政部门，国务院有关部门、直属机构、直属事业单位的科技项目管理机构等）；

· 具有管辖权的专业检查组织。

b）涉及国家秘密的科技情报检索项目，应依照《中华人民共和国保守国家秘密法》和科学技术保密的有关规定处理。

5 检索资质

5.1 检索员资质要求

检索员的基本资质要求包括：

a）具有科技情报检索相关的专业知识和较宽的知识覆盖面，具有一定的外语阅读能力和计算机水平，熟悉新颖性判断原则，具有基本检索技能和文献分析与综合提炼能力，具有良好的沟通、理解和文字表述能力；

b）具有中级（含）以上专业技术职称及本科（含）以上学历；

c）经国家有关情报检索的正规培训，具备从事情报检索的资格；

d）遵守本标准及相关法律、法规。

5.2 审核员资质要求

审核员的基本资质要求包括：

a）具有丰富的科技情报检索相关专业知识和宽阔的知识覆盖面，了解国家或省市相关科技政策，具有较高的外语水平和文献分析能力，熟悉新颖性判断原则，具有把握科技情报检索全过程的能力，具有对科技情报检索报告进行审核、对检索质量进行把关的能力及对检索员工作进行具体指导和纠错的能力；

b）具有高级专业技术职称及本科（含）以上学历；

c）具备检索员资格，且有五年以上检索工作经历，经国家有关检索审核员的正规培训，具备从事检索审核的资格；

d）遵守本标准及相关法律、法规。

5.3 情报检索机构资质要求

5.3.1 科技情报检索机构文献资源

科技情报检索机构应当具有如下文献资源条件：

a）科技情报检索机构须具有连续 15 年以上的基本覆盖本机构检索专业范围的国内外文献资源（数据库），同时具备方便获取相应原文的能力；

b）具有国际联机检索或网络数据库检索的手段。

5.3.2 科技情报检索机构设施

科技情报检索机构应当具备的基础设施如下：

a）拥有固定的办公场所及方便接待用户的环境；

b）配备科技情报检索工作所需的办公自动化设备及畅通的网络；

c)配备科技情报检索项目文件归档管理的计算机、专用文件柜并有固定场所放置；

d）按照保密原则，对涉密检索项目应配有专用计算机、专用文件柜以及固定场所存放检索文档，并由专人管理；

e）具有科技情报检索计算机管理系统。

5.3.3 科技情报检索机构人员

至少应具有取得资质的 3 名查新员和 1 名审核员。

5.3.4 科技情报检索机构制度

有健全的内部规章制度、管理体系和规范的业务流程。

5.3.5 证书要求

科技情报检索机构应当具有权威机构颁发的资质证书。

6 检索程序

6.1 检索委托与受理

6.1.1 检索委托

检索委托人应当按照以下规定办理科技情报检索委托：

a）根据检索项目的专业特点，自主选择具有检索资质的情报检索机构。

b）可以网上委托，也可到情报检索机构当面委托。

c）按照要求填写《情报检索委托单》。

· 检索项目的科学技术要点：具体内容应当包括情报检索项目所属的科学技术领域、要解决的技术问题、解决技术问题所采用的技术方案、达到的技术效果及应用范围等。

· 检索要点：检索要点是从科学技术要点中提取的体现情报检索项目新颖性的技术特征，是情报检索的前提，也是文献对比分析的依据，贯穿于情报检索工作的全过程。检索要点的表述要客观、科学，文字应简明、透彻，不能使用自造词，条理清晰。检索项目有多个检索要点需要查证时，应逐条分别列出。每个检索要点只可表达检索项目的一个技术特征，不应将本领域的一般技术特征作为检索要点。

· 参考检索词：提供与检索项目主题相关的供检索人员参考的中文或中英文对照的检索词，其应是同行业通常使用的词语和术语，包括专业术语、关键词、同义词、缩写词、相关词、分类号、化学分子式、化学物质登记号（CAS 登记号）、物种拉丁文名称等。

· 代码：项目类别代码、检索目的代码、科技情报检索学科（专业）分类代码和机构类别代码应分别遵照规定填写。

d）向科技情报检索机构提交检索所需的与检索项目相关的真实的支撑材料。检索委托单中如有需要查证的相关数据、指标，还应提交权威机构的检测报告。检索委托人提供的资料和有关证明如有虚假内容，所产生的一切后果由其承担法律责任。

e）尽可能提供国内外同类科学技术和相关科学技术的背景资料，提供与情报检索项目相关的国内外参考文献，以供检索人员检索时参考。

f）检索委托受理后，检索委托人不得再对检索项目的科学技术要点、检索要点进行随意更改。

6.1.2 检索受理

科技情报检索机构受理检索委托时应当按照以下规定办理：

a）根据检索委托人填写的《科技情报检索委托单》，判断检索项目是否属于本机构承担的检索业务的受理范围。如超出本机构受理的专业范围或本机构缺少必要的数据库或者文献资源，则不得受理。

b）审查检索项目是否符合单一性原则。如果检索项目含有两个以上并非密不可分的特定技术特征时，科技情报检索机构可以要求检索委托人分案检索或分主题检索。

c）审查《科技情报检索委托单》是否存在明显缺陷，重点审查检索项目的科学技术要点、检索要点是否表达清楚。如果检索委托人未能明确列示检索项目的检索要点，情报检索机构可以拒绝检索委托。

d）听取检索委托人关于检索项目的情况介绍，判断检索委托人提出的检索要求能否实现。

e）审查检索委托人提交的资料是否能够支撑检索项目的研究内容和检索要点，如检索委托人拒不提交检索必需的技术资料，情报检索机构可以拒绝检索委托。

f）若拒绝检索委托，应当说明理由，并退还或按检索委托人要求处理其提交的所有资料。

g）若接受检索委托，应当与委托人办理相关确认手续或订立检索合同。

6.2 检索

6.2.1 检索目的

检索目的是获取与检索项目的检索要点密切相关的对比文献。

6.2.2 检索流程

6.2.2.1 提炼主题

检索人员应认真阅读检索项目的资料，了解检索项目的科学技术要点，仔细分析检索委托人提出的检索要点，在明确委托人的检索要求的基础上，围绕检索项目的主题，依据检索要点进行概念分析，从主题和检索要点中提炼出最具代表性和指示性的检索概念，充分反映检索项目的主题内容。

6.2.2.2 确定检索范围

针对检索项目的技术主题、检索范围和检索目的，确定文献检索的专业范围、地域范围、时间范围、语种以及文献类型等，以便于选择适当的检索工具。其中检索文献的时间范围应当以检索项目所属专业的发展情况和检索目的为依据，一般应从检索委托之日起追溯检索 15 年以上。对于新兴学科、高新技术项目，追溯年限可酌情缩短，对于较成熟的技术和专利进行检索时，追溯年限可延长。

6.2.2.3 选择检索工具

选择检索工具应遵循以下原则：

a）收录的专业范围能够满足检索需要；

b）收录的信息量、文献类型、时间范围、覆盖的地理范围、更新周期符合检索需求；

c）基本索引及辅助索引提供的检索途径及检索功能符合检索需求；

d)描述信息的质量，包括对原文献的描述程度、标引深度、专指度符合检索需求；

e）检索数据库应涵盖期刊、会议论文、学位论文、科技成果、科技报告、专利等综合性数据库；

f）根据检索项目专业特点选择必要的专业数据库；

g）利用搜索引擎检索网络资源。

6.2.2.4　确定检索词

参考检索委托人提供的检索词，结合数据库的特点，充分利用已有的工具书，如词表、辞海、术语标准、词典、百科全书、手册、分类法等，将检索概念转化为数据库可以识别的具体检索词。检索词选择应注意以下事项：

a）尽量选择行业内惯用的专业术语、专指词或特定概念词，尽量选择数据库中的规范词，应广泛列举同义词、近义词、替代词、缩写词、相关词、上位词、下位词，并注意英美单词的不同拼写方式等。

b）中文检索词应注意切词；外文检索词应注意截词；2 个以上单词组成的词组应注意使用位置算符，对于专有名词，注意采用固定短语和精确检索等方式。

c）应考虑检索词在数据库中所对应的字段以及在文献中的位置与深度。

d）对标引分类号的文献，可根据数据库所采用的分类法选择相应的分类号。检索国内非专利文献一般采用中图法分类号，检索专利文献可以选择相应的国际专利分类号和其他专利分类号。

6.2.2.5　制定检索式

根据检索项目的技术主题和数据库要求，组配检索词，确定各个检索词之间合理的逻辑关系，构成正确的检索表达式。应根据每个检索要点的内容从不同角度构造多个检索式，通常由严格到宽松，经反复试检、字词拆分更替、组配、字段调整确定最终检索式。编制检索式应当满足以下要求：

a）准确反映检索项目技术主题和与之相关的检索要点；

b）适应所查数据库的索引体系和检索用词规则；

c）符合检索系统的功能及限制条件的规定。

6.2.2.6　评价检索结果

检索式确认后可以进入具体数据库实施检索。

检索初步实施后，应当对检索结果的有效性进行初步评价：发现密切相关文献可确定本次检索有效；仅发现一般相关文献可确定本次检索部分有效，需进一步优化检索策略确认是否真的不存在密切相关文献；未发现相关文献一般需重新梳理检索过程。对于后两种情况，可以分别从关键词和分类号检索，然后对检索结果互相验证。

6.2.2.7 调整检索策略

当检索结果太多且相关度不高时，应缩小检索范围：增加限制的检索概念，使用逻辑“与”连接更多的检索词；使用位置或字段限制，使用短语检索，限制检索范围，如分类、时间、地域等；选用下位词等。

当检索结果太少时，需扩大检索范围：去掉不重要的检索概念；补充同义词、近义词，选用上位词或其他相关词；去除已有的字段限制（如文献类型、出版年、语种等）或位置限制；改变或增加检索途径，如使用分类检索；采用截词技术；新增检索的相关数据库等。

当检索结果为零时，应重新审查检索策略和检索词，搞清同类研究范围，调整检索词和检索式，尝试改变检索途径；延长检索年限和追溯期；利用搜索引擎及其他网络资源等进行补充检索，手工搜集刊物、专辑、汇编、简报等；检索扩大到上位概念领域或相关领域。

6.2.2.8 停止检索

检索过程中出现下列情形之一时，可以按照下述顺序决定是否停止检索：

a）找到一篇否定符合单一性原则的检索项目的全部检索要点的对比文献；

b）找到两篇或者多篇与检索项目检索要点相关的对比文献，所属领域的技术人员能够容易地把它们结合起来，认为它们清楚地公开了符合单一性原则的检索项目的全部检索要点；

c）从委托人或公众提供的公开文献中发现了否定检索项目检索要点的对比文献；

d）科技情报检索机构认为不可能找到密切相关的对比文献。

6.2.2.9 获取检索结果

剔除无关文献及重复文献，保留相关文献。保存所有相关文献的题录或摘要信息，数据输出格式应全面、规范。一般文献输出字段原则上应包括：文献题名、作者、机构、年卷期、关键词、摘要；专利文献输出字段应包括：专利名称、专利申请号、公开号或公告号、专利权人、发明人、专利申请日、公开日或公告日、国际专利分类号、专利摘要；网络新闻或技术报道输出字段应包括：网页题目、公司或作者、报道日期、网址或其他出处、内容摘要等。

从相关文献中选择对比文献。对比文献所属领域、解决的问题、解决方案、研究方法、主要技术特征和效果（包括技术指标、功能、功效、适用范围、推广程度等）与检索项目的检索要点相同或相近，其内容是可比的。应从以下几个角度在相关文献中确定最合适的对比文献：

a）单篇能否定检索项目新颖性的文献；

b）单篇不能否定新颖性，但是相同主题特征数目最多的文献；

c）容易与其他文献结合覆盖检索要点的文献。

选用的对比文献可以是一篇，也可以是数篇；所引用的内容可以是每篇对比文献的全部内容，也可以是其中的部分内容。对于密切相关文献原则上都应选用，但一般相关文献数量比较多时，应针对每个检索点，从不同的侧面各选数篇具有代表性的文献，一般情况可选 1 ～ 3 篇。

6.3 撰写检索报告

6.3.1 检索报告总体格式

检索报告应遵照规定的统一格式，报告内容必须符合检索委托单或检索合同的要求，检索报告的以下各项基本内容均应逐项撰写。

检索报告首页（封面）填写内容包括：报告编号、项目名称、委托人、委托日期、检索机构、完成日期。检索报告正文填写内容包括：检索项目名称、检索机构的详细信息、检索目的、检索项目的科学技术要点、检所要点、检索范围、文献检索范围及检索策略、检索结果、检索结论、检索员与审核员声明、附件清单、备注。

6.3.2 检索报告编号

报告编号为 17 位，左起第 1 ～ 4 位为年代，第 5 ～ 6 位为省、自治区、直辖市行政编码，第 7 ～ 9 位为检索机构编号，第 10 ～ 14 位为报告序号，第 15 ～ 17 位为扩展编号，报告序号和扩展编号由各情报检索机构自行编排，以上编号不足位的补零。各省、自治区、直辖市的行政编码按《中华人民共和国行政区划代码》（GB/T 2260—2007）规定填写。

6.3.3 项目名称

检索报告首页（封页）的项目名称一般只填写中文名称。报告正文中的检索项目名称，国内检索只填写中文名称；国内外检索须同时填写中英文名称。

6.3.4 委托人

填写检索委托人的名称。如以单位名义委托的检索项目其“委托人”应填写单位名称。

6.3.5 委托日期和完成日期

按实际委托日期和实际完成日期填写，格式为“×××× 年 ×× 月 ×× 日”（如

2012 年 6 月 18 日）。

6.3.6 检索机构

检索机构的基本信息包括：

a）名称：在报告封面及报告正文中的情报检索机构名称处填写具体完成科技检索任务的科技检索机构名称，并在封面加盖检索机构科技检索专用章；

b）通信地址及邮政编码：填写检索机构的联系地址；

c）检索负责人及联系电话：填写检索机构检索负责人姓名及其联系方式；

d）联系人及联系电话、电子邮箱：填写检索机构联系人姓名及其联系方式；

e）网址：填写检索机构涉及科技检索业务的网站地址。

6.3.7 检索目的

检索目的包括申报计划、成果鉴定、申报奖励等，以注明检索报告的用途。

6.3.8 检索项目的科学技术要点

引用检索委托单中科学技术要点栏目内容进行撰写。

6.3.9 检索点

引用检索委托单中检索要点栏目内容进行撰写。

6.3.10 检索范围要求

引用检索委托单中检索范围栏目内容撰写，通常分国内检索和国内外检索。

6.3.11 文献检索范围及检索策略

6.3.11.1 文献检索范围

文献检索范围应根据检索范围，填写实际检索的计算机检索系统或网络资源平台、数据库及其时间年限。

数据库分为中文数据库与外文数据库。凡检索中涉及的与检索项目相关的国内外数据库均应列入文献检索范围，未检索的数据库不得在报告中列入。

列入文献检索范围的数据库可按先中文数据库、后外文数据库统一编号顺序排列，著录格式为数据库序号、数据库名称、数据库检索的起止时间。同时，还应注明数据库所属检索系统或平台，或列出其网址。

6.3.11.2 检索策略

检索策略应填写实际检索采用的检索词和检索式。检索词按先中文检索词后外文检索词的顺序分开对应填写。

分类号按检索项目所属技术领域的相应类号以及相关程度顺序填写。

检索式应针对每个检索要点分别列出，也可根据情况针对几个检索要点或全部检索要点一并列出。列入检索报告的检索式一般无须展示试验摸索过程，只列出最终优选的检出效果较好的一个检索式或几个分步检索式即可。国内外检索应将中文检索式和外文检索式分别列出，以计算机可识别的实际检索式为准。检索报告中的检索式不得拼接编造，应可重复检索验证。

6.3.12 检索结果

检索结果可以分成检索结果归纳和相关文献列示两部分撰写。

a）检索结果归纳：通常可概述检出的国内、国外文献总数以及从中筛选出的与检索项目检索要点具有可比性的相关文献数量；对相关文献按其与项目检索要点的相关程度分为密切相关文献与一般相关文献，说明其文献数量。例如：依据上述文献检索范围和检索式，共检索出相关文献 ×× 篇，其中密切相关文献 ×× 篇。

b）相关文献列示可采取以下方式：

· 排列方式：按与检索要点相关程度排列文献，也可以按国内、国外依次列出；当有多个检索要点时，也可逐点分别排列；当密切相关文献较多时，可不列一般相关文献；当无密切相关文献而一般相关文献较多时，应针对检索要点从不同角度分别筛选数篇具有代表性的一般相关文献，一般情况可选 1 ～ 3 篇。

· 描述方式：所列的每篇相关文献均应有适当的内容描述。为了弥补某些相关文献缺少文摘或文摘过简的缺陷，对检索结果的描述经常需要调阅原文，从中提取关键数据及涉及项目检索要点的若干细节内容（如具体成分、工艺、配方、指标等）。密切相关文献在引用文摘的同时，应将原文中与检索要点具有可比性的核心内容、指标数据等摘引其中；对一般相关文献可直接从文摘或原文中简要引用其后需要进行文献对比的主要内容。对检出的外文相关文献应有足够深度的中文表述。描述文献时应突出重点，尽量避免将文摘中过多无关的内容不加取舍全部引用，并应当纠正显而易见的错误。

· 检索项目成员发表的文献处理方式：对检出的检索委托人发表的与检索项目相关的文献，依据相关程度顺序列在检索结果的最前面，并加以简要说明。

· 著录方式：采用题录＋摘要格式。一般文献的著录项目应包括：题名、作者、机构、年卷期、关键词、摘要；专利文献的著录项目应包括：专利名称、专利权人 、发明人、专利申请号 / 专利号、申请日期、公告日期或公开日期、摘要；网络新闻或技术报道的著录项目应包括：网页题目、公司或作者、报道日期、网址或其他出处、内容摘要等。

· 著录格式：可参照 GB/T 7714—2015 的规定。

6.3.13 检索结论

检索结论是检索报告的核心内容，往往被单独引证，因此体例上可写成相对独立的短文，应注意撰写的完整性、逻辑性和客观性，所用文字、符号、计量单位应符合 GB 3100—93、GB 3101—93 的规定和要求。结论中的每个论点都应有充分可靠的文献依据。检索项目各检索要点应逐条与文献对比，不宜将诸多检索要点不加拆分地模糊比对。

检索结论可包括下列 3 个部分：

a）项目检索要点归纳

根据检索委托人递交的检索委托单上所写的检索要点，必要时从科学技术要点补充，提取整理形成检索要点集合，作为检索项目对比内容。

b）文献对比分析

依据新颖性判断原则，将检索项目的各检索要点分别与查到的相关文献比较，揭示出两者的相同点与不同点，判断检索项目是否具有新颖性。

· 分析两者是否属于相同的主题内容：如果检索项目在科学技术领域、研究目的、技术方案和技术效果等方面均与已公开报道的某一对比文献实质上相同，那么该检索项目缺乏新颖性。

· 分析检索项目检索要点是否全部被覆盖：如果检索项目符合单一性主题的所有检索要点被某一篇文献内容所覆盖，则检索项目不具有新颖性。

· 分析两者是否属上下位关系：如果检索项目与对比文献的区别仅在于前者的技术特征属上位概念，后者的技术特征属下位概念，则“下位否定上位”，检索项目不具有新颖性，反之则具有新颖性。例如，某检索项目是 “用金属制成的”上位概念的产品，对比文献公开的是“用铜制成的”下位概念的同一产品，则检索项目丧失新颖性。

· 分析检索项目是否属于惯用手段的直接置换：如果检索项目与对比文献的区别仅仅是所属技术领域惯用手段的直接置换，例如，对比文献采用螺钉固定的装置，而检索项目仅将该装置的螺钉固定方式改换为螺栓固定方式，则该项目不具备新颖性。

· 分析检索项目是否突破传统：例如现有技术公开的某个数值范围是为了告诫所属技术领域的技术人员不应当选用该数值范围，而查新项目却正是突破这种传统而确立该数值范围，那么检索项目具有新颖性。

c）结论

对确认有新颖性的检索项目，可以采用该检索项目“未见报道”的语句，通过检索确定新颖性不成立，可采用该检索项目“已有报道”的语句。

检索项目一般具有多个检索要点。对于已经被对比文献公开的检索要点，可以采用“该检索要点已见报道”的语句；对于没有被对比文献公开的检索点，可以采用“该检索要点未见报道”的语句。

区域结论：有的检索针对区域进行，如国外找到否定新颖性的文献而国内没有找到，则可用“国外已见文献报道而国内未见文献报道”。

日期结论：对时间先后的查证，可用“该检索项目于某年某月某日公开（或鉴定、生产等），早于公开发表文献的日期”的语句。

委托项目参与人发表的文献一般可写成：除委托项目参与人自己发表的文献外，未见其他相同文献报道（专利检索除外）。

6.3.14 检索员与审核员签名事项说明

检索员和审核员须在检索报告的“检索结论”末尾签名处亲笔签名，签字应使用黑色钢笔或碳素笔。如有多名检索员或审核员须逐一列出，以第一个名字为主检索员或主审核员。

6.3.15 检索员、审核员声明

检索员与审核员声明体现检索人员恪守职业道德，维护和承担检索报告客观性、公正性、真实性的社会责任。

6.3.16 附件清单

填写随检索报告一同提交给检索委托人的附件目录。如果附件是以电子文档格式提交给委托人，需要在此注明。

6.3.17 备注

需要注解、说明的内容。可参考下面的内容进行撰写：

a）本检索报告无检索员和审核员签名无效；

b）本检索报告无检索机构的“科技检索专用章”无效；

c）本检索报告涂改无效；

d）其他需要备注的内容。

6.4 检索审核

检索审核主要应着眼于检索报告程序总体上的完整性，检索文献源的适用性，检索策略的合理性和准确性，相关文献的可比性和充实程度，以保证检索结论的客观性、公正性和准确性。同时，对检索报告细节的审核也不能忽视，检索报告细节上的

缺陷往往会影响到检索报告的总体质量和检索报告的严肃性。

检索报告审核时应注意：

a）检索报告的各部分撰写是否内容完整、著录项目齐全、版式协调得体。

b）杜绝可能存在的政治性或政策性失误。

c）纠正常识性和技术性错误。

d）适当的文字、词语修订。

e）统一计量单位及非法定计量单位的数据换算。

f）处理检索报告初稿中的存疑与待定问题。

g）在以下情况下，应提出补充检索的建议：

检索结果中的相关文献偏离检索项目的核心内容；所用检索词不足以涵盖检索项目主题与检索要点；检出的相关文献偏少，缺少实质性内容，且与检索要点无可比性；文献分析对比过于牵强，检索结论论据不足。

h）如果送审的报告改动较大，或需要补查，检索人员对报告进行修改或补充后应再次送审。

6.5 出具检索报告

检索报告定稿后，按规定打印，由检索人员、审核员分别签字，并加盖情报检索机构“科技检索专用章”，按约定的日期将检索报告连同附件一并交付检索委托人。

如果检索委托人对检索后失去新颖性或部分失去新颖性的检索报告，提出修改查新点或增加检索要点的要求，则应重新委托检索。

6.6 复审

复审是对检索结论有异议而启动的救济程序，同时也是检索审核程序的延续。复审程序应当基于当事人的请求启动。当事人如对检索结论有不同意见，可在接到检索报告一周内，将有关意见及旁证材料提交检索机构。由检索机构组织复审小组复审，一般在 3 个工作日内给予答复。如复审后证明当事人意见正确，则更改检索结论，并收回原报告。

6.7 检索文件归档

6.7.1 文件归档

6.7.1.1 检索机构应按照档案管理部门的要求，及时将科技检索委托单或科技检索合同、检索报告以及检索过程中产生的文件（包括附件）等进行归档保存，做好归档记录。
6.7.1.2 保存在专用计算机中的电子文档，需定期备份，以防损坏；纸质文档应存放在专用文件柜中，由专人管理。
6.7.1.3 检索机构应按要求及时将检索报告上传到国家，国家相关规定不宜公开的除外。

6.7.2 检索档案管理

6.7.2.1 档案的基本内容

检索档案大体上分为文书档案和项目档案两大类：

a）文书档案包括上级下发给检索机构的各种有关检索的办法、规定、规范、细则等，检索机构制定的各种有关检索的规章制度，检索机构的年检材料和检索工作总结，检索项目登记簿，检索机构及检索人员的有关技术证明资料等；

b）项目档案包括科技检索委托单（或科技检索合同）、检索报告、附件、检索人员的工作记录等。

6.7.2.2 档案管理的基本要求

检索机构应按以下基本要求做好检索档案的管理工作：

a）检索项目完成后，应当将所有关于该项目的材料建立档案，按年度归档；

b）档案保管年限，文书档案应当长期保管，纸质项目档案一般保管五年，逾期档案可予销毁；

c）应当使用计算机进行档案管理，信息内容应遵照相关规定。

6.7.2.3 检索机构变更时档案处理

检索机构变更时，应当按照以下情况对档案进行处埋：

a）检索机构分立、合并时，应当对检索档案加以保护，防止技术秘密的泄露；

b）检索机构终止时，应当将检索档案移交主管机构处理。

7 检索质量控制

7.1 总体要求

检索机构应当亲自开展检索工作，涉及检索有关各方的行为活动应当遵循本标准。

7.2 信息公开与检索标识

检索机构应当公开本机构的基本信息和识别标志如下：

a）检索机构对符合下列基本要求之一的应当主动公开信息：需要委托人知晓或者

参与的；反映本检索机构的检索部门设置、职能、程序等情况；其他依照法律、法规和国家有关规定应当主动公开的。

b）检索机构应根据本标准设置清晰的识别标志：

本机构及其人员的查新资质；委托人的权利与义务；检索工作流程；本机构的规章制度。

7.3 自查与抽查

7.3.1 自查

检索机构应当按照本标准每年至少组织一次科技检索自查活动和一次抽样用户回访或书面征求意见活动。

7.3.2 抽查

由权威机构组织或授权组织开展科技检索抽查活动。

7.3.3 自查与抽查内容

自查与抽查的主要内容包括：

a）检索人员是否具备执业技能；

b）文献资源是否满足检索需求；

c）科技情报检索的流程是否符合要求；

d）检索报告是否准确规范；

e）检索档案是否完整规范；

f）审核制度是否健全；

g）实际操作过程中是否存在明显的技术缺陷。

附录 2 情报检索服务流程

科技情报检索是指情报服务机构根据情报检索委托人提供的需要查证其新颖性的科学技术内容，按照情报检索服务规范进行检索，并作出结论。甘肃省科技查新咨询中心始于 1986 年，1998 年被批准为中国航天工业总公司科技查新站，2015 年被批准为教育部部级科技查新站。该工作站面向本校及外单位，受理理工各类科研项目的科技情报检索服务，具体工作流程如附图 2–1 所示。

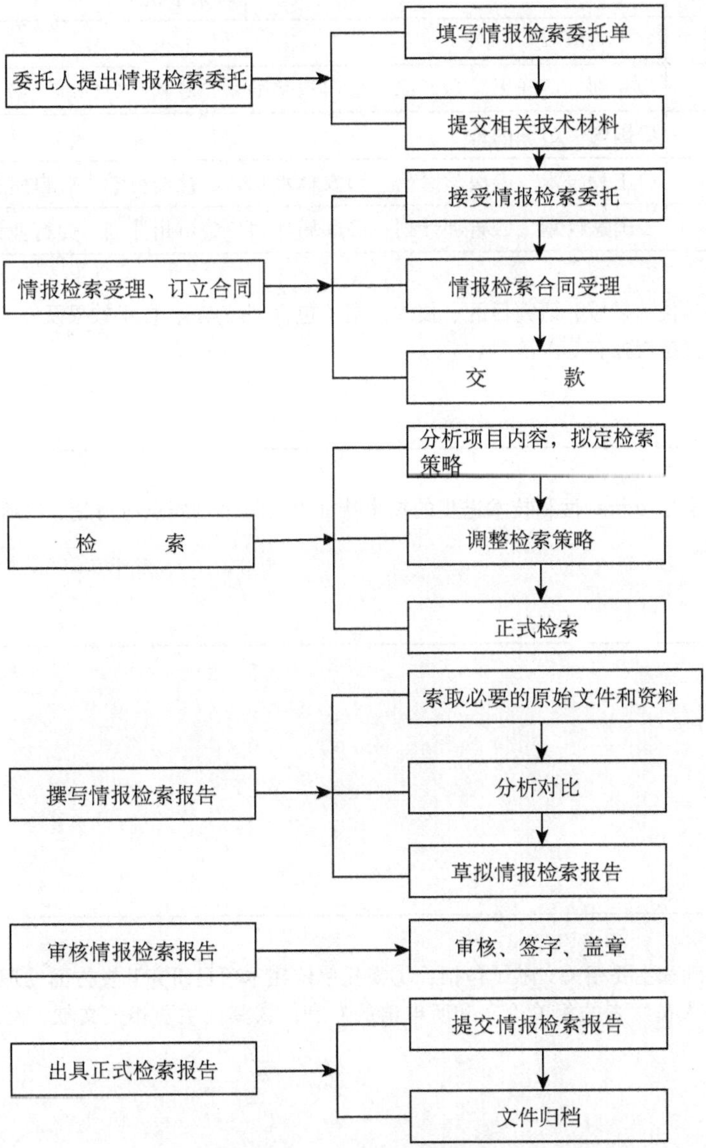

附图 2–1 具体工作流程

附录 3 《情报检索申请表》

<table>
<tr><td colspan="2" rowspan="2">情报检索
项目名称</td><td colspan="3">中文：情报检索申请表</td></tr>
<tr><td colspan="3">英文：</td></tr>
<tr><td rowspan="5">委托方</td><td>申请机构名称</td><td colspan="3"></td></tr>
<tr><td>申请机构性质</td><td colspan="3">○企业 ○高校 ○科研院所 ○个人 ○其他</td></tr>
<tr><td>项目负责人</td><td></td><td>联系手机</td><td></td></tr>
<tr><td>项目联系人</td><td></td><td>联系手机</td><td></td></tr>
<tr><td>通讯地址</td><td colspan="3"></td></tr>
<tr><td colspan="2">检索目的</td><td colspan="3">○立项 ○成果 ○产品 ○申报奖励 ○专利 ○标准 ○其他</td></tr>
<tr><td colspan="2">检索范围</td><td colspan="3">○国内 ○国内外</td></tr>
<tr><td colspan="2">学科类型</td><td colspan="3">○工程技术 ○医学医药 ○农林水利 ○社会科学 ○自然科学</td></tr>
<tr><td colspan="2">项目来源</td><td colspan="3">○国家计划 ○省部计划 ○厅局计划 ○市州计划 ○行业计划 ○计划外</td></tr>
<tr><td colspan="5">一、技术要点
包括所属科学技术领域、研究目的、技术方案（包含创新点）、技术效果及知识产权（是否有协作单位，知识产权是否独有等）情况。</td></tr>
<tr><td colspan="5">二、创新点
能够体现检索项目新颖性和技术进步的技术特征点。每个创新点应清楚、准确，突出一个技术主题或技术特征。</td></tr>
<tr><td colspan="5">三、检索词
中文：

英文：</td></tr>
<tr><td colspan="5">四、相关附件
现有工作基础和主要相关文献（包括：①委托单位在本项目研究开发方面的现有工作基础和条件；②项目有关人员发表的相关论文和所申请的专利；③其他主要相关文献、网站及相关专利申请号）</td></tr>
</table>

附录 4 《情报检索技术服务合同》

合同编号：

情报检索技术服务合同

项目名称：
委托方（甲方）：
受托方（乙方）：
签订地点：
有效期限：自签订之日起一年内有效

中华人民共和国科学技术部印制

技术服务合同

委托方（甲方）：
委托联系人：
通讯地址：
电话：

受托方（乙方）：
受托联系人：
通讯地址：
电话：

本合同由甲方委托乙方开展<u>情报检索咨询</u>技术服务，并支付咨询报酬。经过双方平等协商，在真实、充分表达各自意愿的基础上，根据《中华人民共和国合同法》规定，达成如下协议，并由双方共同恪守。

第一条 乙方进行技术服务的内容、要求和方式：

1. 咨询内容：按照《科技查新技术规范》，对委托项目进行查新；
2. 咨询要求：按照约定时限出具《科技查新报告》；
3. 咨询方式：出具正式的《科技查新报告》。

第二条 为保证乙方有效进行技术服务工作，甲方应当按照要求在乙方的业务系统中提交科技查新委托单和相关技术资料。

第三条 甲方向乙方支付技术服务报酬及支付方式为：

1. 技术服务报酬总额为：______元；
2. 技术服务报酬由甲方____支付乙方；
3. 具体支付方式和时间：网银转账、现场交费，交费务必在双方确定服务内容后进行。
4. 乙方开户银行名称、账号：

户　名：
开户行：
账　号：
行　号：
电汇行号：

第四条 乙方对甲方委托的查新内容负有保密义务。

第五条 本合同的变更须由双方协商一致，并以书面形式确定。

第六条 由于不可抗因素，致使本合同无法履行时，可以解除本合同。

第七条 双方因履行本合同发生的争议，应协商、调解解决。协商、调解不成的，可提交仲裁委员会仲裁或依法向人民法院起诉。

第八条 本合同一式_肆_份，具有同等法律效力。

第九条 本合同经双方签字盖章后生效。

甲方：　　　　　　　　（盖章）

法定代表人／委托代理人：____________（签名）

年　月　日

乙方：　　　　　　　　（盖章）

法定代表人／委托代理人：____________（签名）

年　月　日

印花税票粘贴处：

（以下由技术合同登记机构填写）

合同登记编号：

1. 申请登记人：
2. 登记材料：（1）

（2）

（3）

3. 合同类型：
4. 合同交易额：
5. 技术交易额：

技术合同登记机构（印章）

经办人：

年　月　日

附录5 《科技查新报告》模板

报告编号：

国家一级科技查新咨询单位

科 技 查 新 报 告

项目名称：

委托单位：

委 托 人：

委托日期： 年 月 日

查新机构： 甘肃省科学技术情报研究所
甘肃省科技查新检索咨询中心

查新完成日期： 年 月 日

中 华 人 民 共 和 国 科 学 技 术 部

二〇〇〇年制

<table>
<tr><td rowspan="2">查新项目名称</td><td colspan="6">中文：</td></tr>
<tr><td colspan="6">英文：</td></tr>
<tr><td rowspan="5">查新机构</td><td>名　称</td><td colspan="5"></td></tr>
<tr><td>通讯地址</td><td colspan="3"></td><td>邮政编码</td><td></td></tr>
<tr><td>负责人</td><td></td><td>电　话</td><td></td><td>传　　真</td><td></td></tr>
<tr><td>联系人</td><td></td><td>电　话</td><td colspan="3"></td></tr>
<tr><td>电子信箱及网址</td><td colspan="5"></td></tr>
<tr><td colspan="7">一、查新目的</td></tr>
<tr><td colspan="7">二、项目的科学技术要点</td></tr>
<tr><td colspan="7">三、查新要点与查新要求</td></tr>
<tr><td colspan="7">四、文献检索范围及检索策略</td></tr>
</table>

五、检索结果
六、查新结论   **查新员（签字）：**　　　　**查新员职称：** **审核员（签字）：**　　　　**审核员职称：** **年　月　日**

七、查新员、审核员声明
八、附件清单
九、备注

附录 6 《引证检索报告》模板

报告编号：

国家一级科技查新咨询单位

引证检索报告

项目名称：

委托单位：

委 托 人：

委托日期： 年 月 日

检索机构： 甘肃省科学技术情报研究所

甘肃省科技查新检索咨询中心

检索完成日期： 年 月 日

一、检索要求：
二、检索内容：
三、文献检索范围：

四、检索结论：   检 索 人： 检索单位： 检索日期：　　年　月　日
附件：

附录7 《专题检索报告》模板

报告编号：

国家一级科技查新咨询单位

专题检索报告

项目名称：

委托单位：

委 托 人：

委托日期： 年 月 日

检索机构： **甘肃省科学技术情报研究所**

甘肃省科技查新检索咨询中心

检索完成日期： 年 月 日

一、检索要求：
二、检索内容：
三、文献检索范围及检索策略：

四、检索结论：   检 索 人： 检索单位： 检索日期：　　年　月　日
附件：

附录 8 甘肃省科技查新事实数据库

科技查新事实型数据库是基于元数据的事实数据管理系统。2011 年，中国科学技术信息研究所联合全国一级科技查新机构或省部委科技查新机构共同构建了全国科技查新事实型数据库，形成了全国科技查新成果共享联盟，主要收录“十一五”以来省部级以上科技查新项目档案数据，并向参加数据库建设的科技查新机构提供查新档案数据检索查阅服务。对于查新项目技术要点、查新点等信息将在距查新日期滞后一年时间提供浏览显示。

联盟根据统一的建设标准与规范，联合各参建单位汇集科技查新项目的信息并进行加工整理，形成覆盖全国的科技查新事实型数据库，同时进行科技查新共享平台建设，让参与建设的科技查新机构利用积累的数据进行科技查新项目的查重、科技查新业务的培训及科研项目成果的分析，继而更有效地支持科技计划项目的管理和实施。科技查新报告不作为共享内容，如需调阅科技查新报告，可向科技查新报告拥有单位索取报告原文。参与数据库建设的科技查新机构都需共同维护科技查新项目委托方的权益，除政府科技相关管理部门外，不向参建单位以外的任何机构和个人提供相关科技查新项目的具体内容。

甘肃省科学技术情报研究所作为全国首批会员单位，参加了全国科技查新事实型数据库的建设，为有效积聚、整合和保存甘肃省科技查新事实型数据资源、分析甘肃省科技成果的分布和科技创新整体的发展态势、共享科技查新成果奠定了基础。甘肃省科技查新事实数据库数据节选如附表 8-1 所示。

附表 8-1　甘肃省科技查新事实数据库数据节选

查新编号	项目中文名称	委托单位名称	委托单位类型	项目学科类别	查新目的	课题项目	查新范围
20146200008	苦水玫瑰真空低温保色保香产业化关键技术研究	甘肃出入境检验检疫局综合技术中心	事业单位	工程与材料科学	项目查新	国家级项目	国内
20146200029	生物质秸秆汽化炉供热应用系统综合技术研究	甘肃恒信节能环保科技有限公司	企业	生命科学	成果查新	国家级成果	国内
20146200035	地下水超采区压采组织体系研究	甘肃省水文水资源局	事业单位	生命科学	成果查新	省部级成果	国内外
20146200066	陇东地区致密气富集规律、地震关键技术与油气重大发现	中国石油勘探开发研究院西北分院	事业单位	地球科学	成果查新	省部级成果	国内外
20146200068	兰渝铁路兰州枢纽长寿山特长隧道工程地质勘察	中铁第一勘察设计集团有限公司 兰州铁道设计院有限公司	企业	工程与材料科学	成果查新	国家级成果	国内
20146200069	兰渝铁路兰州枢纽大砂坪特大桥工程地质勘察	中铁第一勘察设计院集团有限公司 兰州铁道设计院有限公司	企业	工程与材料科学	成果查新	省部级成果	国内
20146200076	中国石油兰州石化公司 316 罐区隐患治理项目	兰州寰球工程公司	企业	化学化工	成果查新	国家级成果	国内
20146200079	黄土震陷变形的微结构控制机理研究	中国地震局兰州地震研究所	事业单位	工程与材料科学	成果查新	国家级成果	国内外
20146200089	落地式轴承汽轮机轴系找中心工法	中国能源建设集团甘肃火电工程公司	企业	工程与材料科学	成果查新	国家级成果	国内
20146200090	水处理设备制造安装工法	中国能源建设集团甘肃火电工程公司	企业	工程与材料科学	成果查新	国家级成果	国内
20146200106	兰渝线兰州枢纽兰州北机务段检修组合库、转向架解体及清洗库	中铁第一勘察设计院集团有限公司 兰州铁道设计院有限公司	企业	工程与材料科学	成果查新	国家级成果	国内

续表

查新编号	项目中文名称	委托单位名称	委托单位类型	项目学科类别	查新目的	课题项目	查新范围
20146200115	国道 312 线柳忠高速公路柳古段跨线渡槽工程	甘肃省水利水电勘测设计研究院	企业	工程与材料科学	成果查新	国家级成果	国内
20146200124	黄土丘陵沟壑区粮食稳产增效技术集成示范	甘肃省农业科学院	事业单位	生命科学	项目查新	国家级项目	国内
20146200147	基于磁悬浮技术的小型垂直轴风力发电系统	甘肃凯文斯科技信息有限公司	企业	信息科学	项目查新	国家级项目	国内
20146200149	甘肃敦煌西湖国家级自然保护区基础设施建设二期工程初步设计	甘肃省林业调查规划院	事业单位	生命科学	成果查新	国家级成果	国内
20146200150	甘肃省河西走廊（疏勒河）项目	甘肃省水利水电勘测设计研究院	企业	生命科学	成果查新	国家级成果	国内
20146200152	尾菜与秸秆畜禽便生物发酵肥料及其制备方法	甘肃明德伟业生物科技有限公司	企业	生命科学	项目查新	国家级项目	国内
20146200157	工程仪器车、保障车系统	兰州电源车辆研究所有限公司	企业	工程与材料科学	成果查新	省部级成果	国内
20146200158	排铅成长片的产业化前研究	甘肃兰科生物科技有限公司	企业	工程与材料科学	项目查新	省部级项目	国内
20146200159	智能化模拟原生态畜牧业移动围栏	甘肃省中精牧业科技有限公司	企业	生命科学	项目查新	国家级项目	国内
20146200160	兰州大尾羊种质资源保护与遗传特性及种群扩繁关键技术研究	西北民族大学	事业单位	生命科学	成果查新	省部级成果	国内外

续表

查新编号	项目中文名称	委托单位名称	委托单位类型	项目学科类别	查新目的	课题项目	查新范围
20146200161	区域医疗卫生机构监管平台	兰州盛腾信息技术有限公司	企业	信息科学	项目查新	国家级项目	国内
20146200178	防变形手动弯管器	中石油第二建设公司	企业	工程与材料科学	专利查新		国内
20146200189	陇东能源开发的博弈、分配机制及其影响研究	兰州理工大学	事业单位	社会科学	成果查新	省部级成果	国内
20146200197	利用从桃儿七植物提取鬼臼素后的弃渣里分离天然黄酮素	兰州静鸿生物科技有限公司	企业	化学化工	项目查新	国家级项目	国内
20146200211	石墨烯 / 二氧化钛复合材料多孔膜的制备及应用	方大炭素新材料科技股份有限公司	企业	化学化工	项目查新	国家级项目	国内外
20146200221	兰州地区汉族人群 Megsin 基因 C-25663G、C-2093T 多态性与 IgA 肾病的关系	解放军第一医院	事业单位	生命科学	成果查新	国家级成果	国内
20146200234	白牦牛毛绒基因的研究与利用	西北民族大学	事业单位	生命科学	成果查新	省部级成果	国内外
20146200254	甘肃省警察心理健康与社会支持相关性实证研究	甘肃省公安厅	事业单位	社会科学	项目查新	国家级项目	国内
20146200259	甘肃省临夏州碘缺乏病持续控制机制建设及效果评价研究	甘肃省疾病预防控制中心	事业单位	生命科学	成果查新	省部级成果	国内外
20146200279	基于 MES 系统的数字化综合集成技术开发与应用	中国铝业股份有限公司兰州分公司	企业	工程与材料科学	成果查新	省部级成果	国内外
20146200294	玉树地震灾后重建玉树州人民医院建设项目	中国市政工程西北设计研究院有限公司	企业	工程与材料科学	成果查新	国家级成果	国内

续表

查新编号	项目中文名称	委托单位名称	委托单位类型	项目学科类别	查新目的	课题项目	查新范围
20146200298	从 HPA 轴角度研究胰岛素抵抗的神经内分泌机制及中药地黄寡糖的干预作用	兰州军区兰州总医院	事业单位	生命科学	成果查新	国家级成果	国内
20146200336	MS 程序 V G 汽油机油台架及试验方法建立	中国石油兰州润滑油研究开发中心	事业单位	化学化工	成果查新	国家级成果	国内
20146200342	溶液法卤化丁基橡胶小试技术开发	兰州石化公司研究院	企业	化学化工	成果查新	省部级成果	国内外
20146200348	新疆哈密地区坎儿井维修保护工程（12）条施工图设计	中铁西北科学研究院	事业单位	工程与材料科学	成果查新	国家级成果	国内
20146200353	甲醇汽油技术与策略研究	中国石油兰州润滑油研究开发中心	企业	化学化工	成果查新	省部级成果	国内外
20146200356	甘肃省城乡居民痛风病流行病学调查及防治对策研究	兰州大学第一医院	事业单位	生命科学	项目查新	省部级项目	国内
20146200357	镁电解用细结构石墨阳极	方大炭素新材料科技股份有限公司	企业	化学化工	成果查新	国家级成果	国内
20146200363	大惯量滚珠丝杠系统的分岔与混沌特性研究	兰州理工大学	事业单位	生命科学	成果查新	国家级成果	国内外
20146200370	平板闸门采用固定式启闭机启闭倒装法技术	中国水利水电第三工程局有限公司西北分局	企业	工程与材料科学	项目查新	国家级项目	国内
20146200372	太阳能电池银浆用超细银粉研发及产业化	兰州金川科技园有限公司	企业	化学化工	成果查新	省部级成果	国内外

续表

查新编号	项目中文名称	委托单位名称	委托单位类型	项目学科类别	查新目的	课题项目	查新范围
20146200376	综合利用钴资源制备锂电正极材料关键技术集成与创新	兰州金川新材料科技股份有限公司	企业	化学化工	成果查新	省部级成果	国内外
20146200377	Incoloy825 合金 CL2500 抗高硫天然气高压硬密封平板闸阀	兰州高压阀门有限公司	企业	工程与材料科学	成果查新	国家级成果	国内外
20146200412	马铃薯抑芽防腐剂雾化设备研制	甘肃省农业科学院农产品贮藏加工研究所	事业单位	生命科学	产品查新		国内外
20146200416	灾后边坡病害快速治理新结构及防护技术	中铁西北科学研究院有限公司	企业	工程与材料科学	成果查新	省部级成果	国内外
20146200427	兰州市耕地地力评价技术研究及应用项目	兰州市农业科技研究推广中心	事业单位	生命科学	成果查新	省部级成果	国内
20146200428	荒漠和黄土高原脆弱生态区植被恢复与环境保护关键技术研究及应用	中石油北京天然气管道有限公司、兰州理工大学	事业单位	生命科学	项目查新	省部级项目	国内外
20146200432	抗锈、抗旱、丰产冬小麦新品种陇鉴 386 选育与应用	甘肃省农业科学院	事业单位	生命科学	成果查新	省部级成果	国内
20146200437	一种新型大口径电液控制自适应双面硬密封结构	中国石油渤海装备兰州石油化工机械厂	企业	工程与材料科学	专利查新		国内外
20146200439	极高压力氧气阀	兰州高压阀门有限公司	企业	工程与材料科学	成果查新	国家级成果	国内外
20146200441	高选择透过膜与膜精炼产业化技术开发	兰州交通大学	事业单位	工程与材料科学	项目查新	国家级项目	国内外

续表

查新编号	项目中文名称	委托单位名称	委托单位类型	项目学科类别	查新目的	课题项目	查新范围
20146200444	旱地春小麦新品种选育和示范推广	甘肃农业大学	事业单位	生命科学	成果查新	国家级成果	国内
20146200445	细胞膜片技术在构建工程化血管化骨组织中的研究	兰州大学口腔医学院	事业单位	生命科学	成果查新	国家级成果	国内
20146200448	寒区旱区苜蓿新品种选育及生产关键技术研究与示范	甘肃农业大学	事业单位	生命科学	成果查新	国家级成果	国内外
20146200450	口蹄疫O型缅甸98（MYA98）疫苗的研制及应用	中国农业科学院兰州兽医研究所	事业单位	生命科学	成果查新	省部级成果	国内外
20146200456	河西新能源基地送出及消纳关键技术研究	甘肃省电力公司风电技术中心	企业	工程与材料科学	成果查新	省部级成果	国内外
20146200457	酒泉地区测风、测光网络优化布局研究及网络建设	甘肃省电力公司风电技术中心	企业	工程与材料科学	成果查新	省部级成果	国内外
20146200459	优质桃新品种选育及西北高旱桃区优质安全生产关键技术研究与应用	甘肃省农业科学院林果花卉研究所	事业单位	生命科学	成果查新	省部级成果	国内
20146200461	电网友好型大型风电场关键技术研究与示范	甘肃省电力公司风电技术中心	企业	工程与材料科学	成果查新	省部级成果	国内外
20146200466	马铃薯贮藏设施及保鲜技术研究与集成示范	甘肃省农业科学院农产品贮藏加工研究所	事业单位	生命科学	成果查新	国家级成果	国内
20146200467	西部首个斑马鱼模式动物平台建设及在放射生物学研究中的应用	中国科学院近代物理研究所	事业单位	生命科学	成果查新	国家级成果	国内

续表

查新编号	项目中文名称	委托单位名称	委托单位类型	项目学科类别	查新目的	课题项目	查新范围
20146200489	滚轮架转动设备用杠杆式自动接地导电装置	中石油第二建设公司	企业	生命科学	专利查新		国内
20146200499	前列腺癌根治术后护理 SOP 的应用研究	兰州军区兰州总医院	事业单位	生命科学	项目查新	国家级项目	国内
20146200502	肉品微生物残留快速检测以及安全控制研究（肉奶蛋及制品污染物危害的快速检测技术与安全预警研究）	甘肃省食品检验研究院	事业单位	工程与材料科学	成果查新	省部级成果	国内
20146200503	黄土地区场地地震效应与地基液化处理技术研究	中国地震局兰州地震研究所	事业单位	地球科学	成果查新	国家级成果	国内外
20146200504	陇抗九号等系列西瓜品种选育及应用	甘肃省农业科学院蔬菜研究所	事业单位	生命科学	成果查新	国家级成果	国内
20146200513	半无叶型豌豆陇豌系列新品种选育及示范推广	甘肃省农业科学院作物研究所	事业单位	生命科学	成果查新	省部级成果	国内外
20146200514	抗旱高产胡麻新品种选育及推广应用	甘肃省农业科学院作物研究所	事业单位	生命科学	成果查新	国家级成果	国内
20146200519	抗旱节水冬春小麦中试与示范推广	甘肃省农业科学院小麦研究所和旱地农业研究所	事业单位	生命科学	成果查新	国家级成果	国内
20146200522	电动高温闸阀排凝排污及阀板限位装置	中国石油渤海装备兰州石油化工机械厂	企业	化学化工	专利查新		国内
20146200528	除草、缓释和防病功能性肥料的研制与示范	甘肃省农业科学院土壤肥料与节水农业研究所	事业单位	生命科学	成果查新	国家级成果	国内外

续表

查新编号	项目中文名称	委托单位名称	委托单位类型	项目学科类别	查新目的	课题项目	查新范围
20146200533	大鳞大马哈鱼引进与选育	甘肃省水产研究所	事业单位	生命科学	项目查新	省部级项目	国内
20146200539	黄土旱塬黑垆土土壤肥力演变规律及农田地力提升关键技术应用	甘肃省农业科学院旱地农业研究所	事业单位	生命科学	成果查新	省部级成果	国内
20146200551	液化天然气用低温上装式固定球球阀	中国石油渤海装备兰州石油化工机械厂	企业	化学化工	产品查新		国内
20146200558	黄土塬区降解原油特殊功能菌开发技术研究	西北民族大学	事业单位	生命科学	成果查新	省部级成果	国内外
20146200563	甘肃中东部地区退化果园土壤修复及优质丰产栽培技术研究与示范	甘肃省农业科学院土壤肥料与节水农业研究所	事业单位	生命科学	成果查新	国家级成果	国内
20146200566	优质高产啤酒大麦新品种甘啤4号选育及推广	甘肃省农业科学院经济作物与啤酒原料研究所	事业单位	生命科学	成果查新	国家级成果	国内
20146200578	新型动物药剂创制与产业化关键技术研究	中国农业科学院兰州畜牧与兽药研究所	事业单位	生命科学	项目查新	国家级项目	国内
20146200580	甘肃省特色农产品马铃薯营养功能研究项目	甘肃省农业技术推广总站	事业单位	生命科学	项目查新	省部级项目	国内外
20146200586	包含风电出力预测系统的风电场一体化监控技术研究	国网甘肃省电力公司	企业	信息科学	成果查新	省部级成果	国内外
20146200591	藜麦优异种质资源引进及创新应用	甘肃省农业科学院畜草与绿色农业研究所	事业单位	生命科学	项目查新	省部级项目	国内外

续表

查新编号	项目中文名称	委托单位名称	委托单位类型	项目学科类别	查新目的	课题项目	查新范围
20146200592	河西走廊玉米小麦田间节水节肥节药综合技术研究与示范推广	甘肃省农业节水与土壤肥料管理总站	事业单位	生命科学	项目查新	省部级项目	国内
20146200610	西北旱作黄绵土及荒漠灌耕土区沃土技术模式研究与示范	甘肃省农业科学院	事业单位	生命科学	成果查新	省部级成果	国内外
20146200616	含油污泥无害化资源化侧线试验研究	中国石油兰州化工研究中心	事业单位	工程与材料科学	成果查新	省部级成果	国内外
20146200630	强质子酸适宜氢转移活性稀土超稳 Y 分子筛的研发与工业应用	中国石油天然气股份有限公司兰州化工研究中心	企业	化学化工	成果查新	省部级成果	国内外
20146200634	高速自动包装膜用 LLDPE 专用树脂 DFDA7042H 工业开发	中国石油天然气股份有限公司兰州化工研究中心	事业单位	化学化工	成果查新	省部级成果	国内外
20146200641	复合抛物面固定床光催化反应器	甘肃省科学院自然能源研究所	事业单位	工程与材料科学	产品查新		国内外
20146200644	光伏发电功率预报及风光联合预测关键技术研究	国网甘肃省电力公司	企业	信息科学	成果查新	省部级成果	国内外
20146200645	杏仁蛋白咖啡产品的研发	兰州理工大学	事业单位	工程与材料科学	产品查新		国内
20146200651	大型乙烯裂解炉模拟优化系统（EPSOS）的开发与工业应用	中国石油石油化工研究院兰州化工研究中心	企业	化学化工	成果查新	省部级成果	国内外
20146200666	甘肃省耕地质量提升技术研究与集成应用	甘肃省农业节水与土壤肥料管理总站	事业单位	生命科学	成果查新	省部级成果	国内

续表

查新编号	项目中文名称	委托单位名称	委托单位类型	项目学科类别	查新目的	课题项目	查新范围
20146200669	玛曲退化湿地生态恢复关键技术与模式	甘肃省林业科学研究院	事业单位	生命科学	成果查新	省部级成果	国内
20146200675	智能型高效通信电源的应用	国网甘肃省电力公司信息通信公司	企业	信息科学	成果查新	国家级成果	国内
20146200680	湿陷性黄土地区铁塔原状土基础试验研究	甘肃省电力设计院	企业	工程与材料科学	成果查新	国家级成果	国内
20146200681	基于光谱、色谱、软测量等先进检测技术的在线分析装置工业化应用示范试验	中国石油天然气股份有限公司兰州石化分公司	企业	工程与材料科学	成果查新	省部级成果	国内
20146200683	黄土斜坡地基原状土基础承载特性试验研究	甘肃省电力设计院	企业	工程与材料科学	成果查新	国家级成果	国内
20146200688	从废烟渣中提取烟碱和茄尼醇的工艺制备	兰州汇元生物科技有限公司	企业	生命科学	产品查新		国内
20146200691	甘肃省黄土地震工程重点实验室	甘肃省地震局	事业单位	工程与材料科学	项目查新	省部级项目	国内外
20146200707	国网 110kV 输电线路通用设计的完善性研究与应用	国网甘肃省电力公司经济技术研究院	企业	工程与材料科学	成果查新	国家级成果	国内
20146200735	民勤沙漠化定位监测研究	甘肃省治沙研究所	事业单位	生命科学	成果查新	国家级成果	国内
20146200746	基于三维信息模型的高风险隧道施工安全风险动态管理系统	兰州交通大学	事业单位	工程与材料科学	成果查新	省部级成果	国内外
20146200748	甘肃省主要作物土壤养分管理与高效施肥技术研究与示范	甘肃省农科院旱地农业研究所	事业单位	生命科学	成果查新	省部级成果	国内

续表

查新编号	项目中文名称	委托单位名称	委托单位类型	项目学科类别	查新目的	课题项目	查新范围
20146200760	芳香烃受体干扰经典 Wnt 信号通路诱导成骨细胞介导的类风湿性关节炎骨损伤的机制研究	兰州大学第一医院	事业单位	生命科学	项目查新	省部级项目	国内
20146220084	660 MW 超临界直接空冷机组水汽控制和监督研究	中国水电建设集团崇信发电有限责任公司	企业	工程与材料科学	成果查新	国家级成果	国内
20146220136	660 MW 超临界直接空冷机组降低供电煤耗率的研究与应用	中国水电建设集团崇信发电有限责任公司	企业	工程与材料科学	成果查新	国家级成果	国内
20146220160	#1 汽轮机本体通流部分汽封、油档改造技术研究应用	中国电建集团甘肃能源公司华亭发电有限责任公司	事业单位	工程与材料科学	成果查新	国家级成果	国内
20146220309	5XYF-6.0 型圆筒分级机及机组研制	酒泉奥凯种子机械股份有限公司	企业	工程与材料科学	成果查新	国家级成果	国内外
20146220373	铜冶炼电收尘烟灰综合利用新工艺研究与应用	西北矿冶研究院	事业单位	化学化工	成果查新	国家级成果	国内
20146220398	设计铝电解槽上部结构防漏料装置	甘肃华鹭铝业有限公司	企业	生命科学	成果查新	国家级成果	国内
20146220413	金川高杂铜阳极板全流程电解工艺的优化及配套设备的技术创新	金川铜冶炼厂	企业	工程与材料科学	成果查新	国家级成果	国内外
20146220473	一种用于检测电解铜吊耳断裂的装置	金川公司铜冶炼厂	企业	工程与材料科学	成果查新	国家级成果	国内外
20146220502	杂交玉米新品种繁育及种子加工技术集成与产业化项目	甘肃省敦煌种业股份有限公司	企业	生命科学	成果查新	省部级成果	国内

续表

查新编号	项目中文名称	委托单位名称	委托单位类型	项目学科类别	查新目的	课题项目	查新范围
20146220510	高性能耐磨涂层材料研究	西北矿冶研究院	事业单位	化学化工	成果查新	省部级成果	国内
20146220745	规模化农业综合节水技术集成与示范	甘肃大禹节水集团股份有限公司	企业	生命科学	项目查新	国家级项目	国内
20146220754	大风、高温差戈壁地区工程沉降变形评估与长期监测技术研究	兰新铁路新疆有限公司	企业	工程与材料科学	成果查新	省部级成果	国内外
20146220773	大规模风电并网调度运行支撑关键技术研究与应用	中国电力科学研究院	企业	工程与材料科学	成果查新	省部级成果	国内外
20146220857	畜禽粪便有机肥和基质化利用技术	甘肃省敦煌种业股份有限公司	企业	生命科学	项目查新	省部级项目	国内
20146220866	三矿区充填系统智能化与质量控制研究	金川集团股份有限公司三矿区	企业	工程与材料科学	成果查新	国家级成果	国内
20146221032	干旱半干旱区特色农产品种植基地建设及加工技术示范	甘肃巨鹏食品股份有限公司	企业	生命科学	成果查新	省部级成果	国内
20156200001	集风式风力发电机组技术开发	甘肃科惠特资源综合开发有限公司	企业	工程与材料科学	成果查新	国家级成果	国内外
20156200003	井筒过流砂层段施工技术应用与创新研究	甘肃工业工程与系统工程安全工程实验室	企业	地球科学	项目查新	国家级项目	国内
20156200005	四氧化三钴生产关键技术优化与应用	兰州金川新材料科技股份有限公司	企业	化学化工	成果查新	省部级成果	国内外
20156200013	过氧化氢酶生产关键技术研究与开发	兰州天和生物催化技术有限公司	企业	生命科学	成果查新	省部级成果	国内

续表

查新编号	项目中文名称	委托单位名称	委托单位类型	项目学科类别	查新目的	课题项目	查新范围
20156200016	甘肃省科技资源配置现状分析及优化对策研究	甘肃省科学技术情报研究所	事业单位	社会科学	成果查新	国家级成果	国内
20156200018	低温超高压技术在动物蛋白的酶促反应及营养风味产品开发中的应用研究	甘肃省轻工研究院	事业单位	生命科学	项目查新	国家级项目	国内
20156200019	乳制品出口基地建设和加工关键技术	甘肃省轻工研究院	事业单位	生命科学	项目查新	国家级项目	国内
20156200022	单孔钻颅冲洗引流 + 阿托伐他汀治疗慢性硬膜下血肿研究	兰州军区兰州总医院安宁分院	事业单位	生命科学	项目查新	国家级项目	国内
20156200025	农产品价格波动对策研究	甘肃农业大学	事业单位	生命科学	成果查新	国家级成果	国内
20156200026	高原火器－冻 / 冻－火器复合伤远达效应与救治措施研究	兰州军区兰州总医院	事业单位	生命科学	项目查新	国家级项目	国内外
20156200046	假体松动过程中初级纤毛损伤导致的成骨细胞功能抑制机制研究	兰州军区兰州总医院骨科研究所关节外科	事业单位	生命科学	项目查新	国家级项目	国内外
20156200053	综合电源方舱	兰州电源车辆研究所有限公司	企业	工程与材料科学	项目查新	国家级项目	国内
20156200069	灯泡贯流式机组埋件安装	中国水利水电第四工程局有限公司	企业	工程与材料科学	成果查新	国家级成果	国内
20156200070	一种用于低合金管道内壁的不锈钢 MIG 射流过渡堆焊方法	中石油第二建设公司	企业	生命科学	专利查新		国内

续表

查新编号	项目中文名称	委托单位名称	委托单位类型	项目学科类别	查新目的	课题项目	查新范围
20156200075	反向遗传构建口蹄疫A型疫苗种毒及三价疫苗研制与应用	中国农业科学院兰州兽医研究所	事业单位	生命科学	成果查新	国家级成果	国内外
20156200085	十项综合疗法治疗尘肺临床研究	甘肃省第三人民医院	事业单位	生命科学	项目查新	国家级项目	国内
20156200090	苜蓿根际高效促生菌筛选及其复合接种剂研制	甘肃农业大学	事业单位	生命科学	成果查新	国家级成果	国内外
20156200092	黄芪药材质量标准提高及其综合利用研究	甘肃省药品检验研究院、兰州大学药学院、宁夏医科大学药学院	事业单位	生命科学	成果查新	国家级成果	国内
20156200169	西宁防洪及流域管理项目市区南川河园丁桥至解放渠渡槽河道防洪综合治理工程	甘肃省水利水电勘测设计研究院	企业	工程与材料科学	产品查新		国内
20156200174	南水北调中线总干渠小净距下穿石太铁路枢纽工程	兰州铁道设计院有限公司	企业	工程与材料科学	成果查新	国家级成果	国内
20156200184	血府逐瘀片在下肢深静脉血栓延续治疗中对抗凝稳态的影响	兰州大学第一医院	事业单位	生命科学	项目查新	国家级项目	国内
20156200218	石羊河流域节水灌溉标准化技术体系规程研究	甘肃省水利科学研究院	事业单位	生命科学	成果查新	省部级成果	国内外
20156200221	绵羊同期发情与超排技术研究及产业化示范	西北民族大学	事业单位	生命科学	成果查新	省部级成果	国内
20156200224	口岸“快速检测食源性致病菌蛋白芯片”研发	甘肃国际旅行卫生保健中心	事业单位	工程与材料科学	成果查新	省部级成果	国内
20156200227	军工航天火箭用气动快关极高压力大口径氧气截止阀	兰州高压阀门有限公司	企业	工程与材料科学	成果查新	国家级成果	国内外

续表

查新编号	项目中文名称	委托单位名称	委托单位类型	项目学科类别	查新目的	课题项目	查新范围
20156200232	绿洲边缘林业防护体系生态效益以及对沙尘暴减灾效能研究	甘肃省治沙研究所	事业单位	生命科学	成果查新	国家级成果	国内外
20156200238	低抗冲流速深厚覆盖层河床截流技术	中国水利水电第三工程局有限公司第一分局	企业	工程与材料科学	项目查新	国家级项目	国内
20156200244	抗菌药利奈唑胺中间体 N-（3-氟 -4- 吗啉苯基）氨基甲酸苄酯的连续合成工艺	兰州迪瑞生物科技有限公司	企业	化学化工	项目查新	省部级项目	国内
20156200245	北方旱寒区冬油菜北移集成技术研究与示范	甘肃农业大学	事业单位	生命科学	成果查新	国家级成果	国内
20156200252	重离子治癌关键科学技术问题研究	中国科学院近代物理研究所	事业单位	生命科学	成果查新	国家级成果	国内外
20156200270	中强度铝合金导线	兰州众邦电线电缆集团有限公司	企业	工程与材料科学	产品查新		国内
20156200278	刀具多磨损模式下的在线监测理论、方法研究与应用	兰州工业学院	事业单位	工程与材料科学	成果查新	国家级成果	国内
20156200281	铁路沿线被动防护网中 FPSS 系统的应用研究	中铁西北科学研究院有限公司	企业	地球科学	成果查新	省部级成果	国内外
20156200283	省级电网企业信息通信专业融合模式研究与应用	国网甘肃省电力公司信息通信公司	企业	信息科学	成果查新	国家级成果	国内外
20156200285	基于“三维法权圈”的甘肃农村集体土地制度实践创新和模式设定研究报告	兰州城市学院	事业单位	社会科学	成果查新	国家级成果	国内

续表

查新编号	项目中文名称	委托单位名称	委托单位类型	项目学科类别	查新目的	课题项目	查新范围
20156200286	数控机床服役阶段可靠性评估技术研究	兰州理工大学	事业单位	工程与材料科学	成果查新	国家级成果	国内外
20156200293	23G 及 25G 微创玻切联合康柏西普玻璃体腔注射治疗糖尿病视网膜病变的临床探讨	兰州普瑞眼科医院	事业单位	生命科学	项目查新	国家级项目	国内
20156200299	植物磨料对金属材料摩擦磨损机理及减磨技术研究	甘肃农业大学	事业单位	工程与材料科学	成果查新	国家级成果	国内外
20156200300	基于设计思维的产品意象形态智能设计	兰州理工大学	事业单位	工程与材料科学	成果查新	国家级成果	国内外
20156200303	不同载荷下缺口参数对轴类零件低周疲劳寿命的影响	兰州理工大学	事业单位	工程与材料科学	成果查新	国家级成果	国内
20156200304	兰州碑林地质病害（含边坡）治理工程施工图设计	中铁西北科学研究院有限公司	企业	工程与材料科学	产品查新		国内
20156200312	集成电路溅射靶材用系列高纯金属的开发及产业化	兰州金川科技园有限公司	企业	化学化工	成果查新	国家级成果	国内外
20156200314	手扶式割草机	甘肃隽龙绿色农业科技有限公司	企业	生命科学	成果查新	国家级成果	国内
20156200316	KT-02 新型加氢镍催化剂	甘肃中科药源生物工程股份有限公司	企业	化学化工	成果查新	国家级成果	国内
20156200318	奶牛健康养殖主要产科病安全防治关键技术研究、集成与应用	中国农业科学院兰州畜牧与兽药研究所	事业单位	生命科学	成果查新	省部级成果	国内

续表

查新编号	项目中文名称	委托单位名称	委托单位类型	项目学科类别	查新目的	课题项目	查新范围
20156200320	高精度超大电流脉冲关键技术研究	中国科学院近代物理研究所	事业单位	数理科学	成果查新	国家级成果	国内
20156200321	大功率扫描磁铁电源	中国科学院近代物理研究所	事业单位	数理科学	成果查新	国家级成果	国内外
20156200327	河西绿洲灌漠土高产农田有机碳淀积机理及预测模型构建	甘肃省农业科学院土壤肥料与节水农业研究所	事业单位	生命科学	成果查新	国家级成果	国内
20156200330	基于 D5000 平台的新能源智能综合调度技术研究与应用	中国电力科学研究院	企业	信息科学	项目查新	省部级项目	国内
20156200339	一种用于 L360QS/L415+UNS00825 复合管的全位置超窄间隙高频热丝 TIG 焊接方法	中石油第二建设公司	企业	工程与材料科学	专利查新		国内
20156200350	季节冻土区黄土路基多级湿陷与防治技术研究	甘肃省交通科学研究院有限公司	企业	工程与材料科学	成果查新	省部级成果	国内
20156200351	循环换热分离器	甘肃蓝科石化高新装备股份有限公司	企业	工程与材料科学	产品查新		国内外
20156200355	电气化铁路断轨监测系统	兰州铁山众龙机电有限公司	事业单位	工程与材料科学	项目查新	国家级项目	国内
20156200356	钢带连续真空镀锌（铬）成套装置及配套工艺	兰州大成科技股份有限公司	企业	工程与材料科学	产品查新		国内外
20156200357	甘肃省半翅目蝽总科物种多样性及区系研究	甘肃省白龙江林业管理局林业科学研究所	事业单位	生命科学	成果查新	省部级成果	国内外

续表

查新编号	项目中文名称	委托单位名称	委托单位类型	项目学科类别	查新目的	课题项目	查新范围
20156200359	CW6MC 合金高温高压氧气止回阀的研发及应用	兰州高压阀门有限公司	企业	工程与材料科学	成果查新	国家级成果	国内外
20156200360	Incoloy825 合金抗高硫天然气高压硬密封平板闸阀的研发及应用	兰州高压阀门有限公司	企业	工程与材料科学	成果查新	国家级成果	国内外
20156200376	盘道岭隧洞变形观测技术引进与应用研究	甘肃省水利科学研究院	事业单位	生命科学	成果查新	国家级成果	国内
20156200381	5HDH-10 型谷物干燥机	甘肃奥凯农产品干燥装备工程研究院有限公司	企业	工程与材料科学	成果查新	国家级成果	国内
20156200382	GRR-270 型智能果蔬干燥设备	甘肃奥凯农产品干燥装备工程研究院有限公司	企业	工程与材料科学	成果查新	国家级成果	国内
20156200391	水性丙烯酸本体聚合环氧酯化树脂	甘肃千叶水性漆有限公司	企业	化学化工	产品查新		国内
20156200395	企业核心资源与重要指标管控体系的研究	国网甘肃省电力公司	事业单位	信息科学	成果查新	国家级成果	国内外
20156200421	钴光谱分析用标准样品	兰州金川新材料科技有限公司	企业	地球科学	成果查新	省部级成果	国内外
20156200422	镍光谱分析用标准样品	兰州金川新材料科技有限公司	企业	地球科学	成果查新	省部级成果	国内外
20156200423	氧化铜光谱标准样品	兰州金川新材料科技有限公司	企业	地球科学	成果查新	省部级成果	国内外
20156200452	板壳式换热器	甘肃蓝科石化高新装备股份有限公司	企业	工程与材料科学	成果查新	省部级成果	国内外

续表

查新编号	项目中文名称	委托单位名称	委托单位类型	项目学科类别	查新目的	课题项目	查新范围
20156200473	金属量器大容量自动检定装置的设计	甘肃省计量研究院	事业单位	工程与材料科学	成果查新	省部级成果	国内
20156200500	半干旱区全膜覆盖垄作马铃薯高产增效机制及技术研究与集成示范	甘肃省农业科学院旱地农业研究所	事业单位	生命科学	成果查新	国家级成果	国内
20156200504	B 级洁净空间玻镁彩钢板围护结构施工工法	中建三局集团有限公司西北分公司	企业	工程与材料科学	项目查新	国家级项目	国内
20156200505	马铃薯淀粉加工废弃物资源化利用与污染控制研究示范	中国科学院兰州化学物理研究所	事业单位	工程与材料科学	成果查新	省部级成果	国内外
20156200521	甘肃省电力公司生产管理移动作业深化应用	国网甘肃省电力公司	企业	信息科学	成果查新	国家级成果	国内
20156200530	甲状腺功能减退引起动脉粥样硬化的机制研究	甘肃省人民医院	事业单位	生命科学	成果查新	国家级成果	国内外
20156200532	红芪多糖对小鼠糖尿病心肌病 PPAR γ/NF κ B 信号途径及心肌 ECM、MMPs、GLUT-4 的影响	甘肃中医药大学	事业单位	生命科学	项目查新	国家级项目	国内外
20156200544	石窟危岩体治理关键技术研究	中铁西北科学研究院有限公司	企业	工程与材料科学	成果查新	国家级成果	国内外
20156200545	颊针干预关节炎家兔模型滑膜病变的蛋白质组学研究	甘肃中医药大学	事业单位	生命科学	项目查新	国家级项目	国内
20156200546	碳四烷基化技术	兰州寰球工程公司	企业	化学化工	成果查新	省部级成果	国内外

续表

查新编号	项目中文名称	委托单位名称	委托单位类型	项目学科类别	查新目的	课题项目	查新范围
20156200575	甘引1号黑麦选育及生产技术集成示范	甘肃省草原技术推广总站	事业单位	生命科学	成果查新	省部级成果	国内
20156200581	黄芪、当归有效成分对炎性微环境中 BMSCs 恶性转化的影响研究	甘肃中医药大学	事业单位	生命科学	项目查新	国家级项目	国内外
20156200584	苹果早期落叶病、腐烂病防控技术集成示范	甘肃农业大学	事业单位	生命科学	成果查新	国家级成果	国内
20156200620	甘肃苹果提质增效与产业扶贫关键技术集成示范	甘肃省农业科学院农产品贮藏加工研究所	事业单位	生命科学	成果查新	国家级成果	国内

附录 9　甘肃科技文献共享平台

一、甘肃科技文献共享平台

甘肃科技文献共享平台是由甘肃省科学技术厅组织，甘肃省科学技术情报研究所牵头，联合省属科研院所、中央在甘院所、公共图书馆、高等院校、行业信息中心和企业情报机构等 6 类资源持有单位为资源共建主体，围绕政府相关部门和各市州科技局、中央在甘有关单位、科研院所、大专院校、大中型企业 6 个层面，建立资源共享主体，实现科技文献资源拥有量的合理化，形成以数字资源为主的“一站式”科技信息文献资源服务保障体系。

甘肃科技文献共享平台（GSSTD）是甘肃省的科技文献信息资源共享与服务中心，围绕甘肃省科技发展的需要，按照“建设、整合、共享、完善、提高”的原则，利用现代网络技术整合集成甘肃省科技文献信息资源，构建结构合理、门类齐全、面向全省、服务西北的科技文献信息资源协同保障体系和网络快速传递服务体系，提高甘肃省科技文献信息资源的利用率和整体服务水平，缩小与国内科技信息资源数量、质量、分布空间的差距，为甘肃省科研、生产、教学等提供文献信息保障。

甘肃科技文献共享平台成立于 2005 年，是甘肃省科技基础条件五大平台之一，成员单位包括甘肃省科学技术情报研究所、中国科学院国家科学图书馆兰州分馆、兰州大学图书馆、甘肃省图书馆、兰州理工大学图书馆、甘肃农业大学图书馆、中国石油兰州化工研究中心组成。该平台主要面向甘肃省广大科技用户提供文献保障服务，主要包括二次文献、全文下载、原文传递、知识图谱等功能。它多年以来为甘肃省近万名科研工作者提供基础文献保障工作，取得了较好的社会效益，有效支撑了甘肃省科技创新工作。甘肃科技文献共享平台组成如附图 9-1 所示。

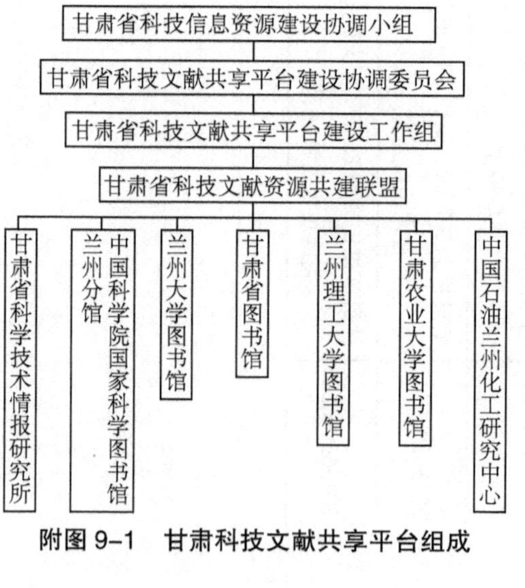

附图 9-1　甘肃科技文献共享平台组成

甘肃科技文献共享平台通过建立特色文献信息资源数据库、整合国内外文献资源信息数据库、集成与链接相关网络信息资源数据库，建成甘肃科技文献网络平台。该平台通过强化管理，规范运作，集中服务，更快、更好地为广大用户提供优质服务。甘肃科技文献共享平台界面如附图 9–2 所示。

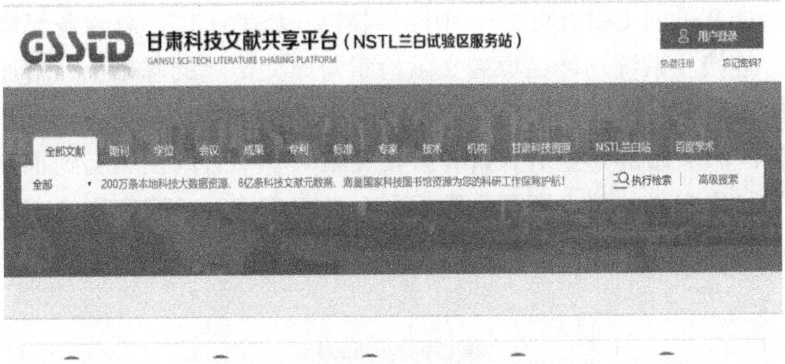

附图 9–2　甘肃科技文献共享平台界面

二、兰白试验区服务站

为进一步共享国家科技图书文献中心（NSTL）的中外文文献资源，全面提升兰白科技创新改革试验区（简称“兰白试验区”）科技创新资源服务的保障能力，2016 年 11 月 30 日，NSTL 同意在甘肃省建立兰白试验区服务站，为兰白试验区的科技创新发展提供了有力支持。

国家科技图书文献中心（NSTL）是根据国务院领导的批示于 2000 年 6 月 12 日组建的一个虚拟的科技文献信息服务机构，成员单位包括中国科学院文献情报中心、工程技术图书馆（中国科学技术信息研究所、机械工业信息研究院、冶金工业信息标准研究院、中国化工信息中心）、中国农业科学院图书馆、中国医学科学院图书馆。网上共建单位包括中国标准化研究院和中国计量科学研究院。

兰白试验区服务站根据国家科技发展的需要，按照“统一采购、规范加工、联合上网、共享资源”的原则，采集、收藏和开发理、工、农、医等各个学科领域的科技文献信息资源，面向全国开展科技文献信息服务，其发展目标是建设成为国内最权威的科技文献信息资源收藏和服务中心。为推动 NSTL 资源的共享，兰白试验区服务站已按照 NSTL 的运行规范和标准上线（http：//lb.nstl.gov.cn），全省用户均可免费使用 NSTL 文献。

兰白试验区服务站较完整地收藏了国内外科技文献信息资源，制定了数据加工标准、规范，建立了科技文献数据库，利用现代网络技术，提供多层次服务推进科技文献信息资源的共建共享，组织科技文献信息资源的深度开发和数字化应用，开展国内外合作与交流。

2000 年 12 月 26 日开通的网络服务系统，是国家科技图书文献中心对外服务的一个重要窗口。系统通过大量的信息资源和方便快捷的服务满足广大用户的科技文献信息需求。2002 年，国家科技图书文献中心对系统进行了改造升级。目前该系统的网管中心与各成员单位之间已建成 1000 Mbps 宽带光纤网，实现了与国家图书馆、中国教育和科研计算机网（CERNET）、中国科技网（CSTNET）、总装备部情报研究所的 100 Mbps 光纤连接。系统功能在原有文献检索与原文传递的基础上，增加了联机公共目录查询、期刊目次浏览和专家咨询等服务。

兰白试验区服务站的建立对甘肃省科技文献共享平台的发展起到了推动作用，也进一步充实了甘肃省科技信息资源大数据平台的内容建设。国家科技图书文献中心兰白试验区服务站界面如附图 9-3 所示。

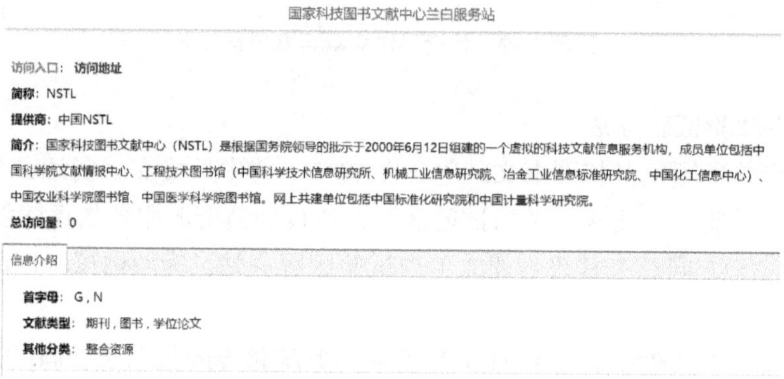

附图 9-3　国家科技图书文献中心兰白试验区服务站界面

附录 10 甘肃省科技报告服务平台

科技报告是根据科研活动的过程、进展和结果，按规定格式编写的科技文献，其目的是完成科技知识的积累、传播和交流，主要类型包括专题报告、进展报告、最终报告和组织管理报告。课题研究人员依据科技报告中的描述可进行重复实验或了解科研项目结果。建立科技报告制度，对财政科技投入形成的科技信息资源进行全面保存和共享，为课题研究人员提供科研基础信息资源，也为科技管理部门提供决策支持，同时为广大社会公众了解和利用科研成果提供了科技服务平台，对提升科技实力和创新能力具有重要意义。

2012 年 7 月，党中央、国务院召开了全国科技创新大会，发布《中共中央 国务院关于深化科技体制改革 加快国家创新体系建设的意见》（中发〔2012〕6 号），明确提出尽快建立统一的科技报告制度。2013 年 4 月，科技部在国家科技计划中启动了科技报告试点工作，国家科技投入形成的科技报告将通过国家科技报告服务系统对广大科研工作者和社会公众实现开放共享。

2015 年 9 月，甘肃省科学技术厅启动了科技报告试点，甘肃省科技投入形成的科技报告通过甘肃科技报告服务系统对广大科研工作者和社会公众实现开放共享，并向社会公众无偿提供科技报告摘要浏览服务，且社会公众不需要在线注册，即可检索科技报告的摘要和基本信息，了解国家及甘肃科技投入所产出科技报告的基本情况。甘肃科技报告服务系统向专业人员提供规定范围内的在线全文浏览服务，专业人员需要在线实名注册，通过身份认证即可检索并在线浏览规定范围内的科技报告全文，但不能下载保存全文。甘肃科技报告服务系统还向各级科研管理部门和人员提供针对科研管理的统计分析服务，管理人员通过科研管理部门批准注册，免费享有批准范围内的检索、查询、浏览及相应的统计分析等服务。甘肃科技报告服务系统平台首页主要包括导航栏、分类导引、三种角色用户（社会公众、专业人员、管理人员）及工作动态 4 大部分，其界面如附图 10–1 所示。

附图 10-1　甘肃科技报告服务系统平台

随着科技报告制度的不断完善和规范，科研单位将在科研项目实施过程中提交更多的专题报告、进展报告等，报告资源总量将不断扩充。

10.1　科技报告编写说明

课题负责人负责组织研究人员编写科技报告，并按相关计划管理的要求审核和提交。需要提交的科技报告全文包括目录、插图清单、附表清单、正文、参考文献、附录等部分。报告内容应客观真实、准确完整、层次清晰。本领域的专业读者依据这些描述能重复调查研究过程、评议研究结果。

（1）目录

目录应自动生成，目录级别一般列至正文的第二层级或第三层级，内容应包括章节编号、标题和页码。章节编号需采用数字编号格式，引言不编章节号或编号为0。报告前置部分页码（包括目录、插图清单、附表清单）用罗马数字从Ⅰ开始编码。正文页码用阿拉伯数字从1开始编码，如附图10-2所示。

目次

附图 10-2　科技报告目录

（2）插图清单

插图清单需另起一页，同样应自动生成，列出图序、图题和页码，如附图 10-3 所示。

插图清单

附图 10-3　科技报告插图清单

（3）附表清单

附表清单应自动生成，列出表序、表题和页码，如附图 10-4 所示。

附表清单

附图 10-4　科技报告附表清单

若插图和附表合计数量少于 5 个可以没有插图清单和附表清单。

（4）正文

摘要报告仅附摘要即可，其他报告可根据研究对象或研究过程本身特性，按引言、主体和结论三部分分章节撰写，自拟标题。

1）引言部分

描述研究背景和意义、前期研究基础、研究范围和目标、研究思路和总体方案等。引言不编章节号或编号为 0。

2）主体部分

逐一论述各项研究内容的研究方案、研究方法、研究过程、研究结果等信息，提供必要的图、表、实验及观察数据等信息，并对使用到的关键装置、仪表仪器、材料原料等进行描述和说明。

要求从技术内容论述角度采用技术论文的体例撰写，要针对研究对象及其技术内容凝练、拟定章节标题，使整体章节结构、含义清晰明了。文中不使用“本项目”“本课题”“项目（课题）组”等字眼，改用“本研究”或“本报告”等措辞。科技报告全文中应少涉及或不涉及组织管理方面的内容，不包含项目（课题）财务信息。

主体部分应参照任务书中的主要研究内容 / 任务，针对各个技术点自拟标题，按照研究流程或技术点分章节论述。应完整描述项目研究工作的基本理论、研究假设、研究方法、试验（实验）方法、研究过程等，应对使用到的关键装置、仪表仪器、原材料等进行描述和说明。主体部分不宜以“课题研究目标、任务、考核指标”“课题实施完成情况”“项目研究和成果情况”“研究工作主要进展”“课题研究的创新点”“成果的应用、转化情况”“成果的经济、社会效益”等作为一级标题，具体可参照目录示例。

3）结论部分

阐述主要研究发现，包括研究成果的作用、影响、应用前景，以及研究中的问题和经验、建议等。

（5）参考文献

仅科技项目科技报告需撰写参考文献，要另起一页，如附图 10–5 所示。

[1] Jun-Jie Zhu, Shi-Li Liu, Ke-Yi Ma, et al. Twenty-four polymorphic microsatellite markers from spotted barbell (*Hemibarbus maculates*) [J].Conservation Genetics Resources, 2011, 3:239-241.↵

[2] Wang Z Y, Tsoi K H, Chu K H. Applications of AFLP technology in genetic and phylogenetic analysis of penaeid shrimp [J]. Biochemical systematics and Ecology, 2004,32(4) : 399-407.↵

[3] Yeh F, Yang R C, Boyle T. POPGENE: A User friendly shareware for population genetic analysis [M]. Edmonton: Molecular and Biotechnology Center, University of Alberta, 1997.↵

[4] Botstein D, White R L, Skolnick M, et al. Construction of a genetic linkage map in man using restriction fragment length polymorphisms [J].American Journal of Human Genetics, 1980,32(3) : 314-331.↵

[5] 李思发, 王 强, 陈永乐. 长江、珠江、黑龙江三水系的鲢、鳙、草鱼原种种群的生化遗传结构与变异[J]. 水产学报, 1986, 10(4):351-372.↵

[6] 鲁大椿,刘宪亭,章龙珍. 鱼类精液冷冻保存技术操作规程[J]. 淡水业,1997,27(4):13-15. ↵

附图 10–5 科技报告参考文献

（6）附录

未能在科技报告正文中尽述的技术内容可作为附录，与技术内容无关的均不作为附录，要另起一页。

10.2 科技报告常见问题及审核意见回复

以下内容以 ××× 科技报告为例：

（1）章节号格式错误。各章节标题使用“样式”格式，不要将章节标题与正文一样使用“正文”格式。目录应由“引用→目录→自动目录”方式产生；应使用阿拉伯数字编码，格式为 1（一级标题）、1.1（二级标题）、1.1.1（三级标题），其中“引言”前面不要序号。

（2）增加插图清单和附表清单。图和表的标题不要使用和章节标题一样的格式，应使用“引用→题注”功能，图和表的序号应为自动生成。附表清单目录应使用“引用→插入表目录”方式自动生成，插图亦然。

以上两点设置完成后请分别用右键点击“目录”和“图表清单”目录，点击“更新域”，选择“更新整个目录”，更新后不发生变化才是没问题。请不要手动修改目录中的任何内容。

（3）插入页码。正文部分“引言”所在页码应从 1 开始。目录、插图清单、附表清单的页码应用罗马数字，如Ⅰ、Ⅱ。

（4）将正文字号调整到四号以下。

（5）补充摘要信息。摘要应对研究工作的目的、方法、结果、结论等进行概括性介绍。

（6）删除封面、编写说明和基本信息表，文档从“目录”开始。

（7）请将“本项目”“本课题”等改为“本研究”“本报告”等。

（8）参考文献另起一页。

（9）修改结论部分，结论部分应为对技术内容的总结和讨论，需删除工作管理总结、取得的成果等文字。

（10）目录中应有附录的题目。

（11）按照科技报告格式撰写，参看“科技报告编写说明”和“样例”（http://report.gsstd.cn/Admin/Content/ArtileDetails.aspx？ arid=8&type=3），以及服务系统中已经公开的科技报告。请注意正文部分应详细论述各项研究内容的研究方案、研究方法、研究过程、研究结果等，提供必要的图、表、实验及观察数据等信息，并对使用到的关键装置、仪表仪器、原材料等进行描述和说明。请注意报告的其他格式要求。

（12）承诺书应为手写签字的扫描件。

（13）请删除“九、发表文章”“十、申请专利”，或者将这两部分作为附录A、附录B保留。

（14）请修改引言部分的内容。引言应描述研究背景和意义、前期研究基础、研究范围和目标、研究思路和总体方案等。引言不编章节号或编号为0。引言部分不能有二级标题。

（15）题目不对。报告名称应简明、明确，准确反映报告最主要的内容，不能使用“科技报告”等笼统的名称。

（16）图或表不能全部列到最后，应放到正文中对应的位置。

10.3 甘肃科技报告部分题录

目前，甘肃科技报告服务系统已收录报告4499个，其部分题录节选，如附表10-1所示。

附表10-1 甘肃科技报告部分题录节选

序号	第一作者	报告名称
1	张　平	红木、石刻高浮雕及锤纹漆艺产品工艺研究
2	李芳弟	主粮化马铃薯种质资源遗传多样性研究及指纹图谱构建
3	蒲会兰	《全光纤波长交错滤波器的设计及结构参数优化》科技报告

续表

序号	第一作者	报告名称
4	汪龙德	以益气健脾为主的中医不同治法对胃癌癌前病变模型大鼠相关基因表达的影响
5	吴 涛	调节性 T 细胞通过 NF-κB 信号通路影响移植物抗宿主病的分子机制
6	阿赛古丽	甘肃省少数民族非酒精性脂肪肝与肿瘤坏死因子 a 的相关性研究与分析
7	阿 羊	迭部县阿夏乡克浪和纳告行政村土鸡生态养殖
8	艾文欢	交通流现象的非线性分析研究
9	安爱民	分布式电源对配电网性能影响分析及其主动管理优化控制技术研究
10	安方玉	敦煌古医方泻肺汤对肺纤维化大鼠肺组织 TGFβ1 和 TNF-α 等相关因子表达影响的实验研究
11	安芳兰	口蹄疫卵黄抗体的研制
12	安国升	混合氧化物对热障涂层热循环寿命影响的机理研究
13	安虎平	高锰钢材料绿色高效加工工艺及其应用研究
14	安虎平	机床尾座顶尖夹紧的关键技术及其控制系统研究
15	安虎平	机床三爪卡盘夹紧力模型及其自适应夹紧控制系统研究
16	安江东	基于赖氨酸甲基蛋白 KMT5A 调控 Wnt 信号途径参与骨肉瘤形成机制研究
17	安锦霞	PCOS 患者在超排卵中脂联素、AMH、GnSAF 的变化及其 IVF 结局
18	安丽萍	miR-140 调控 MMP3 的表达在骨关节炎发病中的作用
19	安 宁	聚氨基蒽醌基柔性超级电容器电极的构建与性能研究
20	安三平	蓝云杉栽培适应性研究与示范
21	安三平	欧洲云杉速生用材新品种选育
22	安世才	玉米全膜双垄沟播全程机械化生产关键技术集成研究
23	安新磊	考虑随机权重的多重权复杂网络的动力学同步研究
24	安耀荣	百合知母汤调控 Ca2+/CaN-NFATc 信号通路影响气道重塑干预哮喘的作用机制研究
25	安张辉	利用地电场变异对甘肃省及邻区孕震区判定的初步研究
26	白 锋	替罗非班不同给药途径对 AMI 患者 PCI 术后炎症因子水平和预后的影响
27	白 刚	不同农作物茬口特性对当归产量和品质的影响
28	白 贵	矿用隔爆兼本质安全型高压真空交流软起动器
29	白海亚	近红外荧光显像选择性保留腋窝淋巴组织在预防乳腺癌术后上肢淋巴水肿中的应用研究
30	白江平	马铃薯 StSnRK2 基因功能与调控机制研究
31	白江平	马铃薯响应干旱胁迫关键基因表达及调控机理研究
32	白晶梅	芥辛化痰通窍巴布剂的制备及质量标准研究

续表

序号	第一作者	报告名称
33	白　蕾	用于四环素吸附的磁性三金属有机骨架材料
34	白　琳	甘肃省中部地区主要农作物种质资源库
35	白　明	区域协同救治对 STEMI 患者诊疗模式和预后的影响
36	白万锋	N 端 -B 型钠尿肽前体（NT-proBNP）在基层医院诊断心衰中的临床应用研究
37	白万锋	N 端 -B 型钠尿肽前体（NT-proBNP）在诊断心衰中的临床意义
38	白银亮	基于 RGS4 基因调控 DAD2 受体通路研究藁本内酯抑制吗啡依赖大鼠中脑 VTA 区 DA 释放的机制
39	白仲添	FO 抑制肝癌细胞侵袭的靶点筛选及机制
40	白梓才	基于复合防霉剂 - 脱霉净添加剂预混合饲料的研发及应用
41	柏家林	兰州大尾羊脂联素及其受体基因时空表达研究
42	柏家林	CHO 基因工程细胞株构建
43	摆玉龙	铜电解用短路开关远程监控系统的设计与应用
44	班海军	秦安蜜桃新品种及配套栽培新技术示范
45	班明辉	甘肃省花椒地方资源收集保存与创新利用研究
46	包爱科	河西走廊荒漠化防治与生态环境修复技术集成与示范 2015 年度报告
47	包广斌	基于 LSTM 的智能手机运动轨迹识别研究
48	包广洁	体外诱导骨髓干细胞向颞颌关节盘细胞分化的实验研究
49	包广清	基于磁力耦合的高转矩密度电力传动节能技术应用研究
50	包国举	电站燃煤锅炉节能环保技术的研发与应用之大比例掺烧准东煤的低氮燃烧器改造
51	包国举	AESL 技术在广汇煤燃烧过程中的应用研究
52	包海荣	痰热清对慢性阻塞性肺疾病急性加重患者免疫功能的影响
53	包海荣	甘肃省新型冠状病毒肺炎临床特点及分层治疗模式研究
54	包海荣	应用整合模型定量评估 PM2.5 对兰州城区慢性阻塞性肺疾病患者的影响
55	包慧芳	口蹄疫病毒抗原位点 3 和 1 上硫酸乙酰肝素受体结合位点的鉴定
56	包建勤	降尘对城市光伏建筑一体化发电效率的影响研究
57	包世俊	牛支原体膜相关抗原的筛选、鉴定及其对宿主细胞粘附作用研究
58	包永清	高寒牧区牦牛杂交改良及高效利用技术
59	包仲贤	机械产品协同设计中的冲突管理技术研究
60	鲍婧婷	干旱沙区三种主要灌木的水分利用特征初步研究
61	鲍婧婷	干旱沙区植被建设中灌木的水分利用特征研究
62	鲍军荣	基于运动量的奶牛发情监测研究

续表

序号	第一作者	报告名称
63	毕晓莉	基于生态效应的兰州中心城区绿地系统结构优化研究
64	毕玉蓉	青稞对环境胁迫的生理响应及信号转导与分子机理研究
65	毕真真	马铃薯 CDPKs 家族全基因组鉴定及干旱胁迫下的基因表达分析
66	边红丽	分段光滑机械系统的粘滞振动及颤振机理研究
67	边明茹	榆钢灾后重建烧结 320 m²烧结机成套设备制造技术研究
68	邴雅珺	甘肃新型冠状病毒肺炎中医病机演变及中医治法方药研究
69	邴志桐	基于弹性网络 COX 回归分析预测肺癌放疗预后基因结题报告
70	卜鹏翠	突发公共事件下青少年儿童心理预警体系构建
71	卜旭东	镍渣中有价金属元素的氧压浸出行为及定向控制
72	蔡宏斌	高血糖通过 AMPK/SIRT1 调控 CDK5 通路介导阿尔兹海默症的发生
73	蔡 辉	let-7b 通过抑制 c-Myc 基因逆转了胃癌细胞的多药耐药
74	蔡 辉	手术机器人在恶性肿瘤中应用的临床实践指南研发
75	蔡葵蒸	牛羊寄生线虫生物防治的食线虫性真菌候选菌种筛选研究
76	蔡葵蒸	食线虫真菌 Duddingtonia flagrans 防治家畜寄生线虫病的剂型研究及田间试验
77	蔡麟阁	设施桃新品种引进及绿色高效关键栽培技术试验研究
78	蔡美荣	“功能定制”超分子凝胶润滑剂分子设计及其性能研究
79	蔡美荣	3D 打印义齿印模制作义齿研究
80	蔡 勇	lncRNAs 调控兰州大尾羊尾脂特异性沉积的机制研究
81	蔡志标	TXNIP 在 CMA 自噬调控线粒体功能中的作用机制研究
82	曹笃盟	激光蚀刻电子浆料用超细粉体开发及产业化
83	曹 刚	微生物菌剂浓度对梨树废弃枝条堆肥化处理的影响；凹凸棒添加堆肥过程中的酶活性研究
84	曹红霞	金水宝胶囊对对比剂肾病（CIN）的干预作用研究
85	曹 宏	农牧交错地带牧草混播模式及产业化技术研究
86	曹 晖	平凉红牛三元杂交改良技术应用与推广
87	曹建军	青藏高原草地承包前后公共服务供给变化研究
88	曹 靖	沿黄河岸带滩涂盐渍化农田修复技术集成模式研究与应用
89	曹林同	基于精准扶贫背景下的庆阳地区农村危旧房改造技术服务途径研究
90	曹林忠	生骨再造丸对兔激素性股骨头坏死干预的机制研究
91	曹敏丽	三维超声对大鼠脑组织影响机制的研究
92	曹 茹	车用柴油机零部件虚拟样机设计技术研究

续表

序号	第一作者	报告名称
93	曹万智	新型吨袋装运及连续搅拌仓应用预拌干混砂浆成套技术
94	曹　雯	动态监测血乳酸清除率及动静脉血 CO_2 分压差对脓毒症休克患者预后的评估
95	曹喜生	基于 6RA80 的励磁功率扩展方案的研究应用
96	曹向前	环境友好型齿轮润滑剂的研制与应用
97	曹小平	黄土施工特性和抗震对策研究
98	曹晓军	基于复杂网络的区域物流效率研究
99	曹晓军	丝绸之路背景下甘肃物流集散能力研究
100	曹　忻	血管内皮生长因子对体外生产羊胚胎过程中印迹基因表达的影响

参考文献

[1] 解怀宁 . 论文献检索与情报检索的区别 [J]. 大学图书馆学报，1997（6）：24–27，30.

[2] 严怡民 . 情报学概论 [M]. 武汉：武汉大学出版社，1984.

[3] 杨起全，李延成 . 情报学 [M]. 北京：科学技术文献出版社，1988.

[4] 寒江 . 试用“知识差”定义情报 [J]. 情报学刊，1990（2）：97–99.

[5] 董光荣 . 论情报意识 [J]. 中国图书馆学报，1992（3）：11–17，89.

[6] 赵红洲 . 从“中介世界”看图书情报 [J]. 情报学报，1982，1（1）：60–67.

[7] 肖自力 . 信息 知识 情报 [J]. 情报科学，1981（3）：2–10.

[8] 纪晏平 . 论情报的定义 [J]. 情报学刊，1984（2）：17–20.

[9] 吴永臻 . 情报的实质 [J]. 情报杂志，1993（4）：23–26，102.

[10] 陆嘉德 . 关于情报定义问题的讨论和商榷 [J]. 江苏图书馆学报，1991（3）：5–7.

[11] 吴敬柯 . 情报的外延分析及其概念的确定 [J]. 图书情报工作，1991，（5）：13–16.

[12] 王万宗 . 继续发展情报学与科技信息业为社会进步服务：祝《ITA》30 年 [J]. 情报理论与实践，1994（2）：2–5.

[13] 朱永礼 . 论情报的本质关系：兼评“陆文”“文”的情报观 [J]. 情报杂志，1993（2）：10–14.

[14] 夏武宁 . 情报定义十年争鸣述评 [J]. 情报学刊，1991（3）：174–179.

[15] 张立厚 . 情报：非领域常识社会信息的整序升华 [J]. 情报学刊，1993（6）：418，422–425.

[16] 胡安朋 . 情报的竞争性、竞争情报和竞争性情报 [J]. 情报科学，1993（5）：25–29.

[17] 侯金川 . 情报学究竟研究什么？对“情报”更名潮的反思 [J]. 湘潭大学学报（哲学社会科学版），1994（4）：47–54.

[18] 包昌火 . Intelligence 和我国的情报学研究 [J]. 情报理论与实践，1996，19（6）：6.

[19] 郑彦宁，化柏林 . 数据、信息、知识与情报转化关系的探讨 [J]. 情报理论与实践，2011，34（7）：1–4.

[20] 刘春燕 . 对情报学中知识的认识 [J]. 情报资料工作，2010（4）：30–32.

[21] 芶宗泽，白苏华 . 运用情报科学 重视信息反馈 [C]//“新学科与编辑学”学术研讨会论文集，1989：25–29.

[22] 高智琛 . 情报信息工作与科技创新刍议 [J]. 科技情报开发与经济，2004，14（11）：17–19.

[23] 赵跃民，张锐，王章红，等 . 基于科学知识图谱的情报检索前沿研究 [J]. 现代情报，2016，36（8）：160–167.

[24] 廖利文 . 现代信息检索的演变 [J]. 内蒙古科技与经济，2006（12）：7-9.
[25] 申裕燕 . 定题情报检索 [J]. 分析试验室，1983（2）：41.
[26] 佚名 . 高新技术企业认定中“科技成果转化”的重要性剖析 [EB/OL].（2020-12-28）[2022-09-24]. https：//www.sohu.com/a/441356970_822127.
[27] 王欣，刘小溪，盛安琪，等. 试论科技查新机构人才梯队建设中的问题与对策 [J]. 现代情报，2014，34（12）：130-133.
[28] 夏冬，徐英祺，王超，等 . 科技查新精准化的挑战及对策研究 [J]. 农业图书情报学报，2022，34（7）：88-97.
[29] 杨睿智 . 科技创新中科技查新的作用与发展策略 [J]. 技术与市场，2022，29（7）：137-138.
[30] 丁蕴一，王晓原，白素萍，等 . 查新质量标准研究 [J]. 情报学报，1998（4）：47-51，53-55.
[31] 丁蕴一，张伯秋，陈巨，等 . 查新报告质量评定标准 [J]. 情报科学，2004（10）：1223-1225.
[32] 马景娣，缪家鼎 . 关于查新报告质量评定标准的探讨 [J]. 情报科学，2005（11）：1681-1684，1707.
[33] 肖湘 . 高校图书馆科技查新质量控制初探 [J]. 科技情报开发与经济，2013，23（4）：113-115.
[34] 杨传瑞 . 查新咨询质量评价指标体系研究：指标体系的主因素及其约束 [J]. 医学情报工作，2001（5）：51-53.
[35] 孙清玉 . 科技查新质量评价指标体系探讨 [J]. 情报科学，2009，27（5）：743-746.
[36] 孙清玉，陈刚 .“全评价”体系在科技查新质量评价中的应用研究 [J]. 河北工程大学学报（社会科学版），2015，32（1）：41-43.
[37] 杨勇，张建中 . 科技查新质量评价指标体系的构建研究 [J]. 图书馆学研究，2010（5）：71-74.
[38] 肖雯，燕娜，王世雯 . 科技查新服务引入众包的可行性探讨 [J]. 图书情报工作，2015，59（3）：79-84.
[39] 王世雯，肖雯 . 查新报告质量的评价体系研究 [J]. 情报理论与实践，2010，33（6）：94-97.
[40] 张静，王克奇 . 基于 AHP- 模糊数学的科技查新质量评价研究 [J]. 农业图书情报学刊，2011，23（11）：16-19.
[41] 田艳玲 . 科技查新质量考核体系研究 [J]. 情报探索，2009（11）：90-91.
[42] 谢新洲，柯贤能，滕跃，等 . 科技查新机构评价指标体系研究 [J]. 图书情报工作，2009，53（12）：13-16.

[43] 邹艺 . 查新服务质量保障体系的构建 [J]. 现代情报，2007（6）：158–160.
[44] 何晓萍，马巧花 . 基于模糊 AHP 综合评价的科技查新质量评价实证分析 [J]. 图书情报工作网刊，2011（6）：7–13.
[45] 王芸凤，张仁琼 . 基于熵权法的科技查新报告质量评价与提升策略研究 [J]. 情报科学，2012，30（11）：1658–1661.
[46] 侯林丽 . 基于模糊综合评价方法的科技查新质量可靠性分析 [J]. 情报科学，2011，29（9）：1318–1321，1330.
[47] 孙清玉 . 科技查新质量评价指标标准值确定方法的研究 [J]. 图书馆学研究，2010（7）：60–64.
[48] 化明艳，高月，郭雪清 . 基于灰色理论的科技查新质量评价指标体系构建 [J]. 中华医学图书情报杂志，2013，22（7）：53–58.
[49] 杨传瑞，邬能灿 . 查新咨询质量评价指标体系研究：层次分析法在查新咨询质量评价中的应用 [J]. 医学情报工作，1997（1）：38–43.
[50] 汪媛，马瑞敏 . 科技查新报告的质量评价模型 [J]. 图书馆研究与工作，2017（8）：58–60.
[51] 刘燕 . 基于智能信息方法的科技查新质量评价研究 [J]. 科技情报开发与经济，2015，25（11）：74–76.
[52] 连丽艳，李杨，张静 . 基于神经网络的查新报告质量评价方法 [J]. 中国科技信息，2011（7）：195–197.
[53] 韦成礼 . 查新质量评价模式的研究 [J]. 图书情报工作，1998（5）：14–15，54.
[54] 王芸凤，张仁琼 . 改进的层次分析法在科技查新质量评价中的应用 [J]. 情报探索，2010（7）：74–76.
[55] 丁德臣 . 杂合 DEA 和 SOM 的科技查新质量评价研究 [J]. 图书情报工作，2010，54（8）：45–50.

第2部分 知识产权分析评议

8 知识产权分析评议概述

8.1 知识产权分析评议定义

目前，知识产权（专利权、商标权、著作权等）的创新已变成国家综合力竞争的决定性力量，知识产权的一个重要载体是专利。专利推动着科技进步，在提高创新能力方面起着举足轻重的作用，其中最重要的环节就是将先进的专利技术运用到国家建设、企业发展中。但是，在运用和利用专利技术之前，专利的分析评议变得尤为重要。一件专利只有通过全面准确的分析和评议，才能真正对其存在的价值实现"定位"，才能将其在合适的时机运用到合适的领域。

知识产权分析评议主要是指综合运用情报分析手段，对重大经济科技活动所涉及的知识产权竞争状况进行评估、评价、审查，针对潜在问题提出解决建议，依据技术趋势分析预测创新方向，以便为政府决策和企业参与市场竞争提供参考，避免经济科技活动知识产权带来重大损失。

专利的分析评议为知识产权情报的分析挖掘和调查研究提供了有力的支持，为政府决策或政策制定部门有效规避了决策中的知识产权风险，从而实现科学决策，以上说明了建立国家重大经济科技活动的知识产权评议机制的必要性和紧迫性。只有把专利的分析评议做到位，才能在大的层面上防止先进技术流失，保障国家利益和国家经济安全，将知识产权管理与国家经济科技发展相结合，为我国迈入创新型国家的行列做出应有的贡献。

8.2 知识产权分析评议原则

知识产权分析评议主体包括分析评议的委托方、实施方、应用方等。

委托方主要指知识产权分析评议的提出者或组织者，可以是政府部门或企事业单位，它们向实施方提出评议需求，由实施方（专业的分析评议机构）进行分析评议。委托方的主要任务是明确需求、提供保障和组织协调，并将分析评议成果吸纳进来并体现到决策活动中去。对于重大经济科技活动，委托方一般应由经济科技活动的行政主管部门与知识产权行政管理部门联合组成，知识产权行政管理部门还需负责监督并指导实施方的分析评议工作，使得分析评议的实施满足质量要求。

实施方受委托方委托，在应用方的参与和配合下，完成知识产权分析评议工作，实施方是分析评议的具体承担者，一般指从事分析评议服务的知识产权服务机构或企事业单位内部的知识产权专门团队。

应用方是指知识产权分析评议成果的实践应用者（经济科技活动的具体实施者），负责将知识产权分析评议成果具体付诸实践。

8.2.1 目标性原则

知识产权分析评议应从委托方经济科技活动的知识产权切实需求和实际问题出发。

8.2.2 科学性原则

科学性原则是指在决策科学理论的指导下，遵循科学决策的程序，运用科学思维方法来进行决策的决策行为准则。

科学决策是相对于经验决策而言的，它的主要标志是：①信息全面、准确；②预测科学、及时、正确；③方向正确，目标明确；④方案齐全，相互独立；⑤论证充分，分析恰当；⑥实施步骤清晰、有度；⑦责任明确，要求具体；⑧调控得当，反馈及时。

知识产权分析评议应根据委托方提出的评议需求确定分析评议的任务，科学、全面地开展法律、技术、市场、风险等方面的信息检索与情报分析工作。

8.2.3 综合性原则

知识产权分析评议应立足经济科技活动的实施要求，在系统分析知识产权相关情报的基础上，结合产业环境、市场环境和法制政策环境等信息，进行综合研究与判断。

8.2.4 建设性原则

知识产权分析评议应针对经济科技活动中的知识产权竞争态势特点、问题和风险，提出具有可操作性的策略建议。

8.3 知识产权分析评议分类

知识产权分析评议的适用类别包括公共管理活动、工商管理活动。知识产权分析评议的内容主要包括法律类分析模块、技术类分析模块和市场类分析模块。实施方应根据经济科技活动的适用活动特点和具体要求，选择、组配具体分析模块开展知识产权分析评议工作。

知识产权分析评议适用但不限于如下公共管理活动：科技创新计划管理、科技产业化计划管理、科技奖励评审认定、高新技术企业及新产品认定、技术标准制修订审批、国有资产重组与剥离审批、重大投资项目审批、重大技术项目引进、企业上市监管、技术创新人才引进、科技创业人才引进、技术进出口管理、行业战略规划重点项目及产业政策制定等。

知识产权分析评议适用但不限于如下工商管理活动：研发项目管理、创新人才引进及管理、技术标准制修订或技术标准采用、技术/知识产权许可或转让、企业供应链构建、产品上市及出口、工业展会参展、企业无形资产管理、企业上市辅导、企业兼并购活动、企业资产重组与剥离、企业破产清算、企业战略规划编制、商业融资投资活动、知识产权维权、知识产权侵权应对等。

知识产权分析评议的法律类分析模块包括知识产权法律信息查证、知识产权权属关系查证、知识产权法律风险分析、知识产权相关权利义务调查、目标市场知识产权法律环境调查、知识产权相关协议条款审查、知识产权稳定性评价、知识产权保护强度评价等。知识产权分析评议的技术类分析模块包括专利技术趋势分析、专利技术竞争热度分析、创新空间分析、创新启示分析、技术可替代性分析、技术核心度调查、技术创新度评价、技术成熟度调查等。知识产权分析评议的市场类分析模块包括产业知识产权竞争状况调查、知识产权关联度调查、目标对象知识产权策略及实力评价、知识产权资产审计与评估、知识产权经济效益调查等。

公共管理活动中开展知识产权分析评议的主要目的在于提高重大经济科技活动的可预见性和管理效率，规避知识产权风险，维护投资安全，确保投资收益。

工商管理活动中开展知识产权分析评议的主要目的在于提高企事业单位的创新效率和质量，妥善解决工商管理活动中的知识产权问题，规避知识产权风险，形成有效的市场竞争策略。

公共管理活动中开展知识产权分析评议的工作重点是结合产业和区域规划、创新发展水平等要素，对重大经济科技活动的立项方向、知识产权风险、计划和项目的知识产权绩效、公共政策的可实施性等进行分析评议和综合研究，为重大经济科技活动的管理和决策提出合理化建议。

工商管理活动中开展知识产权分析评议的工作重点是结合企事业单位的商业目标、资源状况、竞争环境等因素，对具体经济科技活动中的知识产权竞争态势、知识产权风险、知识产权资产状况、知识产权绩效等进行预测、评估、审计和评价，寻找创新空间，支撑知识产权布局，协助纠纷处理，为商业活动的顺利实施保驾护航。

8.4 知识产权分析评议用途

8.4.1 科技立项

科技立项是科研项目最重要的基础性环节，它是指在项目处于考察阶段，即项目的具体建设方案还不够明晰的时候，对拟建项目提出的框架性的总体设想。立项过程中的主要工作是从宏观上论述项目设立的必要性、可能性，以及项目实施过程中可能出现的风险情况，其可以帮助项目审批机关做出初步决策，可以减少项目选择的盲目性，为项目的可行性研究打下基础。

知识产权分析评议作为立项环节中十分重要的一环，可以为项目立项提供研发方向、竞争对手状态、方案规划等决策辅助信息，可以为专业性科技项目提供技术细节、技术方案设计等技术辅助信息，帮助确定项目的必要性和可行性，同时，通过专利检索分析，可以规避侵权风险，实现项目在立项阶段的知识产权风险预警。因此，发达国家在科技项目立项时，无论是对于国家资金资助的项目还是对于公司自己出资研发的项目，都十分重视其中的知识产权分析评议。立项阶段的知识产权分析评议的内容主要涉及以下几个方面。

（1）研究拟立项技术的各种重要信息

好的开始是成功的一半，在科技项目立项阶段就要从不同角度检索已公开的各种文献，包括专利文献和非专利文献，以提高发明起点，避免低水平重复研究。

专利文献具有检索方便、快速、全面的特点，是世界上公认的最重要的检索文献。在科技项目立项阶段，首先要通过检索专利文献，了解拟立项项目相关技术的发展趋势、可能应用的领域及相关技术的研究细节。

通过对专利文献中的相关资料进行加工整理，可以确定该领域的发展重点或发展趋势。例如，在对某一技术领域的前沿技术进行分析时，取涵盖该技术领域的华中科技大学硕士学位论文各 IPC（International Patent Classification）分类号中历年申请量或授权量的前数十个 IPC 小组进行排名。通过对这数十个 IPC 小组进行排名并综合各个 IPC 小组专利申请量与时间的序列关系进行分析研究，一般认为随着时间的推移发明专利申请量不断增加的 IPC 小组所“代表”的技术是相关技术领域的活跃技术或有发展前途的技术；而那些随着时间推移申请量不断减少的技术是趋于成熟或向衰老转化的技术，它们可能并没有继续立项研究开发的价值，需要引起立项人员的关注和进一步研究。

同时，在确定了初步项目方案及路线后，针对其中的技术难点问题，可以再进一步有针对性地在相关领域的专利文献中开展检索，寻找能够借鉴和参考的技术方案。通过利用专利文献及其中隐藏的大量专利信息，企业研发可以站在巨人的肩膀上，从比较高的起点去开展研发工作，避免不必要的弯路，减少研发精力和成本的投入。

（2）确定主要竞争对手及其技术发展情况

通过对专利文献中的申请人和发明人及其所申请专利的相关领域等相关信息的分析，不仅可以得知相关领域的主要竞争对手及其所拥有的核心技术及其各阶段核心技术的发展变化，而且可以得知相关专利的发明人，以便于制定本单位的人力资源战略、专利战略，使自己立于不败之地。对采集的相关数据进行加工整理，按申请人申请专利的数量排序，可以了解该技术领域中最主要的技术拥有者；排名在本企业之前的企业被确定为主要竞争对手，并根据主要竞争对手专利分布区域研究这些竞争对手的专利活动，了解这些企业在相关技术领域的研究要点及它们所持有的关键技术。同时，可以关注申请量排名在自己企业之后而且申请量逐渐增加的申请人，它们是企业的潜在竞争对手，并利用申请人的申请量按时间展开的趋势图来分析企业潜在竞争对手在相关领域专利活动的趋势。

海尔集团通过系统检索1974—1985年国外主要竞争对手的专利文献后得知：日本冰箱的发展方向是多功能化，美国冰箱的发展方向是左右开门大容量化，欧洲冰箱的发展方向是大冷冻节能化。因此，海尔集团决定自己的冰箱发展方向为变频、高智能、居室化和医用专门化。这样不但摆脱了国外竞争对手的专利控制，而且领导了世界冰箱发展的潮流，使自己快速地成为世界一流的冰箱生产企业。利用主要竞争对手的研发趋势和动态寻找自己的突破口，从而确定研发方向，也是在立项阶段有效运用专利信息分析得出的主要结论。

（3）确定侵权风险并提供规避方案或立项建议

根据拟立项项目的技术细节或具体技术方案进行专利文献检索并与拟立项项目进行对比，分析是否存在专利侵权风险，考虑是否能够规避有风险的专利，或者考虑通过其他途径获取该技术，如果二者均不可行，则需考虑是否给出延迟立项或不立项的建议。

一般而言，通过专利文献检索到的相关技术方案与拟立项的技术方案相对比的表面结果有以下几种情况：一是完全相似；二是完全不相似；三是表面上有相似的部分，但实质上并不完全相同；四是实质上有相似的部分，每一种情况都会对应到完全不同的侵权分析结果，进而进一步影响该项目风险评估的结果及立项建议。

因此，从专利战略的角度看专利文献检索，仅有专利文献查新机构的查新报告是不够的，还必须有比较全面的各种专利技术的对比分析，特别是对现有的专利技术保护范围的分析。这种工作需要掌握专利基础知识（至少要熟悉专利的权利要求书、专利保护范围及技术特征构成等专利基础知识）的专业人员在查新结果的基础上通过仔细的对比研究才能完成。通过具体的对比分析研究，对该项目的知识产权评析可能会存在如下几种结果：一是建议立项；二是建议立项，但需考虑专利规避方案；三是建议考虑根据与现有专利申请人进行技术引进或合作谈判的情况决定是否立项；四是建议不予立项。

其中，当专利文献检索结果发现拟立项项目方向研究较少，且无专利阻碍时，可以考虑予以立项；当发现已经有人获得了拟立项项目技术方案方面某些基础专利或形成了一定专利网时，应当考虑是否寻找专利网的“空隙”技术，找到该专利网的突破口，既避免了专利侵权风险，又形成了自己创造性的技术方案，如果基础专利无法规避，则需要根据该项目的经济效益、市场容量等综合情况，考虑是否与在先申请的申请人进行技术引进或合作谈判，进而达到理想目的；如果上述两种情况均不可行，则可能需要考虑建议暂缓或不予立项。因此，侵权风险的比对分析是项目立项过程中决定知识产权角度立项建议的首要环节。

以下为“微硬盘项目”案例。

微硬盘项目一度是贵州的光荣，也承载了太多梦想。它身上曾寄托了 3 ～ 5 年达到 100 亿美元产值的期待。但 2006 年 7 月 2 日，贵州南方汇通世华微硬盘有限公司关上了大门。贵州省微硬盘项目启动之时，没有做知识产权分析评议。批准该项目的贵州省政府及贵州南方汇通世华微硬盘有限公司都不知道核心专利技术掌握在别人手中，项目在国家发展改革委批准后迅速上马，结果导致 20 亿元投资因为知识产权问题而付诸东流。

8.4.2 成果转化

科技成果是一种智力产物，是人类为了探索自然、社会奥妙及规律，为了解决人类自身发展过程中的问题，运用已有科学知识，通过调查、观察、试验或辩证的思维活动所取得的对社会进步、经济发展具有学术意义或使用价值的创造性智力劳动的结果。

中国工程院常务副院长朱高峰院士认为，科技成果转化是我国特有的一种现象，是在计划经济体制长期作用下形成的，实质就是技术创新或企业创新；科技部发展计划司黄伟认为，科技成果转化的根本目的是将科学技术转化为现实生产力；东北大学技术与社会研究所教授远德玉认为，科技成果转化为社会生产力的过程既包括科学形态的转化，又包括技术形态的转化。根据《中华人民共和国促进科技成果转化法》，科技成果转化是指为提高生产力水平而对研究与技术开发所产生的具有实用价值的科技成果所进行的后续试验、开发、应用、推广直至形成新产品、新工艺、新材料，发展新产业等活动。

知识产权评议是促进科技成果转化的中介和助推器。通过在科技成果转化过程中推广和运用知识产权评议，可以提高科技成果价值评估的准确度，实现科技成果供需双方的信息互通，促进科技研发与产业需求的精准对接，从而营造有利于科技成果转化的市场环境。知识产权审查评议通过检查知识产权风险、评价技术成熟度和应对知识产权纠纷预案等，对创新创业成果提供有效保护，拓宽知识产权价值实现渠道。

8.4.3 企业并购

企业并购（Merger & Acquisition，简称“M&A”）包括企业的兼并和收购，指企业以现金、证券或其他形式取得其他企业的部分或全部资产或股权的经济行为。知识产权评议作为产业经济科技活动中了解发展态势、防范潜在风险、建立竞争优势的重要途径和方法，在企业并购中有着巨大的应用潜力。《国家中长期科学和技术发展规划纲要（2006—2020年）》规定，要“建立企业并购、技术交易等重大经济活动知识产权特别审查机制”，知识产权分析评议工作是知识产权审议工作的初级阶段，是建立知识产权审议的具体化措施。因此，研究企业并购中知识产权评议的开展方式符合国家的需求。

知识产权在企业并购中发挥着越来越重要的作用，主要体现于以下两个方面。

首先，知识产权在并购交易中的地位不断演变，逐渐成为影响企业并购交易的核心之一。知识产权在市场价值中的比重飞速增长。随着买卖专利的市场流动性不断提升，非专利实施实体（Non-Practicing Entities，NPE）活跃于专利市场，专利诉讼越来越白热化，专利价值的评估变得越来越复杂。

其次，知识产权已成为并购交易价值的驱动器。知识产权逐渐成为企业并购的主要动因，知识产权的价值在企业并购交易价值中的比重逐步增大，有时专利的价值甚至超过专利技术本身的行业价值。以Intertrust企业为例，Intertrust是一家数字版权保护领域的企业，成立于1990年，在数字版权保护领域建有强大的专利池。2002年，Intertrust作为一家纯IP企业进行出售，没有客户、收益及资产，仅凭借其所拥有的专利及与微软的专利诉讼，以4.53亿美元被索尼与飞利浦的合资公司Fidelio收购。

知识产权评议贯穿并购的全过程，在确立并购目标、寻找并购对象、评价并购对象、整合并购资产中均有涉及（图8-1）。在制定并购目标时需了解并购方的基本情况与行业的技术态势和竞争格局，在知己知彼的情况下通过对公司的SWOT分析，制定公司的战略目标与并购策略。在制定并购策略后，通过知识产权评议还可以从大量的候选企业中筛选并购的目标企业，然后建立并购候选企业的清单并进行匹配度分析，最后确定目标企业。评价并购对象环节是企业并购中最重要的环节，关乎并购的成败。该环节需要彻底调查企业所拥有的知识产权情况，包括所有权情况、许可情况及可能存在的风险。在明确了并购意向后的谈判与合同环节，需根据评价结果借助知识产权评议明确交易方案及并购后双方的权利和义务。在并购后，还可通过知识产权评议对并购资产进行有效整合，使并购利益最大化。总的来说，知识产权评议将成为顺利完成企业并购的重要保障。

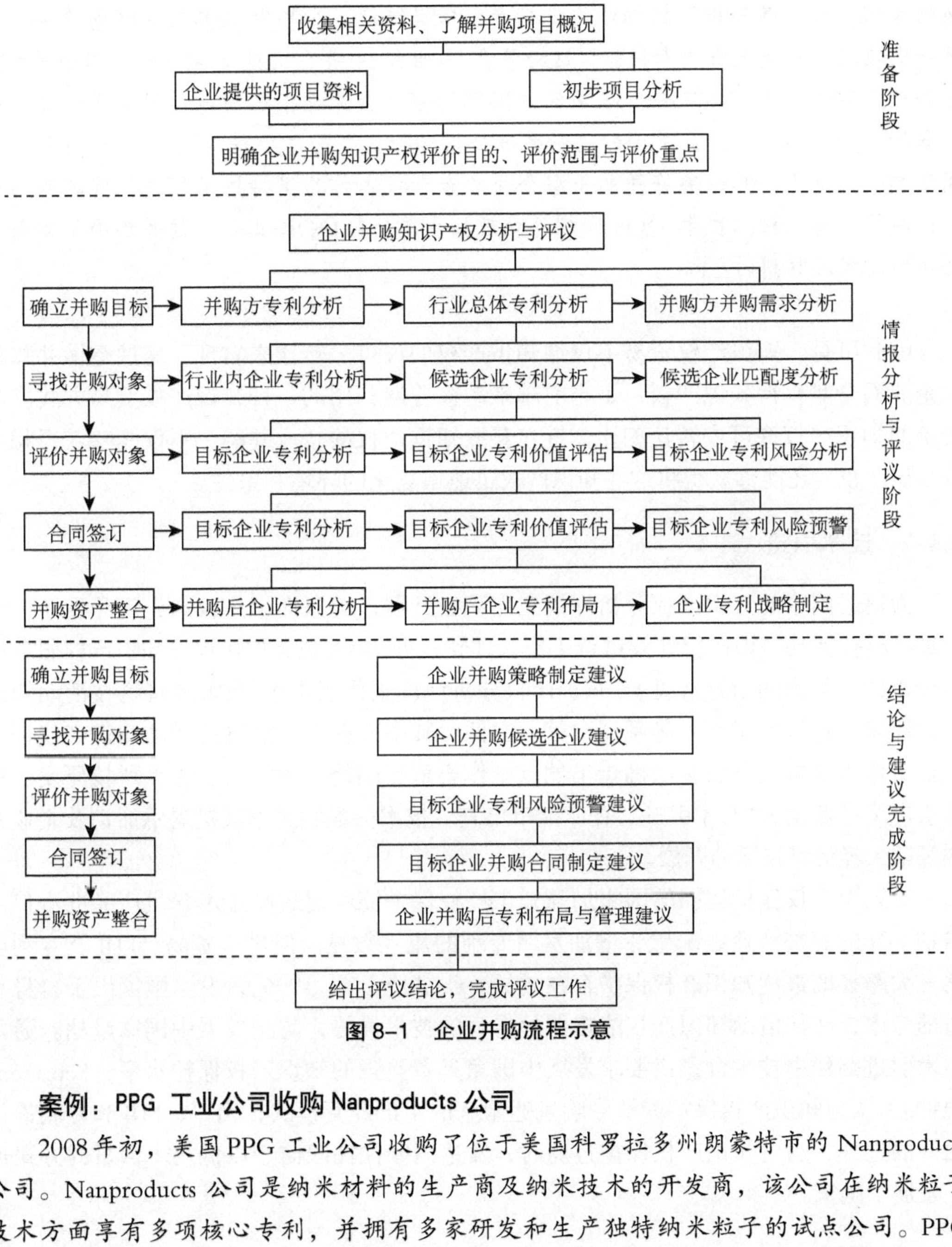

图 8-1　企业并购流程示意

案例：PPG 工业公司收购 Nanproducts 公司

2008 年初，美国 PPG 工业公司收购了位于美国科罗拉多州朗蒙特市的 Nanproducts 公司。Nanproducts 公司是纳米材料的生产商及纳米技术的开发商，该公司在纳米粒子技术方面享有多项核心专利，并拥有多家研发和生产独特纳米粒子的试点公司。PPG 工业公司收购 Nanproducts 公司的主要目的在于获取其在纳米技术方面的专利，使自己成为全球领先的纳米工程材料技术的领导者。同样，我国的联想集团斥资 17.5 亿美元收购 IBM 全球 PC 业务时，其中 5 亿美元用于支付 IBM 因全球 PC 业务产生的负债，另外的 12.5 亿美元用于收购 IBM 相关的经营资产，其中包括 IBM 在 PC 领域的 4000

多项专利。日本是知识产权领域的先行者，根据统计，2003 年日本企业收到的专利费第一次超过了其所支出的专利费，这与其在 20 世纪 90 年代并购了 450 家美国公司（包括知识产权资产）密不可分。很多西方国家的领先企业也很成功地运用了通过并购来获取知识产权的方法，如美国的思科系统公司和微软公司，思科系统公司近 20 年来并购了 100 家企业，其始终将并购小型企业的专利技术作为保持技术领先优势的基石之一；微软公司的核心技术 DOS 和邮件处理技术 OUTLOOK 正是通过并购小型创新型企业的方式获取到的。

由此可见，知识产权贸易不仅靠知识产权的许可、转让来实现，通过整体并购目标企业而全盘获得知识产权，是当前越来越被普遍利用的一种知识产权贸易方式。与传统的知识产权许可或转让相比，旨在获取知识产权的企业并购，不仅能够获得相应的知识产权，还能够获得将这些知识产权迅速市场化的环境和条件。

8.4.4 技术引进

为促进国家的知识产权分析评议工作积极开展，国家知识产权局先后印发了《重大经济科技活动知识产权评议试点工作管理暂行办法》《关于加快提升知识产权服务机构分析评议能力的指导意见》《知识产权分析评议工作指南》《重大经济科技活动知识产权评议工作操作指南》等系列政策、文件。其中《重大经济科技活动知识产权评议试点工作管理暂行办法》明确指出试点工作要重点围绕重大投资、重点科技研发、技术引进（产业化）、人才引进、企业上市审查、技术标准制定、展览展示活动及企业并购等重大经济科技活动开展。

对知识产权保护较弱的国家加强知识产权保护能够促进高技术含量产品的进口，增加 FDI 的高端产业链配置，增加发明专利的流入数量。但进口贸易、FDI 及专利申请三大路径的最优知识产权保护存在差异（Gould et al.，1996），发达国家出于自身利益的考虑，往往借助知识产权战略保护自身的技术优势，防止发展中国家赶超。通常技术引进路径中技术含量高要求发展中国家具备更强的知识产权保护水平，Ferrantino（1993）认为知识产权保护能够影响发达国家的生产经营模式在出口、FDI 和专利许可之间的选择，当对知识产权保护过弱时，发达国家往往倾向于以低技术含量的方式进入发展中国家。

案例：引进失效专利

我国对乙二醇、聚乙烯醇和丙烯醇的三个引进项目中包含 39 项外国专利，支付专利费高达 750 万美元，但根据专业知识产权分析评议机构的检索分析发现，乙二醇生产的 22 项专利中已经有 7 项在合同签订日之前失效，而我们还在高额支付专利费。

案例：引进未经授权的专利

日本松下电子等几家公司计划对中国上海市的某无线电厂转让10项专利，转让的10项专利中有6项只提交了专利委托而未经批准，而该电厂把它们当已经授权的有效专利来支付高额专利费。

8.4.5　招商引资

应加大对招商引资企业的扶持力度，鼓励、支持招商引资企业与大专院校、科研院所建立长期合作关系，帮助企业解决重大关键技术难题。

案例：兰州新区引进国外技术

兰州新区中德产业园准备全面引进德国先进的工业制造4.0技术，促进兰州新区装备制造业和经济社会快速发展。投资商通过知识产权分析评议报告看到了发展前景，对项目投资10.5亿元。

8.4.6　人才引进

随着人才强国战略的全面推进，从国家到地方制定了不同层次人才引进政策。但是，最初的人才引进工作主要考察人才的论文水平、承担的项目和取得的成就等指标，自2008年《国家知识产权战略纲要》颁布后，全社会的知识产权意识大幅提升，人才引进政策开始关注一些简单的知识产权要素，如引进人才的专利基本情况、技术的国际水平、产品的产业化程度等。

2016年，中共中央办公厅、国务院办公厅印发了《关于深化人才发展体制机制改革的意见》，明确提出要强化人才创新创业激励机制，加强创新成果的知识产权保护，要建立人才引进使用中的知识产权鉴定机制，防控知识产权风险。2018年，中共中央办公厅、国务院办公厅印发了《关于分类推进人才评价机制改革的指导意见》，明确提出要加快推进重点领域人才评价改革，对于主要从事应用研究和技术开发的人才，着重评价其技术创新与集成能力、取得自主知识产权和重大技术突破、成果转化、对产业发展的实际贡献等，要改变片面将论文、专利、项目、经费数量等与科技人才评价直接挂钩的做法。至此，知识产权已经成为人才评价，特别是科技创新型人才评价的一个重要指标。

8.4.7　产品出口及海外参展

产品出口或海外参展意味着企业会向公众展示、发布其创新产品，所以要对创新产品做好保护。

在参展前，中国企业应在专业律师的帮助下建立有效的知识产权策略，使用专利、商标、版权和商业秘密来保护其创新产品和技术，要对自己的创新有详细记录。这样中国企业可以防止丧失发明的新颖性，同时能防范自己的参展产品被他人抄袭侵权，或者防备被控抄袭他人知识产权。中国企业应该对参展产品的外表、功能、结构、材料和方法等进行全方位保护。例如，企业可以申请外观设计专利以保护产品的外形或表面装饰；申请发明专利以保护产品的结构、材料、功能和方法；注册商标以保护其品牌及防止他人使用相同或令人混淆的类似标记；注册商业外观以保护产品的包装和设计；登记版权以保护产品的创造性表达（非功能性）；采取合理措施保护其商业秘密。

此外，在参展前，中国企业应该仔细研读参展合同及展会信息，并与展会组织方核实是否设有知识产权投诉中心，对侵权产品是否有撤展等处置措施。另外，在参展前中国企业还需要研究参展企业名单，判断是否有竞争对手参展及其是否有潜在侵权产品。中国企业在参展前，可对参展产品进行“自由运作”（Freedom to Operate）的尽职调查，对竞争对手，尤其是参展竞争对手的专利进行分析研究，并设法绕过这些专利。特别是当同类产品已经引起诉讼时，中国企业可以查看诉讼信息，了解哪些专利已被卷入诉讼。

在展会中，中国企业在演示产品前，如果可能涉及商业秘密，则可以要求参会者签订保密及承诺不侵权协议，防止参会者抄袭或把秘密披露给他人。另外，在展会中，中国企业如果发现他人侵犯自己的知识产权，应该收集侵权企业及其产品的详细信息，包括企业介绍、参展人员的名片和照片、产品广告、产品网页截屏、产品清单与说明及产品照片等，随后应及时咨询专业律师，确定是否有足够的侵权证据，是否掌握了主要侵权者的名单和信息，从而决定要立即维权还是需要继续收集证据，要通过展会组织方维权还是通过政府部门（包括司法机构）制止侵权行为。

展会结束后，中国企业应该对展会中发现的侵权行为进行追踪，核查侵权行为是否已经终止。另外，中国企业需要咨询专业律师，对参展中其他潜在侵权产品进行分析，判断其是否侵权。中国企业可以通过律师对侵权者发出停止侵权通知，防止侵权者在企业知识产权注册地继续生产、销售，或者再次携侵权产品参展。

8.4.8 技术标准

技术标准与知识产权的关系是在平衡论中得以不断发展的。在美国，技术标准发展得比较快速，还有完备的知识产权、反垄断法律体系，在技术标准与知识产权关系方面有几个典型案例，这些案例本身不断促进技术标准、知识产权政策的调整。总体而言，这些案例的主题主要分为两大类：一类是是否构成知识产权滥用；另一类是是否恰当地行使了知识产权。“它山之石，可以攻玉”，以下根据这两类剖析几个美国典型案例，用以揭示技术标准、知识产权与反垄断的关系。

案例：Townshend 诉 Rockwell 及 Conexant 案

Townshend 诉 Rockwell 及 Conexant 案在技术标准与知识产权方面的意义在于明确专利权人在标准化组织规定的知识产权政策内进行的选择被许可人、拒绝某些愿意获得许可的意愿人的行为不构成不正当竞争或专利权滥用。Townshend 诉 Rockwell 及 Conexant 案的原告是 Brent Townshend，被告是 Rockwell International Corp. 及 Conexant Systems Inc.，本案同时引发被告反诉 Townshend 及 3COM 案，两案合并审理。案由是原告诉被告专利侵权，被告反诉原告及第三方 3COM 违反反垄断规定、滥用专利，加利福尼亚州北区地区法院于 2000 年 3 月 28 日判决被告败诉。

（1）基本情况

原告是 56 K 调制解调器（56K Modem）技术的发明人，1994 年 12 月，原告向美国专利与商标局提出了发明专利申请。1996 年 4 月，原告与 U.S.Robotics（简称“USR”，现在是 3COM 的一部分）签订了许可协议，USR 能使用该技术并销售用该技术生产的 56K 调制解调器。1997 年 10 月 14 日，原告在加利福尼亚州圣马特奥市（San Mateo）起诉 Rockwell 及 Conexant（Conexant 的前身是 Rockwell Semiconductor Systems, Inc.），诉由是不正当竞争、违反合同约定和违背诚信原则，因为原告认为被告滥用原告在 1995 年 8 月与被告磋商签署技术许可协议时提供给被告的一些信息。

1998 年 9 月 1 日、9 月 15 日和 11 月 10 日，原告涉及 56K 调制解调器技术的三项专利申请分别获得美国专利与商标局的发明专利授权，专利号分别为 5801695、5809075 和 5835538。按照当初原告与 3COM 签订的许可协议，3COM 在 1999 年 3 月 30 日购买了这些专利，但同时再将几乎所有的专利权反授给原告，自己仅保留非排他的专利使用权。1999 年 1 月 27 日，原告经与 3COM 协商一致，向加利福尼亚州北区地区法院提起本案诉讼，同时撤销 1997 年 10 月 14 日在加利福尼亚州圣马特奥市起诉 Rockwell 及 Conexant 的诉讼。被告遂以原告与 3COM 的行为构成滥用专利权、违反《谢尔曼法》、共谋进行欺骗性的技术标准建立、从事不正当竞争行为为由提起反诉。被告提出这些反诉的理由如下：①被告认为原告和 3COM 一直游说技术标准的制定组织——国际电信联盟（International Telecommunications Union，ITU），要求将自己的技术纳入 56K 调制解调器技术标准，这一目的最终在 1998 年 2 月实现，国际电信联盟制定了 56K 调制解调器的 V.70 标准，但是原告在 1997 年 9 月向国际电信联盟提交的标准建立后进行技术许可的承诺书不符合国际电信联盟专利政策的规定；②原告在标准建立过程中没有向国际电信联盟披露自己要起诉被告侵权的计划。

（2）法院的分析

1）是否构成共谋限制竞争

法院认为根据有关的判例，构成《谢尔曼法》中规定的共谋限制竞争行为的，应该同时具备以下三个要件：①两个实体之间有共谋的合意；②共谋的目的是损害或限制竞争方；③有损害竞争行为的结果。

对于第一个要件，被告提出的理由是原告与 3COM 共同向国际电信联盟提出制定 56 K 调制解调器标准，这里有共谋的合意，但法院认为技术标准的建立本身不构成反垄断法规定的限制市场竞争，这里按照国际电信联盟的规定制定标准的合意并不能证明双方本身有要限制竞争的合意。对于第二个要件，被告提出的理由是原告利用国际电信联盟制定的 V.70 标准产生了市场优势，但关于技术许可的承诺不符合国际电信联盟专利政策的要求，原告的行为构成欺骗性获得标准的建立，并通过标准限制竞争（国际电信联盟的专利政策是指，如果其标准提案中含有专利申请或专利，提案方必须向国际电信联盟提交权利人的声明，承诺自己愿意放弃专利权，或者在合理的和非歧视的条件下与愿意使用标准的人进行专利许可的谈判，如果没有这样的声明，该标准提案是不可以被采纳成为标准的）。法院认为，对是否符合要求的认定在于标准化组织，而不是标准的使用者，标准化组织——国际电信联盟有专门的审核程序审核许可承诺是否符合国际电信联盟专利政策的要求，对于不符合的，不可能接受其成为标准，原告提供了承诺，国际电信联盟也审核了该承诺，国际电信联盟接受其成为标准的行为本身就说明国际电信联盟认为原告的承诺符合国际电信联盟专利政策的要求。据此法院认定被告关于构成共谋限制竞争的反诉不成立。

2）是否构成专利权滥用与不正当竞争行为

被告认为原告拒绝许可的行为就是专利权滥用与不正当竞争行为，法院认为原告并不是对任何一方都拒绝许可，只是拒绝了被告而已，原告拒绝许可行为并没有违反标准建立时原告向标准化组织——国际电信联盟提交的许可承诺中的规定，而且正当运用了专利权利。对于拒绝专利许可是否就构成专利权滥用已经有法规规定，根据美国法典 35 U.S.C. § 271（d）的规定，专利权人拒绝许可或使用专利权的行为本身不是对专利权滥用的认定。法院因此认定被告反诉的构成专利权滥用与不正当竞争行为不成立。

综上，法院驳回被告的反诉请求，由于被告未经专利权人许可从事生产和销售的行为证据确凿，因此于 2000 年 3 月 28 日判决被告败诉。

8.4.9　企业上市

知识产权关系到企业的核心竞争和发展前景，且对企业上市影响重大，全面评估企业知识产权状况，及时发现潜在问题，并做好知识产权风险预防与危机应对等相关工作，对于拟上市企业具有重要意义。知识产权分析评议能确保披露信息的真实、有效及完整，能使企业工作人员合理把握知识产权对企业经营的影响，并能为选定募投方向提供参考等，从而减少上市过程中的知识产权障碍，推进企业上市进程。

9 知识产权分析评议发展现状

9.1 知识产权分析评议国际现状

国外虽然没有与我国提出的“知识产权分析评议”完全对应的专有名词，但类似的工作开展很长时间了。从评议服务主体看，对于国外政府资助类项目，通常由政府机构承担评议工作，如韩国知识产权局、美国国立卫生研究院、美国国家科学基金会等均为本国科技立项项目开展知识产权评议；对于市场类经济科技活动，一般由中介机构或投资主体开展知识产权分析评议。在政府推动下，国外中介机构相当活跃，企业、科研院所等创新主体对知识产权分析评议的认可度相对较高。从不同国家来看，各国开展的知识产权分析评议工作在方式方法上各有特点。

9.1.1 韩国

韩国政府资助类项目的知识产权分析评议以政府机构为主导；一些市场类经济科技活动的部分需求采取政府购买服务方式，其组织社会力量广泛开展。

韩国政府建立了大型科技项目的事前评估机制，为大型、中长期政府研发项目进行知识产权分析评议，以防止重复投资，明确专利创造方向，确保项目效率。韩国政府的研发项目管理指南中要求在研究规划阶段必须进行知识产权分析评议，分析结果应反映在项目结题评价阶段；自 2005 年以来，韩国政府每年委托韩国知识产权局（KIPO）对政府资助的创新项目进行知识产权分析评议，首批评议项目为 33 项，所有项目均来自韩国贸易、工业和能源部；2011 年，KIPO 为 4424 项政府研发项目开展评议，2012 年为 3649 项，2013 年为 3885 项，2014 年 3214 项。韩国知识产权局还建立了专门平台，向社会公众公开了一些热点技术领域的评议报告。此外，韩国还采取政府购买服务方式，组织社会力量深入分析海外知识产权纠纷信息，以此为基础建立涉外知识产权纠纷应对体系；同时对韩国企业海外主要市场加大知识产权保护力度，提供“一站式”支援服务，如向出口企业及参加海外展会的企业提供专利纠纷风险事前调查服务、开展知识产权诉讼保险项目等。

9.1.2 日本

在知识产权分析评议方面，日本政府较为重视相关制度建设、基础资源建设和环境培育；在政府的大力推动下，日本的中介机构得以大力发展。从具体评议活动看，日本政府非常重视研发活动中的知识产权评议，技术转移、商业活动中的知识产权评估工作，以及企业上市过程中的知识产权审计工作等。

从2002年出台《知识产权战略大纲》起，日本政府就开始要求建立规范的文献检索系统，营造专利信息检索和利用的环境，方便研发人员检索专利信息。日本政府要求在申请政府资助项目时利用专利信息选择研究目标，避免重复研发，规避侵权；建议利用专利地图，甚至是技术战略地图，即利用基于专利、技术趋势及市场趋势的地图选择研究主题，促进有效研发，避免申请不必要的专利。

同时，日本政府建议对研发活动进行知识产权评议，包括在公共经费资助研究项目申请中陈述相关知识产权活动，以此作为日本政府选择研究目标的评价基础；在研发评价和资金分配方面，要利用全面的知识产权评价指标，如专利授权量（申请量）、许可合同数量、合同收入、专利和论文的引用频次；在研发事后评价中，要应用知识产权创造、保护和运用相关的综合评价指标，进行知识产权评议。在政府科技规划方面，日本科技政策委员会及相关机构利用国内外专利信息进行政策规划与评估，利用专利信息选择研究目标、重点技术。同时，日本政府建议建立合适的知识产权评价方法，促进对知识产权的估值与运用，使企业了解知识产权的价值，促进其商业化及技术转移；建议建立一套完善的知识产权担保融资体系，促进专利评估；鼓励企业在商业活动中利用知识产权评估方法。

在日本政府的长期推动下，日本各地纷纷采用多种评估方法对大型项目进行评估，尤其重视项目立项阶段的分析评议工作。积极扶持中介机构，使其为大学和企业开展专利信息检索与评议服务。

9.1.3 澳大利亚

澳大利亚知识产权局为了推动全国开展知识产权分析评议，建立了相关评议模块，包括模块描述、从业技能、模块应用、要素与标准、要求的技能与知识、知识产权范围陈述、评估指南等，其中评估指南涉及评估概览、评估标准、特定资源、评估方法、评估建议等。澳大利亚昆士兰州出台了《澳大利亚昆士兰州知识产权原则》，其中详细提供了知识产权商业化评估操作指南。

9.1.4 美国

在美国政府机构与社会机构的共同推动下，知识产权分析评议在各类经济科技活动中被广泛应用。例如，美国国立卫生研究院建立了知识产权评估制度，对发明的专利性、商业开发成功可能性、专利保护需要、专利许可转让等事项进行评估，使发明最大限度地得到实施；美国国家科学基金会在科研项目立项评估中，将拟申请开展的研究工作的独创性作为重要评估标准。在美国，与知识产权相关的各类经济科技活动，如企业并购、投融资活动等，大多由中介机构开展相关分析评议活动。

总之，发达国家普遍比较重视情报工作，知识产权分析评议作为情报工作之一，长期、持续、广泛地开展着。

9.2 知识产权分析评议国内现状

当前，在我国的经济科技活动中正掀起一股知识产权分析评议浪潮，在具体执行中，我们应当借鉴发达国家的一些有效做法。例如，我国政府机构应进一步完善相关制度，加强基础资源建设，营造良好的专利信息检索与利用环境；应从政策层面大力扶持中介机构的发展，支撑我国分析评议工作的顺利推进；要加强社会宣传，让企业了解知识产权分析评议的基本内涵、具体作用；为了提高创新效率、资金利用率，降低产业发展风险，应要求对各类重大经济科技活动开展知识产权分析评议，以进一步推进具有全球影响力的科技创新中心建设步伐。

9.2.1 国家政策现状

2015 年 12 月 22 日，《国务院关于新形势下加快知识产权强国建设的若干意见》发布。国家知识产权局先后出台了《重大经济科技活动知识产权评议试点工作管理暂行办法》《关于加快提升知识产权服务机构分析评议能力的指导意见》《知识产权分析评议工作指南》等专门文件。从地方来看，江苏、湖南、重庆等 9 个省（直辖市）将建立知识产权分析评议制度列入地方法规；贵州、重庆、陕西、湖北、河南、浙江 6 个省（直辖市）及武汉、烟台、泉州等 23 个城市先后出台了知识产权分析评议专门文件，其他地方也正在加紧制定过程中。可以说，知识产权分析评议“从中央到地方、贯穿东中西部地区”的政策环境已经形成。表9–1列出了国家层面知识产权方面的相关政策。

表 9–1 国家层面知识产权方面的相关政策

序号	政策名称	牵头部门	发文号
1	中共中央国务院关于加大改革创新力度加快农业现代化建设的若干意见	中共中央国务院	中发〔2015〕1 号
2	国务院办公厅关于发展众创空间推进大众创新创业的指导意见	国务院办公厅	国办发〔2015〕9 号

续表

序号	政策名称	牵头部门	发文号
3	国务院关于大力发展电子商务加快培育经济新动力的意见	国务院	国发〔2015〕24号
4	国务院关于印发《中国制造2025》的通知	国务院	国发〔2015〕28号
5	中共中央办公厅　国务院办公厅印发《关于在部分区域系统推进全面创新改革试验的总体方案》的通知	中共中央办公厅 国务院办公厅	中办发〔2015〕48号
6	国务院关于大力推进大众创业万众创新若干政策措施的意见	国务院	国发〔2015〕32号
7	国务院关于积极推进“互联网+”行动的指导意见	国务院	国发〔2015〕40号
8	国务院关于加快构建大众创业万众创新支撑平台的指导意见	国务院	国发〔2015〕53号
9	国务院关于加快实施自由贸易区战略的若干意见	国务院	国发〔2015〕69号
10	国务院办公厅关于印发国家标准化体系建设发展规划（2016—2020年）的通知	国务院办公厅	国办发〔2015〕89号
11	知识产权局、国家标准委、工商总局、版权局印发《关于知识产权服务标准体系建设的指导意见》的通知	知识产权局、国家标准委、工商总局、版权局	国知发规字〔2014〕74号
12	国家知识产权局关于进一步推动知识产权金融服务工作的意见	国家知识产权局	国知发管字〔2015〕21号
13	国家知识产权局办公室关于印发《2015年专利导航试点工程实施工作要点》的通知	国家知识产权局	国知办函管字〔2015〕190号
14	国家知识产权局办公室关于印发《产业知识产权联盟建设指南》的通知	国家知识产权局	国知办函管字〔2015〕192号
15	专利代理管理办法	国家知识产权局	国家知识产权局令第七十号
16	国家知识产权局关于修改《专利行政执法办法》的决定	国家知识产权局	国家知识产权局令第七十一号
17	国家知识产权局办公室关于开展知识产权区域布局试点申报工作的通知	国家知识产权局	国知办函协字〔2015〕341号
18	知识产权局等八部委印发《关于全面推行〈企业知识产权管理规范〉国家标准的指导意见》的通知	知识产权局等八部委	国知发管字〔2015〕44号
19	国家知识产权局办公室关于推广实施产业规划类专利导航项目的通知	国家知识产权局	国知办发管字〔2015〕18号

续表

序号	政策名称	牵头部门	发文号
20	知识产权局　财政部　人力资源社会保障部　中华全国总工会　共青团中央关于印发《关于进一步加强知识产权运用和保护助力创新创业的意见》的通知	国家知识产权局等五部委	国知发管字〔2015〕56号
21	国家知识产权局关于印发《加快推进知识产权强省建设工作方案（试行）》的通知	国家知识产权局	国知发管字〔2015〕59号
22	国家知识产权局　教育部关于开展全国中小学知识产权教育试点示范工作的通知	国家知识产权局教育部	国知发办字〔2015〕60号
23	国家知识产权局关于进一步推动知识产权金融服务工作的意见	国家知识产权局	国知发管字〔2015〕21号
24	国家知识产权局办公室关于印发《产业知识产权联盟建设指南》的通知	国家知识产权局	国知办函管字〔2015〕192号
25	关于推广实施产业规划类专利导航项目的通知	国家知识产权局	国知办发管字〔2015〕18号
26	国务院关于进一步做好打击侵犯知识产权和制售假冒伪劣商品工作的意见	国务院	国发〔2011〕37号
27	国务院关于印发“十二五”国家战略性新兴产业发展规划的通知	国务院	国发〔2012〕28号
28	国家知识产权局关于加强专利行政执法工作的决定	国家知识产权局	国知发管字〔2011〕74号
29	国家知识产权局关于印发《国家知识产权试点和示范城市（城区）评定和管理办法》	国家知识产权局	国知发管字〔2014〕34号
30	国家知识产权局关于印发《国家知识产权试点示范园区评定管理办法》	国家知识产权局	国知发管字〔2012〕84号
31	国家知识产权局关于印发《重大经济科技活动知识产权评议试点工作管理暂行办法》的通知	国家知识产权局	国知发协字〔2012〕88号
32	国家知识产权局关于加快提升知识产权服务机构分析评议能力的指导意见	国家知识产权局	国知发协字〔2012〕138号
33	国家知识产权局办公室关于开展知识产权集群管理试点培育战略性新兴产业知识产权优势集聚区有关工作的通知	国家知识产权局	国知办发协字〔2013〕6号
34	国家知识产权局关于实施专利导航试点工程的通知	国家知识产权局	国知发管字〔2013〕27号

续表

序号	政策名称	牵头部门	发文号
35	国家知识产权局关于开展国家级知识产权优势企业和示范企业培育工作的通知	国家知识产权局	国知发管字〔2013〕36号
36	国家知识产权局办公室关于启动企业知识产权管理标准推行工作的通知	国家知识产权局	国知办发管字〔2013〕48号
37	国家知识产权局关于印发《国家知识产权试点、示范城市（城区）评定和管理办法》	国家知识产权局	国知发管字〔2014〕34号
38	知识产权局、教育部、科技部、工信部、国资委、工商总局、版权局、中科院印发《关于深入实施知识产权战略加强和改进知识产权管理的若干意见》的通知	国家知识产权局	国知发协字〔2014〕41号
39	关于知识产权支持小微企业发展的若干意见	国家知识产权局	国知发管字〔2014〕57号
40	关于印发《科技创新知识产权工作"十二五"专项规划》的通知	科技部	国科发政〔2012〕120号

9.2.2 知识产权服务体系建设现状

9.2.2.1 知识产权分析评议服务机构

知识产权分析评议服务机构初具规模。国家知识产权局于 2013 年 4 月 27 日启动了知识产权分析评议服务示范机构培育工作，以满足社会知识产权分析评议高端需求。其以重大经济科技活动知识产权分析评议需要为目标，采取分类管理模式，分领域评定并培育一批示范创建机构和示范机构，截至 2019 年底已累计确定示范机构 33 家、示范创建机构 137 家，具体如表 9–2 和表 9–3 所示。

表 9–2 全国知识产权分析评议服务示范机构名单

序号	机构名称	省份	入选时间
1	隆天知识产权代理有限公司	北京	2017 年
2	北京国知专利预警咨询有限公司	北京	2017 年
3	北京科慧远咨询有限公司	北京	2017 年
4	北京康信知识产权代理有限责任公司	北京	2017 年
5	中国专利技术开发公司	北京	2017 年
6	中国航天科工集团第三研究院第三一〇研究所	北京	2017 年
7	中国信息通信研究院	北京	2017 年

续表

序号	机构名称	省份	入选时间
8	中国船舶工业综合技术经济研究院	北京	2017年
9	上海容智知识产权代理有限公司	上海	2017年
10	江苏省专利信息服务中心	江苏	2017年
11	广东省知识产权研究与发展中心	广东	2017年
12	广州恒成智道信息科技有限公司	广东	2017年
13	深圳市威世博知识产权代理事务所	广东	2017年
14	中国科学院成都文献情报中心	四川	2017年
15	中国石油天然气股份有限公司兰州化工研究中心	甘肃	2017年
16	知识产权出版社有限责任公司	北京	2018年
17	中国科学文献情报中心	北京	2018年
18	中国航天系统科学与工程研究院	北京	2018年
19	科技部科技评估中心	北京	2018年
20	工业和信息化部软件与集成电路促进中心	北京	2018年
21	北京高文律师事务所	北京	2018年
22	上海图书馆（上海科学技术情报研究所）	上海	2018年
23	上海专利商标事务所有限公司	上海	2018年
24	上海生命科学研究院	上海	2018年
25	中国科学院大连化学物理研究所	辽宁	2018年
26	烟台智宇知识产权事务所（特殊普通合伙）	山东	2018年
27	洛阳公信知识产权事务所（普通合伙）	河南	2018年
28	国家知识产权局专利局专利审查协作湖北中心	湖北	2018年
29	广州华进联合专利商标代理有限公司	广东	2018年
30	广州粤高专利商标代理有限公司	广东	2018年
31	珠海智专专利商标代理有限公司	广东	2018年
32	成都九鼎天元知识产权代理有限公司	四川	2018年
33	成都行之专利代理事务所（普通合伙）	四川	2018年

表 9-3 全国知识产权分析评议服务示范创建机构名单

序号	机构名称	省份	入选时间
1	北京新发智信科技有限责任公司	北京	2018年
2	北京空间科技信息研究所	北京	2018年

续表

序号	机构名称	省份	入选时间
3	中国科学技术信息研究所	北京	2018 年
4	北京科华万象科技有限公司	北京	2018 年
5	北京品源专利代理有限公司	北京	2018 年
6	华智众创（北京）投资管理有限责任公司	北京	2018 年
7	中关村中技（北京）知识产权管理有限公司	北京	2018 年
8	北京航天情报与信息研究所	北京	2018 年
9	中科专利商标代理有限责任公司	北京	2018 年
10	上海硕力知识产权代理事务所（普通合伙）	上海	2018 年
11	上海元好知识产权代理有限公司	上海	2018 年
12	石家庄聚智华清知识产权咨询服务有限公司	河北	2018 年
13	山西省科学技术情报研究所（山西省知识产权信息中心）	山西	2018 年
14	苏州慧谷知识产权服务有限公司	江苏	2018 年
15	南京苏高专利商标事务所（普通合伙）	江苏	2018 年
16	常州擎航知识产权服务有限公司	江苏	2018 年
17	江苏汇智知识产权服务有限公司	江苏	2018 年
18	合肥市长远专利代理事务所	安徽	2018 年
19	南昌金轩科技有限公司	江西	2018 年
20	山东省专利信息服务中心	山东	2018 年
21	青岛中天智诚科技服务平台有限公司	山东	2018 年
22	河南行知专利服务有限公司	河南	2018 年
23	横琴国际知识产权交易中心有限公司	广东	2018 年
24	深圳市赛恩倍吉知识产权代理有限公司	广东	2018 年
25	深圳市世纪恒程知识产权代理事务所	广东	2018 年
26	深圳华夏泰和知识产权有限公司	广东	2018 年
27	成都弘毅天承知识产权代理有限公司	四川	2018 年
28	甘肃省科学技术情报研究所	甘肃	2018 年
29	广西曙光知识产权服务有限公司	广西	2018 年
30	宁夏回族自治区知识产权服务中心	宁夏	2018 年
31	国家知识产权局专利检索咨询中心	北京	2017 年
32	国家知识产权局知识产权发展研究中心	北京	2017 年
33	工业和信息化部电子科学技术情报研究所	北京	2017 年

续表

序号	机构名称	省份	入选时间
34	航空工业信息中心	北京	2017 年
35	北京知识产权运营管理有限公司	北京	2017 年
36	北京安博达知识产权代理有限公司	北京	2017 年
37	七星天（北京）咨询有限责任公司	北京	2017 年
38	中国科学院计算技术研究所	北京	2017 年
39	中国核科技信息与经济研究院	北京	2017 年
40	保定市大为计算机软件开发有限公司	河北	2017 年
41	内蒙古智华知识产权运营有限公司	内蒙古	2017 年
42	大连理工大学专利中心	辽宁	2017 年
43	上海弼兴律师事务所	上海	2017 年
44	上海恒锐知识产权服务有限公司	上海	2017 年
45	江苏省科学技术情报研究所	江苏	2017 年
46	中国科学院苏州纳米技术与纳米仿生研究所	江苏	2017 年
47	浙江省科技信息研究院	浙江	2017 年
48	杭州杭诚专利事务所有限公司	浙江	2017 年
49	青岛发思特专利商标代理有限公司	山东	2017 年
50	青岛橡胶谷知识产权有限公司	山东	2017 年
51	国家知识产权局专利局专利审查协作河南中心	河南	2017 年
52	国家知识产权局专利局专利审查协作湖北中心	湖北	2017 年
53	湖南省知识产权信息服务中心	湖南	2017 年
54	广州中新知识产权服务有限公司	广东	2017 年
55	广州市越秀区哲力专利商标事务所（普通合伙）	广东	2017 年
56	广西壮族自治区知识产权发展研究中心	广西	2017 年
57	海口汉普知识产权代理有限公司	海南	2017 年
58	成都华风专利事务所（普通合伙）	四川	2017 年
59	陕西省知识产权服务中心	陕西	2017 年
60	中国杨凌农业知识产权信息中心	陕西	2017 年
61	广州粤高专利商标代理有限公司	广东	2015 年
62	泰州专利战略推进与服务中心有限公司	江苏	2015 年
63	北京合享新创信息科技有限公司	北京	2015 年
64	北京市柳沈律师事务所	北京	2015 年

续表

序号	机构名称	省份	入选时间
65	中国商标专利事务所有限公司	北京	2015 年
66	浙江大学（浙江大学技术转移中心）	浙江	2015 年
67	中国科学院大连化学物理研究所	辽宁	2015 年
68	上海容智知识产权代理有限公司	上海	2015 年
69	航天信息中心（中国航天科技集团公司知识产权中心）	北京	2015 年
70	中国船舶重工集团公司知识产权中心	北京	2015 年
71	成都九鼎天元知识产权代理有限公司	四川	2015 年
72	上海图书馆（上海科学技术情报研究所）	上海	2015 年
73	石家庄众志华清知识产权事务所（特殊普通合伙）	河北	2015 年
74	北京市知识产权服务中心	北京	2015 年
75	哈尔滨市松花江专利商标事务所	黑龙江	2015 年
76	烟台智宇知识产权事务所	山东	2015 年
77	珠海智专专利商标代理有限公司	广东	2015 年
78	国防科技大学专利服务中心	湖南	2015 年
79	安徽省科学技术情报研究所（安徽省专利信息服务中心）	安徽	2015 年
80	中国科学院北京国家技术转移中心	北京	2015 年
81	厦门市首创君合专利事务所有限公司	福建	2015 年
82	江苏畅远信息科技有限公司	江苏	2015 年
83	中国科学院兰州文献情报中心	甘肃	2015 年
84	洛阳公信知识产权事务所	河南	2015 年
85	河北国维知识产权咨询有限公司	河北	2015 年
86	贵州派腾知识产权研究中心	贵州	2015 年
87	西安智邦专利商标代理有限公司	陕西	2015 年
88	四川省成都市天策商标专利事务所	四川	2015 年
89	北京驰纳智财知识产权代理事务所	北京	2015 年
90	北京中誉威圣知识产权代理有限公司	北京	2015 年
91	广州新诺专利商标事务所有限公司	广东	2015 年
92	江西省科学院科技战略研究所	江西	2015 年
93	甘肃省知识产权事务中心	甘肃	2015 年
94	四川力久律师事务所	四川	2015 年
95	工业和信息化部电信研究院	北京	2014 年

续表

序号	机构名称	省份	入选时间
96	北京科慧远咨询有限公司	北京	2014年
97	北京康信知识产权代理有限责任公司	北京	2014年
98	隆德成铭国际知识产权咨询（北京）中心	北京	2014年
99	北京集慧智佳知识产权管理咨询有限公司	北京	2014年
100	郑州睿信知识产权代理有限公司	河南	2014年
101	北京市金杜律师事务所上海分所	北京	2014年
102	工业和信息化部软件与集成电路促进中心	北京	2014年
103	广州圣理华知识产权代理有限公司	广东	2014年
104	中国石油天然气股份有限公司兰州化工研究中心	甘肃	2014年
105	天津市知识产权服务中心	天津	2014年
106	浙江省知识产权服务中心	浙江	2014年
107	北京东方灵盾科技有限公司	北京	2014年
108	成都行之专利代理事务所（普通合伙）	四川	2014年
109	中国科学院武汉文献情报中心	湖北	2014年
110	北京市万慧达知识产权代理有限公司	北京	2014年
111	广州华进联合专利商标代理有限公司	广东	2014年
112	广西壮族自治区科学技术情报研究所	广西	2014年
113	上海航天信息研究所	上海	2014年
114	苏州威世博知识产权服务有限公司	江苏	2014年
115	科学技术部知识产权事务中心	北京	2014年
116	北京高文律师事务所	北京	2014年
117	深圳市中彩联科技有限公司	广东	2014年
118	常熟紫金知识产权服务有限公司	江苏	2014年
119	中国科学院成都文献情报中心	四川	2014年
120	广州恒成智道信息科技有限公司	广东	2014年
121	郑州联科专利事务所（普通合伙）	河南	2014年
122	湖州优智博知识产权信息科技有限公司	浙江	2014年
123	深圳市标准技术研究院	广东	2014年
124	中国科学院上海生命科学研究院	上海	2014年
125	“武汉·中国光谷”知识产权信息中心	湖北	2014年
126	福建省知识产权信息公共服务中心	福建	2014年

续表

序号	机构名称	省份	入选时间
127	上海汉光知识产权数据科技有限公司	上海	2014 年
128	江苏省专利信息服务中心	江苏	2013 年
129	中国船舶工业综合技术经济研究院	北京	2013 年
130	中国专利技术开发公司	北京	2013 年
131	广州奥凯信息咨询有限公司	广东	2013 年
132	北京国之专利预警咨询中心	北京	2013 年
133	深圳中科院知识产权投资有限公司	广东	2013 年
134	上海盛知华知识产权服务有限公司	上海	2013 年
135	中国科学院国家科学图书馆	北京	2013 年
136	中国技术交易所	北京	2013 年
137	湖北省知识产权评议与研究中心（湖北省科技信息研究院）	湖北	2013 年

9.2.2.2　专利文献服务网点

全国专利文献服务网点是全国专利信息传播利用工作体系的基础节点，是服务创新驱动和经济发展的专利文献支持中心、专利信息咨询中心和知识产权公共教育中心。各省（自治区、直辖市）知识产权局对当地专利文献服务网点进行管理、支持和引导，各专利文献服务网点为社会公众、创新主体提供专利文献支持、专利信息咨询、公共教育等基础性公益服务，持续丰富服务内容，不断提升服务能力，积极创新服务方式，为助力创新创业、服务地方经济发展做出贡献。目前，全国专利文献服务网点有 120 家，具体如表 9–4 所示。

表 9–4　全国专利文献服务网点名单

序号	单位	所在省份
1	北京市知识产权信息中心	北京
2	北京东方灵盾科技有限公司	北京
3	中国科学院文献情报中心	北京
4	北京大学图书馆	北京
5	北京科技大学图书馆	北京
6	天津市知识产权服务中心	天津
7	天津市科学技术信息研究所	天津
8	天津大学图书馆	天津

续表

序号	单位	所在省份
9	中国汽车技术研究中心	天津
10	保定市大为计算机软件开发有限公司	河北
11	保定市科学技术信息研究所	河北
12	山西省科学技术情报研究所（山西省知识产权信息中心）	山西
13	国家知识产权局专利局太原代办处	山西
14	山西大学	山西
15	太原理工大学	山西
16	内蒙古知识产权服务中心	内蒙古
17	包头稀土高新区知识产权局稀土知识产权信息中心	内蒙古
18	呼和浩特市知识产权服务中心	内蒙古
19	内蒙古大学图书馆	内蒙古
20	辽宁省知识产权信息中心	辽宁
21	大连理工大学	辽宁
22	东北大学图书馆	辽宁
23	辽宁省知识产权研究所	辽宁
24	吉林省知识产权事务中心	吉林
25	吉林省科学技术信息研究所	吉林
26	东北师范大学	吉林
27	吉林大学	吉林
28	长春市科技信息研究所（长春市专利信息服务中心）	吉林
29	黑龙江省知识产权服务中心	黑龙江
30	哈尔滨市知识产权服务中心	黑龙江
31	哈尔滨工业大学图书馆	黑龙江
32	东北林业大学图书馆	黑龙江
33	上海市知识产权服务中心	上海
34	上海图书馆（上海科学技术情报研究所）	上海
35	上海交通大学图书馆	上海
36	上海中医药大学	上海
37	上海海事大学科学技术情报研究所	上海
38	江苏省专利信息服务中心	江苏

续表

序号	单位	所在省份
39	江苏佰腾科技有限公司	江苏
40	扬州大学图书馆	江苏
41	江苏省科学技术情报研究所	江苏
42	中国矿业大学图书馆	江苏
43	浙江省科技信息研究院	浙江
44	浙江省知识产权研究与服务中心	浙江
45	浙江大学图书馆	浙江
46	安徽省科学技术情报研究所	安徽
47	中国科学技术大学图书馆	安徽
48	福建省知识产权信息公共服务中心	福建
49	厦门市知识产权信息公共服务中心	福建
50	福州大学图书馆	福建
51	福州市科学技术情报研究所（福州市知识产权信息公共服务中心）	福建
52	福建海峡西岸知识产权研究院有限公司	福建
53	江西省知识产权服务中心	江西
54	景德镇陶瓷大学图书馆	江西
55	山东省专利信息服务中心	山东
56	山东专利工程总公司	山东
57	青岛市知识产权事务中心	山东
58	济南市知识产权信息中心	山东
59	滨州市知识产权维权援助中心	山东
60	河南省知识产权事务中心	河南
61	郑州大学图书馆	河南
62	河南大学	河南
63	河南工业大学图书馆	河南
64	国家知识产权创意产业试点园区管理委员会	河南
65	湖北省科技信息研究院	湖北
66	湖北省知识产权发展中心	湖北
67	襄阳市知识产权发展中心	湖北
68	华中科技大学图书馆	湖北

续表

序号	单位	所在省份
69	三峡大学	湖北
70	湖南省知识产权信息服务中心	湖南
71	湖南省科学技术信息研究所	湖南
72	湘潭大学知识产权学院	湖南
73	中南大学图书馆	湖南
74	吉首大学	湖南
75	广东省知识产权研究与发展中心	广东
76	广东省科技图书馆（广东省科技信息与发展战略研究所）	广东
77	广州奥凯信息咨询有限公司	广东
78	中山大学	广东
79	华南理工大学	广东
80	广西壮族自治区知识产权发展研究中心	广西
81	广西大学图书馆	广西
82	桂林电器科学研究院有限公司	广西
83	广西曙光知识产权服务有限公司	广西
84	海南省科学技术信息研究所	海南
85	重庆摩托车（汽车）知识产权信息中心	重庆
86	重庆市企业知识产权保护促进会	重庆
87	重庆大学	重庆
88	重庆图书馆	重庆
89	重庆技术评估与转移服务中心	重庆
90	四川省知识产权服务中心	四川
91	成都市知识产权服务中心（成都市知识产权维权援助中心）	四川
92	中国科学院成都文献情报中心	四川
93	电子科技大学图书馆	四川
94	行之知识产权服务集团有限公司	四川
95	贵州省科学技术情报研究所（贵州省专利信息服务中心）	贵州
96	贵州派腾科技服务有限公司	贵州

续表

序号	单位	所在省份
97	贵州省保护知识产权举报投诉服务中心	贵州
98	云南省专利信息服务中心	云南
99	云南省科学技术情报研究院	云南
100	昆明理工大学云南省知识产权发展研究院	云南
101	云南大学图书馆	云南
102	陕西省知识产权服务中心	陕西
103	中国杨凌农业知识产权信息中心	陕西
104	西北农林科技大学	陕西
105	陕西科技大学图书馆	陕西
106	西安护航宝科技创新有限公司	陕西
107	甘肃省知识产权事务中心	甘肃
108	中国科学院兰州文献情报中心	甘肃
109	甘肃省科学技术情报研究所	甘肃
110	中国石油天然气股份有限公司兰州化工研究中心	甘肃
111	青海省专利信息服务中心	青海
112	中国科学院青海盐湖研究所	青海
113	宁夏回族自治区知识产权服务中心	宁夏
114	银川市生产力促进中心	宁夏
115	宁夏回族自治区科学技术发展战略和信息研究所	宁夏
116	中国科学院新疆分院文献信息中心	新疆
117	新疆维吾尔自治区科技发展战略研究院	新疆
118	新疆大学图书馆	新疆
119	新疆医科大学图书馆	新疆
120	新疆生产建设兵团知识产权信息中心	新疆生产建设兵团

9.2.2.3 高校国家知识产权信息服务中心

国家知识产权局、教育部落实《“十三五”国家知识产权保护和运用规划》《国家教育事业发展“十三五”规划》，完善知识产权信息公共服务网络，按照《知识产权局办公室　教育部办公厅关于印发〈高校知识产权信息服务中心建设实施办法〉的通知》（国知办发规字〔2017〕62 号）于 2019 年完成了首批高校国家知识产权信息服务中心认定，具体如表 9–5 所示。

表 9-5 高校国家知识产权信息服务中心名单

序号	单位
1	北京大学
2	北京交通大学
3	北京科技大学
4	重庆大学
5	大连理工大学
6	电子科技大学
7	东北林业大学
8	东北师范大学
9	广西大学
10	哈尔滨工业大学
11	河北工业大学
12	华南理工大学
13	华中科技大学
14	南京工业大学
15	宁波大学
16	清华大学
17	上海交通大学
18	同济大学
19	西安交通大学
20	湘潭大学
21	郑州大学
22	中国海洋大学
23	中山大学

9.2.2.4 技术与创新支持中心（TISC）

技术与创新支持中心（TISC）是世界知识产权组织发展议程框架下的合作项目，旨在帮助发展中国家的知识产权和创新用户提升技术信息检索能力，更快地掌握行业动态和新技术信息。截至 2018 年底，世界知识产权组织已在 70 多个国家和地区的 700 余家实施单位建立了 TISC。2019 年初，TISC 项目正式落户中国。目前，TISC 承办机构评选工作已开展四批次，全国共 97 家单位获评成功。全国技术与创新支持中心名单如表 9-6 所示。

表 9–6 全国技术与创新支持中心名单

序号	单位	获批批次
1	上海交通大学	第一批
2	上海专利商标事务所	第一批
3	东方灵盾公司	第一批
4	丰台科技园区	第一批
5	天津大学	第一批
6	江苏省专利信息服务中心	第一批
7	南京理工大学	第一批
8	河北省石家庄众志华清知识产权事务所	第二批
9	武汉光谷知识产权联盟管理有限公司	第二批
10	重庆市知识产权信息中心	第二批
11	广州中新知识产权服务有限公司	第二批
12	广州奥凯信息咨询有限公司	第二批
13	中国科学院上海生命科学研究院	第三批
14	上海图书馆（上海科学技术情报研究所）	第三批
15	中国科学技术大学	第三批
16	兰州大学	第三批
17	中国科学院兰州文献情报中心	第三批
18	北京市知识产权信息中心	第三批
19	天津市科学技术信息研究所	第三批
20	天津市知识产权服务中心	第三批
21	河北省知识产权保护与发展协会	第三批
22	内蒙古知识产权服务中心	第三批
23	吉林省图书馆（吉林省少年儿童图书馆）	第三批
24	东北林业大学	第三批
25	江苏大学	第三批
26	浙江省知识产权研究与服务中心	第三批
27	福建省知识产权信息公共服务中心	第三批
28	江西省陶瓷知识产权信息中心	第三批
29	青岛市知识产权事务中心	第三批
30	山东专利工程总公司	第三批

续表

序号	单位	获批批次
31	郑州市金水区国家知识产权创意产业试点园区	第三批
32	湖北省知识产权发展中心	第三批
33	中国科学院武汉文献情报中心	第三批
34	湖南省知识产权信息服务中心	第三批
35	广东省知识产权保护中心	第三批
36	广西壮族自治区知识产权发展研究中心	第三批
37	海南师范大学国家大学科技园	第三批
38	重庆大学	第三批
39	四川省知识产权服务中心	第三批
40	中国科学院成都文献情报中心	第三批
41	云南省科学技术情报研究院	第三批
42	陕西省知识产权服务中心	第三批
43	中国杨凌农业知识产权信息中心	第三批
44	青海省青藏专利信息服务中心	第三批
45	新疆大学	第三批
46	国家知识产权局专利检索咨询中心	第三批
47	中国科学院文献情报中心	第三批
48	首都知识产权服务业协会	第四批
49	北京知识产权运营管理有限公司	第四批
50	中国汽车技术研究中心有限公司	第四批
51	河北省科学技术情报研究院	第四批
52	山西省知识产权技术服务中心	第四批
53	内蒙古自治区知识产权研究会	第四批
54	内蒙古医科大学	第四批
55	辽宁省信息中心	第四批
56	中国科学院大连化学物理研究所	第四批
57	吉林大学	第四批
58	吉林省知识产权事务中心	第四批
59	哈尔滨工程大学	第四批
60	上海市知识产权服务中心	第四批

续表

序号	单位	获批批次
61	上海海事大学	第四批
62	智慧芽信息科技（苏州）有限公司	第四批
63	江苏佰腾科技有限公司	第四批
64	浙江工业大学	第四批
65	浙江省科技信息研究院	第四批
66	温州市知识产权服务园	第四批
67	安徽信息工程学院	第四批
68	厦门大学	第四批
69	福建省科学技术信息研究所	第四批
70	江西省专利事务所	第四批
71	东营市知识产权保护中心	第四批
72	齐鲁工业大学（山东省科学院）	第四批
73	中国（烟台）知识产权保护中心	第四批
74	河南省科学技术信息研究院	第四批
75	中部知光技术转移有限公司	第四批
76	湘潭市生产力促进中心有限公司	第四批
77	中国（深圳）知识产权保护中心	第四批
78	横琴国际知识产权交易中心有限公司［国家知识产权运营公共服务平台金融创新（横琴）试点平台］	第四批
79	佛山科学技术学院	第四批
80	桂林电器科学研究院有限公司	第四批
81	中新（重庆）知识产权研究院有限公司	第四批
82	西南科技大学	第四批
83	行之知识产权服务集团有限公司	第四批
84	贵州省科学技术情报研究所	第四批
85	西藏大学	第四批
86	陕西融盛知识产权平台有限公司	第四批
87	中国石油天然气股份有限公司兰州化工研究中心	第四批
88	甘肃省科学技术情报研究所	第四批
89	甘肃省知识产权保护中心	第四批
90	青海之也科技咨询服务有限公司	第四批

续表

序号	单位	获批批次
91	宁夏回族自治区知识产权服务中心	第四批
92	银川市生产力促进中心	第四批
93	北京国知专利预警咨询有限公司	第四批
94	知识产权出版社有限责任公司	第四批
95	中国专利信息中心	第四批
96	中国专利技术开发公司	第四批
97	中国标准化研究院	第四批

9.2.2.5 全国知识产权分析评议联盟

2013 年 11 月，全国知识产权分析评议联盟成立，截至 2015 年底联盟成员单位已从最初的 34 家壮大至 126 家，覆盖全国 25 个省（自治区、直辖市），逐步形成信息交流、资源共享的知识产权分析评议合作平台。另据不完全统计，全国能为企业诊断知识产权问题、提供解决方案的分析评议服务机构有接近 400 家。

9.2.2.6 专利信息中心服务联盟

2016 年 4 月 18 日，由各地方专利信息服务中心等 33 家初始成员发起成立的专利信息中心服务联盟在北京成立。2016 年是“十三五”开局之年，也是深化知识产权领域改革、加快知识产权强国建设的关键一年。近年来，我国专利申请数量和质量不断提高，全国知识产权服务机构数量达到 3.6 万家，知识产权服务业年营业收入达 800 多亿元，各地结合本地区域优势、经济结构、产业特点，不断探索并建立一整套符合地方特色且行之有效的服务模式，培育了一批在全国产生广泛影响力的专利信息服务及产品，各地专利信息服务工作呈现百花齐放的繁荣景象。因专利信息中心服务联盟在专利信息资源方面具有得天独厚的优势，专利信息服务具备了天时、地利、人和的发展优势和条件，成立专利信息中心服务联盟恰逢其时。

联盟通过建立统一的专利信息服务交流平台，发挥成员自身优势，最终实现数据开发、分析、研究成果等资源的共享。联盟在适当时机还将扩充具有一定专利服务基础和专利运营经验的企事业单位，通过整合资源，发挥各地方专利信息服务中心引领和导向作用，不断深化服务内容，创新服务模式。

9.2.3 人才培养现状

为切实加强全国专利信息人才队伍建设，促进对专利信息的传播利用，根据《关于加强全国专利文献信息传播与利用工作的意见》（国知发办字〔2011〕151 号），国家知识产权局在全国范围内开展了 2012—2015 年专利信息领军人才和师资人才评选工作。通过全国知识产权系统及有关单位的组织推荐及专家推荐，经全国专利信息领军人才、师资人才和实务人才评选委员会评审，筛选 105 人为全国专利信息领军人才、296 人为全国专利信息师资人才、941 人为全国专利信息实务人才，入选全国专利信息专家库，2012—2015 年全国专利信息领军人才名单如表 9-7 所示，2012—2015 年全国专利信息师资人才名单如表 9-8 所示，2016—2017 年全国专利信息实务人才名单如表 9-9 所示。

领军人才在专利信息战略运用、专利信息分析与竞争情报研究、企业专利信息管理及专利信息资源组织与管理等方面积极开展工作，发挥引领和辐射作用；师资人才积极承担有关专利信息检索、分析与利用等方面的培养任务，为全国专利信息人才培养做出积极贡献；专利信息实务人才立足本职岗位，服务地区经济科技发展，在专利信息资源组织与建设、专利信息分析、专利信息利用与服务等工作中做出积极贡献。

目前国家知识产权局建立了专利信息人才管理系统，为加强对专利信息人才的培养、使用和管理而开发的信息化平台。系统以全面、完整的专利信息领军人才、师资人才数据库为基础，实现人才信息的资源共享，促进人才的使用和作用发挥。专利信息人才管理系统主要包括专利信息人才工作动态、人才信息、地方人才工作、培训班管理等模块，面向四类用户开放使用：①国家知识产权局用户；②地方知识产权局用户；③专利信息领军人才和师资人才用户；④企业用户。国家知识产权局用户：可以在系统中记录、管理、统计、分析全国专利信息人才的基本信息，发布人才统计分析报告；采集地方知识产权局上报的专利信息人才工作情况，掌握全国专利信息人才培养使用的基本情况；发布人才选拔、培养和使用信息；实现人才在线考核和评价。地方知识产权局用户：可以通过系统了解人才的基本情况和参与专利信息工作的情况；了解国家局、其他地方知识产权局的人才工作动态；实现对本地区各项专利信息人才信息的统计、分析；向国家局报送人才培养和使用情况；发布人才培养和使用的相关工作通知；对培养和使用的人才进行评价。专利信息领军人才和师资人才用户：可以通过系统了解全国专利信息人才工作的情况；上报个人参与培养、使用工作的情况；获取人才需求信息。企业用户：可以通过系统了解全国、本地区专利信息人才的信息；上传人才需求；对人才参与项目的情况进行评价。目前，专利信息人才管理系统暂不支持用户注册功能，所有用户均为指定用户，可凭指定用户名登录本系统。登录系统后，建议修改登录密码。

表 9-7　2012—2015 年全国专利信息领军人才名单

序号	单位	省份	姓名
1	知识产权出版社有限责任公司	北京	崔国振

续表

序号	单位	省份	姓名
2	北京国之专利预警咨询中心	北京	邓声菊
3	北大方正集团有限公司	北京	窦鑫磊
4	北京合享新创信息科技有限公司	北京	樊凌雯
5	北京合享新创信息科技有限公司	北京	何 佳
6	北京市知识产权信息中心	北京	黄建军
7	北京大学知识产权学院	北京	黄贤涛
8	中国专利技术开发公司	北京	冀小强
9	北京市柳沈律师事务所	北京	贾静环
10	北京路浩知识产权代理有限公司	北京	瞿卫军
11	知识产权发展研究中心	北京	李 岩
12	北京中关村海外科技园有限责任公司	北京	李立维
13	知识产权出版社	北京	刘化冰
14	知识产权发展研究中心	北京	刘庆琳
15	北京合享新创信息科技有限公司	北京	刘晓波
16	北京东方灵盾科技有限公司	北京	刘延淮
17	中国专利技术开发公司	北京	彭茂祥
18	国防专利服务中心	北京	钱立亚
19	工业和信息化部电信研究院	北京	史兴东
20	北京北方微电子基地设备工艺研究中心有限责任公司	北京	宋巧丽
21	北京东方灵盾科技有限公司	北京	孙艳玲
22	中国船舶工业综合技术经济研究院	北京	王丽军
23	北京元中知识产权代理有限责任公司	北京	王明霞
24	汤森路透科技信息服务（北京）有限公司	北京	吴 正
25	中关村知识产权促进局	北京	熊 瑛
26	北京国之专利预警咨询中心	北京	于立彪
27	中国科学技术信息研究所	北京	负 强
28	国家核电技术有限公司政法部	北京	翟晨阳
29	北京三聚阳光知识产权代理有限公司	北京	张 杰
30	北京国之专利预警咨询中心	北京	张 勇
31	北京市知识产权局	北京	张伯友
32	北京三聚阳光知识产权代理有限公司	北京	张建纲

续表

序号	单位	省份	姓名
33	天津市知识产权服务中心	天津	张占疆
34	保定市大为计算机软件开发有限公司	河北	潘晓梅
35	中国乐凯胶片集团公司	河北	张希堂
36	山西省知识产权信息中心	山西	梁建军
37	内蒙古保护知识产权举报投诉服务中心	内蒙古	韩 勇
38	辽宁省盘锦市辽东湾新区大工路 2 号	辽宁	贺高红
39	辽宁省知识产权局	辽宁	胡权林
40	大连理工大学	辽宁	张米尔
41	黑龙江省知识产权局	黑龙江	邓 璐
42	东北林业大学	黑龙江	李海英
43	上海图书馆上海科学技术情报研究所	上海	顾震宇
44	中国科学院上海生命科学研究院，生命科学信息中心	上海	江洪波
45	上海图书馆（上海科学技术情报研究所）	上海	瞿丽曼
46	上海市知识产权服务中心	上海	梁建军
47	上海汉光知识产权数据科技有限公司	上海	王志达
48	上海专利商标事务所有限公司	上海	吴燕敏
49	上海科学技术情报研究所	上海	肖沪卫
50	上海专利商标事务所有限公司	上海	谢喜堂
51	江苏省专利信息服务中心	江苏	吕阳红
52	国家专利战略推进与服务（泰州）中心	江苏	史 波
53	江苏省专利信息服务中心	江苏	王亚利
54	浙江省知识产权研究与服务中心	浙江	程 佳
55	浙江大学	浙江	叶 鹰
56	安徽省专利信息服务中心	安徽	范 文
57	福建省知识产权信息公共服务中心	福建	林 俊
58	福建省知识产权局	福建	郑敏姜
59	中国陶瓷知识产权信息中心	福建	鄢春根
60	济南市知识产权局	山东	关 军
61	青岛市科学技术信息研究所	山东	谭思明
62	山东省知识产权局	山东	武风雷
63	山东省知识产权局鉴定中心	山东	于凌崧

续表

序号	单位	省份	姓名
64	济南市知识产权信息中心	山东	张晓东
65	河南省知识产权局	河南	吴灯展
66	洛阳轴研科技股份有限公司	河南	叶 军
67	武汉中国·光谷知识产权信息中心	湖北	陈仁松
68	武汉工程大学法商学院、武汉化院科技有限公司	湖北	金明浩
69	武汉理工大学、湖北知识产权研究中心	湖北	刘介明
70	华中科技大学	湖北	余 翔
71	三一集团有限公司	湖北	陈路长
72	长沙吉发科技信息咨询有限公司	湖南	成四喜
73	湖南省农业科学院知识产权管理中心	湖南	丁超英
74	中联重科股份有限公司	湖南	黎晓君
75	湖南省知识产权信息服务中心	湖南	李 锋
76	湘潭大学	湖南	肖冬梅
77	广东威创视讯科技股份有限公司	广东	白宝国
78	珠海智专专利商标代理有限公司	广东	段淑华
79	腾讯科技（深圳）有限公司	广东	桂 燕
80	广东省知识产权研究与发展中心	广东	李 强
81	腾讯科技（深圳）有限公司	广东	李富山
82	深圳市中彩联科技有限公司	广东	罗建平
83	深圳市中彩联科技有限公司	广东	田卫平
84	广东省知识产权研究与发展中心	广东	魏庆华
85	广东省知识产权研究与发展中心	广东	徐宇发
86	广州奥凯信息咨询有限公司	广东	张 驰
87	深圳市标准技术研究院	广东	赵 涛
88	广西壮族自治区科学技术情报研究所	广西	吴洁霞
89	重庆摩托车（汽车）知识产权信息中心	重庆	洪 昶
90	中国科学院成都文献情报中心	四川	方 曙
91	四川长虹电子集团有限公司	四川	李代青
92	成都九鼎天元知识产权代理有限公司	四川	詹永斌
93	贵州省知识产权局	贵州	王曰洪
94	云南省知识产权发展研究院	云南	王 景

续表

序号	单位	省份	姓名
95	云南省知识产权局	云南	张素萍
96	西安市知识产权局	陕西	付兆阳
97	西安交通大学	陕西	高山行
98	西安优赛诺知识产权管理咨询有限公司	陕西	刘斌强
99	陕西理工学院机械工程学院	陕西	孙志学
100	陕西省知识产权局	陕西	杨行云
101	甘肃省知识产权局	甘肃	刘叶梅
102	中国科学院兰州文献情报中心	甘肃	马建霞
103	甘肃省知识产权事务中心	甘肃	张景玲
104	特变电工新疆硅业有限公司	新疆	李西良
105	石河子大学图书馆、兵团知识产权信息中心	新疆	张建华

表 9-8　2012—2015 年全国专利信息师资人才名单

序号	单位	省份 / 机构	姓名
1	中国石油化工股份有限公司	北京	查芷琦
2	北京国之专利预警咨询中心	北京	陈　浩
3	北京合享新创信息科技有限公司	北京	陈伟然
4	北京市知识产权信息中心	北京	付占海
5	北京握奇数据系统有限公司	北京	高　睿
6	同方威视技术股份有限公司	北京	郭伟红
7	北京东方灵盾科技有限公司	北京	黄文静
8	北京驰纳智财知识产权代理事务所	北京	蒋路帆
9	北京康信知识产权代理有限责任公司	北京	李　慧
10	中国移动通信有限公司研究院	北京	李　祎
11	北京市知识产权信息中心	北京	丽　娜
12	北京盛广信合知识产权咨询有限公司	北京	刘　欣
13	北京路浩知识产权发展中心	北京	刘　云
14	核工业专利中心	北京	莫　丹
15	北京三友知识产权代理有限公司	北京	庞东成
16	北京东方灵盾科技有限公司	北京	孙志一
17	优酷土豆集团	北京	王　冀

续表

序号	单位	省份 / 机构	姓名
18	东旭集团有限公司	北京	王培堂
19	北京路浩知识产权代理有限公司	北京	王朋飞
20	北京华智大为科技有限公司	北京	杨 飞
21	工业和信息化部电信研究院	北京	张 妍
22	北京康信知识产权代理有限责任公司	北京	张 英
23	北京三友知识产权代理有限公司	北京	张 正
24	北京合享新创信息科技有限公司	北京	张佰鹏
25	隆天国际知识产权代理有限公司	北京	张浴月
26	北京三聚阳光知识产权代理有限公司	北京	朱正强
27	天津市知识产权服务中心	天津	刘 铖
28	天津市知识产权服务中心	天津	王剑君
29	天津市知识产权服务中心	天津	吴秋红
30	天津市知识产权服务中心	天津	熊晓津
31	北京国昊天诚知识产权代理有限公司天津分公司	天津	赵 宇
32	华北制药集团新药研究开发有限责任公司	河北	封玉彬
33	石家庄石药集团有限公司	河北	申东民
34	河北科技大学	河北	朱江玲
35	山西省知识产权信息中心	山西	葛 川
36	国家知识产权局专利局太原代办处	山西	李永翊
37	内蒙古欣洋瑞知识产权研究所	内蒙古	何淑珍
38	包头市专利事务所	内蒙古	王 红
39	包头市专利事务所	内蒙古	庄英菊
40	中科院大连化学物理研究所	辽宁	杜 伟
41	辽宁省知识产权信息中心	辽宁	李 凯
42	大连市知识产权服务中心	辽宁	林 楠
43	大连理工大学、辽宁省知识产权发展研究中心	辽宁	林德明
44	大连理工大学（盘锦校区）	辽宁	任 毅
45	大连海事大学法学院、知识产权研究院	辽宁	徐红菊
46	沈阳工业大学	辽宁	易 玉
47	大连市知识产权服务中心	辽宁	郑洪洋
48	中国科学院长春应用化学研究所	吉林	杜 创

续表

序号	单位	省份 / 机构	姓名
49	中国科学院长春应用化学研究所	吉林	王　瑜
50	哈尔滨工程大学科学技术研究院知识产权中心	黑龙江	刘　妍
51	哈尔滨工业大学二学区图书馆信息咨询部	黑龙江	宋天华
52	黑龙江省知识产权局	黑龙江	王双厚
53	中国科学院上海生命科学研究院 / 生命科学信息中心	上海	陈大明
54	中航商用航空发动机有限责任公司	上海	黄　桢
55	上海恒锐知识产权服务有限公司	上海	黄海霞
56	上海汉光知识产权数据科技有限公司	上海	李凯峰
57	中国科学院上海生命科学研究院 / 生命科学信息中心	上海	陆　娇
58	上海图书馆（上海科学技术情报研究所）	上海	路　炜
59	上海容智知识产权代理有限公司	上海	泮淑梅
60	上海中医药大学	上海	施　毅
61	上海汉光知识产权数据科技有限公司	上海	魏国柱
62	上海专利商标事务所有限公司	上海	叶　诚
63	上海容智知识产权代理有限公司	上海	于晓菁
64	上海市知识产权服务中心	上海	张玲霞
65	南京工业大学图书馆	江苏	鲍志彦
66	江苏省专利信息服务中心	江苏	陈箐清
67	江苏省专利信息服务中心	江苏	丁　甜
68	国家专利战略推进与服务（泰州）中心	江苏	杜依民
69	江苏省专利信息服务中心	江苏	高　劼
70	江苏省专利信息服务中心	江苏	龚跃鹏
71	泰州专利战略推进与服务中心有限公司	江苏	顾　芸
72	中国药科大学	江苏	顾东蕾
73	苏州合享新创信息科技有限公司	江苏	姜　莹
74	南京经纬专利商标代理有限公司	江苏	李　明
75	江苏省专利信息服务中心	江苏	石　瑛
76	南京理工大学知识产权学院	江苏	武兰芬
77	江苏省科学技术情报研究所	江苏	云　洁
78	江苏省专利信息服务中心	江苏	翟佳雯
79	宁波市科技信息研究院	浙江	包逸萍

续表

序号	单位	省份 / 机构	姓名
80	中国（宁波）知识产权维权援助中心	浙江	董　莎
81	浙江省知识产权研究与服务中心	浙江	范　理
82	中国计量学院	浙江	冀　瑜
83	浙江大学	浙江	刘　琼
84	浙江工业大学	浙江	刘　珊
85	浙江工业大学	浙江	潘灿君
86	宁波市鄞州区科技信息服务中心	浙江	徐志远
87	浙江工业大学	浙江	詹爱岚
88	湖州优智芸知识产权咨询服务有限公司	浙江	张　勇
89	宁波市科技信息研究院	浙江	张红辉
90	安徽汇朴律师事务所	安徽	丁瑞瑞
91	安徽省专利信息服务中心	安徽	胡　伟
92	安徽省专利信息服务中心	安徽	孙　靓
93	安徽省专利信息服务中心	安徽	汪　凯
94	安徽省专利信息服务中心	安徽	张犁朦
95	福建工程学院	福建	冯仁涛
96	路达（厦门）工业有限公司	福建	吴宇峥
97	宸鸿科技（厦门）有限公司	福建	张凡忠
98	福州大学	福建	张文德
99	福建农林大学	福建	郑美玉
100	中国陶瓷知识产权信息中心	江西	罗晓宁
101	齐鲁工业大学	山东	班　青
102	济南市知识产权信息中心	山东	岑　明
103	济南市知识产权信息中心	山东	郭　青
104	山东专利工程总公司	山东	李　检
105	青岛市知识产权事务中心	山东	吕霖琳
106	山东省专利保护技术鉴定中心	山东	孙　玮
107	齐鲁制药有限公司	山东	孙立明
108	山东省专利保护技术鉴定中心	山东	邢云翩
109	青岛市知识产权事务中心	山东	张　宁
110	烟台大学山东省知识产权研究院	山东	赵文经

续表

序号	单位	省份 / 机构	姓名
111	河南省知识产权事务中心	河南	李勇敢
112	河南省知识产权局	河南	刘 涛
113	河南省知识产权事务中心	河南	刘学瑞
114	新乡市知识产权局	河南	罗占新
115	洛阳轴研科技股份有限公司	河南	牛青波
116	濮阳市知识产权局	河南	温九真
117	河南省知识产权局	河南	姚海燕
118	安阳师范学院	河南	支丽平
119	人福医药集团股份公司	湖北	黄 璐
120	华中科技大学专利中心	湖北	梁 鹏
121	武汉中国·光谷知识产权信息中心	湖北	刘莹佳
122	武汉大学	湖北	宁立志
123	武汉大学知识产权高级研究中心	湖北	冉从敬
124	武汉中国·光谷知识产权信息中心	湖北	王 瑀
125	海军工程大学科研部	湖北	王诚敏
126	武汉大学信息管理学院、知识产权高级研究中心	湖北	吴 钢
127	武汉中国·光谷知识产权信息中心	湖北	夏 媛
128	湖北省专利发展服务中心	湖北	杨金才
129	武汉科皓知识产权代理事务所	湖北	张火春
130	湖南省知识产权局	湖南	李 里
131	中南大学法学院	湖南	刘 强
132	湘潭大学知识产权学院	湖南	刘友华
133	湘潭大学知识产权学院	湖南	邱洪华
134	湖南省知识产权信息服务中心	湖南	肖坤立
135	广东省知识产权研究与发展中心	广东	陈宇萍
136	广州杰赛科技股份有限公司	广东	陈玉琼
137	深圳市威世博知识产权代理事务所	广东	何青瓦
138	广州市越秀区哲力专利商标事务所（普通合伙）	广东	胡拥军
139	广东省知识产权研究与发展中心	广东	黄少晖
140	深圳崇德广业知识产权运营顾问有限公司	广东	贾振勇
141	华南农业大学科学技术处、科技管理与规划研究所	广东	刘长威

续表

序号	单位	省份 / 机构	姓名
142	广州市知识产权信息中心	广东	刘承敏
143	东莞理工学院图书馆	广东	刘英华
144	中国科学院广州生物医药与健康研究院	广东	庞弘燊
145	广州奥凯信息咨询有限公司	广东	王　栋
146	金发科技股份有限公司	广东	王　鹏
147	广州奥凯信息咨询有限公司	广东	王峻岭
148	珠海纳思达电子科技有限公司	广东	韦胜雨
149	中兴通讯股份有限公司	广东	文　明
150	广州奥凯信息咨询有限公司	广东	文　毅
151	珠海格力电器股份有限公司	广东	文旷瑜
152	广东省知识产权研究与发展中心	广东	武月娇
153	广州奥凯信息咨询有限公司	广东	叶广海
154	广东省知识产权研究与发展中心	广东	袁　攀
155	东莞市华南专利商标事务所有限公司	广东	张　明
156	珠海赛纳打印科技股份有限公司	广东	周永新
157	珠海智专专利商标代理有限公司	广东	祝颂党
158	广西科技大学管理学院	广西	陈朝晖
159	广西壮族自治区科学技术情报研究所	广西	梁　剑
160	广西壮族自治区知识产权发展研究中心	广西	陆　军
161	广西民族大学	广西	齐爱民
162	广西科学技术情报研究所	广西	谭　钢
163	广西壮族自治区科学技术情报研究所	广西	张云星
164	重庆理工大学	重庆	邓　洁
165	重庆摩托车（汽车）知识产权信息中心	重庆	胡尊爽
166	隆鑫通用动力股份有限公司	重庆	刘成果
167	重庆市知识产权信息服务中心	重庆	罗先盛
168	重庆摩托车（汽车）知识产权信息中心	重庆	熊晓琴
169	重庆摩托车（汽车）知识产权信息中心	重庆	杨尚伟
170	重庆摩托车（汽车）知识产权信息中心	重庆	邹　杨
171	成都九鼎天元知识产权代理有限公司	四川	房　云
172	成都九鼎天元知识产权代理有限公司	四川	韩　雪

续表

序号	单位	省份 / 机构	姓名
173	四川力久律师事务所	四川	林辉轮
174	四川宏华石油设备有限公司	四川	刘　杰
175	四川省成都市天策商标事务所	四川	刘　渝
176	四川省成都市天策商标专利事务所	四川	刘兴亮
177	四川长虹电器股份有限公司	四川	王星睿
178	成都华典专利事务所	四川	徐　丰
179	四川文康知识产权服务有限公司	四川	杨　斌
180	成都市知识产权服务中心	四川	杨欣宇
181	中国科学院成都文献情报中心	四川	张　娴
182	贵阳路浩知识产权代理有限公司	贵州	谷庆红
183	贵州派腾知识产权研究中心	贵州	管宝伟
184	贵州省保护知识产权举报投诉服务中心	贵州	肖　林
185	贵阳东圣专利商标事务有限公司	贵州	袁庆云
186	云南光电辅料有限公司	云南	句红兵
187	云南省科学技术情报研究院	云南	张　俐
188	宝鸡市知识产权局	陕西	白　龙
189	陕西省知识产权服务中心	陕西	郭　珺
190	西安市科学技术信息研究所	陕西	郭寅生
191	中国杨凌农业知识产权信息中心	陕西	贺骁勇
192	西安市科学技术信息研究所	陕西	刘　敏
193	中国杨凌农业知识产权信息中心	陕西	罗来兵
194	西安智邦专利商标代理有限公司	陕西	商宇科
195	陕西理工学院	陕西	孙志学
196	西安通大专利代理有限责任公司	陕西	王　萌
197	陕西省知识产权服务中心	陕西	王　娜
198	西安市科学技术信息研究所	陕西	朱　平
199	中国石油兰州化工研究中心	甘肃	曹凤霞
200	甘肃省知识产权局	甘肃	陈小飞
201	中国石油兰州化工研究中心	甘肃	李　琰
202	中国石油兰州化工研究中心	甘肃	李晓艳
203	中国石油兰州化工研究中心	甘肃	马艳萍

续表

序号	单位	省份 / 机构	姓名
204	甘肃省知识产权事务中心	甘肃	田玉兰
205	甘肃省知识产权事务中心	甘肃	杨小红
206	甘肃省科学技术情报研究所	甘肃	张　缨
207	甘肃省知识产权事务中心	甘肃	周春雷
208	中国科学院青海盐湖研究所	青海	葛　飞
209	乌鲁木齐合纵专利商标事务所	新疆	汤建武
210	特变电工股份有限公司	新疆	王艳辉
211	新疆生产建设兵团知识产权信息中心	新疆	曲金丽
212	新疆兵团第八师知识产权局	新疆	王海庆
213	石河子大学图书馆、兵团知识产权信息中心	新疆	郑元元
214	国家知识产权局保护协调司	国家局	汪　勇
215	国家知识产权局国际合作司	国家局	孙宏霞
216	国家知识产权局专利局材料工程发明审查部	国家局	王　涛
217	国家知识产权局专利局材料工程发明审查部	国家局	余仲儒
218	国家知识产权局专利局材料工程发明审查部	国家局	郑元元
219	国家知识产权局专利局电学发明审查部	国家局	房华龙
220	国家知识产权局专利局电学发明审查部	国家局	顾　静
221	国家知识产权局专利局电学发明审查部	国家局	潘光虎
222	国家知识产权局专利局电学发明审查部	国家局	田　冰
223	国家知识产权局专利局电学发明审查部	国家局	王少锋
224	国家知识产权局专利局电学发明审查部	国家局	王兴妍
225	国家知识产权局专利局光电技术发明审查部	国家局	庞庆范
226	国家知识产权局专利局光电技术发明审查部	国家局	王　洋
227	国家知识产权局专利局光电技术发明审查部	国家局	徐晓亚
228	国家知识产权局专利局化学发明审查部	国家局	陈俊霞
229	国家知识产权局专利局化学发明审查部	国家局	褚战星
230	国家知识产权局专利局化学发明审查部	国家局	何小平
231	国家知识产权局专利局化学发明审查部	国家局	李宗韦
232	国家知识产权局专利局机械发明审查部	国家局	陈　飚
233	国家知识产权局专利局机械发明审查部	国家局	陈存敬
234	国家知识产权局专利局机械发明审查部	国家局	董新蕊

续表

序号	单位	省份 / 机构	姓名
235	国家知识产权局专利局机械发明审查部	国家局	刘　畅
236	国家知识产权局专利局机械发明审查部	国家局	马天旗
237	国家知识产权局专利局机械发明审查部	国家局	谭　凯
238	国家知识产权局专利局机械发明审查部	国家局	汪旻梁
239	国家知识产权局专利局机械发明审查部	国家局	俞翰政
240	国家知识产权局专利局审查协作北京中心	国家局	郭震宇
241	国家知识产权局专利局审查协作北京中心	国家局	聂春艳
242	国家知识产权局专利局审查协作北京中心	国家局	张　蔚
243	国家知识产权局专利局审查协作北京中心	国家局	朱　宁
244	国家知识产权局专利局审查业务管理部	国家局	李超凡
245	国家知识产权局专利局审查业务管理部	国家局	孙　琨
246	国家知识产权局专利局实用新型审查部	国家局	袁　泉
247	国家知识产权局专利局外观设计审查部	国家局	余晓廓
248	国家知识产权局专利局医药生物发明审查部	国家局	张志聪
249	国家知识产权局专利局医药生物发明审查部	国家局	张　弛
250	国家知识产权局专利局专利审查协作北京中心	国家局	代玲莉
251	国家知识产权局专利局专利审查协作北京中心	国家局	欧阳雪宇
252	国家知识产权局专利局专利审查协作北京中心	国家局	王娇丽
253	国家知识产权局专利局专利审查协作广东中心	国家局	杨隆鑫
254	国家知识产权局专利局专利审查协作广东中心	国家局	钟焱鑫
255	国家知识产权局专利局专利审查协作湖北中心	国家局	崔尚科
256	国家知识产权局专利局专利审查协作湖北中心	国家局	贾连锁
257	国家知识产权局专利局专利审查协作湖北中心	国家局	骆素芳
258	国家知识产权局专利局专利审查协作四川中心	国家局	张　建
259	国家知识产权局专利局专利审查协作天津中心	国家局	刘　锋
260	国家知识产权局专利局专利文献部	国家局	董小灵
261	国家知识产权局专利局专利文献部	国家局	盖　爽
262	国家知识产权局专利局专利文献部	国家局	何　欣
263	国家知识产权局专利局专利文献部	国家局	贾丹明
264	国家知识产权局专利局专利文献部	国家局	景光伟
265	国家知识产权局专利局专利文献部	国家局	李　蓓

续表

序号	单位	省份 / 机构	姓名
266	国家知识产权局专利局专利文献部	国家局	李　鹏
267	国家知识产权局专利局专利文献部	国家局	宋瑞玲
268	国家知识产权局专利局专利文献部	国家局	闫晓苏
269	国家知识产权局专利局专利文献部	国家局	杨　策
270	国家知识产权局专利局专利文献部	国家局	张　希
271	国家知识产权局专利局专利文献部	国家局	张永建
272	国家知识产权局专利局专利文献部	国家局	赵　欣
273	国家知识产权局专利局专利文献部	国家局	仲　杰
274	国家知识产权局专利局自动化部	国家局	楚国莉
275	国家知识产权局专利局自动化部	国家局	何亮坤
276	知识产权出版社	国家局	程　序
277	知识产权出版社	国家局	王　科
278	知识产权出版社	国家局	王向红
279	知识产权出版社	国家局	肖　丽
280	知识产权出版社	国家局	谢虹霞
281	知识产权出版社	国家局	修红义
282	知识产权出版社	国家局	赵国璧
283	知识产权出版社	国家局	朱欣昱
284	国家知识产权局知识产权发展研究中心	国家局	邓　鹏
285	国家知识产权局知识产权发展研究中心	国家局	寿晶晶
286	国家知识产权局知识产权发展研究中心	国家局	孙　玮
287	国家知识产权局知识产权发展研究中心	国家局	王　雷
288	国家知识产权局知识产权发展研究中心	国家局	赵　哲
289	中国专利技术开发公司	国家局	李　凌
290	中国专利技术开发公司	国家局	李隽春
291	中国专利技术开发公司	国家局	王文晶
292	中国专利技术开发公司	国家局	武　伟
293	中国专利技术开发公司	国家局	颜　丛
294	中国专利技术开发公司	国家局	郑　红
295	中国专利信息中心	国家局	费一楠
296	中国专利信息中心	国家局	任智军

表 9-9 2016—2017 年全国专利信息实务人才名单

序号	单位	省份	姓名
1	合肥众惠科技咨询服务有限公司	安徽	鲍龙凤
2	安徽省界首市知识产权局	安徽	曹 伟
3	合肥市长远专利代理事务所	安徽	程笃庆
4	南京知识（马鞍山）律师事务所	安徽	代群群
5	中国科学技术大学	安徽	樊亚芳
6	铜陵市天成专利事务所	安徽	范智强
7	合肥市浩智运专利代理事务所	安徽	方荣肖
8	中国科学技术大学公共事务学院	安徽	高筱培
9	合肥美的电冰箱有限公司	安徽	顾传虎
10	安徽科技学院化学与材料工程学院	安徽	郭 雨
11	安徽中天恒律师事务所	安徽	何金花
12	合肥汇众知识产权管理有限公司	安徽	洪 玲
13	南京知识（马鞍山）律师事务所	安徽	侯 晔
14	安徽华鼎知识产权服务有限公司	安徽	胡大华
15	南京知识（马鞍山）律师事务所	安徽	胡锋锋
16	合肥金安专利事务所	安徽	胡治中
17	合肥市长远专利代理事务所	安徽	黄乐瑜
18	合肥美亚光电技术股份有限公司	安徽	计 军
19	安徽聚隆传动科技股份有限公司	安徽	江平国
20	中国科学技术大学	安徽	江 山
21	南京知识（马鞍山）律师事务所	安徽	蒋海军
22	安徽省专利信息服务中心	安徽	李 兵
23	合肥汉之光华知识产权代理有限责任公司	安徽	李 峰
24	合肥汉之光华知识产权代理有限责任公司	安徽	李 琦
25	合肥汇众知识产权管理有限公司	安徽	李启胜
26	中国化学工程第三建设有限公司	安徽	李文蔚
27	合肥汇众知识产权管理有限公司	安徽	刘海涵
28	安徽信拓律师事务所	安徽	娄尔玉
29	合肥众信知识产权代理事务所	安徽	鲁晓瑞
30	合肥美的电冰箱有限公司	安徽	毛 琦

续表

序号	单位	省份	姓名
31	池州恒生科技发展有限公司	安徽	钱利刚
32	安徽省专利信息服务中心	安徽	宋寿贵
33	安徽省专利信息服务中心	安徽	汪　勇
34	合肥市浩智运专利代理事务所	安徽	王　林
35	中联重机股份有限公司	安徽	王新果
36	安徽工业大学	安徽	吴胜华
37	马钢（集团）控股有限公司	安徽	谢世红
38	中国科学技术大学公共事务学院	安徽	许斌丰
39	南京知识（马鞍山）律师事务所	安徽	闫　飞
40	阳光电源股份有限公司	安徽	姚　丹
41	合肥智海知识产权服务有限公司	安徽	余红艳
42	中国科学院合肥物质科学研究院	安徽	张　甫
43	合肥美的电冰箱有限公司	安徽	张世国
44	合肥联宝信息技术有限公司	安徽	张探秋
45	合肥美的电冰箱有限公司	安徽	张　怡
46	安徽农业大学	安徽	赵冠艳
47	合肥汇众知识产权管理有限公司	安徽	周　磊
48	安徽中天恒律师事务所	安徽	朱世贾
49	安徽中天恒律师事务所	安徽	朱娅娟
50	安徽省专利信息服务中心	安徽	邹中华
51	中国煤炭工业协会生产力促进中心	北京	曹光明
52	中科专利商标代理有限责任公司	北京	曹　阳
53	中国国际贸易促进委员会专利商标事务所	北京	陈冠钦
54	中国航天科技专利中心	北京	褚鹏蛟
55	北京中誉威圣知识产权代理有限公司	北京	丛　芳
56	北京恒都律师事务所	北京	丁　沙
57	北京路浩科技发展有限公司	北京	丁　璇
58	中国航天空气动力技术研究院	北京	丁岩晓
59	北京恒冠智创知识产权代理有限公司	北京	董艳华
60	北京中知智慧科技有限公司	北京	冯琳琳
61	北京倍舒特妇幼用品有限公司	北京	高爱国

续表

序号	单位	省份	姓名
62	七星天（北京）咨询有限责任公司	北京	高晓培
63	北京合享新创信息科技有限公司	北京	高艳炫
64	北京东方亿思知识产权代理有限责任公司	北京	何明伦
65	北京超凡志成知识产权代理事务所（普通合伙）	北京	何永春
66	北京国之专利预警咨询中心	北京	蒋一明
67	密云区知识产权局	北京	景　姗
68	北京亨通斯博通讯科技有限公司	北京	李　为
69	京东方科技集团股份有限公司	北京	李艳君
70	北京三聚阳光知识产权代理有限公司	北京	林　超
71	北京超凡志成知识产权代理事务所（普通合伙）	北京	凌赵华
72	万达文化旅游规划研究院有限公司	北京	刘佳宁
73	首钢总公司	北京	刘念华
74	北京工商大学中国化妆品研究中心	北京	刘月恒
75	北京路浩科技发展有限公司	北京	鲁　莎
76	北京超凡志成知识产权代理事务所（普通合伙）	北京	吕瑰丽
77	首钢技术研究院	北京	孟宪堂
78	北京康辰药业股份有限公司	北京	邱俊霞
79	北京合享新创信息科技有限公司	北京	邵延军
80	北京力量专利代理事务所（特殊普通合伙）	北京	宋教花
81	北京东方灵盾知识产权代理有限公司	北京	苏向银
82	北京国之专利预警咨询中心	北京	孙永福
83	北京中技知识产权评估有限公司	北京	汪　辉
84	北京润平知识产权代理有限公司	北京	王　峰
85	中技知识产权金融服务集团北京中技知识产权评估有限公司	北京	王　梅
86	北京电信技术发展产业协会	北京	王　鹏
87	清华大学图书馆	北京	王　茜
88	中国国际贸易促进委员会专利商标事务所	北京	王庆华
89	蓝星（北京）化工机械有限公司	北京	王荣君
90	北京鼎佳达知识产权代理事务所	北京	王伟锋
91	北京中技知识产权评估有限公司	北京	王　雨
92	中技细软（北京）知识产权代理有限公司	北京	谢阿涟

续表

序号	单位	省份	姓名
93	北京驰纳智财知识产权代理事务所	北京	谢　亮
94	北京国之专利预警咨询中心	北京	徐圆圆
95	北京合享新创信息科技有限公司	北京	薛芳芳
96	北京杨丽萍咨询有限责任公司	北京	杨丽萍
97	北京国之专利预警咨询中心	北京	尹　玮
98	工业和信息化部电子知识产权中心	北京	于金平
99	中国航天科技专利中心	北京	臧春喜
100	北京中强智尚知识产权代理有限公司	北京	翟东升
101	北京路浩科技发展有限公司	北京	张　婷
102	工业和信息化部电子知识产权中心	北京	张　曦
103	北京七星华创电子股份有限公司	北京	张晓红
104	北京科兴生物制品有限公司	北京	张星星
105	北京东方亿思知识产权代理有限责任公司	北京	张　妍
106	北京奥凯知识产权服务有限公司	北京	赵　星
107	七星天（北京）咨询有限责任公司	北京	周　乐
108	北京市知识产权信息中心	北京	周美霞
109	北京迈迪顶峰医疗科技有限公司	北京	周晓军
110	北京力量专利代理事务所（特殊普通合伙）	北京	朱利明
111	广东莞信律师事务所	广东	曹柏荣
112	中国科学院广州生物医药与健康研究院	广东	陈超南
113	广州恒成智道信息科技有限公司	广东	陈劲松
114	汕头市中汇信商标专利事务所有限公司	广东	陈世明
115	广东工业大学	广东	陈蔚丽
116	广东省知识产权研究与发展中心	广东	陈小静
117	佛山市海科知识产权交易有限公司	广东	陈志超
118	广州新诺专利商标事务所有限公司韶关分公司	广东	程　毅
119	深圳市知识产权服务中心	广东	邓科峰
120	广东省知识产权研究与发展中心	广东	丁长青
121	广州中新知识产权服务有限公司	广东	丁志新
122	广州圣理华知识产权代理有限公司	广东	顿海舟
123	广州白云山医药集团股份有限公司白云山制药总厂	广东	冯　金

续表

序号	单位	省份	姓名
124	广州市动景计算机科技有限公司	广东	龚　洁
125	惠州市创合知识产权代理有限公司	广东	龚漫军
126	深圳市智汇远见知识产权管理有限公司	广东	黄　巍
127	广州华进联合专利商标代理有限公司	广东	李富龙
128	广东省知识产权研究与发展中心	广东	李润聪
129	广州奥凯信息咨询有限公司	广东	李双双
130	广州恒成智道信息科技有限公司	广东	李　钊
131	揭阳市宏光镀膜玻璃有限公司	广东	林　改
132	珠海智专专利商标代理有限公司	广东	林永协
133	深圳市精英专利事务所	广东	刘贻盛
134	深圳市世纪恒程知识产权代理事务所	广东	隆　毅
135	中山大学图书馆	广东	罗春荣
136	深圳市光峰光电技术有限公司	广东	罗伟欢
137	广州粤高专利商标代理有限公司	广东	缪恩生
138	炬芯（珠海）科技有限公司	广东	庞　雪
139	广州市华学知识产权代理有限公司	广东	裘　晖
140	广东省知识产权研究与发展中心	广东	施　颖
141	深圳智衡技术有限公司	广东	童　心
142	深圳市鼎言知识产权代理有限公司	广东	王　娟
143	广东省科技图书馆	广东	王春明
144	格力电器股份有限公司	广东	吴少波
145	广东省茂名市知识产权局	广东	谢博松
146	国云科技股份有限公司	广东	谢　红
147	广州万慧达知识产权咨询服务有限公司	广东	谢敏楠
148	深圳市赛恩倍吉知识产权代理有限公司	广东	薛晓伟
149	宇龙计算机通信科技（深圳）有限公司	广东	闫　娟
150	广东省知识产权研究与发展中心	广东	姚　毅
151	金发科技股份有限公司	广东	袁绍彦
152	东莞市华南专利商标事务所有限公司	广东	詹晓云
153	深圳国家知识产权局专利代办处	广东	张晓波
154	中山市运创知识产权服务有限公司	广东	郑海威

续表

序号	单位	省份	姓名
155	国家知识产权局专利局广州代办处	广东	郑秋莎
156	赛恩倍吉科技顾问（深圳）有限公司	广东	郑小兵
157	广州杰赛科技股份有限公司	广东	周善明
158	珠海市知识产权保护协会	广东	朱　鹏
159	东莞市优智财知识产权服务有限公司	广东	朱飞叶
160	广州华进联合专利商标代理有限公司惠州分公司	广东	左帮胜
161	湖南万通科技有限公司	湖南	班　骜
162	华进联合专利商标代理有限公司	湖南	边晓红
163	长沙市知识产权局	湖南	曹　磊
164	中国铁建重工集团有限公司	湖南	陈映林
165	中冶长天国际工程有限责任公司	湖南	谌玉婷
166	湖南师范大学法学院	湖南	邓建志
167	中南大学知识产权研究院	湖南	邓文武
168	湘潭市恒欣实业有限公司	湖南	段杰圆
169	楚天科技股份有限公司	湖南	凡椰子
170	北京风雅颂专利代理长沙分公司	湖南	范　雄
171	湘潭大学	湖南	方舟之
172	湖南省知识产权局	湖南	冯明哲
173	山河智能装备股份有限公司	湖南	郭　庆
174	中冶长天国际工程有限责任公司	湖南	何璐瑶
175	长沙市阿凡提知识产权代理有限公司	湖南	胡国良
176	中联重科股份有限公司	湖南	黄景辉
177	国家知识产权培训（湖南）基地	湖南	李　丹
178	湖南省产业技术协同创新研究院	湖南	李凌荣
179	长沙市阿凡提知识产权代理有限公司	湖南	李　琦
180	中国铁建重工集团有限公司	湖南	廖金军
181	长沙市阿凡提知识产权代理有限公司	湖南	刘　伟
182	楚天科技股份有限公司	湖南	刘　翔
183	湘电集团有限公司	湖南	刘晓丽
184	湘潭大学	湖南	隆　瑾
185	湖南省知识产权信息服务中心	湖南	罗　环

续表

序号	单位	省份	姓名
186	长沙市阿凡提知识产权代理有限公司	湖南	莫艳云
187	华进联合专利商标代理有限公司	湖南	彭姣平
188	中联重科股份有限公司	湖南	石铁梅
189	中国铁建重工集团有限公司	湖南	苏翠侠
190	湘潭市恒欣实业有限公司	湖南	孙中华
191	郴州市知识产权局	湖南	汤彦芳
192	国家知识产权培训（湖南）基地	湖南	王　翀
193	湖南明康中锦医疗科技发展有限公司	湖南	温　岚
194	湘潭大学	湖南	吴秀文
195	株洲硬质合金集团有限公司	湖南	谢　英
196	楚天科技股份有限公司	湖南	谢正娟
197	北京合享新创信息科技有限公司湖南分公司	湖南	徐迪帆
198	北京合享新创信息科技有限公司湖南分公司	湖南	杨　宇
199	吉首大学	湖南	杨正华
200	湘潭大学	湖南	杨　忠
201	湖南三德科技股份有限公司	湖南	易　坚
202	九芝堂股份有限公司	湖南	袁　莉
203	湖南康通电子科技有限公司	湖南	袁卫忠
204	湖南省知识产权局	湖南	曾　艺
205	湖南省知识产权信息服务中心	湖南	张倍源
206	湖南省知识产权信息服务中心	湖南	张　园
207	湖南兆弘专利事务所	湖南	周长清
208	湖南省知识产权信息服务中心	湖南	朱宇冰
209	湖南兆弘专利事务所	湖南	邹大坚
210	力合科技（湖南）股份有限公司	湖南	邹雄伟
211	泰州专利战略推进与服务中心有限公司	江苏	曹书华
212	江苏省科学技术情报研究所	江苏	陈长益
213	江苏汇智知识产权服务有限公司	江苏	陈佳佳
214	江苏汇智知识产权服务有限公司	江苏	程　龙
215	南京南瑞继保电气有限公司	江苏	胡　铭
216	江苏省产业技术研究院	江苏	黄海洋

续表

序号	单位	省份	姓名
217	扬州大学图书馆	江苏	黄继东
218	江苏省专利信息服务中心	江苏	黄　俊
219	南京市科技信息研究所	江苏	季　春
220	南通威世博知识产权代理有限公司	江苏	贾凤涛
221	常州擎航知识产权服务有限公司	江苏	蒋鸣娜
222	江苏省科学技术情报研究所	江苏	李向辉
223	苏州独墅湖高等教育区图书馆	江苏	刘　娟
224	农业部南京农业机械化研究所	江苏	刘　勤
225	江苏省专利信息服务中心	江苏	陆　敏
226	北京三聚阳光知识产权代理有限公司苏州分公司	江苏	马刚强
227	江苏省产业技术研究院	江苏	马正风
228	苏州独墅湖高等教育区图书馆	江苏	潘瑛瑛
229	南京苏科专利代理有线责任公司	江苏	沈良菊
230	江南石墨烯研究院	江苏	史小军
231	江苏润桐数据服务有限公司	江苏	宋国华
232	南京市科技信息研究所	江苏	苏晓云
233	南京中网卫星通信股份有限公司	江苏	孙　俊
234	江苏江科知识产权运营有限公司	江苏	孙　敏
235	江苏科技大学	江苏	孙竹梅
236	大亚科技集团有限公司	江苏	谈　敏
237	江苏省专利信息服务中心	江苏	田燕娜
238	江苏汇智知识产权服务有限公司	江苏	田玉菲
239	江苏畅远信息科技有限公司	江苏	王　波
240	常州市知识产权维权援助中心	江苏	王冬林
241	江苏大学（江苏省知识产权研究中心）	江苏	王婷婷
242	江苏大学	江苏	王秀红
243	镇江市高等专科学校	江苏	王宇航
244	江苏大学（江苏省知识产权研究中心）	江苏	温　明
245	苏州独墅湖高等教育区图书馆	江苏	肖卫飞
246	江苏省专利信息服务中心	江苏	徐　琦
247	泰州专利战略推进与服务中心有限公司	江苏	许　倩

续表

序号	单位	省份	姓名
248	南京纵横知识产权代理有限公司	江苏	许婉静
249	江苏科技大学	江苏	颜　惠
250	江苏佰腾科技有限公司	江苏	杨静文
251	江苏泰康生物医药有限公司	江苏	于东安
252	徐州工程机械集团有限公司	江苏	袁　泉
253	常州市知识产权维权援助中心	江苏	张今越
254	江苏省专利信息服务中心	江苏	张正阳
255	江苏省科学技术情报研究所	江苏	赵　斐
256	常州恒维智信息技术有限公司	江苏	赵　旭
257	苏州合享新创信息科技有限公司	江苏	赵　毅
258	南京九致信息科技有限公司	江苏	周新法
259	苏州独墅湖高等教育区图书馆	江苏	朱丽利
260	江苏省专利信息服务中心	江苏	左勇刚
261	沈阳远大科技园有限公司	辽宁	陈　曦
262	鞍钢股份有限公司	辽宁	陈　妍
263	鞍钢股份有限公司	辽宁	董　刚
264	辽宁省知识产权局	辽宁	段立红
265	煤科集团沈阳研究院有限公司（抚顺）	辽宁	范洪利
266	大连理工大学	辽宁	谷　丽
267	大连理工大学	辽宁	郝　涛
268	鞍山市知识产权服务中心	辽宁	贾东旭
269	中国农业科学院果树研究所	辽宁	康国栋
270	盘锦市知识产权局	辽宁	李春竹
271	盘锦泓新知识产权运营管理有限公司	辽宁	李泓胜
272	锦州辽西专利事务所	辽宁	李　辉
273	辽宁东野环保产业园开发有限公司	辽宁	李井辉
274	大连智高专利事务所（特殊普通合伙）	辽宁	李　猛
275	大连理工大学	辽宁	李　强
276	丹东市知识产权局	辽宁	李青岐
277	沈阳益慧通知识产权咨询有限公司	辽宁	李奕潼
278	大连融科储能技术发展有限公司	辽宁	李　颖

续表

序号	单位	省份	姓名
279	营口市知识产权局	辽宁	刘　辉
280	大连格智知识产权代理有限公司	辽宁	刘晓琴
281	大连理工大学	辽宁	马艳艳
282	沈阳工业大学	辽宁	宁　佳
283	辽宁科技大学	辽宁	潘姝辰
284	鞍钢股份有限公司	辽宁	潘文龙
285	鞍钢股份有限公司	辽宁	齐殿威
286	中国科学院大连化学物理研究所	辽宁	荣　倩
287	中国科学院大连化学物理研究所	辽宁	桑石云
288	渤海大学经法学院	辽宁	史　玲
289	沈阳市知识产权局	辽宁	孙　凯
290	盘锦市科学技术情报研究所	辽宁	唐继玉
291	中国科学院大连化学物理研究所	辽宁	田　洋
292	大连东方专利代理有限责任公司	辽宁	涂文诗
293	大连理工大学	辽宁	王海龙
294	大连知识产权服务中心	辽宁	王　辉
295	阜新市科技成果转化中心	辽宁	王　力
296	沈阳远大科技园有限公司	辽宁	王　宁
297	大连理工大学	辽宁	王贤文
298	营口巨成教学科技开发有限公司	辽宁	王　宇
299	锦州汉拿电机有限公司	辽宁	王宇峰
300	中航黎明锦西化工机械（集团）有限责任公司	辽宁	王振安
301	辽宁银珠化纺集团有限公司	辽宁	徐　洁
302	沈阳科威专利代理有限责任公司	辽宁	杨　坚
303	大连理工大学	辽宁	张丽霞
304	鞍山嘉讯科技专利事务所	辽宁	张　群
305	沈阳工业大学	辽宁	张胜男
306	辽宁（丹东）仪器仪表产业基地工业技术研究院	辽宁	张远霞
307	营口市知识产权执法监察大队	辽宁	赵　林
308	凤城太平洋神龙增压器有限公司	辽宁	赵明伟
309	中车大连机车研究所有限公司	辽宁	赵忠红

续表

序号	单位	省份	姓名
310	中国科学院大连化学物理研究所	辽宁	郑明远
311	山东省专利信息服务中心	山东	白晓秋
312	济南智圆行方专利代理事务所	山东	卜爱华
313	山东专利工程总公司	山东	常 娟
314	聊城市科学技术情报研究所	山东	常晓非
315	临沂市知识产权局	山东	陈国峰
316	山东省专利信息服务中心	山东	窦媛媛
317	山东睿鹰先锋制药有限公司	山东	高天虹
318	山东发思特知识产权信息服务有限公司	山东	耿 霞
319	济南泉城专利商标事务所	山东	韩园园
320	山东新北洋信息技术股份有限公司	山东	韩智华
321	东营双桥专利代理有限责任公司	山东	侯华颂
322	青岛祥嘉知识产权服务有限公司	山东	夹书静
323	山东省禹城市知识产权局	山东	雷 蕾
324	中国重型汽车集团有限公司技术发展中心	山东	李 辉
325	山东科大机电科技股份有限公司	山东	李凤媛
326	济宁骏达机械制造有限公司	山东	李玉荣
327	烟台智宇知识产权事务所（特殊普通合伙）	山东	李增发
328	东营市知识产权局	山东	李振芳
329	临沂市知识产权局	山东	刘 纬
330	青岛联信知识产权代理事务所	山东	刘雁君
331	聊城市知识产权局	山东	娄冰玉
332	枣庄市高新区知识产权局	山东	毛丽荔
333	滨州市知识产权维权援助中心	山东	司新华
334	歌尔声学股份有限公司	山东	宋锐锋
335	济宁发思特知识产权服务有限公司	山东	孙宏远
336	日照市专利技术中心	山东	田 慧
337	烟台市知识产权局	山东	田雪莲
338	山东省专利信息服务中心	山东	王 婷
339	山东福田药业有限公司	山东	王成福
340	山东专利工程总公司	山东	王立芹

续表

序号	单位	省份	姓名
341	威海百合生物技术股份有限公司	山东	王丽娜
342	青岛市科学技术信息研究所	山东	王云飞
343	莱芜市知识产权局	山东	魏　鹏
344	枣庄市知识产权局	山东	魏成建
345	临沂大学	山东	徐　乐
346	山东专利工程总公司	山东	徐　树
347	滨州市知识产权维权援助中心	山东	徐慧岩
348	山东省宁津县知识产权局	山东	徐建华
349	日照市知识产权局	山东	许彦妮
350	济南舜源天鸿知识产权代理有限公司	山东	杨　婷
351	临沂市知识产权局	山东	杨西东
352	烟台市知识产权发展中心	山东	尹浩宇
353	烟台市知识产权发展中心	山东	于　丽
354	潍坊市知识产权局	山东	袁保臣
355	滨州市知识产权局	山东	臧玉希
356	山东省泰安市泰山区知识产权局	山东	翟岱刚
357	山东发思特知识产权信息服务有限公司	山东	张彩虹
358	临沂市知识产权局	山东	郑洪岩
359	山东省泰安市知识产权局	山东	周　珂
360	山东省专利信息服务中心	山东	庄　文
361	上海司太立制药有限公司	上海	陈仕洪
362	上海容智知识产权代理有限公司	上海	储　彬
363	上海市知识产权服务中心	上海	董　黎
364	上海应用技术学院	上海	方　曦
365	中科院上海药物所	上海	高月红
366	上海汉声知识产权代理有限公司	上海	郭国中
367	上海中医药大学	上海	胡惠平
368	上海汉声知识产权代理有限公司	上海	胡　晶
369	网宿科技股份有限公司	上海	黄克伟
370	上海市知识产权服务中心	上海	黄璇华
371	上海中信国健药业股份有限公司	上海	黎健荣

续表

序号	单位	省份	姓名
372	上海本星电子科技有限公司	上海	李兴文
373	中国科学院上海生命科学研究院	上海	刘　剑
374	上海恒锐知识产权服务有限公司	上海	刘　艳
375	上海科技情报研究所	上海	陆　斌
376	上海海事大学	上海	陆亦恺
377	上海抗体药物国家工程研究中心有限公司	上海	路玲玉
378	上海科技情报研究所	上海	罗天雨
379	中国科学院上海生命科学研究院	上海	毛开云
380	上海无线电设备研究所	上海	潘丽君
381	上海恒锐知识产权服务有限公司	上海	汝锦锋
382	上海容智知识产权代理有限公司	上海	沈琰琼
383	上海美悦生物科技发展有限公司	上海	盛金梅
384	上海海事大学	上海	石　亮
385	上海熠派信息科技有限公司	上海	宋文娟
386	上海科斗电子科技有限公司	上海	孙倩倩
387	上海恒锐知识产权服务有限公司	上海	王彩霞
388	上海航天信息研究所	上海	王海涛
389	中国科学院上海生命科学研究院	上海	王恒哲
390	上海市知识产权服务中心	上海	王　钧
391	中国商用飞机有限责任公司	上海	王璐达
392	上海工程技术大学	上海	王兴旺
393	上海市知识产权服务中心	上海	徐明明
394	中国科学院上海生命科学研究院	上海	杨　露
395	上海交通大学	上海	杨　眉
396	上海科技情报研究所	上海	殷媛媛
397	上海市知识产权服务中心	上海	袁　梦
398	中国科学院上海生命科学研究院	上海	张爱平
399	上海露台企业管理咨询有限公司	上海	张　琤
400	上海信好知识产权代理有限公司	上海	张静洁
401	上海海事大学	上海	张善杰
402	上海中医药大学	上海	张　洋

续表

序号	单位	省份	姓名
403	上海市知识产权服务中心	上海	张　源
404	上海科技情报研究所	上海	赵晓勤
405	上海信好知识产权代理有限公司	上海	周乃鑫
406	上海科技情报研究所	上海	朱文韵
407	成都行之专利代理事务所（普通合伙）	四川	陈　佳
408	四川省成都市天策商标专利事务所	四川	陈　靖
409	四川超凡知识产权服务股份有限公司	四川	邓　超
410	四川九鼎智远知识产权运营有限公司	四川	邓　瑞
411	成都九鼎天元知识产权代理有限公司	四川	邓世燕
412	四川九鼎智远知识产权运营有限公司	四川	管高峰
413	成都行之专利代理事务所（普通合伙）	四川	郭受刚
414	四川力久律师事务所	四川	韩　洋
415	四川行之智汇知识产权运营有限公司	四川	何凤杰
416	成都市中广华亿知识产权代理事务所（普通合伙）	四川	侯　坤
417	成都弘毅天承知识产权代理有限公司	四川	李　龙
418	四川超凡知识产权服务股份有限公司	四川	李宇华
419	四川九洲电器集团有限责任公司	四川	梁　健
420	成都虹桥专利事务所（普通合伙）	四川	梁　鑫
421	四川省知识产权局	四川	刘红涛
422	成都九鼎天元知识产权代理有限公司	四川	刘　凯
423	成都弘毅天承知识产权代理有限公司	四川	刘贤科
424	成都正华专利代理事务所（普通合伙）	四川	刘艳均
425	成都市中广华亿知识产权代理事务所（普通合伙）	四川	卢　平
426	四川超凡知识产权服务股份有限公司	四川	吕　静
427	成都九鼎天元知识产权代理有限公司	四川	钱成岑
428	四川省成都市天策商标专利事务所	四川	秦华云
429	四川恒康发展有限责任公司	四川	阙　灵
430	中昊晨光化工研究院有限公司	四川	孙　芳
431	成都行之专利代理事务所（普通合伙）	四川	谭新民
432	四川超凡知识产权服务股份有限公司	四川	唐维虎
433	成都睿道专利代理事务所（普通合伙）	四川	陶　红

续表

序号	单位	省份	姓名
434	四川力久律师事务所	四川	王　波
435	宜宾市知识产权局	四川	王　鸿
436	四川九鼎智远知识产权运营有限公司	四川	王美健
437	成都市中广华亿知识产权代理事务所（普通合伙）	四川	王庆海
438	成都宏顺专利代理事务所（普通合伙）	四川	王　睿
439	四川行之智汇知识产权运营有限公司	四川	王学慧
440	自贡市科技情报研究所	四川	王越险
441	四川力久律师事务所	四川	王　芸
442	成都市卓睿科技有限公司	四川	吴锦德
443	成都希盛知识产权代理有限公司	四川	武森涛
444	成都行之专利代理事务所（普通合伙）	四川	谢　敏
445	四川力久律师事务所	四川	熊晓果
446	成都虹桥专利事务所（普通合伙）	四川	许泽伟
447	成都睿道专利代理事务所（普通合伙）	四川	薛　波
448	东方电气集团东方锅炉股份有限公司	四川	薛燕辉
449	成都弘毅天承知识产权代理有限公司	四川	杨保刚
450	浙江大学自贡创新中心	四川	杨彦彬
451	成都九鼎天元知识产权代理有限公司	四川	杨永梅
452	四川九洲电器集团有限责任公司	四川	易群利
453	成都勤智数码科技股份有限公司	四川	余　永
454	四川省成都市天策商标专利事务所	四川	袁辰亮
455	四川九鼎智远知识产权运营有限公司	四川	袁春晓
456	四川省知识产权局	四川	周丽萍
457	天津创智天诚知识产权代理事务所（普通合伙）	天津	陈昌娟
458	天津光电集团有限公司	天津	陈春鹏
459	天津市科学技术信息研究所	天津	从俊杰
460	天津科苑生产力促进有限责任公司	天津	董　剑
461	天津合志知识产权咨询有限公司	天津	董晓宇
462	天士力控股集团	天津	范立君
463	天津纬铂知识产权代理有限公司	天津	冯　婵
464	天津市天元生产力促进有限公司	天津	胡　翠

续表

序号	单位	省份	姓名
465	天津兴泰资产评估有限公司	天津	黄永康
466	天津市科学技术信息研究所	天津	李大玲
467	天津市三利专利商标代理有限公司	天津	李　蕊
468	天津市科学学研究所	天津	李小芬
469	天津市科学学研究所	天津	李晓锋
470	天津滨海科纬知识产权代理有限公司	天津	李　雪
471	天津盛理知识产权代理有限公司	天津	刘　玲
472	天津才智专利商标代理有限公司	天津	刘美甜
473	天津市知识产权服务中心	天津	龙　悦
474	天津市科学学研究所	天津	栾　明
475	天津诺德知识产权代理事务所	天津	栾志超
476	天津市科学学研究所	天津	马虎兆
477	天津市知识产权服务中心	天津	麦庆欣
478	天津市企兴知识产权管理咨询有限公司	天津	齐　欣
479	天津市创新方法推广应用服务中心	天津	孙加臣
480	天津合志知识产权咨询有限公司	天津	陶　怡
481	天津创智天诚知识产权代理事务所（普通合伙）	天津	田　阳
482	天津科苑生产力促进有限责任公司	天津	王宝东
483	天津市科学学研究所	天津	王　方
484	天津市鼎和专利商标代理有限公司	天津	王理盟
485	天津大学	天津	王　玲
486	天津市宗新专利商标代理有限公司	天津	王宁宁
487	天津市尚仪知识产权代理事务所	天津	王　山
488	天津创智天诚知识产权代理事务所（普通合伙）	天津	王秀奎
489	天津市知识产权服务中心	天津	魏　闳
490	北京众合诚成知识产权代理有限公司天津分公司	天津	魏　骞
491	天津小新医药科技有限公司	天津	吴　疆
492	天津市科学学研究所	天津	夏来保
493	天津市知识产权服务中心	天津	谢　静
494	天津市科学学研究所	天津	许优美
495	天津滨海新区科技创新服务有限公司	天津	闫凌州

续表

序号	单位	省份	姓名
496	天津布瑞汉德知识产权有限公司	天津	张　丹
497	超凡股份（天津）知识产权有限公司	天津	张海洋
498	天津光电集团有限公司	天津	张天晶
499	天津市知识产权服务中心	天津	张雯雯
500	天津滨海新区科技创新服务有限公司	天津	赵绘存
501	天津布瑞汉德知识产权有限公司	天津	赵　欣
502	天津盛理知识产权代理有限公司	天津	赵瑶瑶
503	天津滨海科纬知识产权代理有限公司	天津	郑　聪
504	天津市河北区知识产权局	天津	郑贵忠
505	天津市知识产权服务中心	天津	周　佳
506	天津市三利专利商标代理有限公司	天津	周庆路
507	浙江工业大学	浙江	曹耀艳
508	浙江大学	浙江	陈会贤
509	浙江英普律师事务所	浙江	陈俊志
510	浙江省知识产权研究与服务中心	浙江	陈晓舒
511	杭州融创运盈知识产权咨询有限公司	浙江	陈旭岗
512	浙江省科技信息研究院	浙江	谌　凯
513	浙江省科技信息研究院	浙江	储晓露
514	浙江工业大学	浙江	邓乾发
515	浙江大学宁波理工学院	浙江	董玉鹏
516	杭州师范大学	浙江	何华明
517	浙江大学医学院附属第一医院	浙江	洪东升
518	杭州源素信息技术有限公司	浙江	季玲行
519	杭州师范大学	浙江	姜华强
520	杭州市下城区科学技术局（知识产权局）	浙江	金国栋
521	浙江财经大学	浙江	李　伟
522	浙江省科技信息研究院	浙江	林志坚
523	浙江省知识产权研究与服务中心	浙江	毛　斌
524	湖州金卫知识产权代理事务所（普通合伙）	浙江	裴金华
525	杭州师范大学	浙江	钱永生
526	杭州求是专利事务所有限公司	浙江	邱启旺

续表

序号	单位	省份	姓名
527	温州市知识产权服务园	浙江	任为民
528	杭州杭诚专利事务所有限公司	浙江	芮　成
529	湖州金卫知识产权代理事务所（普通合伙）	浙江	汤荷芬
530	浙江知夫子信息科技有限公司	浙江	汤晓科
531	杭州杭诚专利事务所有限公司	浙江	王江成
532	杭州杭诚专利事务所有限公司	浙江	王　晶
533	湖州市知识产权维权援助中心	浙江	王君碧
534	中菲智慧有限公司	浙江	王韬华
535	杭州师范大学	浙江	王　巍
536	浙江工业大学	浙江	翁建全
537	丽水市科技局（知识产权局）	浙江	谢冠鉴
538	浙江省知识产权研究与服务中心	浙江	谢品赞
539	杭州九源基因工程有限公司	浙江	徐飞虎
540	杭州师范大学	浙江	徐洁蕾
541	台州职业技术学院	浙江	许　琦
542	浙江大学	浙江	严　浩
543	杭州后博科技有限公司 / 杭州电子科技大学	浙江	严军荣
544	宁波市科技信息研究院	浙江	杨　波
545	国家知识产权培训（浙江）基地	浙江	姚　帅
546	杭州裕阳专利事务所（普通合伙）	浙江	姚宇吉
547	浙江大学	浙江	余敏杰
548	浙江知夫子信息科技有限公司	浙江	余秀旸
549	杭州裕阳专利事务所（普通合伙）	浙江	余晅旸
550	浙江大学	浙江	张建新
551	宁波诚源专利事务所有限公司	浙江	张一平
552	杭州宇信知识产权代理事务所（普通合伙）	浙江	张宇娟
553	浙江英普律师事务所	浙江	张宇翔
554	宁波市鄞州甬致专利代理事务所	浙江	张　圆
555	宁波市科技信息研究院	浙江	周一行
556	浙江大学	浙江	朱　威
557	重庆西山科技股份有限公司	重庆	常　婧

续表

序号	单位	省份	姓名
558	重庆市知识产权局	重庆	陈　杨
559	重庆摩托车（汽车）知识产权信息中心	重庆	程　毅
560	重庆鑫源摩托车股份有限公司	重庆	邓　波
561	重庆理工大学	重庆	邓　洁
562	重庆市前沿专利事务所（普通合伙）	重庆	方　洪
563	重庆市知识产权局	重庆	符　俏
564	重庆市科学技术研究院	重庆	高　超
565	重庆邮电大学	重庆	高　敏
566	重庆国际复合有限公司	重庆	韩利雄
567	重庆金山科技（集团）有限公司	重庆	贺珠平
568	重庆紫光化工股份有限公司	重庆	金海琴
569	重庆华科专利事务所	重庆	康海燕
570	隆鑫通用动力股份有限公司	重庆	雷　菊
571	重庆科技学院	重庆	李太福
572	重庆齿轮箱有限责任公司	重庆	李文娟
573	重庆摩托车（汽车）知识产权信息中心	重庆	李亚丽
574	重庆摩托车（汽车）知识产权信息中心	重庆	廖　敏
575	重庆市中药研究院	重庆	刘　静
576	重庆长安汽车股份有限公司	重庆	刘　艺
577	重庆市恒信知识产权代理有限公司	重庆	刘小红
578	东风小康汽车有限公司	重庆	刘小军
579	重庆大学	重庆	罗　勇
580	重庆工业职业技术学院	重庆	欧阳刚
581	重庆理工大学	重庆	覃　伟
582	重庆大唐科技股份有限公司	重庆	唐廷烨
583	重庆师范大学	重庆	万　辉
584	力帆实业（集团）股份有限公司	重庆	王　亮
585	重庆市知识产权局	重庆	左登江
586	重庆大学	重庆	王　英
587	重庆摩托车（汽车）知识产权信息中心	重庆	王玲玲
588	重庆摩托车（汽车）知识产权信息中心	重庆	吴永杰

续表

序号	单位	省份	姓名
589	重庆华邦制药有限公司	重庆	许 佳
590	重庆博腾制药科技股份有限公司	重庆	颜小淞
591	中国石化集团四川维尼纶厂	重庆	杨进玉
592	重庆医药工业研究院有限责任公司	重庆	袁 泉
593	重庆药友制药有限责任公司	重庆	张 贝
594	重庆润泽医药有限公司	重庆	张 建
595	重庆邮电大学	重庆	张 旭
596	重庆川东船舶重工有限责任公司	重庆	张 杨
597	重庆华森制药股份有限公司	重庆	张 壹
598	重庆市企业知识产权保护促进会	重庆	张 媛
599	重庆莱美药业股份有限公司	重庆	张 云
600	重庆邮电大学	重庆	张文英
601	重庆博凯知识产权代理有限公司	重庆	张先芸
602	重庆帕特克劳知识产权服务有限公司	重庆	郑 静
603	重庆海扶医疗科技股份有限公司	重庆	周 静
604	重庆理工大学	重庆	周 宇
605	重庆弘旭专利代理有限责任公司	重庆	周韶红
606	福建省知识产权信息公共服务中心	福建	陈 平
607	福建省知识产权信息公共服务中心	福建	陈隆健
608	泉州市文华专利代理有限公司	福建	陈雪莹
609	福建省知识产权信息公共服务中心	福建	黄雄杰
610	华侨大学	福建	李 鹏
611	宁德时代新能源科技股份有限公司	福建	李 松
612	宁德新能源科技有限公司	福建	李晓燕
613	福建省知识产权信息公共服务中心	福建	林 宇
614	福建省知识产权信息公共服务中心	福建	林恩丽
615	福州市知识产权局	福建	林丽媛
616	福建海峡西岸知识产权研究院有限公司	福建	林晓玲
617	莆田市知识产权局	福建	林志凯
618	福州大学图书馆、产业情报研究所	福建	刘敏榕
619	福建工程学院	福建	罗贵斌

续表

序号	单位	省份	姓名
620	厦门大学知识产权研究院	福建	乔永忠
621	泉州市知识产权局	福建	邱江鸿
622	福建恒安集团有限公司	福建	汤国开
623	三明学院	福建	杨　琳
624	厦门市知识产权信息公共服务中心	福建	余兴增
625	福建省农业科学院	福建	臧春荣
626	福建省知识产权信息公共服务中心	福建	詹治中
627	厦门大学	福建	张彬彬
628	南平市知识产权局	福建	周　炜
629	福建浔兴拉链科技股份有限公司	福建	朱松峰
630	中国科学院兰州文献情报中心	甘肃	陈　春
631	甘肃省知识产权事务中心	甘肃	樊　博
632	甘肃省知识产权事务中心	甘肃	霍冠禹
633	中国石油兰州化工研究中心	甘肃	景　丽
634	兰州大学	甘肃	李　洋
635	兰州大学	甘肃	李红玉
636	甘肃省知识产权事务中心	甘肃	马　英
637	甘肃省知识产权事务中心	甘肃	孙惠娜
638	中国石油兰州化工研究中心	甘肃	王玲玲
639	中国石油兰州化工研究中心	甘肃	王学丽
640	中国石油兰州化工研究中心	甘肃	杨珊珊
641	甘肃省科学技术情报研究所	甘肃	袁学敏
642	甘肃省知识产权事务中心	甘肃	张克勤
643	甘肃省知识产权事务中心	甘肃	赵立权
644	甘肃省知识产权事务中心	甘肃	郑烈炜
645	广西南宁合享信息科技有限公司	广西	韩玉顺
646	广西知识产权发展研究中心	广西	侯圣君
647	广西知识产权发展研究中心	广西	黄华钦
648	广西南宁汇博专利代理有限公司	广西	黄南概
649	广西大学	广西	黄日昆
650	广西韬略科技咨询有限公司	广西	李林生

续表

序号	单位	省份	姓名
651	柳州市荣久专利商标事务所	广西	梁春芬
652	柳州欧维姆机械股份有限公司	广西	梁黎霞
653	上汽通用五菱汽车股份有限公司	广西	凌秋妮
654	柳州市科技情报研究所	广西	刘加历
655	广西曙光知识产权服务有限公司	广西	孟家庆
656	广西壮族自治区知识产权局	广西	唐 铖
657	南宁东智知识产权代理事务所	广西	汪治兴
658	广西南宁公平专利事务所有限责任公司	广西	杨立华
659	广西南南铝加工有限公司	广西	袁冰梅
660	广西南宁合享信息科技有限公司	广西	张 越
661	广西曙光知识产权服务有限公司	广西	张栩颜
662	广西韬略科技咨询有限公司	广西	郑进城
663	广西玉柴机器股份有限公司	广西	周道林
664	桂林电子科技大学	广西	周治德
665	贵州派腾知识产权研究中心	贵州	葛红莉
666	安顺学院	贵州	郭笑天
667	贵州联创佳为知识产权代理有限公司	贵州	韩 炜
668	六盘水师范学院	贵州	胡明哲
669	贵州航天电子科技有限公司	贵州	黎永强
670	贵阳中新专利商标事务所	贵州	李余江
671	六盘水师范学院	贵州	宁宝权
672	贵州省科学技术情报研究所	贵州	牛丛丛
673	贵州正泰生物科技有限公司	贵州	石正国
674	中国电建集团贵阳勘测设计研究院有限公司	贵州	汪 飞
675	贵州益佰制药股份有限公司	贵州	韦玉栋
676	贵州省科学技术情报研究所	贵州	文 雯
677	贵州省科学技术情报研究所	贵州	吴小文
678	贵州盘江精煤股份有限公司	贵州	谢红飞
679	六盘水市知识产权局	贵州	阳 艳
680	贵州派腾知识产权研究中心	贵州	杨学龙
681	贵州联创佳为知识产权代理有限公司	贵州	张 梅

续表

序号	单位	省份	姓名
682	贵州省科学技术情报研究所	贵州	张禹佳
683	国药集团同济堂（贵州）制药有限公司	贵州	周　宁
684	国药集团同济堂（贵州）制药有限公司	贵州	曾香兰
685	广州三环专利代理有限公司海口分公司	海南	陈　欢
686	海南正业中农高科股份有限公司	海南	侯华民
687	儋州宇顺实业有限公司	海南	黄朝俊
688	海南英利新能源有限公司	海南	黄文香
689	海南英利新能源有限公司	海南	赖德裕
690	海南英利新能源有限公司	海南	李新转
691	中国热带农业科学院科技信息研究所	海南	李一萍
692	海南佳裕生物开发有限公司	海南	梁鹤耀
693	海口市知识产权局	海南	梁劲松
694	广州三环专利代理有限公司海口分公司	海南	麦海玲
695	海南英利新能源有限公司	海南	王家道
696	海南英利新能源有限公司	海南	吴姣姣
697	广州三环专利代理有限公司海口分公司	海南	吴燕梅
698	中国热带农业科学院热带作物品种资源研究所	海南	徐铁山
699	海南英利新能源有限公司	海南	曾德栋
700	新兴铸管股份有限公司	河北	车　蕾
701	石家庄新世纪专利商标事务所有限公司	河北	陈晓彦
702	新兴铸管股份有限公司	河北	段　欣
703	东旭集团	河北	郭　锋
704	唐山市知识产权局	河北	李东伟
705	新奥科技发展有限公司	河北	李思奇
706	华北理工大学	河北	宁树成
707	新奥科技发展有限公司	河北	任俊才
708	新兴铸管股份有限公司	河北	王　嵩
709	唐山钢铁集团有限责任公司	河北	姚永奎
710	唐山顺诚专利事务所（普通合伙）	河北	于文顺
711	新奥科技发展有限公司	河北	张德志
712	石家庄众志华清知识产权事务所（特殊普通合伙）	河北	张明月

续表

序号	单位	省份	姓名
713	石家庄新世纪专利商标事务所有限公司	河北	赵　婧
714	河北国维知识产权咨询有限公司	河北	赵镜联
715	石家庄新世纪专利商标事务所有限公司	河北	周淑歌
716	新兴铸管股份有限公司	河北	左　超
717	河南省知识产权事务中心	河南	崔　奇
718	河南省知识产权事务中心	河南	崔　伟
719	河南行知专利服务有限公司	河南	付晓利
720	河南大学	河南	郭艳秋
721	郑州金成知识产权事务所	河南	郭增欣
722	中原工学院	河南	胡翠平
723	安阳师范学院	河南	胡素雅
724	郑州德勤知识产权代理有限公司	河南	黄军委
725	河南行知专利服务有限公司	河南	季发军
726	国家知识产权创意产业试点园区管委会	河南	金春晖
727	新乡市亚洲电源股份有限公司	河南	李世杰
728	河南省知识产权事务中心	河南	李耀峰
729	郑州联科专利事务所	河南	刘建芳
730	濮阳市知识产权局	河南	吕建东
731	北京合享新创信息科技有限公司河南分公司	河南	王洪川
732	国家知识产权创意产业试点园区管委会	河南	王鸿翎
733	安阳师范学院	河南	王鸣涛
734	许昌市知识产权局	河南	王培亮
735	濮阳市科技情报研究所	河南	王文新
736	驻马店市知识产权局	河南	余　涌
737	国家知识产权局专利局专利审查协作河南中心	河南	张文明
738	河南天海电器有限公司	河南	张玉平
739	河南豫光金铅集团有限责任公司	河南	赵　波
740	国家知识产权局专利局专利审查协作河南中心	河南	赵　强
741	鹤壁市知识产权局	河南	朱艳玲
742	哈尔滨市阳光惠远知识产权代理有限公司	黑龙江	邓　宇
743	哈尔滨工程大学	黑龙江	杜兴华

续表

序号	单位	省份	姓名
744	黑龙江省知识产权局	黑龙江	高　辉
745	哈尔滨龙科专利代理有限公司	黑龙江	高　媛
746	黑龙江省知识产权服务中心	黑龙江	金文彬
747	黑龙江省林业科学院	黑龙江	刘长乐
748	哈尔滨市知识产权局	黑龙江	曲　凯
749	黑龙江省知识产权服务中心	黑龙江	单淑梅
750	七台河市科学技术局	黑龙江	单长青
751	黑龙江八一农垦大学	黑龙江	尚　锐
752	黑龙江工业学院（鸡西）	黑龙江	宋春莲
753	黑河市科学技术局（知识产权局）	黑龙江	万国庆
754	黑龙江省知识产权服务中心	黑龙江	王　巍
755	哈尔滨工业大学	黑龙江	王　欣
756	齐齐哈尔市科学技术局	黑龙江	王艳春
757	哈尔滨市知识产权局	黑龙江	武英华
758	松花江专利商标事务所	黑龙江	岳　昕
759	哈尔滨市伟晨专利代理事务所	黑龙江	张　伟
760	哈尔滨市知识产权服务中心	黑龙江	张剑锋
761	国家技术转移中部中心/中部知光技术转移有限公司	湖北	何　兵
762	武汉智嘉联合知识产权代理事务所	湖北	黄君军
763	武汉科皓知识产权代理事务所	湖北	姜学德
764	宜昌市三峡专利事务所	湖北	蒋　悦
765	武汉超凡志成知识产权管理咨询有限公司	湖北	李　冀
766	武汉明瑞智库咨询有限公司	湖北	李平丽
767	烽火科技集团·武汉邮电科学研究院	湖北	刘　端
768	武汉明瑞智库咨询有限公司	湖北	刘小威
769	武汉超凡志成知识产权管理咨询有限公司	湖北	罗明旭
770	武汉超凡志成知识产权管理咨询有限公司	湖北	彭　博
771	湖北工程学院	湖北	王　锋
772	湖北省科技信息研究院	湖北	王　伟
773	华中科技大学	湖北	伍亚萍
774	武汉合享新创信息科技有限公司	湖北	许　冰

续表

序号	单位	省份	姓名
775	武汉合享新创信息科技有限公司	湖北	杨冠梅
776	三峡大学	湖北	于海东
777	阳光凯迪新能源集团有限公司	湖北	詹　艺
778	华中科技大学	湖北	张　驰
779	湖北省知识产权发展中心	湖北	张　晶
780	湖北省科技信息研究院	湖北	赵跃民
781	吉林省知识产权事务中心	吉林	高艾琛
782	吉林省知识产权事务中心	吉林	郭　辉
783	吉林省知识产权事务中心	吉林	奎冬冬
784	吉林省科学技术信息研究所	吉林	李彩霞
785	吉林省科学技术信息研究所	吉林	刘　夏
786	吉林省科学技术信息研究所	吉林	刘小溪
787	长春市科技信息研究所	吉林	曲彤彤
788	吉林省科学技术信息研究所	吉林	单美玉
789	吉林省科学技术信息研究所	吉林	盛安琪
790	吉林省科学技术信息研究所	吉林	宋　微
791	吉林省知识产权事务中心	吉林	苏　晔
792	长春市科技信息研究所	吉林	孙洪江
793	吉林省科学技术信息研究所	吉林	王戴尊
794	吉林省科学技术信息研究所	吉林	吴学彦
795	吉林省科学技术信息研究所	吉林	杨思思
796	长春市科技信息研究所	吉林	张　烨
797	长春市科技信息研究所	吉林	赵丹丹
798	吉林省科学技术信息研究所	吉林	周立娟
799	江西省子轩科技有限公司	江西	蔡　兵
800	江西清能高科技术有限公司	江西	曾　宇
801	华东交通大学	江西	陈齐平
802	江西省子轩科技有限公司	江西	程　俊
803	江西省子轩科技有限公司	江西	崔晶鑫
804	江西省子轩科技有限公司	江西	范庆国
805	江西省陶瓷知识产权信息中心	江西	方　慧

续表

序号	单位	省份	姓名
806	江西省陶瓷知识产权信息中心	江西	何　妍
807	景德镇陶瓷大学	江西	刘艳球
808	景德镇陶瓷大学	江西	芮　雪
809	华东交通大学	江西	涂宏斌
810	新余市知识产权局	江西	熊　蓉
811	江西省陶瓷知识产权信息中心	江西	徐笑阳
812	景德镇陶瓷大学	江西	余　峰
813	江西省陶瓷知识产权信息中心	江西	余祖发
814	江西省子轩科技有限公司	江西	张　玉
815	华东交通大学	江西	张祥志
816	江西省陶瓷知识产权信息中心	江西	周　婧
817	包头知识产权管理服务中心	内蒙古	曹　敏
818	锡林郭勒盟科学技术局	内蒙古	曹　锁
819	内蒙古欣洋瑞知识产权研究所	内蒙古	陈冠霖
820	内蒙古科技大学	内蒙古	代学冬
821	包头市知识产权局	内蒙古	郭丽娟
822	内蒙古知识产权服务中心	内蒙古	贺希格玛
823	内蒙古自治区冶金研究院（内蒙古自治区冶金产品质量检验所）	内蒙古	景　慧
824	内蒙古医科大学	内蒙古	李常胜
825	包头稀土高新区知识产权局	内蒙古	李海龙
826	内蒙古科学技术信息研究院	内蒙古	刘　蕾
827	内蒙古科学技术信息研究院	内蒙古	吕　霞
828	内蒙古自治区知识产权局	内蒙古	强　健
829	内蒙古知识产权服务中心	内蒙古	孙　权
830	金河生物科技股份有限公司	内蒙古	王鹏飞
831	通辽市科学技术局	内蒙古	王汝昌
832	内蒙古知识产权服务中心	内蒙古	王乌恩巴图
833	金宇生物技术股份有限公司	内蒙古	王玉雯
834	兴安盟知识产权服务中心	内蒙古	魏　杰
835	包头稀土研究院	内蒙古	邢正茂

续表

序号	单位	省份	姓名
836	内蒙古知识产权服务中心	内蒙古	徐晓燕
837	呼和浩特市知识产权服务中心	内蒙古	周　帅
838	赤峰市知识产权事务管理中心	内蒙古	周东进
839	宁夏回族自治区知识产权服务中心	宁夏	古玲玉
840	宁夏大北农科技实业有限公司	宁夏	何立荣
841	宁夏回族自治区知识产权局	宁夏	胡燕妮
842	宁夏科技发展战略和信息研究所	宁夏	康　磊
843	宁夏共享集团股份有限公司	宁夏	刘　东
844	银川市生产力促进中心	宁夏	刘　祁
845	宁夏回族自治区知识产权服务中心	宁夏	马国庆
846	宁夏科技发展战略和信息研究所	宁夏	梅　杰
847	宁夏伊品生物科技股份有限公司	宁夏	孟　刚
848	宁夏泰瑞制药股份有限公司	宁夏	任　勇
849	宁夏回族自治区知识产权服务中心	宁夏	王隽梅
850	银川市生产力促进中心	宁夏	王丽娟
851	银川市生产力促进中心	宁夏	熊　飞
852	宁夏回族自治区知识产权服务中心	宁夏	徐淑芬
853	宁夏共享集团股份有限公司	宁夏	张俊勇
854	银川市生产力促进中心	宁夏	张尚星
855	宁夏回族自治区知识产权局	宁夏	张亚宁
856	宁夏回族自治区知识产权服务中心	宁夏	赵明辉
857	宁夏回族自治区知识产权服务中心	宁夏	郑　华
858	银川市生产力促进中心	宁夏	周　筠
859	青海之也科技咨询服务有限公司	青海	包正云
860	亚洲硅业（青海）有限公司	青海	蔡延国
861	中国科学院青海盐湖研究所	青海	曹萌萌
862	金诃藏药股份有限公司	青海	陈海莲
863	国家知识产权局专利局西宁代办处	青海	谷震
864	国家知识产权局专利局西宁代办处	青海	李嘉卉
865	北京天奇智新知识产权代理有限公司西宁分公司	青海	李树志
866	中国科学院青海盐湖研究所	青海	李玉婷

续表

序号	单位	省份	姓名
867	青海省专利信息服务中心	青海	芦海德
868	青海省知识产权局	青海	沈　芹
869	亚洲硅业（青海）有限公司	青海	王生红
870	国家知识产权局专利局西宁代办处	青海	邢有莉
871	青海省专利信息服务中心	青海	赵永解
872	青海省专利信息服务中心	青海	周同永
873	青海省知识产权局	青海	朱　萍
874	山西省科学技术情报研究所	山西	车　璐
875	山西省科学技术情报研究所	山西	陈　健
876	太原理工大学	山西	付鑫金
877	山西省科学技术情报研究所	山西	管　策
878	山西省科学技术情报研究所	山西	雷　昊
879	山西省科学技术情报研究所	山西	刘　锐
880	山西省科学技术情报研究所	山西	刘建宇
881	山西省科学技术情报研究所	山西	穆光远
882	山西省科学技术情报研究所	山西	孙　慧
883	山西省科学技术情报研究所	山西	孙慧君
884	山西华炬律师事务所	山西	杨秉一
885	山西省科学技术情报研究所	山西	尹龙平
886	西安科技大市场创新云服务股份有限公司	陕西	段国刚
887	中国商标专利事务所有限公司陕西分公司	陕西	郝　震
888	中国杨凌农业知识产权信息中心	陕西	何　阳
889	西安恒泰知识产权代理事务所	陕西	李　婷
890	西安护航宝科技创新有限公司	陕西	刘宝帅
891	西安诺瓦电子科技有限公司	陕西	王海栋
892	中铁电气化局宝鸡器材有限公司	陕西	王红喜
893	西安智邦专利商标代理有限公司	陕西	王少文
894	西北大学	陕西	王思锋
895	西安护航宝科技创新有限公司	陕西	徐　磊
896	陕西合享信息科技有限公司	陕西	许东菊
897	陕西北人印刷机械有限责任公司	陕西	薛志成

续表

序号	单位	省份	姓名
898	陕西华林商标事务有限公司	陕西	叶　静
899	中国空间技术研究院西安分院	陕西	于晓乐
900	陕西省企事业专利保护协会	陕西	余　敏
901	西安恒成智道信息科技有限公司	陕西	张何元
902	陕西省知识产权服务中心	陕西	张荣莉
903	中国杨凌农业知识产权信息中心	陕西	赵　萌
904	新疆丝路言仑知识产权代理有限公司	新疆	安伟伟
905	新疆丝路言仑知识产权代理有限公司	新疆	车志强
906	新疆科技发展战略研究院	新疆	陈　玲
907	新疆大学	新疆	高　健
908	新特能源股份有限公司	新疆	罗飞飞
909	新疆科技发展战略研究院	新疆	孟晶晶
910	新疆大学	新疆	木特力甫·马木提
911	新疆科技发展战略研究院	新疆	牛新民
912	新疆大学	新疆	邵　媛
913	新疆科技发展战略研究院	新疆	史　媛
914	新疆大学	新疆	吐尔干乃义·吐尔逊
915	新疆科技发展战略研究院	新疆	王　强
916	新疆丝路言仑知识产权代理有限公司	新疆	闫　论
917	乌鲁木齐思路联华信息科技有限公司	新疆	杨连勇
918	新疆大学	新疆	余　晶
919	新疆大学	新疆	扎依达·木沙
920	新疆大学	新疆	张　军
921	乌鲁木齐思路联华信息科技有限公司	新疆	张　涛
922	新疆生产建设兵团知识产权信息中心	新疆生产建设兵团	李　波
923	石河子恒智专利商标代理事务所（普通合伙）	新疆生产建设兵团	李　靖

续表

序号	单位	省份	姓名
924	石河子恒智专利商标代理事务所（普通合伙）	新疆生产建设兵团	李伯勤
925	新疆生产建设兵团第八师知识产权局	新疆生产建设兵团	刘　涛
926	云南省知识产权局	云南	安建民
927	云南财经大学	云南	陈芊里
928	云南农业大学	云南	陈雅雪
929	昆明泊银科技有限公司	云南	邓成平
930	云南农业大学	云南	赖　毅
931	云南省知识产权局	云南	李　斌
932	云南瑞升烟草技术（集团）有限公司	云南	李长昱
933	云南临沧鑫圆锗业股份有限公司	云南	普世坤
934	昆明今威专利商标代理有限公司	云南	赛晓刚
935	昆明理工大学	云南	双　凡
936	昆明理工大学	云南	王　莉
937	云南师范大学	云南	王保云
938	昆明市科技型中小企业技术创新基金管理中心	云南	向　兰
939	云南大学	云南	张　禹
940	云南师范大学	云南	周峻沛
941	普洱市知识产权局	云南	周庆辉

9.3　知识产权分析评议甘肃现状

9.3.1　甘肃省知识产权政策现状

甘肃省紧跟国家有关知识产权工作的步伐，2010 年省政府办公厅印发了《打击侵犯知识产权和制售假冒伪劣商品专项行动方案》，2015 年印发了《2015 年甘肃省知识产权战略实施推进计划》，相继出台了许多与知识产权相关的政策。表 9-10 列出了甘肃省有关知识产权方面的政策清单。

表 9-10 甘肃省有关知识产权方面的政策清单

序号	政策名称	牵头部门	发文号
1	甘肃省人民政府办公厅关于印发 2015 年甘肃省知识产权战略实施推进计划的通知	甘肃省人民政府	甘政办发〔2015〕78 号
2	甘肃省人民政府办公厅关于印发打击侵犯知识产权和制售假冒伪劣商品专项行动方案的通知	甘肃省人民政府	甘政办发〔2010〕196 号
3	甘肃省人民政府关于印发甘肃省大力推进大众创业万众创新实施方案的通知	甘肃省人民政府	甘政发〔2015〕98 号
4	甘肃省科学技术厅关于印发《甘肃省市（州）科技进步和创新工作考核办法（试行）》的通知	甘肃省科学技术厅	甘科发〔2011〕28 号
5	甘肃省人民政府关于印发甘肃省新形势下加快知识产权强省建设实施方案的通知	甘肃省人民政府	甘政发〔2016〕73 号
6	甘肃省人民政府关于印发甘肃省知识产权战略纲要的通知	甘肃省人民政府	甘政发〔2010〕49 号
7	甘肃省专利奖励试行办法	甘肃省人民政府	甘肃省人民政府令第 111 号
8	甘肃省专利奖励试行办法实施细则	甘肃省人民政府	无
9	关于印发《甘肃省专利资助资金管理办法》的通知	甘肃省科学技术厅	甘财科〔2015〕71 号
10	关于印发《深入实施甘肃省知识产权战略行动计划（2015—2020 年）》的通知	甘肃省人民政府	甘政办发〔2015〕77 号
11	《甘肃省关于开展专利保险工作指导意见》	甘肃省知识产权局、甘肃省科技厅、甘肃省政府金融办、甘肃保监局等 4 部门	无
12	甘肃省人民政府办公厅关于印发《甘肃省“十三五”服务业发展规划》的通知	甘肃省人民政府	甘政办发〔2016〕105 号
13	甘肃省人民政府关于印发甘肃省建设特色型知识产权强省试点省实施方案的通知	甘肃省人民政府	甘政发〔2016〕93 号
14	中共甘肃省委甘肃省人民政府关于深化科技体制改革加快区域创新体系建设的意见	甘肃省人民政府	甘发〔2012〕16 号
15	甘肃省人民政府办公厅印发贯彻落实中共甘肃省人民政府关于深化科技体制改革加快区域创新体系建设意见任务分工方案的通知	甘肃省人民政府	甘政办发〔2013〕11 号
16	甘肃省人民政府关于强化企业技术创新主体地位全面提升企业创新能力的实施意见	甘肃省人民政府	甘政发〔2013〕30 号

续表

序号	政策名称	牵头部门	发文号
17	甘肃省人民政府办公厅关于印发战略性新兴产业发展总体攻坚战实施方案的通知	甘肃省人民政府	甘政发〔2014〕87号
18	甘肃省知识产权局、甘肃省科学技术厅、甘肃省工信委、甘肃省财政厅、甘肃省人民政府金融办、中国人民银行兰州中心支行、甘肃银监局关于印发甘肃省中小微企业专利权质押融资办法的通知	甘肃省知识产权局	甘知发〔2014〕41号
19	甘肃省人民政府办公厅关于印发《深入实施甘肃省知识产权战略行动计划（2015—2020年）》的通知	甘肃省人民政府	甘政办发〔2015〕77号
20	甘肃省人民政府办公厅关于印发《2015年甘肃省知识产权战略实施推进计划》的通知	甘肃省人民政府	甘政办发〔2015〕78号
21	甘肃省人民政府关于印发《中国制造2025甘肃行动纲要》的通知	甘肃省人民政府	甘政发〔2015〕90号
22	关于印发《关于加强企业知识产权工作的意见》的通知	甘肃省知识产权局	甘知发〔2015〕18号
23	《甘肃省知识产权（专利）发展“十三五”规划》	甘肃省知识产权局	无
24	《甘肃省“十四五”知识产权保护和运用规划》	甘肃省市场监督管理局	甘市监发〔2021〕337号
25	《甘肃省知识产权强省建设纲要(2021—2035年)》	甘肃省政府	无
26	甘肃省市场监督管理局关于积极推进专利导航工作的实施意见	甘肃省市场监督管理局	甘市监发〔2020〕131号

9.3.2 甘肃省知识产权服务体系建设

甘肃省知识产权分析评议工作起步较晚。甘肃省有知识产权分析评议服务示范机构1家、知识产权分析评议服务示范创建机构4家、专利信息文献服务网点4家、世界知识产权组织技术与创新支持中心5家，具体如表9-11所示。

表9-11 甘肃省在国家局备案的主要知识产权专利信息服务机构名单

序号	机构类别	单位名称
1	专利信息文献服务网点	甘肃省知识产权事务中心
2		中国科学院兰州文献情报中心
3		甘肃省科学技术情报研究所
4		中国石油天然气股份有限公司兰州化工研究中心

续表

序号	机构类别	单位名称
5	知识产权分析评议服务示范机构	中国石油天然气股份有限公司兰州化工研究中心
6	知识产权分析评议服务示范创建机构	甘肃省知识产权事务中心
7		中国科学院兰州文献情报中心
8		甘肃省科学技术情报研究所
9		兰州大学
10	世界知识产权组织技术与创新支持中心	兰州大学
11		中国科学院兰州文献情报中心
12		甘肃省科学技术情报研究所
13		甘肃省知识产权事务中心
14		中国石油天然气股份有限公司兰州化工研究中心

9.3.3 甘肃省知识产权服务人才培养

经过“十一五”以来的快速发展，甘肃省委、省政府积极响应国家社会经济发展总体思路，并提出了适应甘肃经济社会发展的总体思路和发展战略。紧紧依靠科技进步走自主创新道路，实现创新型甘肃建设。自主创新，知识产权是魂；知识产权，人才培养是本。知识产权人才培养是关系到知识产权长远发展的一个重大问题。随着甘肃省知识产权战略的深入实施，省委、省政府提出建设“创新型甘肃”的发展战略，走自主创新之路，形成大批自主知识产权，提高竞争力，培育和发展新的经济增长点。这些都需要我们认真研究知识产权人才战略，建设一支宏大的知识产权专业人才队伍，从而保证两大战略顺利实施。

近年来，甘肃省在知识产权人才队伍建设工作中虽然取得了一定的成绩，但同我国沿海经济发达地区相比还存在较大差距，不能很好地满足实施国家知识产权战略和建设创新型城市的需求。

（1）知识产权管理和行政执法人员

目前，全省知识产权系统共有专利管理人员 110 人，其中，持知识产权行政执法证的专利行政执法人员共 69 人，占总数的 63%，专利管理人员的学历普遍较高，本科及以上学历的有 77 人，占 70%，大专学历的有 20 人，占 18%，虽学历较高，但知识结构与知识产权专业管理人才的需求相差甚远，虽然对知识产权管理人才的技术背景要求不太高，但对其综合能力要求较高，还要求其具备较强的法律知识和能力。但在全省知识产权管理人才中，有法学知识背景的仅占 10.9%，主要原因在于市州知识产权机构设置时间较短，其管理人员大多是从科技局抽调过来的。目前，全省各市州都已经成立了市场监督管理局，商标管理工作，特别是有关商标的行政执法工作，由市场监督管理局承担，并且是各级市场监督管理局的一项中心工作，各市州的商标管理和执法人员主要分布在各市场监督管理局的知识产权与商标专利监督管理科。至于版权与海关管理和执法人员数量也极少，很难满足经济社会发展的需要。

（2）企事业单位管理和服务人才

甘肃省企事业单位知识产权管理和服务人才主要是指在企事业单位从事知识产权管理与经营的人才。这部分人才在单位中大多承担着“双肩挑”任务，在企事业单位知识产权行政部门工作的知识产权管理和服务人才可能既是企业管理和服务人才又是知识产权服务和执法人才；科研机构知识产权管理和服务人才可能也是知识产权研究人才。目前，甘肃省企事业单位对知识产权的重视度远远不够，更没有把知识产权纳入战略管理层面，知识产权管理和服务人才需要懂技术、懂管理、懂法律。因此，对这类人才的能力、水平、资格进行标准界定，建立知识产权管理方面的从业资格制度十分必要。

（3）知识产权立法和司法人员

甘肃省知识产权立法和司法人员主要是指在司法领域从事知识产权工作的人才，如在各级法院、检察院、公安局工作的知识产权法官、检察官、公安人员等。甘肃省知识产权法官主要分布在省高院和市州中院，全省现有知识产权法官 69 人，有法学背景的有 59 人，参加过相关知识产权培训的仅有 11 人。在甘肃省公安厅经侦总队设有知识产权科，但只有 4 名同志负责处理各类涉及知识产权的案件。各市州公安系统则没有专设知识产权科。全省检察院系统约有 18 名知识产权人才。

（4）知识产权中介服务人员

知识产权中介服务人员主要是指专业服务机构的知识产权代理和法律服务人才，如专利代理人、知识产权律师、商标代理人等。目前，甘肃省共有 4 家专利代理机构，拥有专利中介服务人员 47 名，其中一部分属于兼职人员；拥有林业植物新品种代理人 4 名、农业植物新品种代理人 4 名，另外还有 17 名知识产权律师。中介服务人员普遍学历较高。

（5）知识产权教学和研究人员

知识产权教学和研究人员主要是指在高等院校、科研院所等单位专门从事知识产权研究或教学的人员。目前全省知识产权教学和研究人员共有 33 名，其中一部分在中介服务中心或企事业单位兼职做知识产权工作。他们学历较高，以中青年为主。有 13 名能熟练使用英语进行知识产权交流，有 1 名能熟练使用日语进行知识产权交流；有 16 名接受过系统的法学教育，并参加过不同形式的知识产权培训。

（6）专利信息分析利用人员

为切实加强全国专利信息人才队伍建设，促进专利信息的传播利用，国家知识产权局评选了专利信息领军人才、师资人才和实务人才。目前，甘肃省有国家知识产权专利信息领军人才 3 人、师资人才 9 人、实务人才 15 人，具体如表 9-12 所示。

表 9-12 甘肃省专利信息人才名单

序号	姓名	单位	人才类别
1	刘叶梅	甘肃省知识产权局	专利信息领军人才
2	马建霞	中国科学院兰州文献情报中心	
3	张景玲	甘肃省知识产权事务中心	
4	曹凤霞	中国石油兰州化工研究中心	专利信息师资人才
5	陈小飞	甘肃省知识产权局	
6	李 琰	中国石油兰州化工研究中心	
7	李晓艳	中国石油兰州化工研究中心	
8	马艳萍	中国石油兰州化工研究中心	
9	田玉兰	甘肃省知识产权事务中心	
10	杨小红	甘肃省知识产权事务中心	
11	张 缨	甘肃省科学技术情报研究所	
12	周春雷	甘肃省知识产权事务中心	
13	陈 春	中国科学院兰州文献情报中心	专利信息实务人才
14	樊 博	甘肃省知识产权事务中心	
15	霍冠禹	甘肃省知识产权事务中心	
16	景 丽	中国石油兰州化工研究中心	
17	李 洋	兰州大学	
18	李红玉	兰州大学	
19	马 英	甘肃省知识产权事务中心	
20	孙惠娜	甘肃省知识产权事务中心	
21	王玲玲	中国石油兰州化工研究中心	
22	王学丽	中国石油兰州化工研究中心	
23	杨珊珊	中国石油兰州化工研究中心	
24	袁学敏	甘肃省科学技术情报研究所	专利信息实务人才
25	张克勤	甘肃省知识产权事务中心	
26	赵立权	甘肃省知识产权事务中心	
27	郑烈炜	甘肃省知识产权事务中心	

10　知识产权分析评议流程

知识产权分析评议是指综合运用情报分析手段，对经济科技活动所涉及的知识产权，尤其是与技术相关的专利等知识产权的竞争态势进行综合分析，对活动中的知识产权风险、知识产权资产的品质价值及处置方式的合理性、技术创新的可行性等进行评估、评价、核查与论证，根据问题提出对策建议，为政府和企事业单位开展经济科技活动提供咨询参考。

国内学者针对知识产权分析评议流程做了少量研究，如张忠榕等人将分析评议项目流程归纳为项目受理→明确评议目的→解析评议对象→获取信息→情报分析→评议论证→提出对策建议→报告撰写→专家评审→评议反馈→评议文件归档。郑丽容等人从概念含义、应用领域、实施主体、组织模式、分析方法、评议内容和作业流程等7个方面对海峡两岸的知识产权分析评议机制进行了对比分析，介绍了中国台湾企业层面的评议流程为：签订保密和委托协议→资料收集→定性评议→评议模型与参数设定→定量评议→结果分析→讨论修正→完成评议报告，大陆的作业流程为：需求分析→技术分解→检索与采集数据→定性判断→分析角度选定（宏观、中观、微观）→情报分析方法确定→定量分析→完成分析评议报告并提出改善建议。李心蕊认为，知识产权评议工作可以按照评议受理→需求分析→项目分解→情报分析→评议论证→撰写、完成评议报告的流程进行。孙英伟等人介绍了高层次科技人才引进中知识产权分析评议的环节依次为申报环节、审查与评议环节、通知与申诉环节、监督环节，其中审查与评议环节分为预审阶段、初审评议阶段、复审评议阶段。周淦提出，知识产权评议程序可分为前置程序、一般评议程序、异议程序3种，前置程序又可分为形式审查程序、相关性确认程序、提起评议程序，一般评议程序应该包括调查程序、协议程序、议决程序、实施程序等4个部分，异议程序可分为不同意评议结论意见和项目申请单位不执行评议领导办公室意见2种。

《知识产权分析评议服务 服务规范》中规定：知识产权分析评议服务实施分为接洽咨询、协议订立、项目启动、项目实施、成果交付5个环节。其中，项目启动环节包括服务团队组建、服务资源配备、初步背景调查、实施方案确定4个方面，项目实施环节包括背景调查、内容确定、数据检索、数据处理、形成结论、对策建议、形成成果7个方面。

本章节以《知识产权分析评议服务 服务规范》为依据，参考国内学者在知识产权分析评议流程方面的研究，确定知识产权分析评议流程分为评议资料受理、评议工作实施、评议效果反馈、评议档案管理4个环节。其中，评议资料受理流程为评议咨询、形式审查、合同签订，评议工作实施流程为团队组建、制定工作方案和计划、信息搜集与调研、撰写评议报告初稿（重点评议内容、资料核查、项目分解、知识产权数据检索、数据处理、情报分析、评议论证、评议报告初稿撰写）、召开专家咨询会、形成评议报告终稿、交付评议报告（图 10–1）。

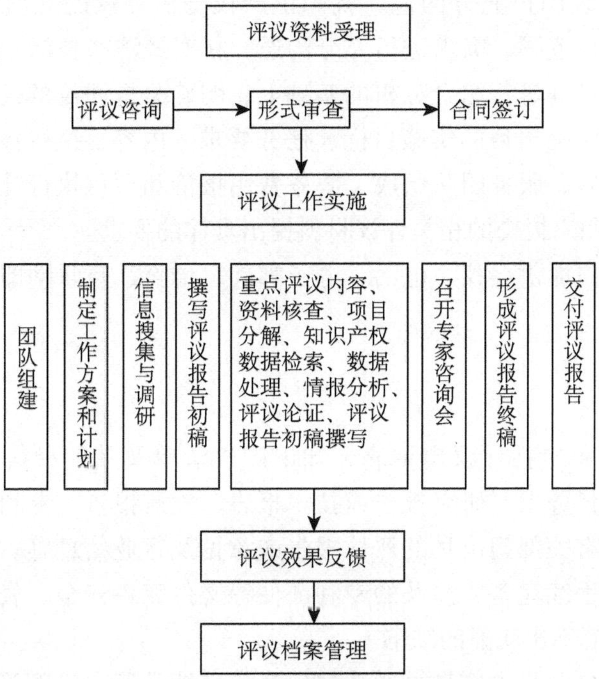

图 10–1　知识产权分析评议流程

10.1　评议资料受理

评议受理是指评议用户向评议机构咨询评议业务有关事项，评议机构受理人员判断评议内容是否属于本机构承担的评议业务范围，符合且有意向的，及时对申请材料进行审查，资料不全的应通知评议用户进行补充，材料全面的应通知评议用户签订评议合同的过程。

10.1.1 评议咨询

评议用户根据评议项目的类别、项目主要内容和目的、初步确定的评议事项等情况，选择具有相应从业资质和业务能力的评议机构进行评议项目的知识产权分析评议工作。

评议机构受理人员应向用户提供真实、准确、完整的机构信息，主要包括：机构名称、资质、办公地点、联系人及联系方式、可提供的服务内容、形式、业务流程、费用标准及说明等。

评议机构与评议用户充分沟通，就知识产权分析评议的立项背景、实施进展情况、技术内涵、分析范围、需求进行充分沟通，在对经济科技活动的情境条件及具体要求、产业领域特点等进行综合分析的基础上，明确分析评议的任务目标。通过归纳评议用户的需求，明确项目的实施目标、任务要求、内容、执行计划和服务方式，形成包括服务实施内容、服务团队组成、服务费用报价和项目执行计划等初步的项目实施计划，并对评议用户提交的相关评议材料提出具体的要求。

评议机构为用户提供会议、电话、电子邮件、传真、互联网即时通讯等形式的沟通渠道。

10.1.2 形式审查

形式审查的对象包括评议申请表、知识产权清单及其他材料，其他材料涵盖项目立项批文、计划任务书、研究报告或技术报告、检测报告、专利申请证书和专利授权证书的复印件、有关部门出具的评估报告或意见及行业信息等。受理人员会在形式审查时应保证申请手续完备、涉及的专利证件等文件完备齐全、表格填写符合相关规定、知识产权内容看不出明显的缺陷。

申请书内容应包含基本信息、所涉知识产权属性及所占份额等。其中，基本信息包括项目名称，投资当事方的基本情况（即当事人名称、住址、资质等），金额及股权比例，风险负担情况等；载明所涉知识产权信息应包含：所涉知识产权属性，即所涉知识产权属于著作权、商标权、专利权等的范畴，其中，混合型的知识产权需要载明混合的各种类，以及该经济活动所涉知识产权占整个经济活动的项目金额比率。申请书信息的具体程度决定了评议结果的精确度，申请人应提供尽可能详细的申请材料。其次，申请人应根据评议机构的要求提供其他必要信息。知识产权评议需要的具体信息不尽相同，在接收评议申请后，评议机构可以根据申请人提供的材料决定是否需要补充申请信息，申请人应根据评议机构的要求予以提供，否则评议机构可以拒绝接受该评议申请。对于没有经过形式审查程序的评议对象，一律要求其重新提交材料。知识产权评议领导办公室应该一次性告知项目方缺少哪些材料，哪些材料的格式或信息错误，并允许其在材料退回之日起的1个月内将材料补齐，补充材料的次数以3次为限。对于格式未按规定填写的及未按照规定提交证明材料的，视为材料未提交或提交不合格，知识产权评议领导部门应将该意见通知申请人。

受理人员在承诺的时限内及时响应并处理用户的诉求、投诉、问题等，对于项目信息报价、需求调整、计划进度、交付等内容应详细记录。

10.1.3 合同签订

评议用户提交的评议材料经形式审查合格后，评议受理人员于用户沟通进行合同签订相关事宜，合同应体现守法、公平、公正的原则，在双方平等自愿的前提下订立。合同内容包括各方的权利、义务、责任、服务内容、时间、地点、具体费用及明细、报告交付形式、交付数量、服务变更手续、投诉与纠纷解决方式等。

10.2 评议工作实施

评议机构实施知识产权分析评议工作要满足目标性、科学性、综合性、建设性原则，应从用户经济科技活动的知识产权切实需求和实际问题出发，根据用户需求确定分析评议的任务，科学全面地开展法律、技术、市场方面的信息检索与情报分析，立足经济科技活动的实施要求，在系统分析知识产权相关情报的基础上，结合产业环境、市场环境和法制政策环境等信息，进行综合研究与判断，针对经济科技活动中的知识产权竞争态势特点、问题和风险，提出具可操作性的策略建议。

在分析评议准备环节，评议机构应根据既定任务目标、所属行业领域竞争状况、分析评议类型及其实施特点，制定工作方案与工作计划，组建工作团队，并开展前期的资料搜集与调研。用户应积极配合实施方提出的信息需求，提供所需要的行业资讯和项目背景资料。

10.2.1 团队组建

知识产权分析评议不仅工作量较大，而且涉及的知识点较多，需要团队协作完成，在开展评议之前应根据项目的实施目标、业务领域、实施特点等组建相匹配的评议团队，团队通常由项目负责人员、信息检索人员、分析研究人员等组成，根据需要可适当引入法律、技术和商业方面的外部人员，外部人员需要遵守保密义务。用户可指定人员参与配合服务项目实施，为评议团队提供支持。

团队项目负责人员要能准确判断用户遇到的问题、把握用户需求、维护与用户的关系，具有较强的统筹规划能力和团队组织、沟通、协调能力，应具备熟悉知识产权分析评议业务、具有知识产权分析评议服务经验、参与完成过多项知识产权分析评议服务项目，在服务实施过程中与用户就服务项目进行沟通，根据用户需求确定服务项目内容、形成任务要求及项目目标，配置服务项目所需要的各类资源，制定执行计划。信息检索人员应具备知识产权信息检索等相关的专业知识和外语能力，熟练掌握数据检索工具，能够独立进行技术分解，制定检索策略，查全、查准信息，开展数据清洗与数据标引。分析研究人员应具有分析评议项目的专业背景和相应的外语能力，掌握分析评议项目所处行业状况和技术背景，以及系统解读、综合分析、评估评价知识产权等相关信息、并敏锐地发现知识产权风险与问题，针对风险和问题去提供解决方案，同时具备撰写报告和口头表述的能力。

评议团队应能够检索世界知识产权组织规定的最低文献量和主要国家知识产权法律状态信息，获取相关产业的市场竞争信息，拥有了解技术及产业现状、精通知识产权和相关外语的各类分析评议人员。

10.2.2 制定工作方案和计划

制定知识产权分析评议工作方案和计划是遵循咨询服务质量控制的基本要求，可以使知识产权分析评议工作有的放矢、工作有序、质量可控。在制定工作方案和计划时，要基于专利信息的特点，将不同应用场景的实际需求转化为知识产权评议的专业性问题，要按照质量过程管理原则，明确评议目标、任务、工作流程、质量控制措施等。

评议团队应根据服务项目要求，对技术、法律及商业等相关背景开展初步调查，梳理与项目实施目标紧密关联的背景信息，在初步背景调查的基础上与用户进行充分沟通，归纳用户的具体需求，确定服务项目实施目标，细化分解服务项目任务，制定针对性强、操作性好的工作计划，形成个性化的项目实施方案。

10.2.3 信息搜集与调研

评议团队应按照工作方案和计划，做好分析评议的时间管理、质量管理、成本管理、沟通管理和风险管理，保障团队投入时间，配置专业分析工具，确保采用信息准确完备，逻辑推理周延客观，分析结论有理有据，对策建议合理有效。

评议团队根据知识产权分析评议模块，确定是否需要检索知识产权数据，若需要检索知识产权数据，则应制定检索策略，并与用户沟通确定技术分解结构，根据检索策略进行知识产权数据检索适时补充检索。

评议团队应紧密围绕项目的任务要求，综合采用资料搜集、现场座谈、实地走访、问卷调查等多种形式开展有针对性的调研活动，进行调研时可以从市场、政策及研发角度出发，根据评议目的而定。

10.2.4 撰写评议报告初稿

评议涉及的知识产权信息包括法律信息、市场信息、技术信息等。评议机构应根据确定的分析范围通过信息检索、审查核实、数据统计、信息分析、专家咨询等多种方式进行评议，并完成知识产权评议报告。

重点评议内容。包括自主知识产权状况，如是否已经授权或注册并合法有效、该知识产权权利的剩余存续期限、是否在国外取得知识产权、是否存在知识产权权属纠纷等；外来获得知识产权状况，如知识产权是否为实际权利人或是否取得知识产权的合法处分权、知识产权是否合法有效、知识产权是否按照我国有关法律规定办理了相应权利转移手续或合同登记事项、知识产权合同签订是否符合我国法律、法规等有关规定；与项目实施设计的关键技术、核心技术和主要技术相关的知识产权状况，如项目涉及的知识产权是否存在被控侵权纠纷，项目实施涉及的关键技术、核心技术和主要技术的知识产权的国内外分布状况，项目实施所拟用的关键技术、核心技术和主要技术是否存在知识产权侵权的风险，涉及技术或产品出口项目的国外知识产权保护状况及出口侵权风险性。

资料核查。资料核查既要核查其相关性，还要核查其法律状态。相关性核查包括技术主题要相同，产品技术方案及部件工艺技术分别落入相应的专利保护范围。在核查法律状态时，要兼顾法律状态的有效性、权属性、地域性及时间性。

项目分解。根据项目的等级结构 / 属性 / 产业链进行项目分解，可分解为选择数据库、确定检索策略和检索要素、检索和去噪、数据采集和加工、数据标引和数据结果评估等工作分解结构，并形成工作分解结构表。项目分解有助于界定评议分析范围、确定检索要素、标引和清理数据、梳理分析的关键点及理清报告撰写思路。

知识产权数据检索。服务团队应根据检索目的实施针对性检索，规范数据格式，形成内容完整、形式规范的基础数据和可靠的原则检索数据。在进行知识产权数据检索时容易拘泥于专业的专利数据库和专利分析工具，往往忽视了对非专利数据库的检索，国内外权威非专利数据库包括但不限于 EBSCO（学术期刊全文数据库平台）、SpringerLink（德国斯普林格全文数据库文期刊库）、PQDT（数字化博硕士论文数据库）、TABLEBASE（市场统计数据库）、维普网、中国知网、万方数据库等。

数据处理。数据处理是指对各种原始数据的分析、整理、计算、编辑等加工和处理，通过数据储存、清洗、筛选、标引等方式对检索结果进行规范化处理，生成内容完整、形式规范的数据信息，为情报分析提供数据支持。

情报分析。根据评议需求和评议内容，选择分析方法和专利指标，选择分析工具，生成分析图表，并对图表进行分析解读。评议团队应采用科学的、恰当的分析方法与工具，围绕检索处理后的数据及收集的其他信息进行定量分析和定性分析，形成知识产权分析评议结论，并对知识产权分析评议结论进行核查并验证其科学性、合理性。

评议论证。基于文献调研结果、项目证实结果、专利分析结果进一步进行评议论证、归纳、推理和概括总结，得出评议结论，并就可能存在的问题提出对策建议。对策建议应符合用户发展实际，体现用户需求和特点，易于实践操作，能够解决具体问题，知识产权分析评议服务一般适用于公共管理活动和工商管理活动。适用于公共管理活动的知识产权分析评议的对策建议应有助于提高公共管理活动的可预见性和管理效率，规避知识产权风险，维护投资安全，保障投资权益等。适用于工商管理活动的知识产权分析评议的对策建议应有助于提高企事业单位的创新效率和质量，妥善解决商业活动中的知识产权问题，形成有效的创新策略或商业竞争策略等。

评议报告初稿撰写。报告撰写的基本框架可以按 2 种类型来写：一种是顺序型报告，可以按时间、按空间、按产业链或技术链进行报告撰写；另一种是分类型报告，可以按属性或重要程度进行报告撰写。重大经济科技活动知识产权分析评议报告应满足针对性、明确性、重点性、规范性、一致性及逻辑性等基本要求。评议成果的形式包括文本成果和非文本成果，文本成果包括分析评议最终报告、过程文档、基础数据、分项报告、引用文件等，非文本成果包括咨询建议、应用培训、实施辅导等。对于依托大数据分析的服务项目，服务团队应综合采用多种统计分析方法，使用图表直观表达知识产权或创新状态特征及发展变化，挖掘、解析、印证、提炼有效信息，真实、准确、全面地反映客观状况。团队应根据用户要求，确定知识产权分析评议最终报告的内容、形式，提供给决策者的报告应简明准确地阐述问题，给出明确结论和策略建议，提供给操作者的报告应详尽全面地阐述分析过程，给出具体的、可操作的问题解决方案。

10.2.5 召开专家咨询会

评议机构从专家库遴选至少 3 位评议项目行业内副高级职称以上的专家召开专家咨询会，遴选的专家应掌握分析评议项目所处的行业现状与发展趋势，了解行业政策和行业特点，具备评价行业技术难点和热点的能力。

专家咨询活动的组织形式主要有会议、现场访谈或勘察、通信 3 种形式，会议形式是指通过现场召开专家参加的会议，征询专家的意见和建议；现场访谈或勘察形式是指通过组织现场谈话或查看实地、实物、原始业务资料等方式征询专家的意见和建议；通讯形式是指通过信函、邮件等方式征询专家的意见和建议。

专家通过查看阅读评议用户提供的申请表、技术报告、研究报告、检测报告、专利相关材料等资料，针对评议机构提供的知识产权分析评议报告初稿进行论证，结合自身扎实的专业知识和丰富的实践经验提出宝贵意见和建议，并出具专家咨询意见表，意见应简洁、清楚、明确。

要求专家签订承诺书，承诺书中必须强调保密等事宜。

10.2.6 形成评议报告终稿

将专家咨询意见表附在知识产权分析评议报告中，并结合专家咨询意见修改完善评议初稿，形成最终版知识产权分析评议报告。为评议用户提供的知识产权分析评议报告一定是基于知识产权分析评议团队调研、检索后得到的客观数据，再结合评议团队建议和专家论证结果所得的产物。

10.2.7 交付评议报告

评议机构按照合同在规定期限内为用户提供评议报告终稿，可适当根据用户反馈意见进行调整优化，在用户提出要求的情况下，评议机构为用户提供咨询建议、成果使用建议、报告解析、应用培训、实施辅导等延伸性服务。

10.3 评议效果反馈

知识经济时代，知识产权已成为企业竞争的重要砝码，对国家来说，知识产权战略已经上升为国家战略，成为国际竞争中的战略性资源和核心竞争力。在知识产权创造、运用、管理和保护的工作体系中，知识产权服务贯穿其中，是服务业发展至今的重要组成部分，也是服务业向高端化、技术化发展的重要环节。因此，加快我国知识产权服务业的发展对科技创新、产业升级、对外贸易和文化发展具有重大意义，有利于形成结构优化、附加值高、吸纳就业能力强的新兴服务业态，已成为建设文化强国的重要保障。

为推动我国知识产权评议的健康发展，近年来，政府部门采取扶持鼓励政策出台了一系列的政策措施。2011 年，国务院正式发布《工业转型升级规划（2011—2015 年）》，首次提出“建立重点产业知识产权评议机制”，推动知识产权融入产业的升级转换并发挥实效，实现重点产业专利布局和工业领域知识产权创造、运用、保护和管理能力提升；工业和信息化部制定并印发了《集成电路产业“十二五”发展规划》，提出大力实施知识产权战略，加大知识产权保护力度。规划中提出推动集成电路布图设计专有权的有效利用，在重点技术领域掌握一批具有自主知识产权的关键技术，促进集成电路产业发展。2012 年，国家知识产权局正式出台《重大经济科技活动知识产权评议试点工作管理暂行办法》，是建立健全重大经济科技活动知识产权评议制度的重要举措，为进一步深化知识产权评议试点工作提供了有力的制度保障。2013 年，国家知识产权局发布了《关于启动 2013 年重大经济科技活动知识产权评议试点工作的通知》，随后确定天津市知识产权局等14家单位参加国家2013年重大经济科技活动知识产权评议试点，黑龙江省知识产权局等6家单位作为国家2013年重大经济科技活动知识产权评议试点培育单位。2014年，国家知识产权局按照《国家知识产权局办公室关于开展2014年知识产权分析评议服务示范机构培育工作的通知》要求，组织开展了2014年国家知识产权分析评议服务示范创建机构遴选工作，选出第二批知识产权分析评议示范创建机构共34家。2015—2018年，相继确定了多家知识产权分析评议服务示范机构，鼓励各地开展知识产权分析评议工作。

随着国家对知识产权分析评议工作的重视，我国知识产权产业得到了快速发展，但在我国知识产权产业高速发展的同时，知识产权服务的能力却很弱，没有达到与之相符或满足相关市场需要的服务水平。由于我国缺乏与产权制度相配套的知识产权服务体系，服务提供的规范化、体系化尚未有效形成，故服务层次不高、服务运作不规范、服务效率低下等现象时有发生。同时市场上缺乏完善的社会范围内可共享的信息服务平台，加之知识产权服务行业没有标准化组织，标准化体系不完善，导致业务流程的不规范成为常态，行业内部企业竞争力普遍较低，严重阻碍我国知识产权事业的发展。因此，面向质量提升与流程管控构建体系相对完整的服务质量评价标准体系，将知识产权服务质量评价流程标准化、规范化和体系化具有重要的战略意义。

10.3.1 研究现状

国外关于服务质量评价的研究开始于20世纪80年代，Sasser等指出服务质量包含服务结果和服务提供方式。Rohrbaugh等通过增加一个维度，将其划分为过程质量、结果质量和人员质量3个维度。Gronroos提出感知服务质量，强调服务质量是实际服务经历与服务期望的差值，当实际服务绩效高于服务期望时，则感知服务质量较高，相反则较低。Lewis等指出服务质量是度量服务满足消费者期望程度的工具，即服务水平与顾客的期望差异越小，顾客对服务质量评价也就越高。PZB 3位学者提出的服务质量差距模型，从10个不同的维度衡量服务质量，对该模型进行改进后，将10个维度删减合并为5个维度，形成被广泛使用的SERVQUAL量表，5个维度分别为有形性、移情性、响应性、可靠性和保证性。其中，有形性是指具体的实物工具、设备、人员和书面材料的外表，即有形事物代表服务；可靠性是指准确可靠地履行所承诺服务的能力，即按承诺办事；响应性是指帮助顾客和提供便捷服务的自发性及响应速度，即主动、快速帮助；保证性是指员工的知识水平和谦逊的态度，以及他们能够使客户信任的能力，即激发信任和安全感；移情性是指关心顾客，为顾客提供个性化服务，即将顾客作为个体对待。客户从这5个方面将基于口碑、个人需要、过去经验等的预期服务质量和感知服务质量相比较，当超出期望时即为惊喜质量，满足期望时即为满意质量，低于期望时则为失败质量，以此形成对服务质量的判断。Lehtinen将服务质量分为物质质量、交互质量和公司质量，物质质量指提供服务的各种辅助设施，交互质量指服务提供者在提供服务的过程中的各种表现，公司质量指公司的声誉等。

我国知识产权服务行业起步较晚，属于新兴服务业，与传统服务业相比，技术含量和附加值高，知识与技术密集，创造力强，发展空间巨大，具有相对较强的辐射带动作用。目前，国内对知识产权服务的研究主要集中于知识产权服务的定义、发展现状、服务模式和知识产权服务标准体系的构建等方面，针对知识产权服务质量评价体系进行的研究较少。汪雪峰等人通过界定“知识产权服务”内涵和系统调研我国知识产权服务标准体系建设现状及其存在问题，依据的服务质量理论和 PZB 五维度质量测量模型，引入服务补救和管理信息系统 2 个维度构建了更为完善的知识产权服务质量评价指标体系。潘瑾等人依据 Lehtinen 的服务质量理论和 PZB 的 SERVQUAL 模型，构建了创意产业知识产权中介服务质量的满意度评价指标体系。张巧提出目前国内外关于技术转移服务质量的研究主要是从两种不同角度进行：一种是借鉴 SERVQUAL 量表的 5 个维度，即有形性、移情性、响应性、可靠性和保证性，对技术转移服务质量进行度量；另一种是结合技术转移服务的特点和关键事件，从不同维度度量服务质量，并研究相应的影响因素。

10.3.2 知识产权分析评议特点

知识产权分析评议为服务型工作，具有服务的无形性、异质性、生产和消费的同时性、易逝性的特点。无形性即服务的本质不是实物，是由一系列活动所组成的过程，我们不能像有形商品那样看得到、感觉得到或触摸得到；异质性即服务是由人表现出来的一系列行动，服务人员所提供的服务通常是用户眼中的服务，服务的构成和质量水平没有统一的规定，会随着服务人员的不同而变化，也会因用户自身感受而不同；服务的同时性是指服务人员提供服务的同时，用户也在消费服务，两者发生在同一时间段内；易逝性指服务不能被储存、转售或退回的特性，用户如果没有即时消费服务，那么就要承担损失。

知识产权分析评议作为一种知识密集型服务产业，具有专业化、网络信息化、法律化的特点。专业化是指知识产权分析评议人员必须具有深厚的专业知识和技能，具备扎实的专业研究和实践基础，知识产权分析评议工作具有专业化的流程和标准；网络信息化指知识产权分析评议人员以计算机等智能化工具和信息管理平台等为基础，通过信息搜集、检索、整理、分析、论证等环节为用户提供分析评议服务，将无形的知识产权分析评议工作有形化、网络化；法律化即知识产权分析评议的主客体都受国家和国际相关法律法规的约束与保护。

10.3.3 知识产权分析评议效果反馈体系

基于知识产权分析评议具有服务的无形性、异质性、易逝性等特点，信息化和网络化的工作要素会影响到整个评议工作的质量和进度，用户的反馈信息是评议质量的直接体现形式，评议机构的改进措施和态度对提高评议质量和机构形象具有至关重要的作用。本章基于 PZB 的 SERVQUAL 量表有形性、移情性、响应性、可靠性和保证性 5 个维度，再考虑增加网络信息化、用户反馈、服务改进、服务后跟踪 4 个要素，从 9 个方面来评价知识产权分析评议质量和效果。PZB 的提出的 5 个维度在前文已有说明，下面重点对网络信息化、用户反馈、服务改进、服务后跟踪 4 个要素进行阐述。

（1）网络信息化

随着互联网技术的快速发展，计算机在知识产权分析评议机构是被普遍使用的工具，管理信息系统也在逐渐优化整合，甘肃省科学技术情报研究所所使用的知识产权分析评议业务管理平台为本单位网络中心所研发，网址为 http：//www.gskjpj.cn/。业务管理平台首页作为宣传工具，向用户介绍知识产权分析评议的相关流程和其他须知，以提升对用户的服务质量。用户在选择评议机构时，也可利用管理信息系统提前了解备选机构所提供服务产品的相关信息，既节约了查询时间，又能进行相互比较，降低信息不对称所带来的风险。

业务管理平台参与了知识产权分析评议业务的整个流程，有效提高了知识产权分析评议的实施效率，降低了整体的管理成本，可随时监管评议项目的开展进度，掌握知识产权评议工作的整个步骤和进度，确保知识产权分析评议工作在合同约定的期限内完成。业务管理平台能够有效帮助中心处理用户的需求，及时满足用户的需求，能进行评议工作后续的跟踪调查，随时记录用户的反馈意见和满意程度，形成良好的用户情况和服务补救数据库。

（2）用户反馈

知识产权作为一种无形的财产，是看不见、摸不着的，其服务客体一般是“独”“特”“新”的知识、信息和作品等无形资源。用户在消费知识产权分析评议机构提供的服务后，对分析评议过程进行评价时具有很强的主观性，很难做出统一的客观评价。此外，由于知识产权的客体、主体不同，权利攸关方和用户的需求也千差万别，知识产权分析评议工作的构成和质量水平还会因评议人员的不同而产生差异，同时受用户自身感受的影响，所以知识产权分析评议具有不可重复性。另外，知识产权分析评议流程、标准和质量无法精准控制，以及知识产权服务的客体面临许多法律法规上的不确定性，决定了知识产权分析评议工作的风险性较大。因此，想要实现知识产权分析评议过程的完美几乎是不可能的，在分析评议的某个过程中失误后，用户则会表现出不满、抱怨等情绪，甚至进行质辩、投诉等行为。严重的失误会影响顾客的满意度，导致客户流失，同时会对知识产权分析评议机构的形象和口碑造成重创。

针对上述情况，在知识产权分析评议的全流程中让用户参与并进行反馈交流显得格外重要，常见的用户反馈方式有赞成/反对式反馈、好评式反馈、多项等级反馈、文字评论式反馈、征求式反馈等。赞成/反对式反馈即用户可在客户端对知识产权分析评议的任何环节以赞成和反对的方式表达对任意环节的满意与不满意；好评式反馈是在分析评议流程结束后，用户通过客户端进行星级形式或者点赞的形式反馈，以表达对此次评议的满意度；多项等级反馈即用户从多个角度对评议进行评级或者打分，是一种比较详细、比较全面的整体式反馈；文字评论式反馈即用户以文字的形式表达出对此次评议过程的感受和想法，通过文字评论反馈能够更加精准地判断用户的满意程度；征求式反馈即知识产权分析评议机构主动与用户进行沟通，征集用户的意见和建议，判断用户对评议过程的满意程度。

（3）服务改进

服务改进直接关系到用户的满意度和忠诚度，在知识产权分析评议机构提供的服务让用户有了不满意的感受，虽然这种不满意的感受能给用户留下很深的记忆，但是知识产权分析评议机构随即采取的服务改进措施会给用户以更深的印象。由于知识产权分析评议具有不可感知性和经验性的特征，并且正在我国处于起步阶段，加之用户在提交知识产权分析评议申请前了解的相关信息较少，因此分析评议的风险较大。有研究表明，用户的忠诚度与风险存在较强的相关关系。用户的忠诚度高表现为满意的用户愿意成为知识产权分析评议机构的“回头客”，对知识产权分析评议的价值极度信任。另有研究数据表明，企业吸引新顾客的成本是企业留住老顾客成本的4～5倍；有调查显示，如果顾客得不到应有的满足，他会把这种不满告诉其他9～16个人，可相反，如果顾客得到了满足，他只愿意把这种满足告诉其他4～5个人，顾客认为来自其他顾客或专家的信息更为可靠，口头传播是消费者普遍接受和使用的信息收集手段。因此，在知识产权分析评议过程中，若使用户产生不满和抱怨的情绪时，知识产权分析评议机构应该明确那些抱怨和不满的用户是对企业仍抱有期望的忠诚用户，机构必须做出及时的服务改进和答复，以期重建用户的满意度和忠诚度。否则，失去的远不只是现有用户，还会失去大量的潜在用户。

知识产权分析评议机构进行服务改进要从以下方面着手：

知识产权分析评议机构需要建立一个跟踪并识别失误的系统，使其成为挽救和保持与用户关系的良机，有效改进策略需要知识产权分析评议机构通过听取用户意见来确定失误所在，不仅要被动地听取用户的抱怨，还要主动地查找潜在的失误。可以通过开通投诉热线来听取用户的投诉反馈。

知识产权分析评议机构要重视用户提出的问题，主动与用户取得联系并承认问题的存在，向用户进行解释或道歉，并迅速提出问题的解决方案，将失误尽可能缩小化。否则，没有得到妥善解决的失误会很快扩大并升级。

需要知识产权分析评议人员能在问题出现前预见到问题即将发生而予以杜绝。这些人员特别需要受到服务改进技巧、权力和随机应变能力的训练。有效的服务改进技巧包括认真倾听用户抱怨、确定解决办法、灵活变通的能力；权力的使用是受限制的，指在一定的允许范围内，用于解决各种意外情况。

从服务改进中汲取经验教训。服务改进不只是修补服务裂缝、增强与用户联系的良机，它还是一种极有价值但常被忽略或未被充分利用的具有诊断性的、能够帮助知识产权分析评议机构提高服务质量的信息资源。通过对服务改进整个过程的跟踪，机构可发现分析评议过程中一系列亟待解决的问题，并及时修正这些存在问题的环节，进而使“服务改进”现象不再发生。

（4）服务后跟踪

通过科技项目、人才引进、技术引进、科技成果等知识产权分析评议后跟踪，对引进人才和引进技术的层次和质量进行统计研究，对科技项目和科技成果的成交、应用等进行统计分析，从而定量地判断知识产权分析评议的价值。后跟踪过程，实际上也是获取用户信息反馈的过程，有利于和用户建立起良好的合作关系。

综上所述，在进行知识产权分析评议效果评价时，除了要考虑 SERVQUAL 评价体系中的有形性、可靠性、反应性、保证性和移情性以外，还需要引入网络信息化、用户反馈、服务改进、服务后跟踪 4 个方面的评价，本章节改进后的知识产权分析评议效果量表（表 10–1）。

表 10–1　知识产权分析评议效果量表

一级指标	指标分值	二级指标	指标分值
保证性	15	评议团队的资质、学历水平	5
		职业道德高尚、保守秘密	3
		依法评议，有理有据	4
		取得用户的信任	3
可靠性	15	机构资质水平	4
		告知用户评议相关材料、时限、费用及风险	3
		依据法律法规、合同约定的条款完成评议	5
		认真履行承诺	3
有形性	10	办公环境、设施条件	3
		评议团队的精神面貌	3
		业务流程规范、完整	4

续表

一级指标	指标分值	二级指标	指标分值
响应性	9	及时响应用户的反馈需求	3
		与用户沟通顺畅，勤于沟通	3
		善于帮助用户，态度友好	3
移情性	6	站在用户角度为用户考虑	3
		根据用户需求提供个性服务	3
网络信息化	15	计算机等设备	4
		业务管理系统的应用	5
		网络质量	3
		采用的数据库	3
用户反馈	10	采用的反馈方式	2
		反馈数量 / 评议总数量	4
		投诉数量 / 评议总数量	4
服务改进	10	重视用户提出的问题	3
		评议团队参加服务改进训练	3
		汲取经验教训	4
服务后跟踪	10	跟踪数量 / 评议总数量	5
		显现价值数量 / 评议总数量	5

11 知识产权分析评议资源

11.1 知识产权分析评议收费资源

11.1.1 IncoPat 科技创新情报平台

IncoPat 是第一个将全球顶尖的发明智慧深度整合，并翻译为中文，为中国的项目决策者、研发人员、知识产权管理人员提供科技创新情报的平台。无论是人们所关心的最新的技术发展，还是需要规避的专利侵权风险，抑或是想要掌握的竞争对手的研发动态或是想要实现的知识产权的商业价值，IncoPat 都能提供及时、全面、准确的情报。

（1）数据

数据库收录了 157 个国家、地区和组织的发明、实用新型、外观设计专利（表 11-1、表 11-2）。

表 11-1 Incopat 专利数据库数据范围

专利类别		数据内容										更新频率
		著录信息	中英文摘要	摘要附图	全文（PDF）	全文（XML）	全文附图	全文中文翻译	法律状态	引证信息	同族信息	
	发明申请	✓	✓	✓	✓	✓	✓	✓	✓	✓	✓	日更新
	发明授权	✓	✓	✓	✓	✓	✓	✓	✓	✓	✓	日更新
中国（CN）	实用新型	✓	✓	✓	✓	✓	✓	✓	✓		✓	日更新
	外观设计	✓	✓	✓	✓		✓		✓		✓	日更新
	发明申请	✓	✓	✓	✓	✓	✓	✓	✓	✓	✓	日更新

续表

专利类别		数据内容										更新频率
		著录信息	中英文摘要	摘要附图	全文（PDF）	全文（XML）	全文附图	全文中文翻译	法律状态	引证信息	同族信息	
美国（US）	发明授权	✓	✓	✓	✓	✓	✓	✓	✓	✓	✓	日更新
	外观设计	✓	✓	✓	✓	✓	✓	✓	✓	✓	✓	日更新
世界知识产权组织（WIPO）	发明申请	✓	✓	✓	✓	✓	✓	✓	✓	✓	✓	日更新
	外观设计	✓	✓	✓			✓		✓		✓	日更新
日本（JP）	发明申请	✓	✓	✓	✓	✓	✓	✓	✓	✓	✓	日更新
	发明授权	✓	✓	✓	✓	✓	✓	✓	✓	✓	✓	日更新
	实用新型	✓	✓	✓	✓	✓	✓	✓	✓	✓	✓	日更新
	外观设计	✓	✓	✓			✓		✓	✓	✓	日更新
欧洲（EP）		✓	✓	✓	✓	✓	✓	✓	✓	✓	✓	日更新
英国（GB）	发明申请	✓	✓	✓	✓	✓	✓	✓	✓	✓	✓	日更新
	发明授权	✓	✓	✓	✓	✓	✓	✓	✓	✓	✓	日更新
	外观设计	✓	✓	✓			✓		✓		✓	日更新
法国（FR）	发明申请	✓	✓	✓	✓	✓	✓	✓	✓	✓	✓	日更新
	发明授权	✓	✓	✓	✓	✓	✓	✓	✓	✓	✓	日更新
	外观设计	✓	✓	✓			✓		✓		✓	日更新
韩国（KR）	发明申请	✓	✓	✓	✓	✓	✓	✓	✓	✓	✓	日更新

续表

专利类别		数据内容										更新频率
		著录信息	中英文摘要	摘要附图	全文（PDF）	全文（XML）	全文附图	全文中文翻译	法律状态	引证信息	同族信息	
韩国（KR）	发明授权	✓	✓	✓	✓	✓	✓	✓	✓	✓	✓	日更新
	实用新型	✓	✓	✓	✓	✓	✓	✓	✓	✓	✓	日更新
	外观设计	✓	✓	✓			✓		✓		✓	日更新
俄罗斯（RU）	发明申请	✓	✓	✓	✓	✓	✓	✓	✓		✓	日更新
	发明授权	✓	✓	✓	✓	✓		✓	✓	✓	✓	日更新
	实用新型	✓	✓	✓	✓	✓		✓	✓	✓	✓	日更新
	外观设计	✓	✓	✓			✓		✓		✓	日更新
德国（DE）	发明申请	✓	✓	✓	✓	✓	✓	✓	✓	✓	✓	日更新
	发明授权	✓	✓	✓	✓	✓	✓	✓	✓	✓	✓	日更新
	实用新型	✓	✓	✓	✓	✓	✓	✓	✓	✓	✓	日更新
	外观设计	✓	✓	✓			✓		✓		✓	日更新
欧盟（EU）	外观设计	✓		✓			✓		✓		✓	日更新
加拿大（CA）		✓	✓	✓	✓		✓		✓		✓	日更新
西班牙（ES）		✓	✓	✓	✓				✓	✓	✓	日更新
奥地利（AT）		✓	✓	✓	✓		✓		✓	✓	✓	日更新
意大利（IT）		✓	✓	✓					✓	✓	✓	日更新
澳大利亚（AU）		✓	✓	✓	✓				✓	✓	✓	日更新
巴西（BR）		✓	✓	✓	✓	✓	✓	✓	✓		✓	日更新
阿根廷（AR）		✓	✓	✓					✓		✓	日更新
印度（IN）		✓	✓	✓		✓		✓	✓		✓	日更新

续表

专利类别		数据内容										更新频率
		著录信息	中英文摘要	摘要附图	全文（PDF）	全文（XML）	全文附图	全文中文翻译	法律状态	引证信息	同族信息	
东德（DD）		✓	✓	✓					✓		✓	日更新
苏联（SU）		✓	✓	✓	✓	✓	✓	✓	✓	✓	✓	日更新
蒙古（MN）	发明申请	✓		✓			✓				✓	日更新
	发明授权	✓	✓	✓			✓				✓	日更新
	实用新型	✓	✓	✓			✓				✓	日更新
	外观设计	✓		✓			✓				✓	日更新
菲律宾（PH）	发明申请	✓	✓	✓						✓	✓	日更新
	发明授权	✓	✓	✓					✓		✓	日更新
	实用新型	✓	✓	✓							✓	日更新
	外观设计	✓	✓	✓					✓		✓	日更新
中国香港（HK）	发明申请	✓	✓	✓	✓		✓		✓		✓	周更新
	外观设计	✓		✓	✓		✓				✓	周更新
中国台湾（TW）	发明申请	✓	✓	✓	✓		✓	✓	✓		✓	周更新
	发明授权	✓	✓	✓	✓		✓	✓	✓	✓	✓	周更新
	实用新型	✓	✓	✓	✓		✓	✓	✓		✓	周更新
	外观设计	✓	✓	✓	✓		✓	✓		✓	✓	周更新
中国澳门（MO）		✓	✓	✓	✓		✓		✓		✓	月更新
比利时（BE）		✓	✓	✓	✓				✓	✓	✓	日更新

续表

专利类别	数据内容										更新频率
	著录信息	中英文摘要	摘要附图	全文（PDF）	全文（XML）	全文附图	全文中文翻译	法律状态	引证信息	同族信息	
瑞士（CH）	✓	✓	✓	✓				✓	✓	✓	日更新
丹麦（DK）	✓	✓	✓	✓				✓	✓	✓	日更新
欧亚专利局(EA)	✓	✓	✓	✓				✓	✓	✓	日更新
芬兰（FI）	✓	✓	✓	✓				✓		✓	日更新
爱尔兰（IE）	✓	✓	✓	✓				✓		✓	日更新
以色列（IL）	✓	✓	✓	✓				✓		✓	日更新
卢森堡（LU）	✓	✓	✓	✓				✓	✓	✓	日更新
摩纳哥（MC）	✓	✓	✓	✓				✓		✓	日更新
墨西哥（MX）	✓	✓	✓	✓				✓		✓	日更新
荷兰（NL）	✓	✓	✓	✓				✓	✓	✓	日更新
波兰（PL）	✓	✓	✓	✓				✓	✓	✓	日更新
葡萄牙（PT）	✓	✓	✓	✓				✓	✓	✓	日更新
瑞典（SE）	✓	✓	✓	✓				✓		✓	日更新
泰国（TH）	✓	✓		✓						✓	日更新
马来西亚（MY）	✓	✓	✓						✓	✓	日更新
其他国家和地区	✓	✓	✓					✓	✓	✓	周更新

表 11-2　数据库收录的国家、地区和组织情况

序号	国家代码	国家 / 组织 / 地区	序号	国家代码	国家 / 组织 / 地区	序号	国家代码	国家 / 组织 / 地区
1	AD	安道尔公国	9	AT	奥地利	17	BH	巴林
2	AE	阿拉伯联合酋长国	10	AU	澳大利亚	18	BN	文莱
3	AI	安圭拉	11	AZ	阿塞拜疆	19	BO	玻利维亚
4	AL	阿尔巴尼亚	12	BA	波斯尼亚和黑塞哥维那	20	BR	巴西
5	AM	亚美尼亚	13	BB	巴巴多斯	21	BS	巴哈马
6	AO	安哥拉	14	BD	孟加拉	22	BT	不丹
7	AP	非洲地区工业产权组织	15	BE	比利时	23	BW	博茨瓦纳
8	AR	阿根廷	16	BG	保加利亚	24	BX	比荷卢知识产权办公室

续表

序号	国家代码	国家/组织/地区	序号	国家代码	国家/组织/地区	序号	国家代码	国家/组织/地区
25	BY	白俄罗斯	54	FJ	斐济共和国	83	LB	黎巴嫩
26	BZ	伯利兹	55	FR	法国	84	LK	斯里兰卡
27	CA	加拿大	56	GB	英国	85	LT	立陶宛
28	CH	瑞士	57	GC	海湾地区阿拉伯国家合作委员会专利局	86	LU	卢森堡
29	CL	智利	58	GE	格鲁吉亚	87	LV	拉脱维亚
30	CN	中国	59	GH	加纳	88	MA	摩洛哥
31	CO	哥伦比亚	60	GR	希腊	89	MC	摩纳哥
32	CR	哥斯达黎加	61	GT	危地马拉	90	MD	摩尔多瓦
33	CS	捷克斯拉夫	62	GY	圭亚那	91	ME	黑山
34	CU	古巴	63	HK	中国香港	92	MG	马达加斯加
35	CV	佛得角共和国	64	HN	洪都拉斯	93	MK	北马其顿共和国
36	CY	塞浦路斯	65	HR	克罗地亚	94	MM	缅甸
37	CZ	捷克	66	HU	匈牙利	95	MN	蒙古
38	DD	东德	67	ID	印度尼西亚	96	MO	中国澳门
39	DE	德国	68	IE	爱尔兰	97	MS	蒙特塞拉特
40	DJ	吉布提	69	IL	以色列	98	MT	马耳他
41	DK	丹麦	70	IN	印度	99	MU	毛里求斯
42	DM	多米尼克	71	IQ	伊拉克	100	MW	马拉维
43	DO	多米尼加共和国	72	IS	冰岛	101	MX	墨西哥
44	DZ	阿尔及利亚	73	IT	意大利	102	MY	马来西亚
45	EA	欧亚专利组织	74	JO	约旦	103	MZ	莫桑比克
46	EC	厄瓜多尔	75	JP	日本	104	NI	尼加拉瓜
47	EE	爱沙尼亚	76	KE	肯尼亚	105	NL	荷兰
48	EG	埃及	77	KG	吉尔吉斯斯坦	106	NO	挪威
49	EP	欧洲	78	KH	柬埔寨	107	NZ	新西兰
50	ES	西班牙	79	KR	韩国	108	OA	非洲知识产权组织
51	ET	埃塞俄比亚	80	KY	开曼群岛	109	OM	阿曼
52	EU	欧盟	81	KZ	哈萨克斯坦	110	PA	巴拿马
53	FI	芬兰	82	LA	老挝	111	PE	秘鲁

续表

序号	国家代码	国家 / 组织 / 地区	序号	国家代码	国家 / 组织 / 地区	序号	国家代码	国家 / 组织 / 地区
112	PG	巴布亚新几内亚	128	SI	斯洛文尼亚	144	US	美国
113	PH	菲律宾	129	SK	斯洛伐克	145	UY	乌拉圭
114	PK	巴基斯坦	130	SM	圣马力诺	146	UZ	乌兹别克斯坦
115	PL	波兰	131	ST	圣多美和普林西比	147	VC	圣文森特和格林纳丁斯
116	PS	巴勒斯坦	132	SU	苏联	148	VE	委内瑞拉
117	PT	葡萄牙	133	SV	萨尔瓦多	149	VG	英属维尔京群岛
118	PY	巴拉圭	134	SY	叙利亚	150	VN	越南
119	QA	卡塔尔	135	TH	泰国	151	WO	世界知识产权组织
120	RO	罗马尼亚	136	TJ	塔吉克斯坦	152	XK	科索沃
121	RS	塞尔维亚	137	TM	土库曼斯坦	153	YE	也门
122	RU	俄罗斯	138	TN	突尼斯	154	YU	南斯拉夫
123	RW	卢旺达	139	TR	土耳其	155	ZA	南非
124	SA	沙特阿拉伯	140	TT	特立尼达和多巴哥	156	ZM	赞比亚
125	SD	苏丹	141	TW	中国台湾	157	ZW	津巴布韦
126	SE	瑞典	142	TZ	坦桑尼亚			
127	SG	新加坡	143	UA	乌克兰			

（2）IncoPat 专利数据库分析功能

自定义分析：自定义分析使用户可以对任意不同专利著录要素和标引信息进行交叉组合分析。其中，条件 1、条件 2 和条件 3 均可选择包括申请年、公开年、申请人发明人、区域、国际主分类—部、国际主分类 - 大类、国际主分类 - 小类、国际主分类 - 大组 9 个著录要素和用户自定义的标引信息。

总体趋势分析：总体趋势分析可以帮助企业了解某种产品、技术的市场竞争状况、掌握其总体发展趋势状况，揭示其所处行业领域的地位，了解并预测产品及其技术的未来发展趋势，为投资决策提供重要参考依据。

了解行业技术领域的总体发展趋势。针对所分析的主题，揭示历年专利申请情况，掌握技术发展趋势。同时利用申请日、公开日及综合分析，了解该技术领域的专利审查周期。默认显示图形为折线图（图 2-79）。

区域分析：企业欲以某种产品、技术参与不同国家和地区的市场竞争，必须了解其域性竞争状况及消费需求。而这些需求往往通过申请人、专利申请量，以及产品技术的某些技术特征来体现。因此，通过专利信息的区域分析，可以了解行业发展的重点区域、不同区域内专利研发的重点方向和各区域之间技术的差异及不同区域内专利技术的主要竞争者（申请人）和发明人。

11.1.2 Derwent Innovation（DI）专利分析工具

Derwent Innovation 是科睿唯安信息服务（北京）有限公司（原汤森路透知识产权与科技事业部）的一款知名的专利检索和分析工具，可提供全面、综合的内容，包括全球专利信息、科技文献及商业和新闻内容。凭借强大的分析和可视化工具，DI 不仅收录全球专利原始信息与专家改写的增值记录，更是与业内最强大的知识产权分析工具于一身。DI 凭借强大的分析和可视化工具，允许用户快捷地识别与其工作相关的信息，提供信息资源来帮助用户在知识产权和业务战略方面做出更快、更准确的决策。

DI 的主要特点：

全面的内容——原始专利信息 + 人工改写英文标题和摘要 +DWPI 增值信息 + 科技文献 + 商业信息；拥有来自美国专利法律状态、INPADOC 专利法律状态数据库的法律信息。

完善的功能——检索、浏览、下载、管理、跟踪、共享；可有效监控行业动态，专利全文自动翻译成中文、批量下载专利全文。

特色的分类——德温特分类和德温特手工代码是面向信息的检索分析和利用设计的分类体系，由科睿唯安统一的分类标引流程完成，保障分类法使用的一致性，侧重按专利的用途分类。

强大的分析——技术全景分析、专利引证分析、聚类分析、图标分析。

（1）专利检索

DI 中，专利检索分为 2 个界面：一个是表单检索界面；另一个是专家检索界面。类似于 DII 中的基本检索和高级检索。但是，需要注意的是，在 DII 和 DI 中，字段的代号并不相同。例如，在 DII 中德温特手工代码的代码是 MAN，而在 DI 中是 MC。得到检索结果之后，可按照自己的需要对专利进行排序。例如，可以将所得专利按“施引参考文献数 - 专利”进行排序，被引次数越高的专利排位越靠前。此外，还可以对所得专利检索结果进行筛选（如按发明人、专利权人、现版 IPC、公开年等筛选）和二次检索。除了通过字段检索得到所需专利之外，我们还可以通过专利公开号、DWPI 入藏号输入 / 上传得到所需专利。例如，从 DDA 中得到一系列 DWPI 入藏号，将这些入藏号输入 DWPI 入藏号窗口，然后点击“检索”，就可以得到所需专利。如果需要将所得专利导出为文件，可以点击下方的“导出”按钮。导出的格式一般可以选择 DDA 和 xls。导出的 DDA 文件可直接导入 DDA 进行分析。

（2）专利分析

在专利检索结果界面点击下方的“分析”按钮，可对所得专利进行进一步的专利分析。在 DI 中，可选的专利分析包括图表分析、ThemeScape 专利地图分析等。

①图表分析

在图表选项中，可从专利权人、发明人、技术分类、引证和常规等角度绘制条形图、饼图、线形图和列表。

除可自动生成图表外，我们还可对图表进行手动编辑，如编辑图表的标题、图表的类型、可视化选项、要分析的主字段和第二字段，以及主字段项目数、排序等。

② ThemeScape 专利地图分析

ThemeScape 专利地图是一种数据分析工具，它可通过 DI 专利信息、DWPI 的增值专利信息、科技文献信息和商业信息创建主题全景图（Content Map）。主题全景图是一种按主题内容对所选文献进行编排后的直观表现形式。这有助于用户利用熟悉的方法来分析大型数据集。

主题全景图会将包含通用概念词（主题）的记录分到一个组中。山峰的海拔高度代表特定主题文献的密度大小，并显示不同记录之间的相对关系。这有助于在使用大型数据集时做到“一目了然”。

在 ThemeScape 专利地图中，我们可以根据检索结果、主题或手动选择的记录创建文献分组，并在主题全景图上查看；比较这些分组，以找出重叠和差异；创建“时间切片”，以按照特定时间间隔创建记录分组，并随时跟踪公开活动的密度；以分组创建 DI 工作文件或导出；发布主题全景图，以供其他用户查看。

11.1.3 Orbit 检索与分析系统

Orbit 检索与分析系统是法国 Questel 公司开发的可提供多国别语言进行专利在线检索、在线分析、预警和翻译等功能的综合性专利平台。

Questel 是法国电信集团的子公司，成立 30 年来一直注重其核心业务知识产权，是全球公认的解决方案提供商，公司与世界上 100 多个著名的信息机构（包括欧洲、北美、亚洲等地区的专利组织）在专利、商标、医药、化学、环保、法务等方面有合作关系，有专利和外观设计的数据库达 150 多个。

2011 年，法国 Questel 亚太区副总裁 Laetitia Aymonin 与总经理张俊贤在兰吉德公司总部签约，至此，法国 Questel 以其强大的国际联机检索产品 Orbit 正式进驻中国知识产权市场。

（1）数据

平台包括了 99 个国家及授权机构的专利数据，51 个国家的法律状态数据，21 个国家的引用与被引用数据，同时提供 14 个国家及组织的外观设计专利数据库和美国专利诉讼信息库。

Orbit 系统包含多个数据库，其中核心数据库如下：

FamPat 数据库：以发明专利为基础的世界同族专利数据（实时更新）；

PlusPat 数据库：以发明专利为基础的世界国别专利数据库（实时更新）；

全文数据库：以发明专利为基础的世界国别全文专利数据（实时更新）；

日本法律状态数据库：以发明专利为基础的法律状态数据库（实时更新）；

外观设计专利数据库：以外观设计为基础的国别专利数据库（实时更新）。

发明、实用新型专利亚太数据覆盖 15 个国家或地区，其中，8 个国家或地区已有全文数据——中国、中国台湾、印度、日本、韩国、俄罗斯、巴西、澳大利亚等（表 11–3）。

表 11–3 亚太数据覆盖

国家	全文 题录信息	起始年	原语言	英文 翻译	图像	PDF	引证 关系	工业 设计	法律 状态	类型 代码	更新 频率	延迟
澳大利亚	全文	1922	Y		Y	Y	Y		Y	A，B，C	每周	一周
巴西	全文	1975	Y	Y		Y			Y	A，U	每周	一周
中国	全文	1985	Y	Y	Y	Y		Y	Y	A，B/C，U/Y	每周	一周
中国香港	题录	1976	Y						Y	A	每周	一周
印度	全文	2004	Y			Y				B	每周	一周
印度尼西亚	题录	1988	Y							A，B，S	每周	一周
日本	全文	1993	Y	Y	Y	Y	Y	Y	Y	A，T，U	每周	一周
韩国	全文	2000	Y	Y				Y	Y	A，U/Y	每周	一周
马来西亚	题录	1953	Y							A	每周	一周
新西兰	题录	1978	Y						Y	A	每周	一周
菲律宾	题录	1981	Y							A，U	每周	一周
俄罗斯	全文	1924	Y	Y				Y		C，U，A	每周	一周
新加坡	题录	1983	Y				Y			G，A	每周	一周
中国台湾	全文	2003	Y	Y					Y	A	每周	一周
越南	题录	1984	Y							A，U	每周	一个月

外观设计专利覆盖 14 个国家或地区，是世界目前数据最全的外观设计数据库（表 11–4）。

表 11-4　外观设计数据覆盖

国家及机构	起始年	数据量 / 条（至今）	更新频率	延迟
CN（中国）	1985	＞170.0 万	每周	一周
UEB（比荷卢经济联盟）	1975	＞7.7 万	每周	一个月
CA（加拿大）	1863	＞14.0 万	每周	一周
Ep（欧洲）	2003	＞5.7 万	每周	一周
FR（法国）	1910	＞6.8 万	每周	半个月
DE（德国）	1988	＞8.7 万	每周	一周
WO（世界）	1977	＞3.7 万	每周	一个月
JP（日本）	1909	＞160.0 万	每周	一周
KR（韩国）	1998	＞4.1 万	每周	一周
RU（俄罗斯）	1985	＞4.4 万	每周	一个月
ES（西班牙）	1996	＞11.0 万	每周	一周
CH（瑞士）	1981	＞11.0 万	每周	半个月
GB（英国）	1982	＞15.0 万	每周	一周
US（美国）	1977	＞62.0 万	每周	一周

（2）用户登录界面

Orbit 平台用户登录界面（图 11-1）。

图 11-1　Orbit 平台用户登录界面

（3）检索模块

Orbit 检索支持中文（简体 / 繁体）、英语、日语等 7 种语言进行检索，具体划分为 3 个模块，分别为标准检索（发明）、简易型检索（发明）、外观设计检索。系统支持专利数据（发明、实用新型）、外观设计数据、引用数据、法律状态等的检索、浏览、下载和定制，提供摘要、关键词、技术分类、发明人、受让人、引证等 40 多种检索字段，并提供近 100 个检索入口，帮助用户检索到全面、准确的数据（图 11-2）。

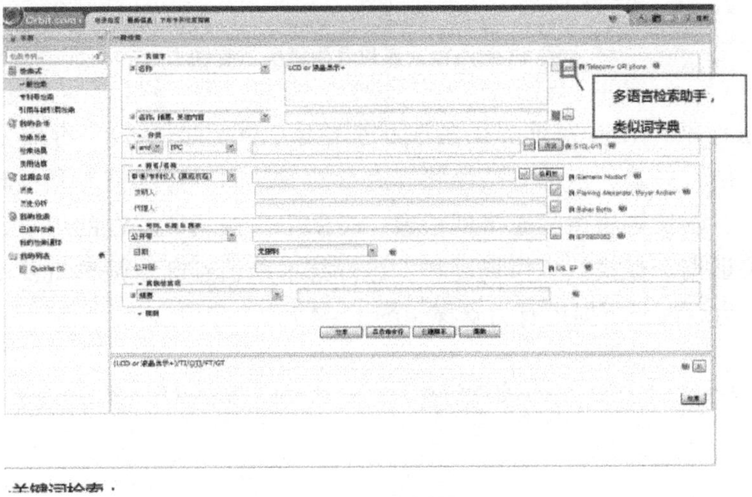

图 11-2　Orbit 平台检索界面

标准型检索：配备表格检索、专家检索、二次检索、引证检索、Inpadoc 同族检索、类似专利检索、法律状态检索等，同时提供各种辅助工具，如技术相关词典、多语言同义词词典、关键词高亮、公司树、机器翻译、引证图表、Inpadoc 同族图表、数据导出等，此模块可提供专利分析功能。

简易型检索：配备表格检索、类似专利检索，主要的辅助工具有机器翻译、引证图表、数据导出等。此模块不提供专利分析功能。

外观设计检索：配备表格检索、高级检索。

类似专利检索：Orbit 系统提供类似专利检索，可通过直接输入专利号或者从检索结果种抽取专利进行类似检索，是一种辅助快速高效寻找专利侵权证据、无效证据、定位潜在竞争对手、发现最新技术进展等的智能工具（图 11-3）。

图 11-3　输入专利号检索类似专利

法律状态检索：Orbit 系统提供法律状态检索，可选择有效、有效公开、有效授权、无效、过期、失效、拒绝等法律状态进行检索，同时还支持专利权转让、专利许可授权、异议、延长等法律状态事件检索，帮助用户挖掘所关注的信息，高效应对诉讼、收集相关证据、查找技术市场趋势、进行技术价值判断、筛选重要专利，跟踪对手技术策略，为后续分析提供有力支撑（图 11-4）。

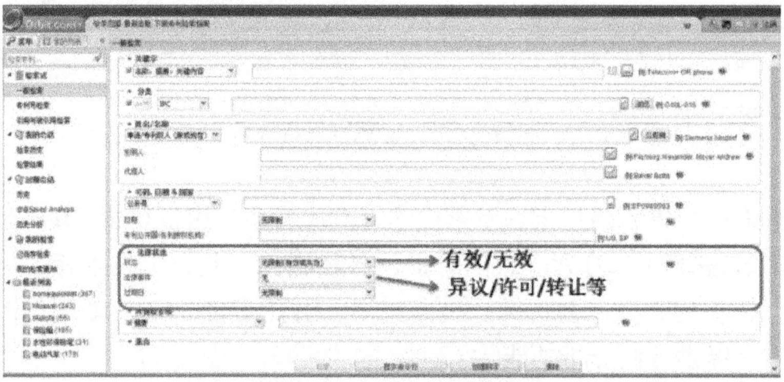

图 11-4　表格检索及法律状态界面

手工编写检索式进行二次检索：Orbit 系统支持手工编写检索式进行二次检索，支持检索式运算（针对检索步骤进行逻辑运算），帮助用户在构建复杂检索策略的同时保证检索逻辑清晰地呈现在用户面前，提高检索效率，避免用户因为编写过于复杂的检索式出现错误的概率。Orbit 系统可自动保存当天 24 小时内的检索记录，帮助用户随时查看过往检索策略，修正检索结果，提高检索效率（图 11-5）。

例如：我们想查询检索策略“1”的结果中是否含有美国诉讼信息时，可将检索结果与美国诉讼检索字段进行：AND“逻辑运算”即“1 AND CID=YES”。

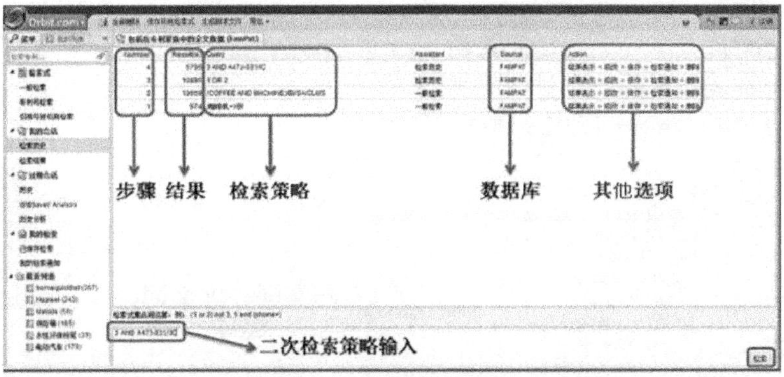

图 11–5　二次检索 / 检索历史界面

技术相关词典：Orbit 系统提供的技术相关词典可以帮助用户快速查找和确定技术关键词，扩展检索思路，提高工作效率，降低检索难度，提高检全率和检准率（图 11–6）。

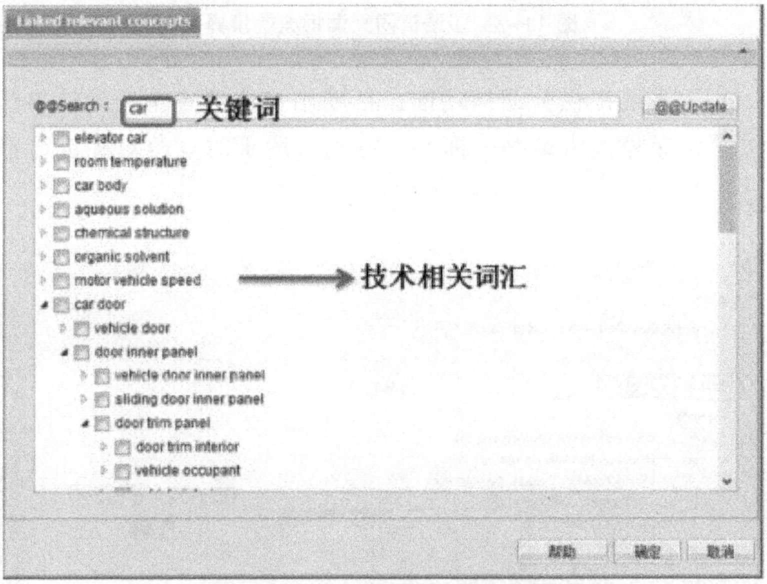

图 11–6　技术相关词典检索界面

多语言同义词词典：欧洲专利局的专利申请官方语言为英语、德语和法语，Orbit 系统多语言同义词词典提供了英语、德语、法语 3 种语言的同义词、近义词互译，帮助用户降低欧洲专利局的漏检率（图 11–7）。

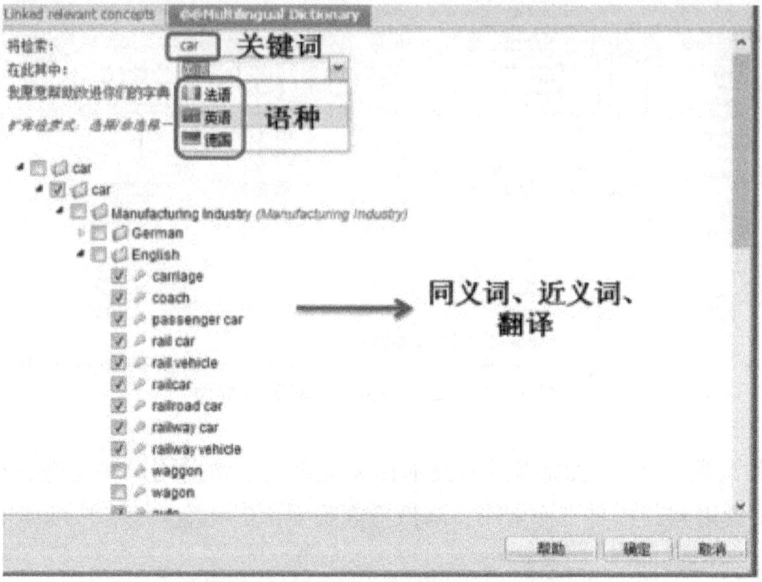

图 11-7　多语言同义词词典检索界面

公司树：Orbit 系统提供公司树功能，帮助用户快速查全、确认申请公司、子公司及其隶属关系，保障检索策略全面性，特别适用于对竞争对手进行申请人的检索（图 11-8）。

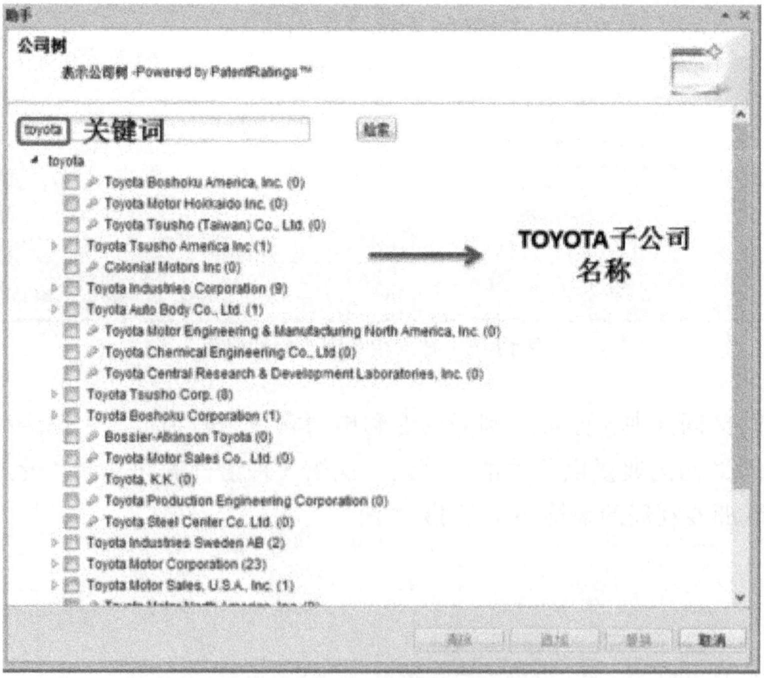

图 11-8　公司树检索界面

Inpadoc 同族图表：Orbit 系统提供 Inpadoc 同族图表，显示 Inpadoc 同族专利与优先权的关系，可以帮助用户了解 Inpadoc 同族专利之间的直接或间接联系，适用于侵权检索分析、无效分析、技术规避设计等（图 11-9）。

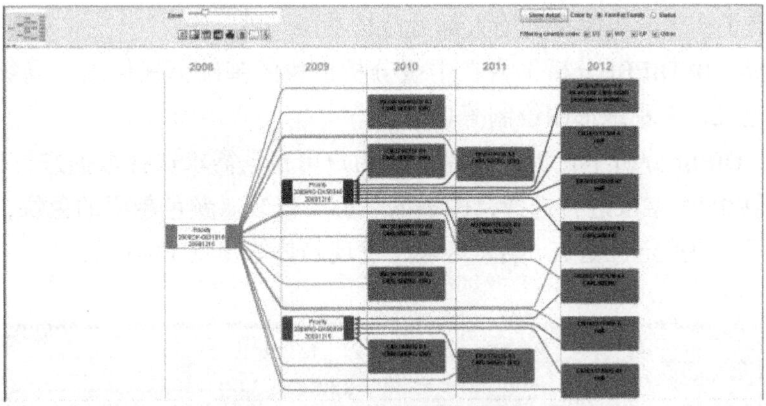

图 11-9　Inpadoc 同族图表界面

引证图表：Orbit 系统提供引证图表，可以对目标专利进行前引证和后引证分析，并通过时间、IPC、ECLA、发明人 4 种模式进行显示，支持多级引证关系的图表绘制，可以帮助用户宏观地了解该项专利技术的发展脉络，适用于防止侵权检索分析、技术规避设计、核心专利技术挖掘、技术趋势分析等（图 11-10）。

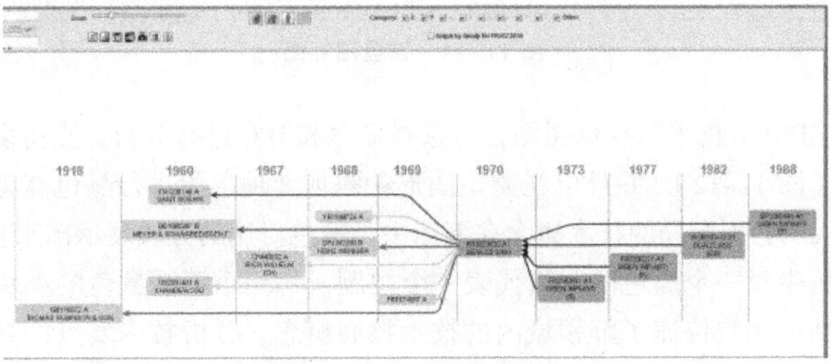

图 11-10　引证图表界面

（4）图表分析模块

Orbit 图表分析模块提供了两个平台供用户选择，分别是 Intellixir 和 Orbit IP Business Intelligence（OIPBI），系统划分为 3 个级别，分别是初级分析、中级分析和高级分析。

初级分析：Intellixir 分析平台提供了丰富的图表分析功能，包括文献、申请人、发明人、代理机构、技术分类、数据交叉 6 大类一维或多维交叉图表，共计 84 种图表。

中级分析：由 OIPBI 分析平台提供基础图表分析功能，表现形式包括柱状图、饼图、气泡图、键盘图、树图、全球分布图、详细关系图等。用户可根据自己的需求自由选择表现形式，设定分析的主题及范围参数（如申请人、IPC、法律状态、概念等）。中级分析涵盖了初级分析模块的绝大部分分析功能。

高级分析：由 OIPBI 分析平台在中级分析模块的基础上提供附加高级分析功能，提供 X 轴自定义，专利地形图绘制等功能。

键盘图：OIPBI 分析平台提供键盘图，用户可根据需求选择数据进行交叉分析，X 轴和 Y 轴提供 25 个字段进行选择，图表的名称可修改。颜色越深的色块，表示数值越大，可帮助用户快速定位重点 / 热点区域，发现趋势等（图 11–11）。

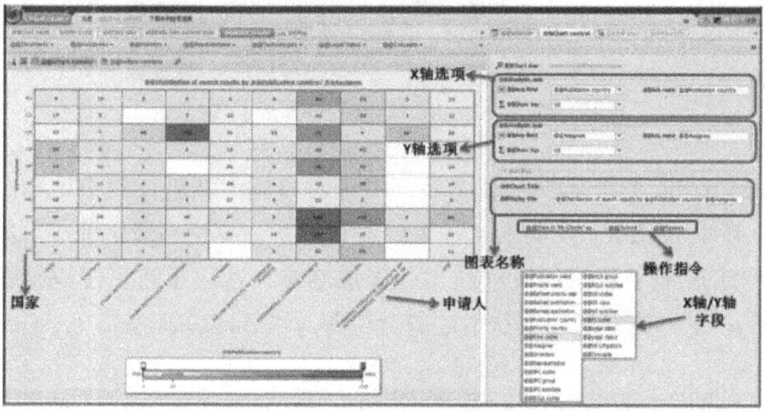

图 11–11　键盘图界面

树图：OIPBI 分析平台提供树图，可选择概念和 IPC 进行分析，支持多种背景颜色和图形显示（图 11–12），并且可在原始图形种添加 8 种字段进行颜色高亮对比，如可将 8 个申请人所分别布局的技术概念在下图中以颜色对比的方式展示出来。

概念分析中每一个黑色的大块代表一个主题，每一个不同颜色的小块代表一个技术概念，可帮助用户快速了解领域内的技术核心概念，分析技术要点，寻找技术空白点，查看技术布局分布情况，启发研发和创新。

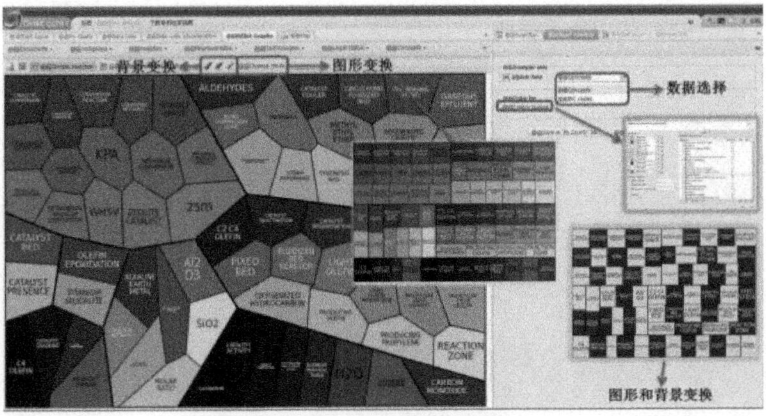

图 11-12　概念分析界面（树图）

点线图：OIPBI 分析平台提供点线图，可选择申请人引证和申请人合作关系进行显示，并可对点（申请人）的数量进行限制，如申请人同族数量等（图 11-13）。

申请人合作关系分析可帮助用户了解技术领域内的合作者关系，对分析研究竞争者技术能力及持续性，技术（产品）输出侵权风险评估、发现潜在合作伙伴、识别隐性竞争对手、为开展产学研提供参考依据等提供重要依据。

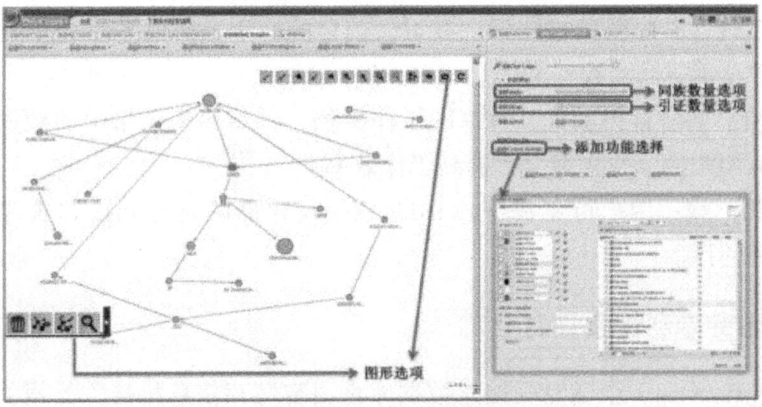

图 11-13　申请人引证分析界面（点线图）

专利地形图：OIPBI 分析平台提供专利地形图，地形图采用改进的贝叶斯模型算法绘制，保证数据的准确性，并且可在原始图形中添加 8 个字段并进行颜色对比显示，如申请人、概念、IPC 等。帮助用户全面了解领域宏观技术布局、申请人布局、分析领域内技术高低和技术关联关系等（图 11-14）。

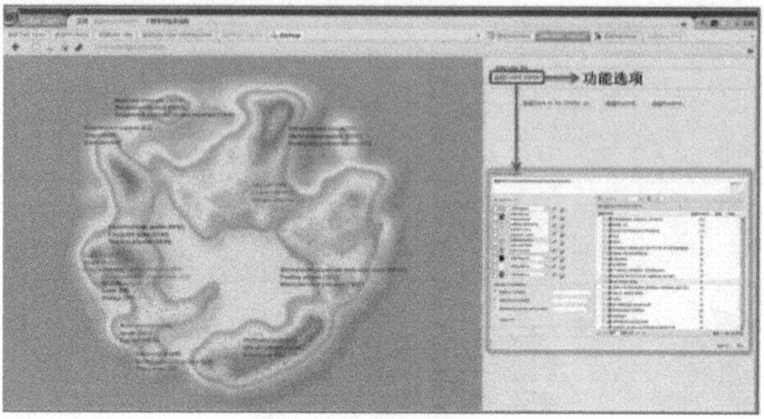

图 11-14　专利地形图界面

（5）其他模块

Orbit 其他模块主要包括专利监控、美国知识产权诉讼、工作文档、PDF 原文下载。

专利监控：配备发明、实用新型、外观设计专利检索策略监控和法律状态监控。检索策略监控，用户可自行设置检索策略进行监控，以邮件的方式定时通知。法律状态监控，用户可自行设置专利号码及国家（地区）专利机构进行监控，目前支持中国、美国、日本等 10 个专利机构监控，保证数据的及时性和准确性。

知识产权诉讼：配备美国知识产权诉讼信息的检索，提供案件 PDF 格式的文件下载，帮助用户全面了解重要专利信息。

工作文档：用户自行创建、共享的工作文档，并将检索结果中的数据选择存储其中，可合理应用资源，节省资金，提高工作效率。

PDF 原文下载：用户可免费下载 Orbit 系统所存储的所有 PDF 格式原文，方便技术人员学习和使用。

11.1.4　智慧芽专利检索平台

智慧芽（PatSnap）全球专利检索数据库是由智慧芽信息科技（苏州）有限公司开发的专利分析工具。中国、美国、日本、德国、加拿大、英国、法国、韩国、芬兰、挪威等国家和地区，以及 WIPO 和 EPO 等组织的专利可实现全文检索，还包含约旦、以色列等非热门国家和地区。专利数据和各知识产权组织官网同步更新，每周更新一次，保证专利工作者看到的是最新专利信息，支持中文检索，深度整合了从 1790 年至今的全球 115 个国家地区的 1.3 亿多组专利数据，更新速度快。

智慧芽（PatSnap）全球专利检索数据库可检索全球 115 个国家的专利数据，每周更新；提供全球专利中文翻译、引用数据、同族信息，轻松获悉国内外技术及全球布局情况。具有以下功能：

多维检索：数据深加工搭配 9 大专利检索方式，化繁为简；法律搜索里包含了中国复审无效数据检索及多国诉讼、转让、许可数据。

多维浏览：多种浏览模式及图像化表达，让信息去重去噪更简单。

专利价值评估：支持全球专利按价值进行排序，优先浏览重点专利，帮高校快速发掘高价值专利。

引用分析：了解技术的发展脉络，发现潜在的竞争对手和合作伙伴；提高研发起点，缩短研发周期。

工作空间：分类存储、实时收录、监控同行或行业的热门技术点及产品线最新专利技术，形成重点技术资源储备池，满足平时查询、立项需求，方便高层更快制定研发策略。

技术功效矩阵图：基于前期专利技术解读、标引，快速生成多维矩阵图表，了解所处领域的技术空白点和密集区，为研开指路。

3D 专利地图：帮科研人员快速了解所处领域的技术空白点和密集区；了解高等院校 / 科研院所与企业的技术结合点，强强联合或优势互补。

insights 专利分析报告：一键生成专利分析报告，快速了解某个行业核心专利发展情况、专利布局情况、专利价值评估做专利技术转移等。

11.2　知识产权分析评议免费资源

11.2.1　国家知识产权局专利检索与服务系统

网址：http：//www.sipo.gov.cn。

国家知识产权局网站常用的检索系统包括：专利检索系统、专利审查信息查询系统和专利公布公告查询系统。

（1）专利检索系统

该系统具有检索功能、分析功能，收录了 103 个国家、地区和组织的专利数据，以及引文、同族、法律状态等数据信息，其中涵盖了中国、美国、日本、韩国、英国、法国、德国、瑞士、俄罗斯、欧洲专利局和世界知识产权组织等。

检索功能：常规检索、表格检索、药物专题检索、检索历史、检索结果浏览、文献浏览、批量下载等。

分析功能：快速分析、定制分析、高级分析、生成分析报告等。

数据更新：每周三更新中外专利数据；每周二更新同族、法律状态数据；每月更新引文数据。

该系统用户分为普通用户、注册用户和高级用户。普通用户不用注册，仅可以进行专利信息检索、在线阅读。注册用户注册成功后，可以进行专利检索（常规检索、表格检索、药物专题检索、检索历史、检索结果浏览、文献浏览）和专利分析（申请人、发明人、区域、技术领域、专利类型、法律状态分析），但不可以进行高级分析和生产分析报告。

（2）专利审查信息查询系统

该系统用户分为注册用户和普通用户。注册用户：指电子申请注册用户，可以使用电子申请的注册名和密码登录，查询该注册用户名下的所有专利申请的相关信息（基本信息、费用信息、审查信息、公布公告信息、专利授权证书信息）；普通用户：指社会公众，可以通过输入申请号、发明创造名称、申请人 / 专利权人的名称等内容，查询已经公布的发明专利申请，或已经公告的发明、实用新型及外观设计专利申请的相关内容（基本信息、审查信息、公布公告信息）。

（3）公布公告查询系统

时间范围：1985 年 9 月 10 日至今

检索功能：可以按照发明公布、发明授权、实用新型和外观设计 4 种公布公告数据进行查询。

数据范围：中国专利公布公告信息，以及实质审查生效、专利权终止、专利权转移、著录事项变更等事务数据信息。

数据更新：每周三。

11.2.2 中国知识产权网专利信息服务平台

网址：http：//www.cnipr.com。

CNIPR 专利平台是由知识产权出版社开发的可提供中外专利信息在线检索、在线分析、定期预警和机器翻译等功能的综合性半公益平台。其官方介绍称，平台有 98 个国家和地区的专利数据信息（图 11-15）。

该平台是中国知识产权网开发的专利信息检索平台，该平台普通用户只能进行简单检索。高级检索需要会员用户权限才可以。

图 11–15　中国知识产权网界面

或者直接输入 http：//search.cnipr.com 网址，进入专利信息服务平台（图 11–16）。

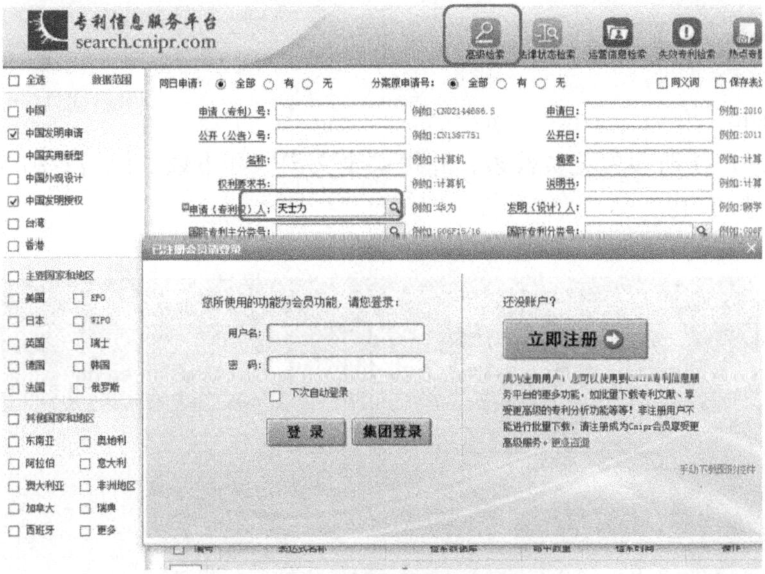

图 11–16　专利信息服务平台界面

11.2.3　Soopat 专利搜索

网址：http：//www.soopat.com。

该系统用户注册即可免费检索，并提供全文浏览和下载。但是专利信息批量下载需要收费（图 11–17）。

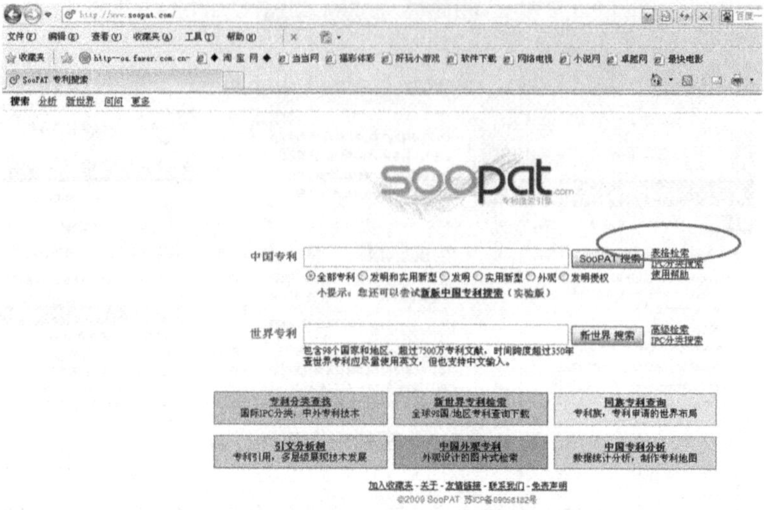

图 11-17　Soopat 界面

11.2.4　专利之星专利检索系统

网址：http：//www.patentstar.cn。

该系统用户注册即可免费检索，并提供全文浏览和下载。但是专利信息批量下载需要收费（图 11-18）。

图 11-18　专利之星专利检索系统界面

11.2.5 省（自治区、直辖市）层面公共服务资源

各省（自治区、直辖市）还有很多专利信息服务资源（表 11-5）。

表 11-5 全国专利信息公共服务资源

省（自治市、直辖区）	资源名称	网址
北京	北京市知识产权保护中心	www.bjip.cn
	北京市知识产权公共信息服务平台	www.beijingip.cn
天津	天津市知识产权保护中心	https://www.tjippc.cn/
河北	河北省知识产权公共服务平台	https://zscq.hebamr.cn/
山西	山西省知识产权保护中心	https://www.sxippc.com/
内蒙古	内蒙古知识产权服务中心	https://www.nmipc.com/
黑龙江	黑龙江省知识产权保护中心	www.hljippc.cn/ ?
辽宁	辽宁省知识产权一体化服务平台	https://www.lnipa.cn
吉林	吉林省知识产权公共服务平台	jilin.sino-web.cn/
	吉林省专利信息服务网	http://www.jlzscqxx.org.cn/
上海	上海市知识产权服务中心	www.ssip.com.cn
	上海市知识产权信息平台（上海知识产权（专利信息）公共服务平台）	www.shanghaiip.cn
江苏	江苏省知识产权大数据平台（江苏省知识产权公共服务中心）	www.jsipp.cn
	江苏省知识产权公共服务平台网络	http://www.zlbaba.com/
	江苏省技术产权交易市场	https://www.jstec.com.cn/
浙江	浙江省知识产权研究与服务中心	www.zjip.org.cn
	浙江省知识产权在线	https://zscqyjs.zjamr.zj.gov.cn/
山东	山东省知识产权公共服务平台	www.sdips.com.cn
	山东省知识产权事业发展中心	http://www.sdipo.net/
安徽	安徽省知识产权信息服务平台	http://zhiya.91ipr.com/
福建	福建省知识产权信息公共服务中心	www.fjipcc.com
湖南	湖南省知识产权信息服务系统	http://pat.hnipo.net:8088/
	湖南省知识产权综合服务信息平台	https://tpr.hnipo.net/f
湖北	湖北省知识产权发展中心基础业务数据平台	http://www.hbipdc.com/
河南	河南省知识产权公共服务平台	www.hnzl.com

续表

省（自治市、直辖区）	资源名称	网址
广东	粤港澳知识产权大数据综合服务平台	www.gpic.gd.cn
	广东省知识产权维权援助公共服务平台	https://gdwq.gpic.gd.cn/
海南	海南省知识产权综合运营公共服务平台	http://www.hnipyypt.com/
四川	四川省知识产权公共服务平台	www.scipsc.com
重庆	重庆市知识产权公共服务平台	https://www.patentcloud.net/sydh/
甘肃	甘肃省知识产权数字化云平台	https://www.ipdcp.gs.cn/
	甘肃版权服务平台	http://www.gsbqfw.com/user/home-page
青海	青海省知识产权大数据平台	http://www.qhzydsj.com/
	青海科技成果转化平台	http://www.qh1633.com/
新疆	新疆知识产权公共服务平台	http://r.xjip.info/
大连	大连市知识产权公共服务平台	https://zhjg.scjg.dl.gov.cn/
青岛	胶东经济圈知识产权公共服务平台 青岛市知识产权（运营）公共服务平台	https://www.qingdaoip.cn/
宁波	宁波市知识产权公共服务平台	www.nbippc.cn
厦门	厦门市知识产权运营公共服务平台	https://www.xmipop.com
深圳	深圳市高新区综合服务平台（深圳市科技金融服务中心）	www.shipsc.org
	深圳市知识产权金融公共服务平台	http://szfsp.linkinip.com/
	中国（深圳）知识产权保护中心	http://www.sziprs.org.cn/
长春	长春市公共资源公共服务平台	http://www.ccggzy.com.cn/fwptw/index.html
沈阳	沈阳知识产权运营服务平台	www.lnsyip.com/
济南	济南知识产权运营公共服务平台	www.jnips.com.cn
南京	南京江宁开发区知识产权公共服务平台	http://www.jnkfqgxct.com/
	南京市江宁区知识产权网 南京市江宁区知识产权公共服务平台	http://www.jnipp.cn/wqyzConverge
	“我的麦田”知识产权互联网公共服务平台	https://www.wodemaitian.com/
	舜禹紫金知识产权全球化服务平台	http://www.patent-global.com/
	“智戎”军民融合知识产权公共服务平台	http://www.jsjmrhw.org/
	寰球智金海外知识产权公共服务平台	http://uwip.com.cn/

续表

省（自治市、直辖区）	资源名称	网址
南京	“优注宝”知识产权一站式公共服务平台	https://www.uzhutm.com
	“知了智权”品牌培育公共服务平台	http://jszhil.com/
	南京市知识产权创新创业公共服务平台	http://www.ipzch.com/index.php
	知识产权侵权鉴定公共服务平台 南京市产品质量监督检验院	https://www.njqi.org.cn/
	商业秘密保护公共服务平台	https://www.secbiz.cn
	生物医药产业知识产权运营中心 中国药科大学知识产权运营中心	http://kjc.cpu.edu.cn/kjzyzx/
杭州	杭州知识产权交易服务中心	https://zjipx.com/
	杭州高新区（滨江）知识产权公共服务平台	https://rank.chinaz.comwww.hhtzipr.net/
广州	广州市知识产权公共服务网	http://scjgj.gz.gov.cn/ztzl/zscqggwfw/
	广州市会展和数字经济知识产权保护中心运营服务平台	https://www.gziprc.cn/
	广州知识产权交易中心	https://www.gipx.com.cn/
成都	成都市知识产权保护中心公共服务平台	https://cdiprs.com/
	成都市双流区知识产权大数据公共服务平台	https://shuangliu.mysipo.com/
	成都市知识产权交易中心	https://www.cdipx.com/asset-transaction/query.html?type=ZL
兰州	高新区知识产权公共服务平台	http://gx.sandianke.com/
西安	西安市知识产权服务平台	http://xa.iptrm.com/
	西安市知识产权保护中心	http://xaippc.com
	国家知识产权运营公共服务平台（西安）试点平台	http://public.test.jmrhip.com/

12 知识产权分析评议服务系统

12.1 系统简介

甘肃省科学技术情报研究所是国家知识产权分析评议示范创建机构，同时为适应业务发展的需要，推行无纸化办公，节约资源，提高分析评议效率，我们在充分考虑业务流程和评议指标体系全面性，用户填写明确性，评价师操作便捷性的基础上，开发了“科技情报检索评价管理系统”。

12.2 系统特点

系统将评议业务、互联网技术、工作流技术、精确管理结合起来，贯穿于检索评价业务全过程，使每一个环节都做到可追踪、可监控、可管理，做到“掌握到每一课题，控制到每一流程”，从而降低管理成本，提高工作效率，方便委托客户和工作人员。

根据用户类别和角色设定了不同的操作使用权限，实现了分级和分层次管理，避免越权、交叉和重复混乱管理。用户权限按角色主要分为系统管理员、接待员、评价员、审核员、财务人员等，每一种权限对应不同的功能菜单，分工明确，操作权限明晰。

通过由委托用户填写的《用户意见反馈表》和由审核员填写的《评价质量控制表》，系统自动计算出检索评价课题的综合分数，统计出评价服务质量情况，针对存在的问题改进工作方式方法，提高服务质量。同时为人员管理、人员培训和绩效考核提供参考依据。

12.3 系统主要功能

我们仔细梳理分析了科技情报检索业务，对科技情报检索流程进行了规范，根据科技情报检索流程制定了用于情报检索管理系统的“用户委托流程”和“业务处理流程”，其中委托用户操作情报检索系统要按照“用户委托流程”，情报检索中心人员操作情报检索系统要按照“业务处理流程”。

12.3.1 系统用户端

（1）委托功能

委托用户进入该系，完成机构或个人信息、成果信息、上传相关附件等内容的填写，经审核可能出现返修情况，填写符合要求，将会形成合同号，即完成科技成果评价委托。

（2）检索功能

委托用户进入该系后，默认界面为业务受理，或点击“委托进度信息查询”即可进入业务受理界面。在该界面中可以通过草稿、未受理、已受理、正在进行、正在审核、已完成等选项卡，完成相关委托工作的进度，具体信息包括合同编号、课题名称、进度、委托机构、委托日期、评价师、审核员等。此外，还可以在该界面中检索功能进行查看，一级检索字段包括草稿、未受理、已受理、正在进行、正在审核、已完成等，二级检索字段包括课题名称、委托机构、联系人等。可以通过一级检索字段进行模糊检索，也可以通过数字具体的课题名称、委托机构、联系人等实现精确检索。

（3）信息维护功能

针对账户存在信息变动，如人员调动、退修，机构名称变更，办公地址变更，联系人、负责人联系方式变更等情况。设计了信息维护模块，具体包括申请机构信息维护和密码设置修改。其中申请机构信息维护包括申请机构名称、申请机构性质、通信地址、发票类型、发票名称、纳税人识别号、开票地址电话、开户行及账号等，个人信息包括项目负责人及联系方式、项目联系人及联系方式。密码设置出于安全考虑，项目负责人、联系人及其联系方式属个人隐私，需要为其提供技术和商业保密，因此，维护相关内容的安全性，显得非常重要。当委托机构人员发生变化，用户应该尽快完成修改密码。

（4）提醒功能

为提升用户填写委托便捷性，促进评议人员与用户之间的交流畅通，系统尽可能多的增加相应提醒提示功能，以期提高工作效率。

文字提醒。系统中填写所有字段均有名称，且名称清晰明了。针对部分字段可能存在用户理解差异问题，系统特意增加了注释，如研发团队情况字段，具体包括的内容每个人理解有差异，为方便用户填写，对该字段进行了解释“描述项目研发团队概况，包括项目负责人基本简历、团队科研承担情况、知识产权情况（如论文、专利、标准等）、专业技术奖励（或荣誉）情况、资质情况”。比较详见清晰地为用户填报指明内容要点。针对必填项，系统特别采用红色星号进行了标注。针对特别重要的内容，为减少填写错误，特别采用大号红色字体进行了醒目警示，如发票信息字段，为减少反复开票导致的工作效率低，特别用红色字体提醒“请再三核实信息，信息错误导致发票问题，概不退换”，当然，发票是可以退换的，系统提出严厉后果，目的在于提高工作效率，以科研的严谨，高质量完成成果评价系统填写工作。此外，提交委托后，考虑到部分用户手机短信识别报错，存在短信被拦截无法反馈信息到位情况，特别在“业务受理”模块下放显示“两个工作日内未收到短信回复，请拨打电话××××-××××××××联系”予以提示。

自动校验报错提醒。当用户认为完成填写，点击“提交委托”按钮，系统将自动校验所有必填项（标红色星号），校验无漏填信息后，系统将弹出“更新成功”提示；校验有缺漏，成果评价系统将弹出“更新失败，*** 必填”，精准指出漏填字段，避免了人工低效率查找问题。

实时状态提醒。用户认为完成填写并提交成功后，内容进入审核阶段，将在“未受理”中显示状态“已提交”，如果出现填写有问题，将在“未受理”中显示状态“退修”，审核通过将在“未受理”中显示“合同编号”；完成合同等相关事宜后，系统将在“已受理”中显示状态“已分配”，并形成委托日期和完成日期，表示该课题已被接受，准备评议分析；开始后，将在“正在进行”中显示状态“进行中”，相关人员已开始评议分析工作；评级师完成后进入审核阶段，将在“已受理”中显示状态“正在审核”；审核通过，综合专家评价环节，无异议，将在“已完成”中显示状态“已提交”。

短信系统提醒。主要针对科技成果评价委托中系统无法自动识别的问题，在成果评价系统中外挂了短信系统，通过人工编发短信，在系统中直接发送，反馈相关修改意见和建议。

（5）统计功能

用户在“业务受理”界面中，可以进行包括字段“草稿、未受理、已受理、正在进行、正在审核、已完成”所有相关课题数量的统计，系统自动在页面底部显示数据。该功能有利于科技成果评价委托较多用户具体掌握科研团队科研成果情况，方便年度科研工作总结。

12.3.2 系统管理端

（1）受理功能

受理人员通过成果评价系统“未受理”中点击“受理”按钮，完成用户分析评议委托审查工作。针对委托提交内容规范，科研产出真实，达到符合科技成果评价要求，再次点击“受理”，形成合同号，进行合同签订等后续工作；针对委托提交内容不规范或未达到评议条件的情况，提示用户及时修改和补充；针对无任何科研产出、科研内容与科研产出关联不强、科研内容空洞无物、科研产出学术造假、科研成果应用造假等情况，一律不予受理，在系统“未受理”中点击“删除”按钮。

（2）检索功能

系统为甘肃省乃至全国提供委托服务，用户众多，数据量大，具体查询某一项评议内容存在不便。为此，系统在管理端各版块均设计了检索功能，以提高各权限角色（受理人员、分析师、审核、系统管理员）开展工作的效率。“业务受理”“业务进度”板块可选择模糊检索，一级字段有“所有业务、科技成果评价”，二级字段有“所有状态、未受理、已受理”，也可选择精确检索，检索字段有“课题名称、合同编号、委托机构、联系人、负责人、分析师、审核员”等，受理员和系统管理员具有该板块权限。“课题检索”“正在检索”“正在审核”“已完成”板块，模糊检索一级字段有“所有任务、科技成果评价”，精确检索字段有“课题名称、委托机构、联系人”，分析师和系统管理员具有该板块权限。“审核任务”“审核完成”板块，模糊检索一级字段有“所有任务、知识产权分析评议”，精确检索字段有“课题名称、委托机构、联系人”，审核人员和系统管理员具有该板块权限。“快递统计、业务统计、财务统计”板块可按“委托日期”和“完成日期”进行评议分析周期内的课题模糊检索，也可选择“分析师、审核员”等字段进行精确检索。“系统管理”模块可以精确检索“用户名、合同编号、手机号”，为用户丢失用户名、密码等情况提供服务。

（3）提醒功能

针对管理端面临科技成果评价的大量委托，系统设计以“委托日期”实时倒序排列方式，将最新更新情况显示在最前列，提醒受理人员及时处理。此外，委托退修再提交也根据修改时间进行实时倒序排列，起到及时提醒功能。

（4）统计功能

业务统计。业务统计板块可统计整体科技成果评价情况，如某一时间段的报告数量，委托学科领域数量。也可分别进行分析师、审核员完成工作的数量统计。此外，该统计板块开发了可视化统计图表，实时显示各阶段科技成果评价工作量，如未分配、已分配、正在评价、正在审核、已完成等。

财务统计。该板块主要为相关业务量与财务对接方便而设计，完整记录相关服务费用、缴费金额、缴费时间、相关票据信息等内容。可统计整体科技成果评价服务费用情况，也可分别进行分析师、审核员完成科技成果评价工作对于服务费用统计。

为方便年度统计，清晰展示统计内容和数量，业务统计和财务统计均可实现数据报表导出功能。

（5）快递功能

为减少不必要人员往返，提高工作效率，系统开发了“快递功能”板块，显示已完成即将快递的报告，报告中具体字段有“合同编号、课题名称、委托机构、联系人、联系电话、完成日期”等，可直接批量导出快递数据、数据格式，无障碍衔接快递公司。该功能板块在新型冠状病毒感染疫情中，发挥了积极作用，减少了非必要的人员流动，为抗击疫情做出了一定的贡献。

（6）分级管理功能

由于系统的管理端采取权限分级，角色不同，权限不同，系统管理权限最大，可完成上述所以功能的操作。考虑到信息安全，系统稳定等因素，其他角色如受理人员、分析、审核等均受到不同程度的权限限制。因权限限制，不同角色相应功能界面略有差异，如评价师，业务受理板块、评价审核、快递、业务统计、财务统计、系统管理等功能模块内容在其登入界面将不会显示。系统管理功能模块包括“委托用户管理”功能，帮助用户查询用户名，重置密码等；“中心人员管理”功能，可心中评价师、审核员账号，修改分析师、审核员所以信息内容，如姓名、用户名、职称、职务、电话、邮箱，以及业务权限。“单位信息管理”功能，可修改机构信息，如机构名称、机构资质、负责人、联系人、地址、电话等。“短信模板管理”功能，为反馈用户短信系统中的定制信息，主要针对科技成果评价委托内容普遍存在的问题，设置大众化的反馈信息，方便快速反馈，提高工作效率。该板块可新增、修改、删除短信模板内容。“密码修改”功能，只限于修改登录账号的密码。

12.4 系统操作业务流程

12.4.1 用户委托流程

委托用户在浏览器中输入科技情报检索评价管理云服务系统的网址访问系统。委托用户是否已经注册，如果是，就可以登录系统进行后续操作，如果忘记密码，还可以通过密码找回功能找回密码；如果否，委托用户先进行注册。委托用户登录系统后，如果需要委托情报检索，就填写情报检索委托单，还可以查看已经委托的情报检索项目的结果，如果委托的情报检索项目还没开始检索，委托用户还可以修改委托单；项目检索完成，委托用户可以下载情报检索报告和委托合同（均不带公章）。委托用户填写情报检索委托单的时候可以保存草稿，便于下次取回草稿。情报检索委托单在提交之前还可以进行修改，确认无误后提交。管理员对情报检索委托单进行形式审查，检查内容、格式是否符合要求，如果是，委托成功，结束委托；如果否，转到填写情报检索委托单，重复以上步骤（图 12-1）。

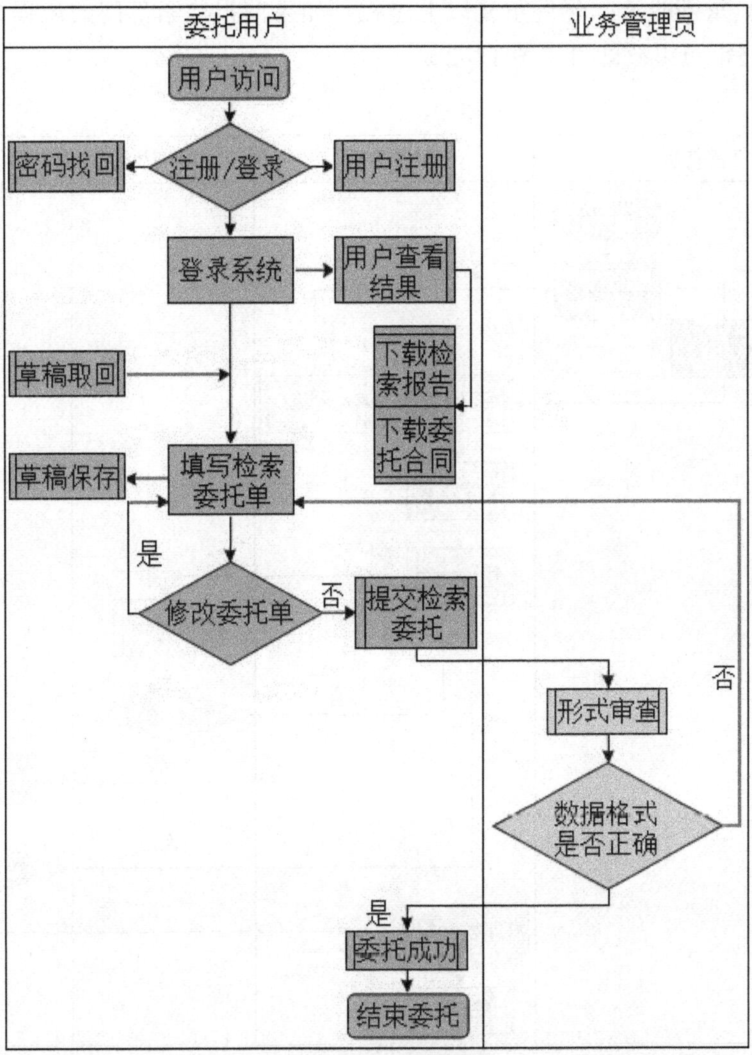

图 12-1 用户委托流程

12.4.2 业务处理流程

委托用户成功提交情报检索委托单后，情报检索部门开始进行业务处理。情报检索主任（管理员）登录系统后进行业务受理，如果该项目需要分配情报检索员和审核员就进行分配；如果委托用户选定了情报检索员，仅指定审核员即可，不需要经过分配步骤。情报检索员接收到项目后，如果觉得不合适，还可以退回到情报检索主任（或管理员）进行重新分配。情报检索员接受任务后开始检索，如果情报检索部门的流程为二次审核，就需要经过初审员和终审员审核，二次审核均通过才算通过审核，情报检索员可以打印情报检索报告，业务处理结束；如果其中一次没有通过审核，需要退回情报检索员重新检索，然后重复以上过程。如果情报检索部门的流程为一次审核，仅需要经过终审员审核即可（图 12–2）。

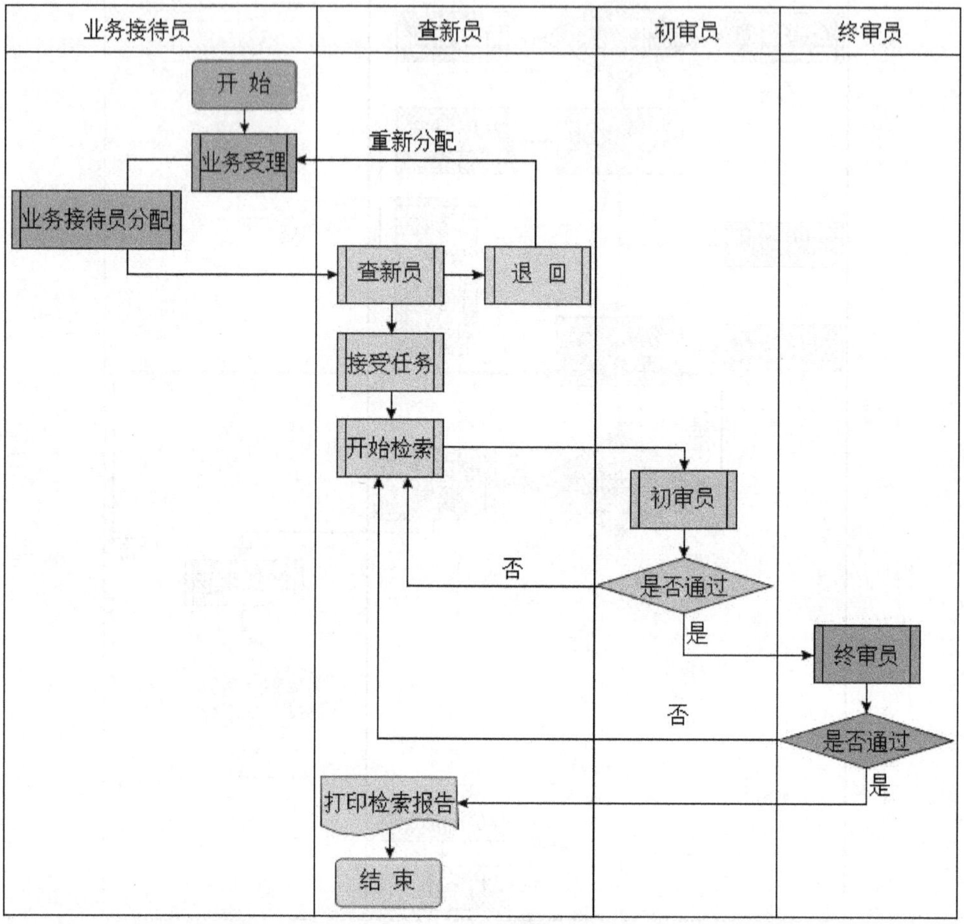

图 12–2 业务处理流程

12.4.3 系统用户端

（1）用户登录

1）账号登录

委托用户输入用户名、密码及正确的验证码，选择“业务委托用户”，点击“登录”即可登录成功（图 12–3）。用户名通常为手机号。

2）手机登录

选择到“手机登录”状态下，输入正确的手机号，然后点击图中绿色标记的按钮获取到验证码，之后将手机接收到的验证码输入到短信验证码输入框中。选择“业务委托用户”，点击“登录”即可登录成功。登录成功后会给用户生成一个随机的默认密码，点击“确定”就可进入到修改密码页面，需要用户自己修改密码（图 12-4）。

图 12-3 账号登录界面

图 12-4 修改密码界面

如果用户使用的手机号之前没有登录过该系统，那么第一次登录的同时会进行账号注册，不用另外注册账号（图 12-5）。

图 12-5 初次登录默认密码界面

此时会提示：登录成功，并且给用户生成一个随机的默认密码，点击“确定”就可进入到修改密码页面（图 12-6）。

图 12-6　修改密码界面

如果用户使用手机号登录并且是第一次登录，那么需要用户修改密码，方便下次登录的时候可以使用“账号 + 密码”的方式登录。

注：账号为手机号，密码为第一次登录时弹框提示的密码。如果用户修改了密码，那么登录密码就是修改后的密码。

（2）委托业务

1）新增新委托

点击新增知识产权分析评议新委托，依次填写需要的信息。每一项填写内容都是必填项，需要如实认真填写，系统会进行自动校验（图 12-7）。

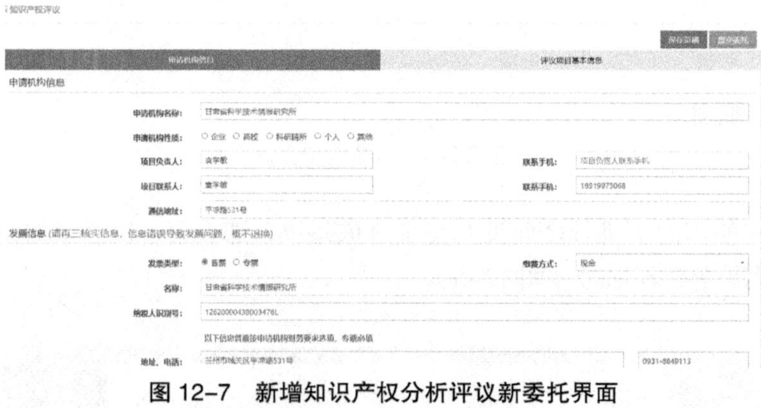

图 12-7　新增知识产权分析评议新委托界面

如果用户之前填写过申请机构信息，那么申请机构信息页面所需要的信息已经存在，可以直接从数据库中调用出来，不需要用户重新填写。点击“评议项目信息”页面继续填写需要的信息（图 12-8）。

图 12-8　评议项目基本信息界面

用户在填写的时候临时有事，要关闭系统。此时只要点击“保存草稿”按钮，填写的信息就保存起来了，方便下次继续填写，可以多次保存草稿。

保存后的内容将出现在委托进度信息查询页面，直接点击修改按钮，继续进行填写（图 12-9）。

图 12-9　委托进度信息中查看保存的草稿

2）委托进度信息查询

在委托进度信息查询列表内，用户可以查看到报告的进度状态，当报告状态为已受理、正在进行、正在审核、已完成时，都可以进行合同下载操作。列表中显示的内容为合同编号、是否加急、类别、课题名称、进度、委托机构、委托日期、完成日期、查新员和审核员等。当报告状态为已完成时，则可进行报告下载（图 12-10）。

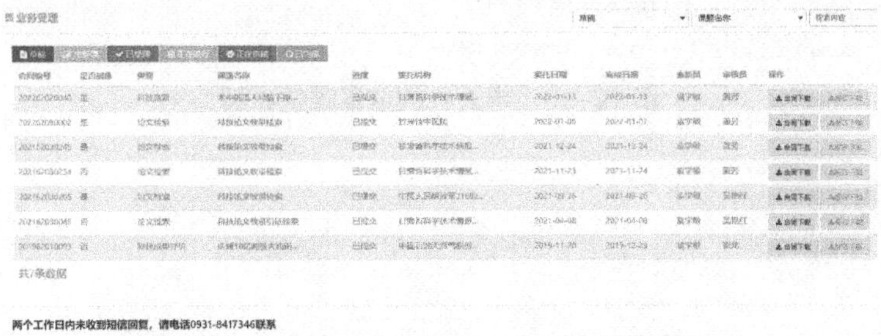

图 12-10　委托进度查询界面中可进行报告下载

当报告状态为草稿时，可对报告进行删除、修改等操作（图 12-11）。

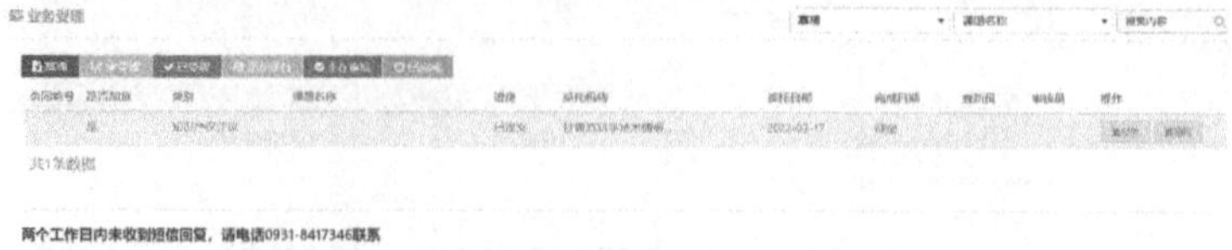

图 12-11　委托进度信息查询界面中可对报告进行删除修改操作

当报告状态为未受理时并且用户接收到查新费通知时，可对报告进行上传付款凭证操作（图 12-12）。

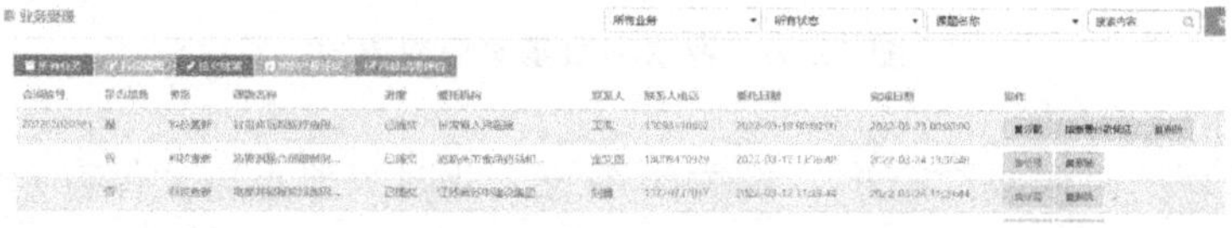

图 12-12　上传付款凭证操作界面

（3）信息维护

用户机构信息发生变化时，用户可以进行申请机构信息维护。申请机构信息的完善是为了方便用户之后在填写委托业务时避免重复内容的填写而设计（图 12-13）。

密码修改需输入旧密码、新密码。两次输入的新密码必须一致，修改完成后点击“保存”按钮，提示修改成功，则用户密码已修改（图 12-14）。

图 12-13　申请机构信息维护界面

图 12-14　修改密码操作界面

12.4.4 系统管理端

（1）登录

1）账号登录

输入管理员分配的账号、密码，输入验证码，选择“业务管理人员”，点击“登录”按钮登录成功。参考委托用户登录界面。

2）手机登录

选择到手机号登录状态下，输入正确的手机号，点击图中绿色标记的按钮获取验证码，之后将手机接收到的验证码输入到短信验证码输入框中。选择“业务管理人员”，点击“登录”即可登录成功。参考委托用户登录界面。

注：手机号登录需业务管理人员的手机号信息在基本信息内存在并正确。否则无法使用手机号登录。

（2）业务受理

业务受理列表页合同编号为空时，则代表该条数据还未受理，此时业务管理员可以点击“受理”按钮，进入到受理详情页，业务管理人员检查用户提交的数据是否适合，如果没有问题，则填写查新费和查新点个数，填写完成后点击“受理”按钮，将有发送短信弹框弹出，默认已经调用填写好的收信人手机号和短信模板，检索人员查看短信内容是否适合，如果适合，点击“发送”，此时委托用户手机将接收到短信通知。步骤如下：

第一步：点击受理按钮。

第二步：查看内容，填写费用，点击受理按钮（图 12-15）。

第三步：向委托用户发送短信，让用户及时知道委托课题情况。

第四步：此时会发现刚刚受理的这条记录上填充了合同编号（自动生成）。那么代表受理成功，等待委托用户缴费，委托用户完成缴费进行下一步。

第五步：当委托用户已经缴费成功，则可点击“分配”按钮，进入到分配页面，分配分析师与审核员操作。

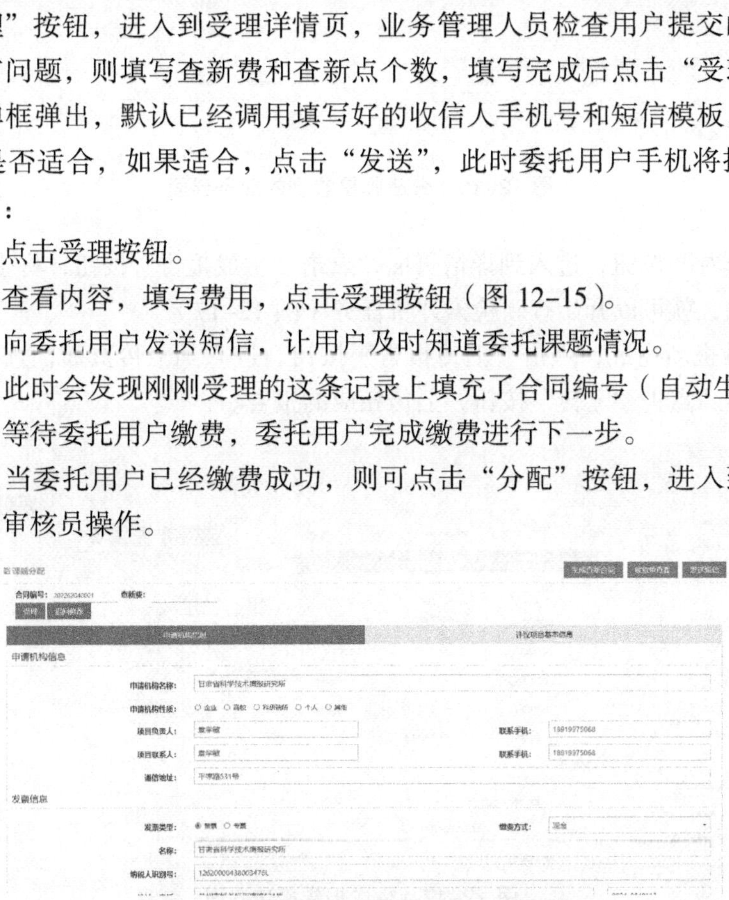

图 12-15　知识产权分析评议业务分配界面

进入分配页面之后，点击“收款单查看”按钮，查看用户是否已缴费，如果用户已缴费，管理员进行分配后，分析师就会接收到分配到的课题任务。此页面还可进行的操作有生成查新合同、发送短信、退回修改等。

（3）业务进度

业务进度代表已经分配下去的报告执行到哪一步。

全部进度包括已分配、正在检索、正在审核、已完成等。

已分配：已分配到查新员的任务。

正在检索：正在检索中。

正在审核：已完成，审核员审核中。

已完成：审核员审核通过，任务已完成，委托用户可下载报告。当状态为正在检索，正在审核，已完成时管理员可以点击“查看”操作。

（4）课题检索

课题检索：课题检索列表是分析师接收到业务管理人员分配的个人任务（图 12-16）。

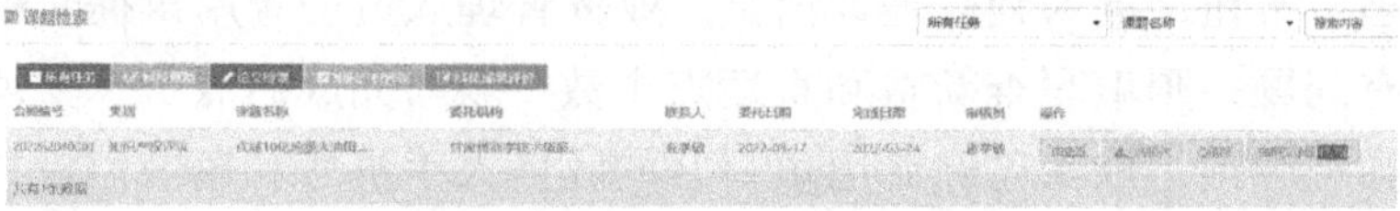

图 12-16　分析师接收到的业务界面

点击“查看”按钮，进入到详情页面，点击“生成报告”按钮，将生成的 Word 文档保存在电脑，就可以开始查新检索评价任务（图 12-17）。

当查新员查新完成，点击“上传报告”按钮，进入到上传页面，选择已完成的报告，进行上传，点击“上传”按钮，上传相应的报告。

图 12-17　生成报告操作界面

（5）正在检索

已上传的报告会出现在正在检索列表中，点击“递交审核”按钮进入提交审核页面，选择审核员，点击“提交审核”按钮提交，成功后会出现在审核员审核任务列表中。

如果查新员递交给审核员审核的报告没有被通过，此时分析师需要重新修改报告，当新修改完报告之后，点击红色“上传报告”按钮重新上传。

（6）审核任务

点击到审核任务列表，即可查看到待审核任务。点击“查看”按钮，进入到详情页面，点击“下载报告”到本地，即可对提交的报告进行检查审核。检查完成需要通过审核，点击“审核通过”按钮，并上传审核通过报告。将合同编号对应的审核报告上传，则审核任务完成，该报告将出现在审核完成列表。若是审核员认为报告需要修改，点击“退回”。退回的报告将出现在正在检索列表中，之后需要分析师补充完善报告，再上传并提交审核员。

（7）审核完成

审核员可在审核完成列表中查看个人已完成的审核任务，可根据课题所在阶段、课题类别、课题名称等字段进行检索，可对某一课题进行下载报告、退回操作。

（8）业务统计

根据课题委托日期或完成日期，选择日期区间，进行各类统计。有业务统计权限或超级管理员可按照全部、个人、分析员进行统计。无业务统计权限，只能统计本人的数据。统计的类别有按工作量、按学科类型、按目的、按范围等分别进行统计，并以折线图进行展示。

根据课题委托日期或完成日期，选择日期区间，进行课题统计。管理员可按照全部、个人、分析员进行统计并导出统计报表。无业务统计权限，只能统计个人数据并导出统计报表。

（9）系统管理

1）委托用户管理

委托用户列表，检索中心人员可重置委托用户密码。

2）中心人员管理

超级管理人员可对中心人员进行新增、编辑、删除操作，并且可以设置不同人员的权限，实现分级分层管理（图 12–18）。

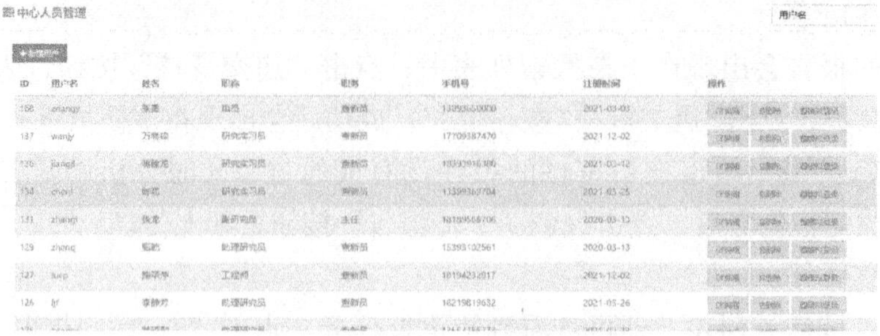

图 12-18　中心人员管理界面

3）单位信息管理

可对自己所在的查新检索评价单位信息进行修改，可以修改机构名称、机构资质、联系人、电话、负责人、手机号、邮政编码、机构通信地址等，检索报告中的机构信息调用此处信息（图 12-19）。

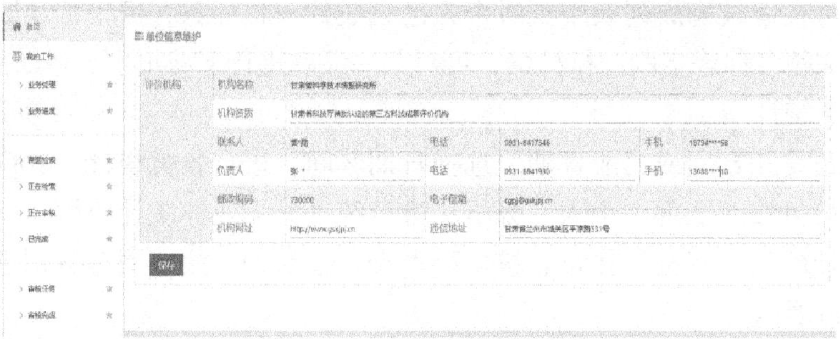

图 12-19　单位信息管理界面

4）短信模板管理

可新增、编辑、删除短信模板。在这里设置好短信模板后，在发送短信的时候，可以直接调用模板，不用每条短信都编辑一段信息，简单方便（图 12-20）。

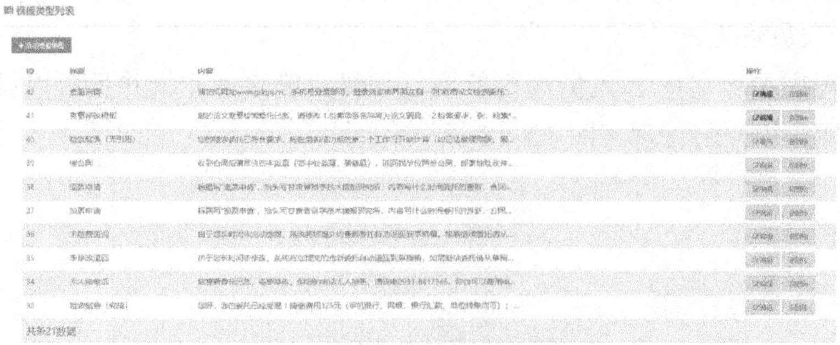

图 12-20　短信模板管理界面

（10）快递统计

快递统计分为未快递状态和已快递状态，检索人员可根据报告的委托日期或完成日期搜索其是否已经发送过快递。

对于未发送快递的课题，检索人员选择开始日期和结束日期，点击“查询”按钮查询出数据，然后点击“导出快递单”按钮导出快递信息，将导出信息发送至合作的快递公司人员。待快递发出后，就需要更改快递状态，检索人员选择合同编号前的全选按钮，点击绿色的“更改快递状态”按钮，选中的未快递数据就变为了已快递数据。已完成快递操作的所有信息将出现在已快递列表中，管理员可进行查看（图 12–21）。

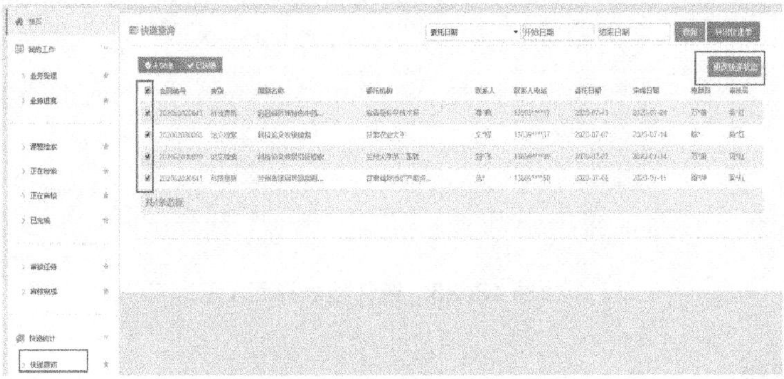

图 12–21　快递统计界面

（11）业务统计

1）课题统计

根据课题委托日期或者完成日期，选择日期区间，进行各类统计。有业务统计权限或者是超级管理员可按照全部、个人、查新员进行统计。无业务统计权限，只能统计自己本人的数据。统计的类别有按工作量、按学科类型、查新目的、查新范围等分别进行统计，并以折线图进行展示（图 12–22）。

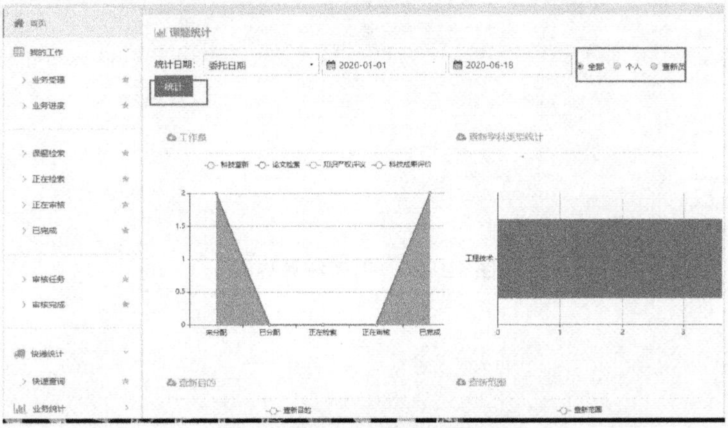

图 12–22　课题统计界面

2）统计报表

根据课题委托日期或者完成日期，选择日期区间，进行课题统计。有业务统计权限或者是超级管理员，可按照全部、个人、查新员进行统计并导出统计报表。无业务统计权限，只能统计个人数据并导出统计报表（图 12–23）。

图 12–23　统计报表界面

（12）财务统计

根据课题委托日期或者完成日期，选择日期区间，可以按全部、个人进行统计，还可以根据查新员或审核员的姓名进行各类业务统计并导出报表，还可进行填写 / 修改费用操作（图 12–24）。

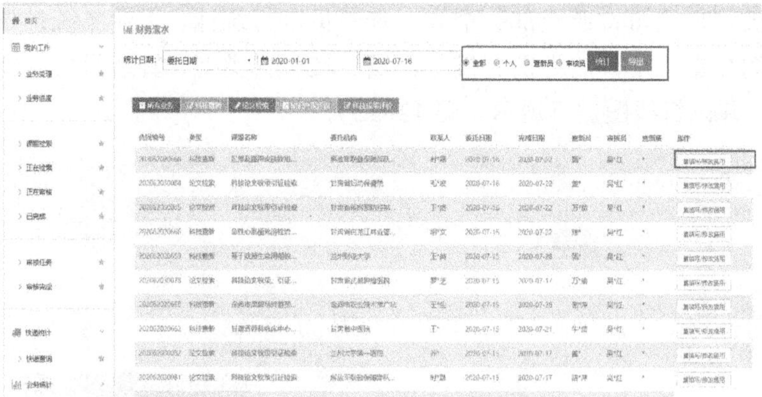

图 12–24　财务统计界面

12.4.5　系统安全设计

（1）访问控制

系统采用 RBAC（Role-Based Access Control，基于角色的访问控制）模型进行权限管理。在 RBAC 中，权限与角色相关联，用户通过成为适当角色的成员而得到这些角色的权限，极大地简化了权限的管理，很好地解决了角色授权、数据管理、节点管理等问题。

（2）数据加密

对于敏感的数据，如用户账号信息、财务数据等进行加密后存储到数据库，使得在其他任何软件环境中都无法获取明码。另外采用多层架构，防止客户端直接访问数据库，避免了信息泄露带来的安全隐患。

（3）数据验证和过滤

系统设计了用户输入数据验证和过滤，防止输入恶意数据破坏系统。在客户端页面使用 Java Script 进行表单的输入验证，主要验证用户输入的内容是否过长、类型是否非法、关键信息是否漏填等情况，并及时在客户端弹出提示框提醒用户规范填写。在服务器端使用特殊字符过滤函数，对一些特殊的字符，如“/”“#”“&”等进行过滤和替换，防止特殊字符引起系统出错。此外基于安全性的考虑，在服务器端还使用了 SQL 防注入模块、防跨站脚本攻击（XSS）模块和站外提交模块，增强了系统的安全性。

（4）安全扫描

系统部署上线后，使用 IBM Security Appscan 和 Web Vulnerability Scanner 等安全扫描软件对 Web 客户端进行交叉扫描，扫描和检测所有常见的 Web 应用程序漏洞，包括 SQL 注入、跨站脚本、缓冲区溢出和 Flash/Flex 应用程序，并自动进行漏洞评估，对发现的问题进行针对性修复，最大程度上保证系统安全稳定运行。

（5）流程安全设计

系统管理员在系统管理模块中设置用户名、操作权限和初始密码，并告知用户后，用户才可以使用指定的用户名和密码登录进入资源管理系统，并进行权限范围内的操作。在系统登录界面中，只有输入正确的用户名和密码，才能进入系统，进入系统后用户可随时修改密码。对用户密码可提供更严格的控制功能，如首次登录系统必须修改密码、经过 3 个月后必须修改密码、多次登录失败锁定用户等，进一步提供系统身份认证的安全性。

13 科技项目知识产权分析评议

知识产权作为创新发展的法律保护形态，已成为科技项目中的基本指标和重要的要素资源，对科技项目立项、实施和成果转化都有重要作用。科技项目知识产权分析评议是对现有知识产权进行全面检索，分析现有知识产权的分布和特点，预测现有知识产权的未来发展趋势，结合科研项目研发目标和主要指标参数分析，对科研立项中的知识产权风险、技术创新的可行性等进行评估、评价、核查与论证，对已完成科研项目知识产权布局和实施许可提出建议，促进科技项目的成果转化，支撑知识产权布局，形成有效的市场竞争策略，同时提高科技活动的可预见性和管理效率，规避科技研发项目中的知识产权的潜在风险，避免因知识产权纠纷导致的重大损失。

13.1 分析评议指标

13.1.1 科技项目的概念和类型

科技项目是指以科学研究和技术开发为内容而单独立项的项目，其目的在于解决经济和社会发展中出现的科学技术问题。不同的科技项目，根据其性质、实施范围、运作特点有不同的分类。

（1）按项目研究所产生的成果分类

1）基础研究项目：指为获得关于现象和可观察事实的基本原理及新知识而进行实验性和理论性工作的项目，这类项目一般不以任何专门或特定的应用或使用为目的。

2）应用研究项目：指为获得新知识而进行的创造性研究的项目，这类项目主要是针对某一特定的实际目的或目标。

3）实验发展类项目：指利用从基础研究、应用研究和实际经验中所获得的现有知识，为产生新的产品、材料和装置，建立新的工艺、系统和服务，以及对已产生和建立的上述各项做实质性的改进而实施的项目。

（2）按项目的投资部门分类

1）政府投资项目：如我国科技支撑（攻关）计划项目、国家863计划项目等。

2）行业部门投资项目：如中央地质勘查基金项目、国家环境保护工程技术中心建设项目等。

3）企业技术开发立项项目。

4）科研群体（机构）自筹项目。

5）有关国际组织或国内外知名人士资助项目。

（3）按项目性质分类

1）计划项目

计划项目既包括政府计划项目，也包括企事业单位、科研单位及高等院校等组织机构的计划项目。其中，由各种类型、各个层次的政府科技计划而形成的项目就称为政府计划项目。此外，各企事业单位、科研单位、高等院校等根据本单位科技发展的需要也会编制各类科研和开发计划；凡是被列入某一组织机构科研计划的项目，也可以称为计划项目。

2）合同项目

合同项目是指科研单位和企业接受政府或企事业单位的委托，承担某一方面的研究或开发课题，通过合同约束双方权利与义务的科学技术项目。

3）合作项目

由两个或两个以上的科研单位或地区共同承担，协作配合承担的科学技术项目就称为合作项目。合作项目又可进一步划分为国际合作项目、省际合作项目、行业合作项目和基层合作项目等几种类型。

13.1.2 科技项目的知识产权分析评议

近年来，许多专家和机构开展的研究表明，专利数据可利用大数据、数据挖掘、云计算等分析方法，通过构建专利技术指标，分析、比较不同国家、企业及科研院所之间的技术创新情况，评估技术发展现状，跟踪和预测技术发展趋势，预测产业发展方向，为产业发展提供决策依据，为企业和科研院所提升技术研究、开发能力和水平提供保障。目前，科技项目已成为全国评议试点的重头戏，各级政府先后出台了知识产权评议相关政策法规，评议范围也扩展至全国大量省市，以及中国科学院、国资委、国防部等多个系统，评议最多的科技项目主要包括企业立项项目和企业承担的政府资助类项目。而科技项目主要涉及科技项目管理部门和项目申报者 / 承担者。就知识产权分析评议支撑科技计划实施、实现全过程的知识产权管理而言，两者彼此呼应，内容统一。因此，科技项目的知识产权分析评议可以从自有知识产权、专利风险及知识产权管理能力 3 方面对申报项目进行综合评价。

（1）自有知识产权评议

自有知识产权是科技研发项目在知识产权方面的基础，一方面体现出申报者已有的技术实力和技术成果；另一方面降低科技研发项目中侵犯他人知识产权的风险。自有知识产权评议主要体现在申报单位或申报人针对申报项目应具备一定的研发基础，具备与申报项目相关的必要的知识产权，相关知识产权权属清晰、权利有效，申报单位或申报人具有对其知识产权的合法性和合理性。除此之外，项目组人员，特别是项目负责人，应在与项目相关技术方面有深入研究，保持与项目技术较高的匹配度及工作活跃程度。

（2）专利风险评议

对拟申报立项技术的专利风险分析能够提高研发方向的准确性，避免潜在的侵权风险。申报单位或申报人应针对项目研发拟采用的技术方案进行现有技术检索，对相同技术方向上的主要申请人、主要专利权人，以及相关重要专利申请、重要专利权进行分析，对专利技术竞争热度、产业知识产权竞争状况进行调查，分析项目研发核心技术潜在的知识产权风险和竞争关系。

（3）知识产权管理能力评议

将研发成果转化为知识产权的能力，决定了科技研发项目的创新成果能否获得有效地运用、保护和管理，直接影响科技研发项目的效益。申报单位或申报人应尽快建立或具有较完善的知识产权管理制度和专职人员，并具备对于研发获得的创新成果进行有效的运用、保护和管理的能力。

13.1.3 科技项目知识产权分析评议指标

科技项目知识产权评议是一种综合性的信息分析，包括知识产权信息、市场信息、法律信息、产业发展态势信息、政策环境信息等多方面信息，受众多复杂因素的影响，这些不确定因素会对评议结果产生严重的影响，可能导致评估值与实际值之间出现很大程度的偏差，如何建立一套科学合理且实用的知识产权评议指标体系十分重要。根据科技项目的特点，以科学性、客观性、实用性、指导性为原则设计一系列指标体系，同时考虑到后期实施阶段指标系统的可操作性、一致性和准确性。选取经济、技术、法律 3 个维度共 10 个二级基本指标作为评议指标，并根据其重要性赋予了相应的权重（表 13-1）。

表 13-1 评价指标体系

一级指标	二级指标		定义要点	权重
经济指标	初级指标	行业前景趋势	行业发展趋势（竞争环境）	30%
		专利技术市场投入使用情况	是否产业化（质量指标）	
	高级指标	专利竞争情况分析	质押 / 许可 / 侵权诉讼（质量指标）	
		专利商用化能力	企业申请量排名（竞争能力）	

续表

一级指标	二级指标		定义要点	权重
技术指标	初级指标	专利技术与国家支持政策吻合性	宏观政策（竞争环境）	45%
	高级指标	核心专利创新性	新颖性 / 创造性（质量指标）	
		核心技术先进性	他人引用率（质量指标）	
		专利布局情况	域外 / 外围布局（质量指标）	
法律指标	初级指标	授权专利类别及数量	授权专利（数量指标）	25%
	高级指标	核心专利权质量评价	专利权稳定性（质量指标）	

根据知识产权评议内容，可分为科技项目申报方向的分析评议指标和项目申报者资质的分析评议指标两部分：

（1）科技项目申报方向的分析评议指标

科技项目申报方向反映立项的选题内容和申报者的研究偏好，学者们多从立项价值、与国内外同行主流研究的一致性与差异性，以及可行性等角度考察。科技项目管理部门也可通过对科技项目的知识产权进行分析评议，一是了解与项目相关的专利等知识产权信息并进行挖掘、加工、整理与分析，确定该领域的技术现状、发展重点，进一步聚焦行业发展重点，提高立项精准度；二是利用专利地图等知识产权专业工具，分析项目相关领域主要技术拥有者及其核心知识产权发展变化趋势，避免重大科研项目低水平重复立项研究；三是确定与项目实施所拟用的关键技术、核心技术和主要技术是否存在知识产权侵权的风险，避免科技计划项目立项后因知识产权问题导致重大经济损失。本章提出用价值性、创新性和可行性 3 个指标来评议项目申报方向，并设立相应的分析评议指标。

1）指标 1：价值性

评议价值性，需要结合国家大政方针及地方产业政策，判定拟立项项目的技术方向是否具有价值，对于科技项目而言还需要进一步结合市场信息分析，预估申报方向的市场价值和市场接受程度，从而判断其产业化前景。

一般认为，科技项目申报方向的价值性主要体现为经济价值和社会效益。社会效益体现为专利技术社会相关技术产品的带动作用、对环境的改善作用、生产过程的环保程度。由于社会效益存在较长的时滞性，且从专利视角的衡量难以实现，因此本章在筛选反映价值性的分析评议指标时，主要选取可以表征经济价值的指标，具体指标可以分成两类：一类是专利权许可和转让的平均金额、平均专利融资额、平均专利资本额等直接指标。直接指标是专利在实际交易中、资本化过程中的实际价值体现，能直观反映该技术方向的经济效益，相关数据可通过问卷调查等方式收集。另一类是发明专利占比、专利有效率、专利平均维持年限、专利族大小、三方专利数量等间接指标。间接指标的数据可从相关专利数据库批量获取或者经过运算处理得到，主要是用于表征该项目申报方向专利的技术质量、专利保护时间长度和市场覆盖广度，从侧面反映项目申报方向技术的经济价值。其中发明专利占比主要用于衡量专利的技术质量；后 4 个间接指标都与专利的商业化行为相关，是通过衡量专利权人是否持续投入费用，以维持专利权的效力，从而对市场形成更大的地域范围、更长时间跨度的保护覆盖，进而反映该技术方向的价值性。

2）指标 2：创新性

创新是技术发展的核心所在。评议创新性主要通过分析申报项目采用的技术方案在相关产业与技术发展上是否具有创新地位，以避免重复研究。对于产业化项目，还需考察其技术成熟程度，确定其在申报方向的关键技术创新程度是否达到应用标准，是否有利于后续规范化产品的设计与制造。创新性主要从技术新颖性和创造性 2 个角度来考察。技术先进程度指标可以简单归纳为“年龄 + 系数 + 指数 + 周期”。其中，专利平均年龄是指该项目方向一段时间内所有专利的专利年龄的平均值，当项目申报方向的专利平均年龄都比较小，说明该方向的专利大部分是新近申请的，一定程度上反映了项目技术方向的新颖性；新技术特征系数是反映某项技术新兴或衰老的综合指标，值越大新技术特征越强，预示该技术方向越具有发展潜力；即时影响指数 CII 数值大于 1，说明技术影响力较大，进而反映技术的领先程度。技术生命周期 TCT 常用来表征专利技术新颖性的指标，如果一项技术的生命周期较短，表明该技术创新是以较新技术为基础进行的，因此当 TCT 数值越小，代表该技术越新。

3）指标 3：可行性

可行性分析是结合相关技术领域的知识产权竞争格局的分析，旨在判断申报方案是否具有可实施性，技术路线是否可行，能否如期达到既定目标等。对于产业化项目还需进一步评议申报方向是否会存在知识产权权属纠纷、项目的产业化是否依赖专利权人的许可，以及其技术组合是否完整等。

从专利视角筛选可行性指标，主要从法定性与技术性角度考虑。避免项目陷入纠纷诉讼漩涡，同时又充分运用可利用的专利，因而选取项目方向上涉及专利诉讼与纠纷案件数量、可用无效专利数量 2 个指标。产业化项目可行性的分析评议，则是在此基础上增加了替代技术种类、配套专利技术种类 2 个指标。由于进行科技成果转化的技术，将形成产品面向市场，难以靠单一技术实现，往往需要相应配套技术，项目的推进可能需要获得相应配套技术许可。配套专利技术种类指标反映了用于科技成果转化的专利技术所依赖的辅助技术的情况。产业化项目终将面临市场的考验，替代技术将极大威胁项目的推进，因而需要将替代技术种类纳入产业化项目可行性的评议范围。

（2）项目申报者资质的分析评议指标

申报者是项目的执行者，其资质是保证项目是否能顺利完成的决定性条件。从申报者的完成能力、风险性，以及关联度3个方面，设立相应的分析评议指标。

1）指标1：完成能力

项目申报者的知识产权基础和实力，主要包括既有科研成果的知识产权数量和品质、既有科研活动与本项目的关联程度、知识产权管理效能、主要发明团队的完整性等。申报者完成能力的考察，是申报者资质分析评议的重中之重。本章沿着时间纵向，从过往累积的技术基础（即技术储备能力）、当下的动态能力（即创新加速度和调整能力）和影响未来的成果管理能力（即专利布局与保护能力、专利运营能力）分别进行指标设计。

①技术储备能力。所有的技术创新活动需要以资源为基础，其中知识是技术创新活动的核心资源。专利数量与质量是申报者创新资源和创新能力最好的衡量指标。此外，由于技术影响力指标TII比即时影响指数CII更适于衡量申报者的技术领先程度，因此针对技术储备能力的分析评议指标包括专利申请量、专利授权量、专利有效量和技术影响力指标TII。

②创新加速度。创新加速度的评议指标主要有专利增长率、技术生长率、技术循环周期。其中，技术循环周期是CHI Research研究公司开发并用于评价技术创新速度的专利指标，是专利文献中被引专利从公开到被引用的平均间隔时长。技术循环周期数值越小，说明知识在专利间传递的速度越快，反映了技术更替速率越快，新技术出现的速度越快。

③调整能力。调整能力包括遇纠纷处理能力和研发调整能力，本文选取专利纠纷胜诉比例、联合开发强度两个指标。其中，联合开发强度是合作申请的专利数量占申请专率、专利的比重，反映申报者对外部知识的获取能力，可从侧面反映申报者研发调整能力。

④专利布局与保护能力。专利布局与保护能力体现项目申报者保护自身核心技术的能力。本文选取专利授权率、专利有效率、专利保护的国际范围、技术宽度、平均专利权利要求数量等指标。其中，技术宽度反映其IPC发散程度，是衡量申报者专利技术保护范围的指标。权利要求是确定专利保护范围的重要依据，独立权利要求更是从整体上反映专利的技术方案。独立权利要求数越多，意味着该专利的保护范围越大，专利被触及的可能性就越大，表明申报者布局能力更强。

⑤专利运营能力。专利运营能力仅用于评议产业化项目，指的是为获得与保持市场竞争优势，运用专利制度提供的专利保护手段及专利信息，谋求获取最佳经济效

益，而进行综合性管理和系统化谋划的知识与技能的总称。本章筛选了专利实施率、专利转让率、专利资本化率、参与专利池数量、标准必要专利数量5个指标来衡量申报者的专利运营能力。前三者直接反映申报者将专利技术转化为经济效益的程度，后两者虽然不是直接数据，但却很大程度上影响和决定着专利运营效果。一方面，专利在个体情况下价值往往不能充分体现，但进入专利池或标准后价值倍增；另一方面，构建或者参与了专利池，可以通过建立联合许可项目获得众多专利权利人的一揽子许可协议，降低交易成本，极大地方便了产业化项目的推进。而标准必要专利是在实施标准时必须使用的专利，是技术标准与专利相结合的产物，是专利权人从非标准领域向标准领域扩张的载体，可以促使专利权人形成自我保护优势和市场开拓优势。因此，申报者的标准必要专利数量越多、质量越高，其主导市场的可能性就越大。

2）指标2：风险性

风险性评议旨在判断申报者是否有无法绕开的核心专利或基础专利，开展的研发活动是否依赖其他专利的许可，申报者拥有的专利是否有被无效化的可能，以往签订的技术合同是否会给拟立项的项目带来知识产权限制和风险。分析相关申报者的知识产权信息，从避免重复研究的角度确定合理的立项范围和科研目标；对本领域的重大技术合同进行审查，避免项目受合同条款约束。

本章主要从许可依赖、侵权风险和专利稳定性着手，筛选出许可合约涉及的专利数量、许可合约的金额，权属纠纷的专利数量、涉及诉讼的专利数量，以及被申请宣告无效的专利数量5个指标。其中对于正接受有效性挑战的专利稳定性进行判断，可从3个方面进行探讨：

①专利的权利要求特征：权利要求的特征比较下位，特征较多，范围较窄的专利稳定性较高，反之稳定性差；

②专利家族有效情况：权利要求在多个国家获得授权并维护有效的专利稳定性高；同族专利遭遇专利有效性挑战的，或者发现有类似的现有技术，但在审查过程中未被引用的专利稳定性差；

③经历过复审、无效程序或诉讼等仍保持有效状态的专利稳定性高，需要注意的是，评议风险性所使用的指标均为逆向指标，需要进一步处理（如取倒数等），使之成为正向指标，才能与完成能力和关联度配合使用。

3）指标3：关联度

关联度是申报者既有的研究基础与项目方向的交集，考察的是申报者在项目申报方向上已做的探索，因而选用申报方向的专利申请数量、技术份额、技术重心指数3个指标。其中，技术份额是指申报者在项目申报方向上的技术份额，技术重心指数则反映申报方向在申报者的所有研究中的比重。

13.2 分析评议方法

知识产权分析评议的方法通过评议程序的制定来运行，不同的程序应有不同的方法与之适应。科技项目知识产权分析评议的方法主要以专利分析为主，产业调研为辅，以及包括其他方法。

13.2.1 专利分析

专利分析是科技项目知识产权分析评议中不可缺少的一部分。通过专利分析可以了解到某一科技项目技术领域的最新成果、技术的发展历史，某一关键技术的解决方案等，也可以系统研究科技发展现状和发展趋势，还可以加强专利权的有效性和时效性的分析研究，维护企业的合法利益。即使程序不同，对于一些应予评议的要点也需要施以特定的办法，下面就以上评议方法进行概述：

（1）技术发展趋势分析

专利是企业发展核心竞争力的体现，申请专利从而保护自身技术是公司持续良性发展的重要策略。一个技术领域往往有多个企业从事相关研究活动，随着技术快速更新及发展，如何把握未来技术发展趋势，调整产业方向是企业发展关注的重点。而技术发展趋势分析的目的是了解科技项目所述技术领域的发展态势、发展方向，评判拟评议科技项目的研究主题是否符合国际发展方向，是否属于国际研究热点。技术发展趋势分析主要包含了专利申请总体趋势分析、技术生命周期分析，以及技术发展路线分析。

1）专利申请总体趋势分析

专利申请总体趋势分析是通过分析专利数据随时间的变化规律，揭示出其发展轨迹，从而对未来发展情况进行预测。主要涉及国内外专利申请总量（或趋势）、增长量（或增长率）随时间的变化趋势、国内外申请人数量随时间的变化趋势、主要申请国家或地区的专利（授权）总量随时间的变化趋势、国内外PCT专利申请数量随时间的变化趋势、主要申请国家或地区的PCT专利申请数量随时间的变化趋势、主要申请国家或地区的技术重点分析及国内外主要申请人的技术重点分析。

2）技术生命周期分析

技术生命周期是描述一项技术的使用，从基础科学或应用科学衍生发展而来，将之应用于产品开发与设计上，从该项产品导入市场后，直至该项产品退出整个市场的一段时间。一般将技术生命周期划分为4个阶段：导入期、成长期、成熟期、衰退期。科技项目的技术生命周期分析主要是确定拟评议项目所涉及技术当前所处的发展阶段，以及评价项目所涉及技术的发展前景。技术生命周期图法是利用某技术领域的专利申请量与专利申请人数随时间变化来分析，可以通过利用专利数量测算法计算技术

生长率 γ、技术成熟系数 α、技术衰老系数 β 和新技术特征系数 N 的值测算专利技术生命周期。如果技术生长率连续几年持续增大，说明该技术处于生长阶段；如果技术成熟系数逐年变小，说明该技术处于成熟期；如果技术衰老系数逐年变小，说明该技术处于衰老期；如果在某一技术领域中新技术特征系数越大，说明新技术的特征越强。

3）技术发展路线分析

技术发展路线图是一项重要的战略规划和决策工具。通过技术发展路线分析可以厘清某一领域的技术发展路径、把握技术未来发展方向，还可以帮助科技项目研究机构获取研发方向，以及可行的技术路线启示，判定科技项目研究主题是否符合行业发展的方向。

（2）技术重点分析

科技项目技术重点分析主要针对热点技术、重要技术及空白技术进行知识产权分析。

1）热点技术分析

热点技术分析是对某技术领域近年来的全球范围、主要国家、领军机构或领军发明人的专利申请技术方向的分析，可以获取该技术领域的最新研发热点，为评议项目的研究提供创新方向启示。其主要分析方法包括：近年内词频较高的专利技术、近年内专利引证率较高的专利技术、近年内同族专利申请数量较高的专利技术、近年内聚焦的专利分类号及最新出现的专利分类号等。

2）重要技术分析

重要技术分析是为科技项目研究中的创新借鉴、规避设计、外围专利设计、技术引进等提供依据。主要针对专利被引频次、同族专利数量、权利要求数量、分类号数量、专利有效性、主要专利权人，以及专利的实施、诉讼、许可等进行分析。

3）空白技术分析

空白技术分析借助于技术功效分析法，获取技术聚集点及技术空白点，有利于帮助科技项目研究机构了解全行业的技术竞争格局，了解竞争对手的研发策略、专利布局策略及市场策略，为科技项目研究机构制定相关的研发策略、专利布局策略、市场策略提供了参考依据。

（3）技术竞争格局分析

科技项目技术竞争格局分析分为主要国家或地区的技术竞争态势分析，主要竞争对手分析，以及主要研发团队分析。

1）主要国家或地区的技术竞争态势分析

通过主要国家或地区的技术竞争态势分析，可为科技项目专利布局提供参考。主要分析包括主要国家或地区的专利申请趋势分析、主要国家或地区中本国申请人与外国申请人的专利申请态势分析、主要国家或地区的技术重点分析、主要国家或地区的目标市场专利申请及其技术领域布局分析、主要申请国家或地区的 PCT 专利申请数量的变化。

2）主要竞争对手分析

主要竞争对手分析是指在分析样本数据库中，按专利申请人或专利权利人的申请量或授权量进行统计和排序，进而研究相关技术领域中活跃的企事业单位和个人，即研究相关领域的主要竞争者。通过主要竞争对手分析可了解本领域的主要竞争对手，了解竞争对手的技术优势、专利战略、技术实力、市场规划策略等信息，预测竞争对手未来的目标、市场力量和战略，为科技项目研究机构制定专利和市场布局战略提供依据。

科技项目主要竞争对手分析可分为技术实力分析和专利布局分析。技术实力分析主要包含了专利申请趋势、技术领域构成、技术发展路线、专利被引证情况及研发团队的分析，通过这些分析，可以了解科技项目研发投入变化，研判科技项目重点技术和重要产品，了解科技项目最新技术发展，以及技术被关注度，还可以了解科技项目的研发实力。专利布局分析主要是分析重点竞争对手的专利申请目标国家或地区变化情况，重点竞争对手在目标国家或地区的同族专利申请情况，以及重点竞争对手的 PCT 专利申请情况。

（4）专利侵权风险分析

专利侵权风险分析是从微观研发方案角度出发，针对研发方案相关的技术或产品将要进入的市场，评估产品实施是否会侵犯第三方专利权。科技项目是否存在专利侵权风险，科技项目形成的专利成果是否会被他人侵权是科技项目专利侵权风险分析中的主要内容。在侵权分析中，常通过法规壁垒和专利壁垒进行分析。

1）法规壁垒分析

法规壁垒分析是可能实施的国家是否颁布了与科技项目所涉技术相关的法律、法令、调令、规定、认证制度、卫生检验检疫制度等。

2）专利壁垒分析

专利壁垒实在知识产权保护水平提高的基础上出现的，通过专利壁垒分析，可指出科技项目应加强自主技术开发，积极应对国内外专利诉讼，组建专利联盟等措施应对专利技术壁垒。在专利壁垒分析中，主要涉及技术方案明确和技术方案不明确的专利侵权判定。技术方案明确的科技项目侵权风险，主要通过确定成果实施国，筛选拟侵权目标专利，通过重点竞争对手、重要专利、专利检索筛选，得到有效专利来判定侵权风险；技术方案不明确的科技项目形成的专利是否受到他人实施侵权，针对专利保护国，排查是否有他人以生产经营为目的制造、使用、许诺销售、销售、进口与科技项目已获得专利权的发明创造。

13.2.2 产业调研

产业调研是对大量市场调研数据的深入分析，全面客观地剖析当前行业发展的总体市场容量、市场规模、竞争格局、进出口情况和市场需求特征，以及行业重点企业的产销运营分析，并根据各行业的发展轨迹及实践经验，对各产业未来的发展趋势做出准确分析与预测。通过市场调研可以帮助企业了解各行业当前最新发展动向，把握市场机会，做出正确投资决策和明确企业发展方向。在科技项目知识产权评议中，产业调研可通过实地调研和文献检索获取相关信息资料。

实地调研可通过听取项目负责人或技术人员汇报，也可通过向同行专家咨询，进一步获得项目评价中需要了解的相关问题、解析项目中的疑难问题等，若需要也可赴现场考察，核实相关问题，收集第一手资料。

文献检索是情报分析调研中的主要信息采集方法，通过检索期刊论文数据库、市场类数据库、互联网搜索引擎等，来了解关于科技项目的产业范畴、技术分类与重要性；主要发达国家、新兴地区及我国政府在产业上的发展策略或相关政策；产业的国内外技术、市场现状及趋势等。

13.2.3 其他方法

科技项目知识产权评议需要对注册知识产权权利的组合进行审查，以了解核心技术将形成的知识产权、现有或已有的注册知识产权状况。必须通过专业的检索，查明世界知识产权组织和各国专利局的专利数据库是否存在与产出技术或使用技术相关的知识产权权利，形成知识产权检索报告，需要查明信息的所有权权利归属、权利存续期限、专利布局、专利地雷等其他主要特征。

科技项目知识产权评议需对未注册的权利进行审查。这些未注册的权利包括专有技术、商业秘密及产品。最好通过合法途径从使用公司内部获取，方法包括委托第三方咨询机构形成报告，走访相关人员、研究获取对手知识产权战略或目标市场等相关信息。

科技项目知识产权评议必须对项目中所有产生的合同如许可协议、联合开发协议、代理制造协议、技术协助协议、秘密及未被披露的协议进行知识产权审查，这要作为评议结论的一个重要部分。

科技项目知识产权评议还要对国内外的知识产权法律政策进行审查，包括专利、商标的注册方法程序和保护期限、专利的维持和商标的继续注册、政策的扶持重点与禁止情况，增加保护知识产权的机会。

总的来说，知识产权评议的核心内容可以分为两个方面：一个是知识产权尽职调查；另一个是专利信息分析。知识产权尽职调查指利用专业的方法和程序对一个项目或者单位的知识产权状况进行系统的整理，调查其知识产权现状，预测其知识产权未来的定位，发现问题并提出可靠的解决方案，评估风险并帮助制定相应的知识产权战略。专利信息分析是知识产权尽职调查的一个部分，把它独立出来是因为其具有非形式性的特点，其分析方法和分析重点也较知识产权尽职调查有较大区别。专利信息分析是制定专利战略、增强竞争优势、保护知识产权的基础和前提，通过精确的检索式检索，将得到的专利信息进行归类、统计、分析，将单个的信息按照一定的规律聚集，形成科学的指标指数，并由这些指标指数形成有价值的专利情报。

13.3 分析评议案例

本章将结合知识产权评议的方法体系，按照科技项目在知识产权方面的特征，大致将科技项目分为以知识产权创造和知识产权运用为特征的两大类，并结合不同类别科技计划项目的特点，有针对性地设计相应的知识产权评价方案供参考。

13.3.1 以知识产权创造为特征的项目知识产权分析评议

以知识产权创造为特征的科技计划项目，通常是聚焦经济和社会发展重大需求及科技发展优先领域，通过发挥集中力量办大事的优势，在设定时限内通过加强跨部门、跨行业、跨区域研发布局和协同创新进行“集成式”攻关。此类科技计划项目在知识产权方面最大的特点、任务就是解决知识产权等各类科技成果的问题。国家层面具有此类属性的科技计划有国家科技重大专项、国家重点研发计划；地方层面具有此类属性的科技计划如科技计划（如专项、基金等）中基础与应用基础研究类、公益研究与能力建设类及前沿与关键技术创新类科技计划项目。科技管理部门对此类科技计划项目开展知识产权评价的出发点主要在于选择最优化的技术开发路线，同时避免低水平重复申报和资助，因此，针对此类项目进行知识产权评价，应侧重于知识产权创新高度与项目查重。其中，知识产权创新高度主要评价内容应沿着“产出知识产权创新程度→知识产权产出目标设置科学性、合理性→可能发生的知识产权侵权风险→申报单位知识产权工作机制”的顺序逐次开展，所设置评价权重逐级递减。同时，将是否存在重复立项作为科技行政管理部门确定申报或投标科技计划项目承担单位的“一票否决”指标。

13.3.2 以知识产权运用为特征的项目知识产权分析评议

以知识产权运用为特征的科技计划项目，通常是借助风险补偿、后补助、创投引导等方式发挥财政资金的杠杆作用，不断健全技术创新市场导向机制，促进市场发挥对技术研发方向、各类创新要素配置的决定性作用。此类科技计划项目在知识产权方面最大的特点、任务就是促进知识产权等各类科技成果转移转化和资本化、产业化。与前类项目相比，国家层面具有此类属性的科技计划最具代表性的当属技术创新引导专项（基金）；地方层面具有此类属性的科技计划如科技计划（如专项、基金等）中的产业技术创新与科技金融结合类科技计划项目。

科技管理部门对此类科技计划项目开展知识产权评价的出发点，主要在于规避项目实施过程中可能发生的知识产权侵权风险，选择最优化的产业化路线，因此，针对此类项目进行知识产权评价应侧重于知识产权侵权风险与运作管理能力。其中，知识产权侵权风险主要评价内容应沿着“知识产权风险对项目实施影响→知识产权风险应对策略合理性→所涉及知识产权是否行业关键技术→申报单位知识产权运作管理能力”的顺序逐次开展，所设置评价权重同时逐级递减。在评价过程中，应综合考虑知识产权风险及其应对策略，判断科技计划项目风险是否可控，并以此作为以知识产权运用为特征的科技计划项目是否立项的“一票否决”指标。

14 人才引进知识产权分析评议

知识产权分析评议在经济社会活动中的重要保障作用日益凸显，并进一步扩展在人才引进领域。对于科技人才引进而言，知识产权分析评议的目的主要是为了满足引进主体对于科技人才尤其是高层次科技人才的需求，要解决的是拟引进人才所拥有的知识产权的真实性、有效性、与引进需求的匹配度、人才的创新能力及人才的知识产权风险等。无论对于企业还是高校和科研院所而言，科技人才引进特别是高层次科技人才引进都是一项非常重大的举措，投入巨大，如果未进行严格的知识产权分析评议，盲目引进，不仅可能因知识产权或创新能力没有达到预期目的为单位带来困扰和麻烦，还有可能因此惹上官司。

2013 年，国家知识产权局就开始了包括“海鹰计划”高端人才引进在内的 3 个人才知识产权分析评议试点项目。2014 年 8 月，浙江省在“千人计划”人才评选中采用了知识产权评议，对 432 名申报人的 2579 件专利进行了专利检查，对人才的诚信、创新能力及与项目的匹配度进行评议。2015 年，“南京高端人才引进计划”对近 50 个人才团队所提供的知识产权信息逐一进行检索核查。2016 年，相关部门对第十三批国家“千人计划”创业人才 47 名拟入选人员申报的知识产权信息进行了分析评议。2017 年，湖北省知识产权局设立了“高端人才引进知识产权评议”和“海外高端人才引进知识产权评议”项目。同年，广东省在“珠江人才计划”评选中引入了知识产权评议。此外，江苏、北京、四川、湖南、湖北、山东等省份也在落实高层次科技人才或海外人才政策中引入知识产权分析评议制度，通过知识产权分析评议制度，甄别、引进了一批真正具有创新能力的高层次科技人才。

经过详细了解各地开展的针对高端科技人才的知识产权分析工作，可以发现目前各地的知识产权分析仍停留在浅层次分析，没有形成与人才引进需求相匹配的整体评价机制，存在对人才信息掌握不全面、与产业结合度不高、知识产权规范监督不严等问题。同时，现行人才引进中的知识产权评议仅针对人才拥有的知识产权数量和信息的真实性进行核实，缺少对人才所掌握的技术的稳定性、先进性的全面分析，无法精确鉴别引进人才的质量，规避人才引进带来的风险。与产业的结合度低，没有基于具体产业的实际需求来针对性进行人才评定，实际效能较低，无法为产业的发展起到快速推动作用。且现行人才引进中的知识产权评议为事前核查，没有针对事中、事后进行跟踪反馈，没有对人才后期的知识产权申请进行规范和指导，出现了人才虽然引进来了，但其后期的创新成果却没能到达预期效果，或者没有得到有效保护的情况，造成不必要的损失。另外，目前的知识产权服务机构的通常只能提供包括基础检索、专利代理与法务、管理咨询等基础性的服务，不仅机构数量少、规模小，能力也不够全面，难以胜任全方面的“一条龙”式的知识产权服务工作。同时，政府在引导知识产权服务机构与科技创新孵化器及产业园对接上做的工作比较多，在针对引进的高端人才个人或团队的“一对一”服务还做得不够。因此，需要建立健全人才引进知识产权分析评议指标体系，规范评议方法。

14.1 分析评议指标

几十年前，人们便将指标应用于专利信息分析中，一些世界组织和专利机构多年来一直很重视专利指标体系的研究。国际经济合作与发展组织（OECD）早在20世纪60年代就开始思考生产率要素与专利质量的内在联系。近年来，美国、日本及欧洲一些国家的专利机构投入了大量的人力、物力进行专利指标的研究工作。专利借助大数据、数据挖掘、云计算等方法，通过构建不同指标，分析比较不同国家、企业等之间的技术创新情况，评估技术发展现状，跟踪和预测技术发展趋势，预测产业发展方向，为产业健康发展提供决策依据。人才引进知识产权分析评议过程中需要构建专利数量指标、专利质量指标（专利稳定性、先进性指标）、技术关联度指标、创新活动指标、风险指标等。

14.1.1 人才匹配调查

企业在引进人才之前，首先需要确定公司发展或者项目开拓所需要的技术，从而根据企业所需要的技术开展技术调查，明晰相关技术人才分布情况，以初步确定需要引进的人才群体（表14–1）

表14–1 人才匹配调查分析

模块名称	模块定义	组件名称	组件定义	所解决的问题
企业所需技术分析	企业升级转型或者项目技术难点突破	特定技术内容、技术难点分析、研发方向	分析公司的主要技术、核心技术，与其竞争对手技术的比对，该技术可能的发展趋势，公司对该技术的发展与应用，业界已有的发展与运用等	公司的技术实力如何，是自有还是靠他人，技术是否使用于量产，与其他技术相比如何，技术是否具有竞争力

续表

模块名称	模块定义	组件名称	组件定义	所解决的问题
企业所需技术分析	企业升级转型或者项目技术难点突破	应用趋势与技术分析	分析该产业领域类技术的发展趋势，分析该产品未来的可能应用领域，寻求新的市场机遇与研发方向	了解现有市场还能维持多久，新的市场机遇在哪里，未来可能发展的方向在哪里，现有技术还能持续多久才会淘汰，把握市场竞争格局、技术发展脉络和趋势，最新技术在哪里，是否掌握，是否需要引进人才，需要引进哪些技术点相关的人才
相关技术人才分布	企业所需技术的人才从哪里来	专利地图发明人分析	围绕引进需求，通过技术调查在相关技术领域检索国内外主要专利权人、发明人、发明团队等	通过专利地图分析发现合适人才
		非专利文献作者分析	通过论文数据库等非专利文献检索相关技术内容论文作者	通过非专利文献检索分析，共同形成引进人才备选群体
		高等学校 / 科研院所学科实力分析	企业引进高等学校 / 科研院所的人才，可以通过社会声誉、科技成果数量与质量、科技论文的数量与质量等进行学科实力分析	通过分析高等学校 / 科研院所的学科实力，寻求与企业所需要的与技术相关的管理人才、科研人才和科研团体等

14.1.2 人才创新能力

通过对人才备选对象的知识产权进一步分析，可以辅助选择更为合适的引进人才对象。可以比较的内容包括：人才备选对象知识产权数量、质量、稳定性及专利价值度等（表 14–2）。

表 14–2 人才创新能力调查分析

模块名称	模块定义	组件名称	组件定义	所解决的问题
专利申请量	候选人才的所有专利申请	重点分析与人才引进单位的技术需求相关的专利申请	总申请量，年申请量、季度申请量，以及各技术方向的占比情况	确定该候选人才的专利申请数量，频率，以及研发所涉及的具体技术方向，以评价该候选人才研发能力，所研发的技术方向是否与引进单位匹配

续表

模块名称	模块定义	组件名称	组件定义	所解决的问题
专利授权量	候选人才的所有专利的授权情况	重点分析与人才引进单位的技术需求相关的专利申请的授权情况	总授权率，各技术方向的授权率及占比情况	确定该候选人才的专利授权率能够判定其总体研发能力的强弱，与企业技术密切相关的专利授权量有多少
专利法律状态	候选人才的所有专利的法律状态	包括授权、审查中、视为撤回、视为放弃及驳回等情况	各种法律状态的占比情况	以专利法律状态判别该候选人才所申请的专利的作用，是真的有投入研发，具备良好的研发能力，还是为了响应国家政策获取相关资助而申请；同时也可以判别该候选人才是新兴力量还是实战多年的技术骨干
境外专利拥有量	PCT 申请量及各国的布局情况	专利家族	包括基于同一优先权文件且通过巴黎公约或 PCT 合约在不同国家或地区经过多次申请而获得的专利组合（即法律同族），也包括基于同一项技术且未通过巴黎公约或 PCT 合约在不同国家或地区或同一国家或地区经过多次申请而获得的专利组合（即技术同族）	通过专利家族分析判断目标专利所涉及的技术是否在相应的产品 / 技术节点、相应产业聚集地及市场地域进行完整布局，进而评价组合价值强弱，并且通过专利家族中的各专利的授权情况，可以对目标专利的稳定性进行初步判断，进而更进一步判断该候选人才的能力
专利产出率	平均数量及申请时间的分布情况	以年、季度或者月计算专利申请的平均数量及都是什么时间段申请的	包括申请总量及各个研发方向各自的产出率	从平均数量可以看出该候选人才的整体研发能力，申请的时间段分布可以判别该候选人才是新兴力量还是实战多年的技术骨干
专利稳定性分析	所有已授权的专利	重点分析与人才引进单位的技术需求相关的专利	是指被授权的专利在行使权利的过程中被判为无效、不可执行或其他无法行使权利情况的可能性	利用专利无效分析来判断目标专利被无效的可能性。专利越稳定，其价值越高

续表

模块名称	模块定义	组件名称	组件定义	所解决的问题
专利价值度分析	专利运营的相关情况分析	专利应用实施情况（许可、转让、实施）	是指候选人才名下的专利是否真正实施、转让给其他企业，或者以许可的方式产生效益，专利实施许可是指专利权人或其许可人许可他人在一定期限、一定地区、以一定方式实施其所拥有的专利，并向他人收取使用费用的行为，一般包括普通实施许可、排他实施许可、独占实施许可等	利用专利应用的实施情况来判定候选人才相关专利的价值，进而间接反映该候选人的创新能力的强弱
		专利维权情况	候选人才名下的专利是否被用于维权，如诉讼、谈判、警告函等	利用专利的维权情况判断候选人才相关专利的价值，进而间接反映该候选人的创新能力的强弱
		专利技术替代性	候选人才名下的专利技术方案是否容易被规避	利用技术方案被竞争对手绕开的难易程度来进一步判断候选人才相关专利的价值，进而间接反映该候选人的创新能力的强弱
非专利文献发表量分析	重点分析与所需引进人才的学科相关的论文	与学科相关的论文发表量	总发表量、年发表量、季度发表量，以及学科内各研究方向的占比情况	确定该候选人才的专利申请数量、频率，以及所涉及的具体研究方向，以评价该候选人才研发能力如何，初步判断该候选人才的研究方向是否与学科实际情况相符，是否是学科发展所需要的人才
非专利文献产出率	以年、季度或者月计算论文发表的平均数量及发表的时间段	平均数量及发表时间的分布情况	包括发表总量及各个研究方向各自的产出率	从平均数量可以看出该候选人的整体研发能力，从发表的时间段分布可以判别该候选人才是新兴力量还是实战多年的技术骨干

续表

模块名称	模块定义	组件名称	组件定义	所解决的问题
非专利文献影响因子分析	影响因子现已成为国际上通用的期刊评价指标，它不仅是一种测度期刊有用性和显示度的指标，而且也是测度期刊的学术水平	对该候选人才所发论文的期刊进行影响因子分析	对该候选人才的所发表的论文进行影响因子统计，以及对其涉及的研究方向的论文进行影响因子分析，包括总影响因子和平均影响因子	从论文的影响因子分析，可以知道该候选人的学术水平和研究能力，判断其擅长的研究领域是否与学科需求相对应
非专利文献被引用量	评估论文的影响力或者质量的基本指标是论文的被引用次数	对该候选人才的论文进行被引用分析	对该候选人才进行论文总被引量、平均被引量进行统计，以及根据被引量高低对其论文进行排序分析	通过被引量可以分析得出该候选人才在该学科的影响力，通过被引用最多的论文可以判断该候选人才的擅长的研究方向

14.1.3　人才知识产权风险

企业在引进专利人才之前，必须考虑引进之后是否存在技术不能使用、侵犯他人专利等可能导致的知识产权实施风险。人才知识产权风险的主要内容包括协议风险、专利实施的侵权风险及职务发明与专利权属风险等内容（表 14-3）。

表 14-3　人才知识产权风险分析

模块名称	模块定义	组件名称	组件定义	所解决的问题
协议风险	主要涉及劳动合同、竞业限制协议和保密协议	服务期限	候选人才是否违反与原工作单位所签订的协议中的服务年限，存在违约风险	明确是否能如期引进该候选人才
		竞业限制协议	候选人才如果和原在职公司签订竞业限制协议，离职后一段时间内（1 年 /2 年，甚至更久）不得在公司的竞争对手公司工作	对于来自竞争对手公司的候选人才，避免因签订竞业限制协议而引起纠纷
		保密协议	候选人才如果与原在职公司签订保密协议，则在劳动合同存续期间和离职后均应承担保守商业秘密的义务	候选人才引入后是否会在项目开展或者相关技术研发上造成限制

续表

模块名称	模块定义	组件名称	组件定义	所解决的问题
专利实施的侵权风险	引进人才的技术实施是否存在风险	专利侵权调查	分析标的产品涉及相关专利风险的部件，进行技术拆解，对应技术效果分析，提供检索基础，侵权比对的基础。对零配件、原料、半成品等供应链风险确认，其中，可排除购买途径或其他经排除风险的途径所得的部件	了解欲引进人才的技术是否存在专利侵权风险
职务发明与专利权属风险	引进人才提出的专利申请方案的申请权可能属于原单位	引进人才所提议专利申请技术方案往往基于原在职公司的研发基础	《专利法》规定离职、退休或者调动工作后1年内做出的，与其在原单位承担的本职工作或者单位分配的任务有关的发明创造产生的专利申请权归原单位	引进人才的专利提案是否和原就职公司研发的技术方案有关，其离职是否满1年，申请该专利是否会引来权属纠纷
学术道德行为分析	候选人才的学术道德进行评定	学术道德是指进行学术研究时遵守的准则和规范	对于候选人才的所发表的论文、作品进行查新、学术鉴定，分析其学术行为是否规范，其论文和作品是否是原创	明确候选人才的论文是否原创，判断其学术行为是否端正，是否具有研究能力

14.2 分析评议方法

14.2.1 筛选引进候选人采用的定量分析

专利文献包含了丰富的信息资源，不管是哪国的专利文献，在专利说明书的扉页上都必须标注专利题目、专利申请人、专利分类号、专利发明人、发明的年代（优先权时间）、专利说明书摘要等著录项目。对这些规范的数据项进行统计，可以反映各个国家或专利权人在不同时期、不同领域技术活动产出和知识产权保护战略。如专利权人的专利数量统计、专利申请优先权国别统计、特定技术领域专利数量统计、特定技术领域专利权人专利数量统计、发明人专利数量统计等。专利数量统计虽然只是各种数据统计，看似简单，但是如果能在使用中按照分析目的的不同字段，进行专利数量统计或二维字段组合来描述不同的技术活动，有时会有很好的效果。

专利申请或授权量统计的统计方法因分析的目的而异，如果逐年统计某一技术领域的专利申请量，以便进行时序分析；或统计某一技术领域专利授权量，以便统计目前拟引进人才目前掌握的有效技术情况；或统计某一技术领域3种专利类型，以便研判该技术领域的特征等。

图 14-1 分析了神钢集团有关焊丝制造技术领域内的研发主要有哪些研发团队，进行了神钢集团焊丝制造领域专利申请主要发明人统计分析，可帮助其他单位评估该领域内的最佳人才并招募相关研发人员。神钢集团焊丝制造领域研发主要掌握在酒井芳也、中野利彦、铃木励一等人手中（图 14-1）。近 20 年，铃木励一的科技创新度较活跃，可以列为拟引进的技术人才（图 14-2）。

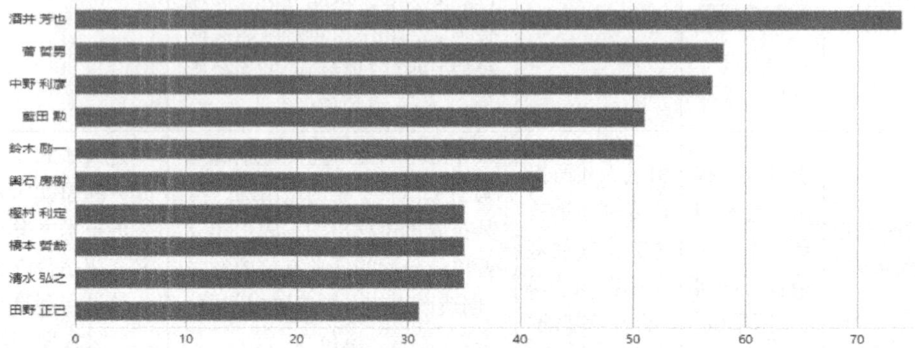

图 14-1　神钢集团主要专利发明人分布

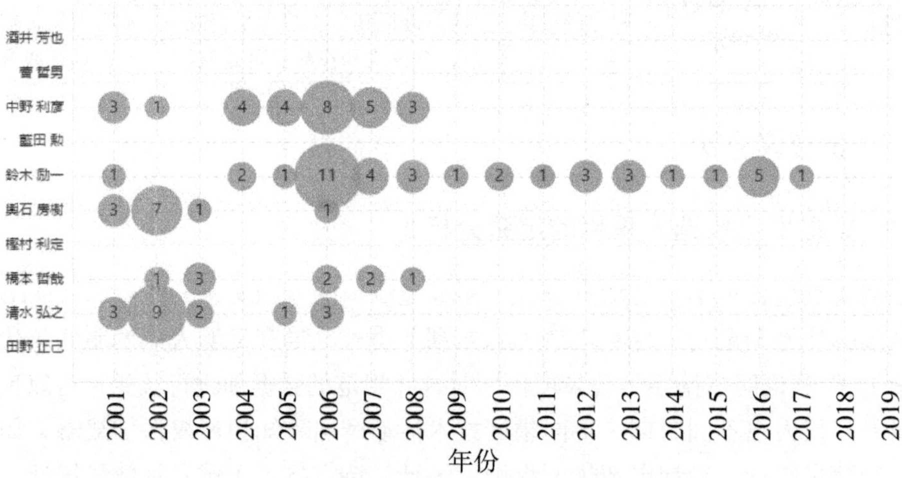

图 14-2　神钢集团主要专利发明人专利申请态势

14.2.2　引进人才涉及的知识产权定性分析

筛选出拟引进人才拥有的核心专利，进行专利文献对比分析，分析专利的技术稳定性。

通过检索，找出现有技术中与目标专利或专利申请技术方案最为接近的一件或多件相关技术，对在判断申请专利的发明创造是否具有专利性，以及在对他人的专利提出无效时都需要分析，从而做出其是否具有新颖性和创造性的正确判断。为了防止在科技创新活动中侵犯他人文献，在此基础上将目标专利或专利申请所要求保护的技术方案与对比文献进行比较，也需要通过检索、查找是否存在与所开发出的新产品、新技术相关的处于专利有效期内的专利技术文献。因此，对比文献的分析是十分重要的内容之一。

在专利定性分析中，对比文献研究是重要的分析方法之一。了解对比文献的定义、掌握阅读对比文献的方法，是对比文献分析的首要任务。为了判断专利或专利申请是否具备新颖性或创造性，就要检索出与该专利或专利申请文献。这些检索得到的相关文献被称为对比文献，是能够评价发明或者实用新型专利或专利申请的新颖性、创造性的文献。

14.2.2.1 专利新颖性判定

判定对比文献新颖性，首先要了解如何理解现有技术和抵触申请的含义，以及判定原则的应用。

（1）现有技术

《专利法》意义上的现有技术是指申请日前在国内外为公众所知的技术。现有技术应当是在申请日前公众能够得知的技术内容。换句话说，现有技术应当在申请日以前处于能够为公众获得的状态，并包含有能够使公众从中得知实质性技术知识的内容。应当注意的是，处于保密状态的技术内容由于公众不能得知，因此不属于现有技术。所谓保密状态，不仅包括受保密规定或协议约束的情形，还包括社会观念或商业习惯上被认为应当承担保密义务的情形，即默契保密的情形。

现有技术与时间界限和公开方式有关。现有技术的时间界限是申请日，享有优先权是优先权日。从广义上说，在申请日以前公开的技术内容都属于现有技术，但申请日当天公开的技术内容不包括在现有技术范围内。现有技术的公开方式包括出版物公开、使用公开和以其他方式公开 3 种，均无地域限制。

（2）抵触申请

根据《专利法》第二十二条第二款规定，在发明或者实用新型新颖性的判断中，由任何单位或个人就同样的发明或者实用新型在申请日前向专利局提出并且在申请日以后（含申请日）公布的专利申请文件或公告的专利文件损害该申请日提出的专利申请的新颖性。为了简便，在判断新颖性时，将这种损害新颖性的专利申请称为抵触申请。抵触申请只有在判定发明或者实用新型的新颖性时才予以考虑；在判定发明或实用新型的创造性时不予以考虑。

（3）新颖性的判定原则

在参照对比文献判断新颖性时，应当根据以下原则进行：

界定同样的发明或实用新型，所谓同样的发明或实用新型，是指技术领域、所解决的技术问题、技术方案和预期效果实质上相同。

单独对比原则，应当将发明或实用新型专利申请的各项权利要求分别与每一项现有技术或申请在先、公布或公告在后的发明或实用新型的相关内容进行单独比较。实质是要求将发明或实用新型的每项权利要求的每个技术方案分别与一份对比文件中记载的单个技术方案进行对比。不允许将被审查的申请的各项权利要求与几项现有技术或者申请在先、公布或公告在后的发明或实用新型的内容组合，或者与一份对比文件中的多个技术方案的组合进行对比。

14.2.2.2　专利创造性判定

这里重点介绍在对比文献创造性分析中，如何理解创造性的含义，以及判定原则的应用。

（1）创造性的含义

根据《专利法》及《专利法实施细则》的相关规定，创造性是指与现有技术相比，该发明有突出的实质性特点和显著的进步，该实用新型具有实质性特点和进步。对专利创造性的理解应重点把握对已有技术、突出的实质性特点和显著的进步等概念的理解。

（2）现有技术

现有技术是指申请日前在国内外为公众所知的技术。在申请日前由任何单位或个人向专利局提出过申请并记载在申请日后公布的专利申请文件或者公告的专利文件中的内容（即抵触申请）不属于现有技术，因此，在评价发明和实用新型创造性时不予考虑。

（3）突出的实质性特点

发明有突出的实质性特点，是指对所属技术领域的技术人员来说，发明相对于现有技术是非显而易见的。如果发明是其所属技术领域的技术人员在现有技术的基础上仅通过合乎逻辑的分析、推理或有限的试验可以得到的，则该发明是显而易见的，不具备突出的实质性特点。所谓所属技术领域的技术人员，是指一种假设的“人”，假定他知晓申请日或者优先权日之前发明所属技术领域所有的普通技术知识，能够获知该领域中所有的现有技术，并且具有应用该日期之前常规实验手段的能力，但其不具有创造能力。如磁力水泵，其原理虽在阀门上应用过，但将其用在水泵上，从根本上弥补了传统水泵的缺陷，具有突出的实质性特点，对所属技术领域的技术人员来说，是非显而易见的，因此具有创造性。

（4）显著的进步

发明有显著的进步，是指发明与现有技术相比能够产生有益的技术效果。例如，发明克服了现有技术中存在的缺点和不足或为解决某一技术问题提供了一种不同构思的技术方案或代表某种新技术的发展趋势。

14.2.2.3　专利侵权判定

专利侵权判定原则中，全面覆盖原则是一个最基本的原则，是指如果被控物或方法侵权成立，那么该产品或方法应该具备专利权利要求中所描述的每一项特征，缺一不可。在判定专利侵权时，最先适用的是全面覆盖原则。在下述几种情况下，视为被控物全面覆盖了专利的权利要求。

等同原则，将被控侵权的技术构成与专利权利要求上记载的相应技术特征进行比较，如果所属技术领域的普通技术人员在研究了专利权的说明书和权利要求后，不经过创造性的智力劳动就能够联想到的，如采用等同替换、部件移位、分解或合并等替代手段实现专利的发明目的和积极效果的，并且与专利技术相比，在目的、功能、效果上相同或者基本相同的，则应当认定侵权成立。

侵权判定案例：检索被侵权的实用新型专利“高铁牵引电机冷却风机用三相异步交流电动机”。根据侵权人提供的侵权新型高速列车用牵引发动电机产品和专利权人指控其侵权时提供的文献号（ZL201520153508.5）进行检索判定。

（1）对比文献

一种机车用牵引冷却风机电机 有权

申请号：201320344658.5

申请日：2013-06-17

申请人：株洲联诚集团有限责任公司

地址：湖南省株洲市石峰区田心北门联诚集团技术管理部

邮编：412000

发明（设计）人：文鑫 曾虎彪 马泳鑫

摘要：本实用新型涉及一种出口型机车用牵引冷却风机电机，包括前端盖、后端盖、前轴承、后轴承、机壳、吊环螺钉、定子铁心、转子装配件、转子铁心、转轴、风扇和风罩等，机壳内固定有电机定子，电机定子内置有定子绕组，风扇设置在转轴上与转子装配件一起旋转形成电机本身的冷却；电机定子固定在机壳的内壁上，定子铁芯两端加设有端板和压圈。本实用新型的前端盖采用封闭式，阻止电机运行时灰尘从前端进入电机内部；轴承密封免维护式，轴承室密闭，避免灰尘进入以混浊润滑脂从而降低轴承和油脂使用寿命；电机后端装有风扇，从而提高电机的散热性能；电动机噪声小，其电阻相比较于一般的异步电动机小且损耗低、制造成本低、使用方便、运行安全可靠。

根据权利要求 1 所述的一种机车用冷却风机电机，其特征在于所述的该冷却风机电机的参数：额定功率：19 kW；额定电压：380 V；额定频率：50 Hz；电机极对数：2（图 14-3）。

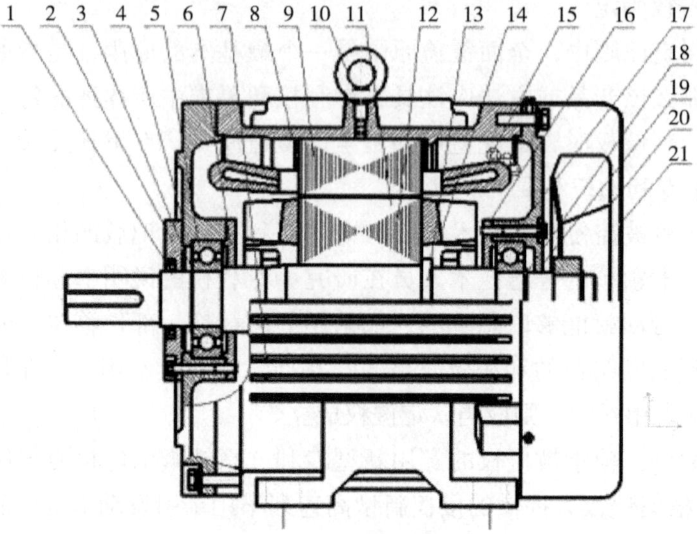

1—密封圈；2—前轴承外盖；3—前轴承挡圈；4—前端盖；5—前轴承；6—前轴承内盖；7—机壳；8—电动机定子；9—定子铁心；10—吊环螺钉；11—转子装配件；12—转子铁心；13—转轴；14—鼠笼导条；15—定子绕组；16—后轴承内盖；17—后轴承；18—后轴承挡圈；19—后端盖；20—风扇；21—风罩。

图 14–3 出口型机车用牵引冷却风机电机结构示意

（2）公司产品设计

一种高铁牵引电机冷却风机用三相异步交流机电机，包括前端盖、后端盖、前轴承、后轴承、机壳、吊环螺钉、定子铁心、转子装配件、转子铁心、转轴、风扇和风罩等，机壳内固定有电机定子，电机定子内置有定子绕组，风扇设置在转轴上与转子转配件一起旋转形成电机本身的冷却；电机定子固定在机壳的内壁上，定子铁芯两端加设有端板和压圈。本实用新型的前端盖采用迷宫式封闭。

三相异步电动机性能参数：额定电压：400 V；额定频率：50 Hz；额定功率：2.8 kW；电机极对数：2；防护等级：IP55（图 14–4）。

（3）结论

委托单位设计的一种牵引电机冷却风机电机，根据提供的技术交底材料，包含了对比文件中的必要技术特征，包括前端盖、后端盖、机壳、吊环螺钉、定子铁心、转子装配件、转子铁心、转轴、风扇和风罩，以及各部件之间的连接关系。但密封结构和被诉侵权专利有区别。因此，贵单位如果以生产经营为目的制造、销售或许诺销售未经许可的该产品，可能不会造成侵权。

（4）建议

通过阅读提交的技术材料，挖掘技术创新点，针对高铁牵引电机冷却风机用三相异步交流机电机的前端盖密封机构申请专利，对生产的产品进行专利保护。通过对比分析，检索到4篇相关专利（表14-4）。

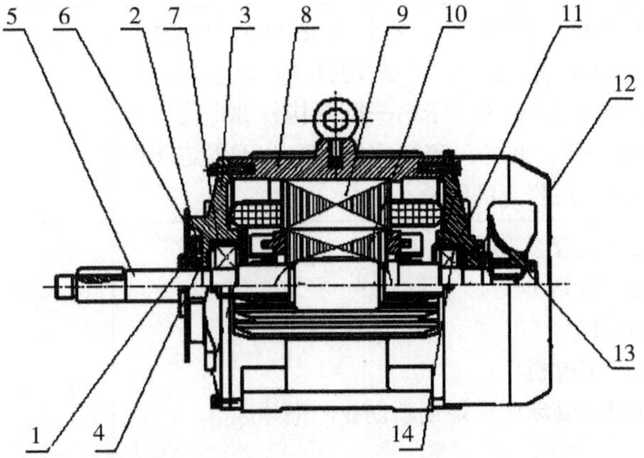

1—紧定螺钉；2—迷宫环；3—前端盖；4—密封环；5—转轴；6—盖板；7—前轴承；8—机壳；9—定子组件；10—转子铁心组件；11—后端盖；12—后罩；13—风扇组件；14—后轴承。

图14-4 高铁牵引电机冷却风机用三相异步交流机电机结构

表14-4 牵引电机冷却风机相关专利文献技术特征对比

序号	对比文献	图例
1	ELECTRIC MOTOR INCLUDING SEAL MEMBER AND MANUFACTURING METHOD OF THE SAME（电机密封件及其制造方法） （11）Publication number　2015-195668 （43）Date of publication of application 05.11.2015 （51）Int.Cl.H02K 5/10（2006.01） H02K 15/14（2006.01） （21）Application number　2014-072091 （22）Date of filing 31.03.2014 （71）Applicant　FANUC LTD （72）Inventor　NAKAZAWA YASUYUKI （57）Abstract：PROBLEM TO BE SOLVED：To provide an electric motor which enables a proper seal member to be selected according to the purpose. SOLUTION：A manufacturing method of an electric motor，which includes：a housing part attached to an axial end part；a rotor including a rotary shaft extending along an axial direction；and an annular seal member provided between the housing part and the rotor，is provided. According to the invention，the manufacturing method of the electric motor includes：selecting at least one of different kinds of seal members for different purposes；and customizing the selected seal member according to shapes of the housing part and the rotary shaft.	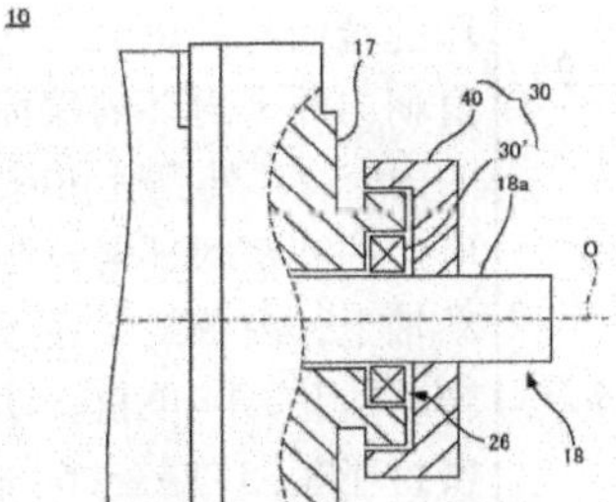 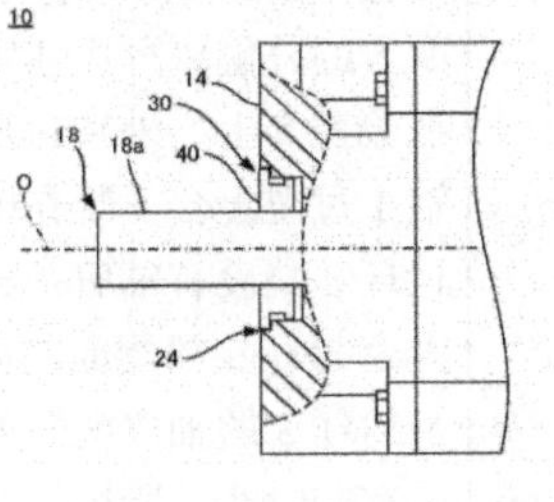

续表

序号	对比文献	图例
1	给出了一个实施案例：如图所示，密封构件 30 由第一密封构件 30’和迷宫 40 形成，该第一密封构件 30’由油封或防尘密封件构成，该迷宫 40 相对于第一密封构件 30’设置于电动机 10 的轴向外侧。此外，密封构件的组合不限定于图例，能够根据用途采用任意的组合	
2	一种牵引电机密封装置 实用新型 有权 申请号：201520153508.5 申请日：2015-03-18 申请人：湘潭市牵引电机厂 地址：湖南省湘潭市高新区火炬创新创业园南片区 邮编：411101 发明（设计）人：易敬先 鲁亚 殷发明 摘要：本实用新型提供了一种牵引电机密封装置，包括电机转动轴、外密封环、内密封环、密封环座、端盖及密封挡圈，所述的端盖一端与牵引电机定子端部连接，另一端与齿轮传动箱连接，所述的密封挡圈位于齿轮传动箱内，并固定安装在电机转动轴上；对应于密封挡圈，端盖上设有密封齿；所述的密封环座固定安装在端盖上，外密封环和内密封环安装在电机转动轴上，内密封环靠近外密封环端设有轴肩，相对应的外密封环的内孔为阶梯孔，内密封环的端面与外密封环之间形成一迷宫密封，内密封环的轴肩朝向外密封环的端面与外密封环形成一迷宫密封，所述的内密封环外侧壁和密封环座之间设有骨架油封。 所述的外密封环通过与电机转动轴过盈配合安装在电机转动轴上，内密封环通过与电机转动轴过盈配合安装在电机转动轴上。1- 电机转动轴、2- 外密封环、3- 内密封环、4- 密封环座、5- 端盖、6- 密封挡圈、7- 传动齿轮箱、8- 齿轮组、9- 紧固螺栓、10- 轴端盖、11- 轴承、12- 骨架油封。 对应于密封挡圈 6，端盖 5 上设有密封齿，密封齿与密封挡圈 6 的外侧壁形成迷宫密封Ⅲ。所述的密封环座 4 固定安装在端盖 5 上，外密封环 2 和内密封环 3 分别通过与电机转动轴 1 过盈配合安装在电机转动轴 1 上，内密封环 3 靠近外密封环 2 端设有轴肩，相对应的外密封环 2 的内孔为阶梯孔，内密封环 3 的端面与外密封环 2 之间形成一迷宫密封Ⅰ，内密封环 3 的轴肩朝向外密封环 2 的端面与外密封环 2 形成一迷宫密封Ⅱ，所述的内密封环 3 外侧壁和密封环座 4 之间设有骨架油封 12	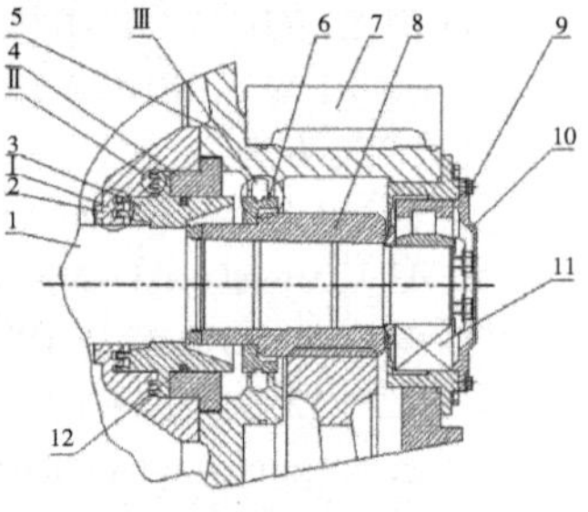

续表

序号	对比文献	图例
3	牵引电机密封系统 发明专利 审中 - 实审 著录变更 申请号：201210334084.3 申请日：2012-09-11 申请人：中国北车集团大同电力机车有限责任公司 地址：山西省大同市大庆路 1 号 邮编：037038 发明（设计）人：李嘉伟 张委袖 吕士勇 摘要：本发明提供一种牵引电机密封系统，包括端盖、密封挡圈、外密封环和内密封环；端盖一端用于与牵引电机的定子端部连接，端盖的另一端用于与传动齿轮箱连接；密封挡圈用于与所述牵引电机的转轴过盈连接且位于所述传动齿轮箱内，端盖与所述密封挡圈（13）之间形成第一道迷宫动密封；外密封环与端盖连接，内密封环（15）用于与牵引电机的转轴过盈连接，外密封环（14）与所述内密封环之间形成第二道迷宫动密封；外密封环和端盖上开设有通气孔，该通气孔一端与第二道迷宫连通，另一端通向牵引电机外部环境。本发明解决了夹带粉尘的牵引电机冷却风进入传动齿轮箱污染润滑油，降低轴承使用寿命造成行车事故的问题	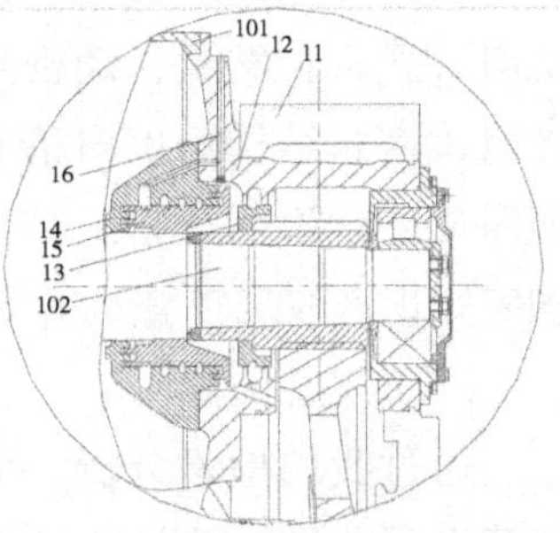
4	电机组合式密封结构 发明专利 有权 申请号：201310328202.4 申请日：2013-07-31 申请人：东方电气集团东风电机有限公司 地址：四川省乐山市五通桥区桥沟镇桥沟街 邮编：614802 发明（设计）人：孙树林 应青 陶浩 钟伟 李立安 摘要：本发明公开了电机组合式密封结构，它包括转子的轴伸端（1）和端盖（3），端盖（3）与轴伸端（1）之间设置有骨架密封（4），骨架密封（4）轴向外侧的端盖（3）与轴伸端（1）间设置有动密封，动密封包括设置于轴伸端（1）侧的动密封圈（5）和设置于端盖（3）侧的静密封圈（6）、动密封圈（5）和静密封圈（6）的接触部设置有轴向曲路密封结构。本发明的有益效果是结构简单、安装及更换方便、设计合理，采用非接触式动密封与接触式静密封相结合的防水结构，可以有效防止水、泥、沙尘进入电机内部，减少对骨架密封的影响，从而增强了密封性能，延长了骨架密封的使用寿命，性能可靠	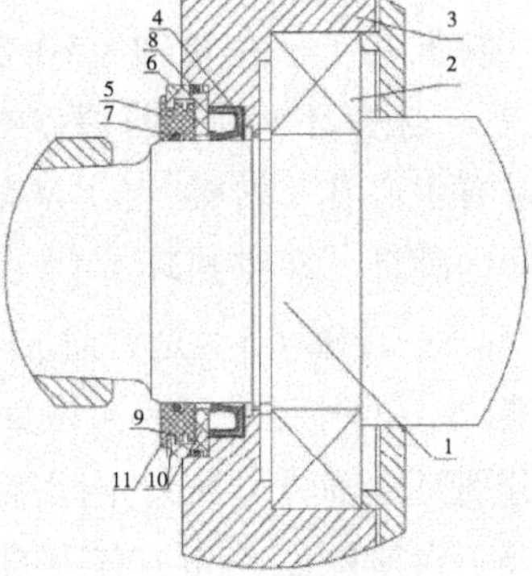

委托单位设计的电机轴端迷宫式密封结构，根据提供的技术交底材料，经检索未发现与该迷宫结构完全相同的专利报道。但具有迷宫式结构的电机轴端密封结构国内外已有报道，如对文件1公开了一种电机轴端密封结构，包括了两个动密封环和一个静密封环；对比文件2公开了一种牵引电机密封装置，一个内密封环和一个外密封环之间形成了多个迷宫密封；对比文件3公开了一种牵引电机密封系统，包括密封圈、内密封环和外密封环（端盖），端盖与密封挡圈之间形成第一道迷宫型动密封，密封环与内密封环之间形成第二道迷宫型动密封，两道迷宫连通；对比文件4公开了一种电机组合式密封结构，动密封圈和静密封圈的接触部设置有轴向曲路密封结构。因此，针对该密封结构可以申请专利，在申请文件中可以一并列出可替代的并列技术方案；但需要详细说明该密封结构的设计原因，以及其达到的技术效果。创造性的评价要以国家知识产权局审查员的审查结果为准。

（5）规避设计

通过我们检索分析，为客户进行规避设计，确定专利权保护范围，针对密封机构申请发明专利，目前专利已经授权。

独立专利要求为：一种高铁牵引电机冷却风机用三相异步电动机，包括外壳、转轴（5）、前轴承（7）、定子组件（9）、转子铁芯组件（10）、后罩（12）、风扇组件（13）和后轴承（14）；外壳由前端盖（3）、壳体（8）和后端盖（11）组成，前端盖（3）通过螺钉与壳体（8）的前端连接为整体，后端盖（11）通过螺钉与壳体（8）的后端连接为整体；前轴承（7）安装在前端盖（3）的轴承室内，后轴承（14）安装在后端盖（11）的轴承室内，转轴（5）通过前轴承（7）和后轴承（14）支撑在外壳内；定子组件（9）通过过盈配合固定在壳体（8）内；转子铁心组件（10）通过过盈配合固定在转轴（5）上；风扇组件（13）安装在转轴（5）的右端；后罩（12）通过螺钉固定在后端盖上；其特征在于：在转轴（5）和前端盖（3）之间有一个迷宫式密封结构，它由紧定螺钉（1）、迷宫环（2）、前端盖（3）、密封环（4）、转轴（5）和盖板（6）组成；前端盖（3）带有中心孔，转轴（5）从前端盖（3）的中心孔穿出，密封环（4）是一个横截面为矩形的圆环，在密封环（4）的外圆柱面上靠近左端的位置有一个截面为矩形的环形缺口（4a）；转轴（5）是台阶轴，它带有一个台阶端面（5b），台阶端面（5b）左边的输出端（5a）的外径小于台阶端面（5b）右边的轴径；前端盖（3）的中心孔从右到左分为3段，分别是穿轴段（3a）、内密封段（3b）和外迷宫段（3c），穿轴段（3a）的孔径大于转轴（5）台阶端面（5b）右边的轴径并且小于密封环（4）的外径；内密封段（3b）的孔径大于穿轴段（3a）的孔径并且大于密封环（4）的外径；内密封段（3b）的孔壁向左进入外迷宫段（3c）内形成一个环形凸台（3d），在环形凸台（3d）的外圆柱面上有一个环形凹槽（3e），环形凸台（3d）的左端面位于前端盖（3）左表面的右边；迷宫环（2）是一个圆环，迷宫环（2）的外形是一个左段外径小于右段外径的台阶轴，迷宫环（2）

中心孔左段孔（2a）的孔径小于右段孔（2c）的孔径，在迷宫环（2）左段外圆柱面上有至少2个径向贯通的、沿圆周均布的螺纹孔（2b），在迷宫环（2）的右端面（2d）上、右段孔（2c）的外面有一个与迷宫环（2）中心孔同轴的环形槽（2e），迷宫环（2）的右段外径小于前端盖（3）中心孔外迷宫段（3c）的孔径，迷宫环（2）中心孔右段孔（2c）的孔径大于环形凸台（3d）的外径；密封环（4）由金属材料制造，密封环（4）套在转轴（5）的输出端（5a）上，密封环（4）的右端面与台阶端面（5b）贴合，迷宫环（2）套在转轴（5）的输出端（5a）上，迷宫环（2）中心孔的左段孔（2a）与转轴（5）的输出端（5a）过渡配合，在每个螺纹孔（2b）拧着一个紧定螺钉（1），将迷宫环（2）固定在转轴（5）上；密封环（4）的左端面与迷宫环（2）右段孔（2c）的孔底贴合，迷宫环（2）的右段轴进入前端盖（3）中心孔的外迷宫段（3c）内，前端盖（3）环形凸台（3d）进入迷宫环（2）中心孔的右段孔（2c）内，迷宫环（2）的右端面与前端盖（3）中心孔的外迷宫段（3c）的孔底之间及环形凸台（3d）的左端面与迷宫环（2）中心孔的右段孔（2c）的孔底之间保持间隙为0.2～0.5 mm；盖板（6）是一个带有中心孔的圆板，通过螺钉固定在前端盖（3）上，盖板中心孔的内径大于迷宫环（2）左端面的外径且小于迷宫环（2）的右端外径，盖板（6）的右表面与迷宫环（2）台阶端面的间隙为0.5～1.0 mm。

14.3 分析评议案例

14.3.1 有明确引进对象

国内某研究机构拟开发中空纤维纳滤膜，但研发人才力量薄弱，拟引进新加坡国立大学化学系及生物分子工程系教授钟台生，在招揽前期做了人才引进知识产权分析评议。

14.3.1.1 中空纳滤膜简介

纳滤膜孔径通常在1 nm以上，一般为1～2 nm，是允许溶剂分子或某些低分子量溶质或低价态离子透过的一种功能性的半透膜。它是一种特殊而又很有应用前景的分离膜品种，它因能截留物质的直径约达到纳米而得名。被用于去除地表水的有机物和色度，脱除地下水的硬度，部分去除溶解性盐，浓缩果汁及分离药品中的有用物质等。我国对纳滤过程的理论研究开展较早，但对纳滤膜的开发尚处于初步阶段。在美国、日本等国家，纳滤膜的开发已取得很大的进展，达到了商品化的程度，如美国Filmtec公司的NF系列纳滤膜、日本日东电工的NTR-7400系列纳滤膜及东丽公司的UTC系列纳滤膜等都是在水处理领域中应用比较广泛的商品化复合纳滤膜。

纳滤膜的应用范围很广泛，主要包括以下方面：地下水除硬度；地表水除有机物、色度；油水分离；乙二醇回收；硫酸铜回收；有机、无机液体分离、浓缩；染料提纯、浓缩、脱盐；天然药物分离、浓缩；发酵液浓缩等。

14.3.1.2 市场前景

从21世纪伊始，全球膜市场出现强劲的增长势头。2004年，全球膜市场的销售额达到63亿美元，2007年的销售额达到83亿美元。中国膜产业也已经进入快速增长期，2004年，我国膜产业市场额度为75亿元，2008年增加到200亿元，2009年，我国膜产业总产值约240亿元，占全球膜产业份额的10%。膜产业的发展前景十分广阔。随着我国膜分离技术研究的不断深入与应用市场的不断扩大，膜分离技术已成为水处理行业的一支重要力量。我国的有机分离膜市场得到迅速发展，其中以反渗透膜和纳滤膜为代表。水处理工业中常用的多为有机膜，包括反渗透膜、纳滤膜、超滤膜和微滤膜等。对苦咸水进行软化、脱盐是纳滤膜应用的最大市场。

根据《高性能膜材料科技发展“十二五”专项规划》介绍，随着国家自来水标准提高，我国现有自来水厂将面临重大技术变革，膜技术将成为下一代自来水厂改造的支撑技术之一，在保障饮用水安全方面将发挥重要的作用。据测算，我国自来水供水量每年约500亿立方米，现有自来水生产线的改造将为膜产业发展带来约600亿的市场。并将“重点开发高通量聚酰胺薄层复合纳滤膜材料及其规模化制备技术，研究开发万吨／日的纳滤膜过滤高硬度地下水／井水制备饮用水工艺，研究开发中空纤维复合纳滤膜的规模化制备技术，研究界面聚合法制备完整无缺陷复合纳滤膜技术，鼓励开发脱硝和海水软化纳滤膜”列为六大重点任务之一。目前，国内在此领域还刚刚起步，预计今后会有很大的发展。

中空纤维复合纳滤膜结合了复合纳滤膜和中空纤维膜的优点，既具有复合纳滤膜高选择性、高通量的优点，同时还具有中空纤维膜自支撑、单位体积装填密度高、比表面积大、耐压性好、膜组件结构简单和设备小型化等优点，在工业应用中更具潜力。然而由于中空纤维膜的复合工艺难度较大，目前对于中空纤维复合纳滤膜的研究多限于实验室阶段。

14.3.1.3 主要研究机构

通过对国内中国知网、万方数据库、中国专利公布公告系统等数据库的检索，发现有关中空纤维纳滤膜的专利29项；论文52篇。从检索结果来看，国内研究中空纤维纳滤膜的机构主要有天津工业大学、大连理工大学、华东理工大学、国家海洋局杭州水处理技术研究开发中心、广东中科绿源水务有限公司、大连理工大学、浙江大学、中国科学院生态环境研究中心、南京工业大学等。其中，天津工业大学发表论文数居首位。

国内拥有各种中空纤维纳滤膜制备方法专利的机构有厦门绿邦膜技术有限公司、江阴市向阳科技有限公司、美泰克斯膜技术江苏有限公司、清华大学、天津工业大学、深圳市诚德来实业有限公司、成都宏亿实业集团有限公司、天津膜天膜科技股份有限公司、海南立昇净水科技实业有限公司、北京碧水源膜科技有限公司、浙江理工大学、中国科学院生态环境研究中心、海南立昇净水科技实业有限公司、无锡中科光远生物材料有限公司、苏州信望膜技术有限公司、浙江欧美环境工程有限公司、广东中科绿源水务有限公司、上海邦尼科技发展有限公司。其中，天津工业大学拥有专利数量最多，共4项。

14.3.1.4 拟引进人才知识产权匹配调查

钟台生，新加坡国立大学终身教授、博士生导师，新加坡工程院院士，国际知名的膜科学专家，兼任新加坡国立大学膜中心首席负责人，新加坡国立大学与美国麻省理工学院联盟董事。1995年，钟教授加入新加坡国立大学，至今已发表600多篇国际著名期刊论文，拥有50多项授权专利和专利申请（包括35项美国专利），部分专利成果已成功商业化。钟教授长期从事膜科学与工程、液体分离、气体分离、生物制药分离和高性能聚合物等研究，在膜技术的前沿研究、发展及其应用方面取得了卓越的成就，得到了国际膜科学及产业界的关注与支持。目前，钟教授兼任台湾中原大学膜研发中心的国际顾问，担任多个膜科学及化工学速团体的委员或顾问，先后获新加坡工程师学会杰出工程师奖、新加坡化学会凯发环境化学奖、英国化学工程师学会能源和水资源领域杰出和创新奖、英国化学工程师学会可持续发展杰出和创新奖，新加坡总统科技奖等。

在Incopat专利数据库中检索到26件钟台生申请的专利，通过逐篇阅读分析，申请的专利涉及的技术与某研究所拟招揽的人才方向一致（表14-5）。

表14-5 钟台生的申请专利

序号	标题	申请人	申请号	申请日
1	用于酸性溶剂的渗透蒸发脱水的耐酸PBI膜	PBI性能产品公司	CN201380027431.0	2013/4/24
2	用于酸性溶剂的渗透蒸发脱水的耐酸PBI膜	PBI性能产品公司	CN201380027431.0	2013/4/24
3	用于酸性溶剂的渗透蒸发脱水的耐酸PBI膜	PBI性能产品公司	CN201610623848.9	2013/4/24
4	薄膜复合膜	新加坡国立大学	CN201980007186.4	2019/1/3
5	POLYIMIDE TREATING PROCESS AND POLYIMIDE MEMBRANE	NATIONAL UNIVERSITY OF SINGAPORE	JP2004111577	2004/3/10
6	DOUBLE SELECTIVE-LAYER MEMBRANES	NATIONAL UNIVERSITY OF SINGAPORE；WANG Kaiyu；CHUNG Tai Shung Neal	WOSG10000219	2010/6/10

续表

序号	标题	申请人	申请号	申请日
7	PORE-SPANNING BIOMIMETIC MEMBRANES EMBEDDED WITH AQUAPORIN	NATIONAL UNIVERSITY OF SINGAPORE；WANG Honglei；CHUNG Tai Shung Neal；TONG Yen Wah；HONG Minghui；CHEN Zaichun；JEYASEELAN Kandiah；ARMUGAM Arunmozhiarasi	WOSG12000186	2012/5/25
8	用于去除重金属的化学改性纳米过滤中空纤维膜	新加坡国立大学；甘肃省分析测试中心	CN201420538006.X	2014/9/18
9	聚酰亚胺膜及其制备	新加坡国立大学	CN201180023724.2	2011/4/12
10	CARDO-POLYBENZOXAZOLE POLYMER/COPOLYMER MEMBRANES FOR IMPROVED PERMEABILITY AND METHOD FOR FABRICATING THE SAME	NATIONAL UNIVERSITY OF SINGAPORE；YEONG Yin Fong；WANG Huan；CHUNG Tai Shung Neal	WOSG12000153	2012/4/27
11	A THIN FILM COMPOSITE MEMBRANE	NATIONAL UNIVERSITY OF SINGAPORE	WOSG19050002	2019/1/3
12	Polyimide membranes	NATIONAL UNIVERSITY OF SINGAPORE	EP04251438	2004/3/12
13	聚酰亚胺膜及其制备	新加坡国立大学	CN201180023724.2	2011/4/12
14	用于气体分离的超渗透膜	新加坡国立大学	CN201180033913.8	2011/7/8
15	薄膜复合中空纤维膜	新加坡国立大学	CN201880077027.7	2018/11/30
16	中空纤维膜	新加坡国立大学	CN201780065984.3	2017/10/26
17	可生物降解的且生物相容的封装有肠炎沙门氏菌的聚合物微球体	分子农业生物学院	CN00806041.X	2000/2/8
18	可生物降解的且生物相容的封装有肠炎沙门氏菌的聚合物微球体	分子农业生物学院	CN00806041.X	2000/2/8
19	用于递送挥发性材料的装置和方法	宝洁公司；新加坡国立大学	CN201880071986.8	2018/9/7
20	制备碳分子筛膜的方法	新加坡国立大学	CN201110399486.7	2011/12/5

续表

序号	标题	申请人	申请号	申请日
21	A HOLLOW FIBER MEMBRANE	NATIONAL UNIVERSITY OF SINGAPORE	WOSG17050538	2017/10/26
22	A THIN FILM COMPOSITE HOLLOW FIBRE MEMBRANE	NATIONAL UNIVERSITY OF SINGAPORE	WOSG18050586	2018/11/30
23	METHOD OF FABRICATING A CARBON MOLECULAR SIEVE MEMBRANE	NATIONAL VNIVERSITY OF SINGAPORE	SG2011089505	2011/12/2
24	A HOLLOW FIBER MEMBRANE	NATIONAL UNIVERSITY OF SINGAPORE	IN201917014106	2019/4/8
25	A THIN FILM COMPOSITE HOLLOW FIBRE MEMBRANE	NATIONAL VNIVERSITY OF SINGAPORE	SG11202004271X	2018/11/30
26	A HOLLOW FIBER MEMBRANE	NATIONAL VNIVERSITY OF SINGAPORE	SG11201902910X	2017/10/26

14.3.1.5 人才创新能力评估

通过专利分析，钟台生教授的专利申请主要集中在 2011 年以后（图 14–5），可见其在纤维膜过滤方面的研究比较领先，专利价值较高，其中合享专利价值度 8 分以上的专利约占总专利申请量的 46%（图 14–6）。

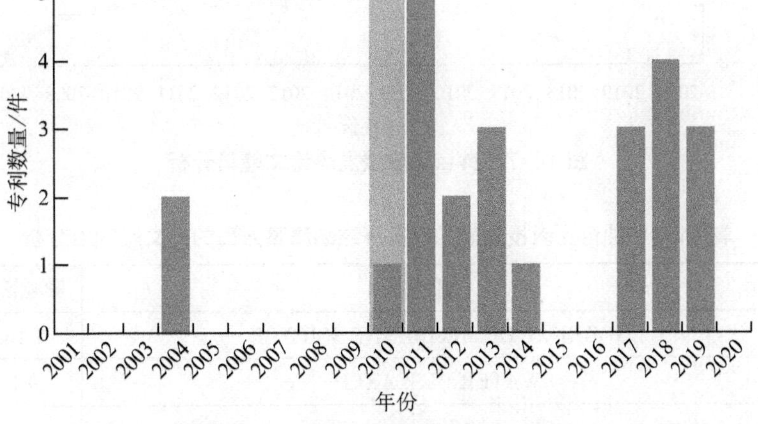

图 14–5 钟台生申请专利趋势分析

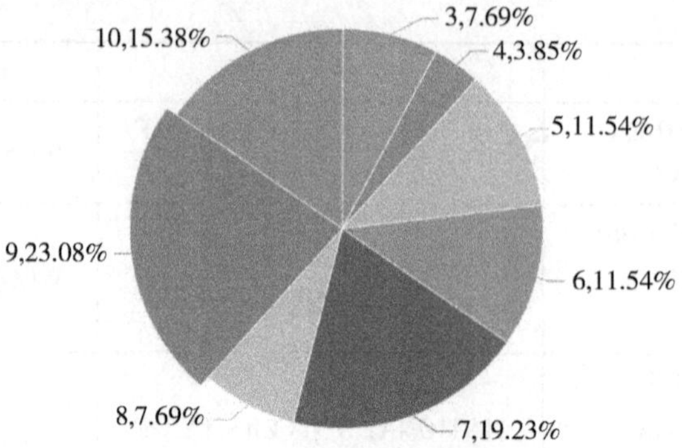

图 14-6　钟台生专利价值度分析

同时，在 SCI 数据库检索到钟台生及其团队在纤维纳滤膜方面的研究论文共 113 篇，并对其每年度发表论文的变化趋势进行了分析（图 14-7）。刊登论文的期刊的平均期刊影响因子为 6.780，期刊最高影响因子为 27.398，最高 H 指数[①] 为 260（表 14-6）。论文被引频次较高，其中，单篇被引频次最高为 239 次。由图 14-5 至图 14-7 及表 14-6 可见，拟引进的人才钟台生的科技创新能力较强，科研产出丰富，技术匹配程度较高。

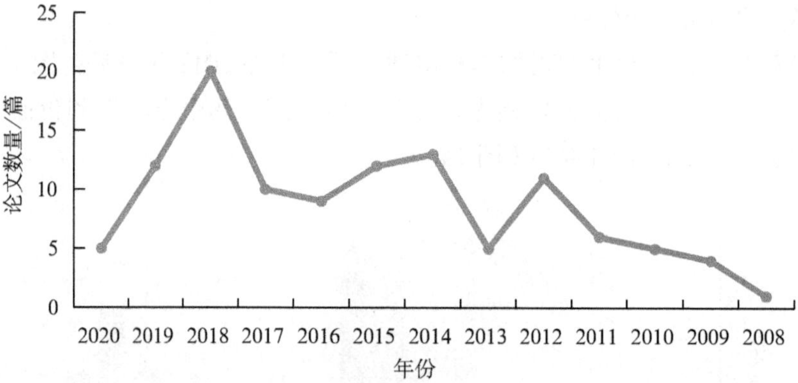

图 14-7　钟台生教授发表论文趋势分析

表 14-6　钟台生教授发表的有关纤维纳滤膜方面的论文影响力分析

序号	期刊	影响因子	H 指数
1	JOURNAL OF MEMBRANE SCIENCE	7.183	97
2	WATER RESEARCH	9.13	109

① H 指数（H index）是一个混合量化指标，可用于评估研究人员的学术产出数量与学术产出水平。H 指数是 2005 年由美国加利福尼亚大学圣地亚哥分校的物理学家乔治・希尔施提出的。

续表

序号	期刊	影响因子	H 指数
3	ENVIRONMENTAL SCIENCE & TECHNOLOGY	7.678	50
4	INDUSTRIAL & ENGINEERING CHEMISTRY RESEARCH	3.573	71
5	SEPARATION AND PURIFICATION TECHNOLOGY	5.774	60
6	AICHE JOURNAL	3.519	50
7	CHEMICAL ENGINEERING SCIENCE	3.871	55
8	GREEN CHEMISTRY	9.480	108
9	ACS SUSTAINABLE CHEMISTRY & ENGINEERING	7.632	79
10	RSC ADVANCES	3.119	104
11	ADVANCED MATERIALS	27.398	252
12	COLLOIDS AND SURFACES B-BIOINTERFACES	4.389	62
13	AICHE JOURNAL	3.519	50
14	CURRENT OPINION IN CHEMICAL ENGINEERING	4.088	35
15	CARBON	8.821	10
16	NATURE COMMUNICATIONS	12.121	260
17	DESALINATION	7.098	74
18	CHEMSUSCHEM	7.962	86
19	AICHE JOURNAL	3.519	50
20	DESALINATION	7.098	74
21	ELECTROPHORESIS	3.081	41
22	MEMBRANE AND WATER TREATMENT	0.927	10
23	ADVANCED MATERIALS INTERFACES	4.948	53

14.3.1.6 人才知识产权风险评估

人才引进可以很快解决研究所目前遇到的困难和问题，但是人才的引进往往会让单位陷入法律纠纷、陷入诉讼困境并造成经济损失。由于技术人才很可能与原单位签订保密协议或者竞业协议。依据国防科工委的有关规定，引进人才承担法律责任的前提是明知该人员承担原单位的保密义务或竞业限制义务，并以获取有关技术秘密为目的而故意聘用的。

通过专利分析发现，钟台生教授不仅在新加坡国立大学有职务发明，而且在分子农业生物学院和 PBI 性能产品公司均有职务发明，如果引进该技术人才的话，除要做好新加坡国立大学的免于知识产权侵权纠纷责任的担保与声明外，还要做好与其他两家单位的免于知识产权侵权纠纷责任的担保与声明。钟台生教授申请的专利部分发生了专利权转让，转让给了新加坡科技研究局，所以还要注意与已转让专利侵权的风险。

14.3.2 无明确引进对象

对于没有明确引进对象的，需要首先在特定的技术领域进行相关专利检索。

（1）目标人选筛选标准建立

根据并购方的并购需求与并购策略，综合考虑经济、法律、技术等因素，使用指标建模等方法建立目标候选人的筛选与评价标准。

（2）目标人选候选清单形成

根据筛选标准，对行业内的技术人才进行初筛，挑选符合需求的所有技术人才，形成目标候选清单。

15　技术引进知识产权分析评议

技术引进是指一个国家或地区的企业、研究单位、机构等通过一定方式从本国或其他国家、地区的企业、研究单位、机构获得先进适用的技术的行为。技术引进可以使引进方迅速取得成熟的先进技术成果，不必重复前人的科学研究和试制工作，是世界各国互相促进经济技术发展必不可少的重要途径。

技术引进的行为主要包括专利权转让、专利申请权转让、专利实施许可、技术秘密转让、技术服务和其他方式的技术转移。技术引进有多种模式，而不同技术引进模式所产生的成本、风险和收益也具有显著差异。就目前的研究来看，技术引进模式一般包括组建合资企业（新设立 / 在原厂地基础上组建）、战略性收购（部分收购 / 全部收购）、联合开发、技术许可、技术转让等具体模式，在实际技术引进过程中往往将这几种技术引进模式交叉使用，需要根据实际情况具体进行选择。

技术引进的一般流程通常为：明确技术引进战略→选择目标技术→选择引进时机→政府沟通支持→实施技术引进→技术引进后实施应用。

15.1　分析评议指标

15.1.1　企业现有知识产权

在技术引进前，对企业自身现有的知识产权进行分析，以了解企业自身的技术和知识产权现状，明确技术引进需求，避免盲目地引进。具体指标包括企业现有专利布局、商标版权等其他知识产权现有布局、知识产权的当前法律状态、实施许可状态（表15-1）。

表 15–1　企业现有知识产权分析

模块名称	模块定义	组件名称	组件定义	所解决的问题
企业现有专利布局	在进行技术引进前的现有专利状况	企业现有专利储备及布局情况	调查企业的专利申请状况，在全球哪些国家 / 地区提出申请 / 申请的数量 / 专利申请当前的法律状态；对专利进行产品 / 技术分类，解析产品 / 技术分类的每个节点下对应的专利数量和专利申请地区分布	了解企业现有专利状况，结合当前的市场动态和企业自身发展现状明确技术引进需求，即需要引进什么技术
商标版权等其他知识产权现有布局	除专利之外的其他知识产权的现状	除了专利之外，企业是否具有商标版权等其他知识产权布局	调查商标 / 版权 / 集成电路布图设计 / 商业秘密等现有知识产权的状况	了解自身知识产权储备，明确技术引进需求
知识产权的当前法律状态	现有的知识产权是否有效	现有的知识产权是否有效，预计的正常届满日期	核实官方网站上的知识产权的最新法律状态	专利、商标等知识产权当前的有效性
实施许可状态	现有知识产权的实施状况	现有知识产权是否存在实施 / 许可行为	盘点现有知识产权是否存在实施 / 许可行为，实施 / 许可的现状	现有知识产权是否存在实施 / 许可行为，实施的效果，以配合作为技术引进的参考

15.1.2　待引进技术行业的知识产权布局

在技术引进前，对待引进技术行业的知识产权概况分析，以了解行业现有的知识产权整体状况，协助从中选取适合的备选引进技术和备选技术引进合作方。具体指标包括：产业专利布局、重点技术分析、行业知识产权动态（表 15–2）。

表 15–2　待引进技术行业的知识产权布局概况分析

模块名称	模块定义	组件名称	组件定义	所解决的问题
产业专利布局	待引进技术行业的专利布局状况	区域布局	调查产业的专利申请状况，在全球哪些国家 / 地区提出申请 / 申请的数量 / 专利申请当前的法律状态	了解产业现有专利布局的密切区域和布局特点
		技术布局	对专利进行产品 / 技术分类，解析产品 / 技术分类的每个节点下对应的专利数量和专利申请地区分布	

续表

模块名称	模块定义	组件名称	组件定义	所解决的问题
重点技术分析	对密切关注的技术/产业中热点技术或自定义的相关技术进行重点分析	技术生命周期分析	分析相关技术的技术生命周期	了解重点技术的发展现状；相关专利主要掌握在哪些申请人手中，各主要权利人的技术特点、核心/基础专利
		专利权人分析	分析主要专利权人的技术状况、技术关注点、技术布局、专利法律状态等信息	
		核心/基础专利分析	了解核心/基础专利的技术分布、技术现状、技术重点、技术发展方向、专利法律状态等信息	有哪些，是否已失效，选取适合的备选引进技术和备选技术引进的合作方
行业知识产权动态分析	了解行业知识产权动态	调查行业知识产权诉讼、许可等知识产权动态	调查行业知识产权诉讼、许可等知识产权动态，分析主要权利人或备选技术引进合作方的知识产权行为模式	了解主要权利人或备选技术引进合作方的知识产权行为模式，协助选择合适的技术引进模式

15.1.3　引进技术的价值

在明确备选引进的技术后，需要对备选引进技术的价值进行深入评估，也需要对待引进技术的知识产权的技术价值、法律价值、市场价值进行深入评估，从而对各待引进技术的知识产权价值、与己方的匹配竞合程度，以及技术引进后的侵权风险等做出合理评估与预估，这样有助于充分了解、客观比较、优中选优，确定备选技术引进合作方；同时，协助确认进行技术引进的具体模式，增加和备选技术引进合作方进行谈判的筹码，以最有利己方的条件进行技术引进（表 15-3）。

表 15-3　待引进技术行业的知识产权布局概况分析

模块名称	模块定义	组件名称	组件定义	所解决的问题
专利技术价值	专利承载的技术内容，其产业链使用范围、产业定位、生命周期、不可规避及技术基础性	技术竞合度	技术竞合度是指备选目标技术与自身企业所涉及的技术之间竞合关系及引进后所能够产生的预期效果，主要是通过比较目标专利与其他专利的技术布局的差异来确定目标专利与其他专利之间的竞合关系	通过技术竞合度分析可以判断出己方企业与待引进的专利技术的融合度及互补度，具体可通过备选引进的目标技术和自身企业的专利布局情况进行评估。其中，己方企业与相关目标技术的专利布局相比，若重合度越大，则融合度越高，而专利布局的差异越大，则互补度可能越高

续表

模块名称	模块定义	组件名称	组件定义	所解决的问题
	专利承载的技术内容，其产业链使用范围、产业定位、生命周期、不可规避及技术基础性	专利宽度	专利宽度主要是通过授权的权利要求范围、审查档案（File Wrapper）、无效决定等信息并结合专利所属地区的司法实践所最终确定的专利实际保护范围	通过权利要求书的分析确定目标专利权利要求书的实际保护范围
		技术生命周期	某技术所处的发展阶段，目标专利所涉技术的使用周期	主要通过产品的市场销售量、进一步结合专利的发明人、申请人、申请量变化趋势分析该技术的市场使用年限、被新技术替代的可能性
		可规避性	在不落入目标专利的保护范围的情况下通过其他技术方案实现目标专利相类似的技术效果的可能性	利用规避设计分析作为价值估算的参考，如果目标专利的权利要求容易被他人简单规避，可以轻易进行规避设计，则目标专利在未来诉讼的威胁性和价值均不高；反之，若目标专利的不可规避性越高，则该专利的技术价值越大
		技术替代性分析	是否有相似的技术方案可以取代目标专利的可能性	利用专利检索，搜索为了解决相同技术问题，达到相同/相近技术效果，是否存在其他技术方案。若存在，则表明目标专利的技术替代性较高
		专利依赖性	目标专利的实施是否依赖于现有授权的其他专利，并侵犯该现有专利的保护范围	通过专利侵权分析或者FTO调查来确定该专利技术的实施是否需要获得其他专利的许可。如果待评估的目标专利在其所属的技术领域中属于核心/基础专利，则其专利依赖性小，该目标专利的技术价值较大；如果在其所属的技术领域中，目标专利属于从属专利，则其专利依赖性大，技术价值低于其基础专利

续表

模块名称	模块定义	组件名称	组件定义	所解决的问题
法律价值	通常来说，专利稳定性越高、专利家族越大、法律生命周期越长，则其法律价值越高	专利稳定性	被授权的专利在行使权利的过程中被判为无效、不可执行或其他无法行使权利情况的可能性	利用专利无效分析来判断目标专利被无效的可能性。专利越稳定，其价值越高
		专利家族	包括基于同一优先权文件且通过巴黎公约或 PCT 合约在不同国家或地区经过多次申请而获得的专利组合（即法律同族），也包括基于同一项技术且未通过巴黎公约或 PCT 合约在不同国家或地区或同一国家或地区经过多次申请而获得的专利组合（即技术同族）	通过专利家族分析判断目标专利所涉及的技术是否在相应的产品 / 技术节点、相应产业聚集地及市场地域进行完整布局，进而评价组合价值强弱，并且通过专利家族中的各专利的许可情况，可以对目标专利的稳定性进行初步判断
		法律生命周期	某项专利所剩余的法定保护年限	基于专利的时间性，其距届满日越久，则可判断其相对价值越大
市场价值	主要包括市场涵盖度和许可收益等，通常来说，市场涵盖度越广、许可收益越高，则专利的市场价值越高	市场涵盖度	市场涵盖度是指某项专利的保护范围所涵盖的产业链位置、产业参与者及产品型号、市值及市场占有率等信息。可以通过某项专利的保护范围与产业链的各产品进行侵权比对分析获得，亦可通过该专利是否为标准专利或者某专利联盟 / 专利池的专利成员等来分析获得其市场涵盖度	基于专利宽度，结合市场调查过程中确定的信息，可分析目标专利所涵盖的技术，涵盖技术所对应的实质产品、对应产品所涉及的产业链位置、对应产品所涉及的价值链位置及对应产品的市场价值，以及对应产品涉及的上下游供应链关系所涵盖到的具体企业，从而整体分析其产业影响力
		许可收益	通过专利许可等专利运营方式获得的收益。专利实施许可是指专利权人或其许可人许可他人在一定期限、一定地区、以一定方式实施其所拥有的专利，并向他人收取使用费用的行为，一般包括普通实施许可、排他实施许可、独占实施许可等	专利实施许可收益（即许可收益）是专利定价及专利侵权损害赔偿的评估重要依据。专利实施许可收益主要是通过对公开信息和非公开信息进行综合分析获得

15.1.4 引进技术的风险

在明确备选引进的技术后，需要对备选引进技术的价值和潜在风险进行深入评估，以全面地了解技术出口方的业务及承担的相关法律义务，深入地分析已有或潜在的问题，以便及时调整、修正技术引进目标、合作对象、合作模式等重要决策。同时，利用掌握的技术出口方的知识产权优势和劣势作为谈判中的价值筹码，甚至于通过专利导航分析掌握的有效资讯结合适宜的背景和谈判策略，争取降低引进成本，选择合适的引进模式，在引进合同中对于技术出口方的知识产权做出合理约定，在合同中对于被引进技术的未来应用责任和风险进行合理约定，以争取己方最大权益和为未来布局创造各项有利条件。技术引进的风险评估如表 15-4 所示：

表 15-4 技术引进的风险评估

模块名称	模块定义	组件名称	组件定义	所解决的问题
知识产权真实性	调查待引进技术的权属	对技术所对应的知识产权的真实性进行评估	主要围绕知识产权的几大权利类型展开，重点调查目标技术出口方是否拥有所有的知识产权，该知识产权是否与第三方共有、质押或要向第三方缴纳知识产权许可费等重要问题	明确待引进技术的权属
知识产权诉讼纠纷调查	分析待引进技术是否存在知识产权纠纷	调查待引进技术在近年内作为原告、被告参与的所有知识产权相关诉讼（包括已结案的及尚在审理中的）	详细了解案件性质、诉讼法律关系等信息。如果第三方对技术出口方知识产权所有权、有效性提出诉讼，则技术引进方要分析权衡一旦结局不利可能要承担的责任损失大小，这种诉讼纠纷是否有可能在技术引进之前解决。技术引进方还要调查掌握技术出口方的知识产权在申请审查过程中的官方审查意见和目标技术出口方的答复意见	了解待引进技术是否存在知识产权纠纷
协议风险	分析技术引进时与合同或协议相关的风险	审核待引进技术签署的与知识产权相关的协议，包括许可协议、销售合同、供货订单、代理协议、OEM/ODM 协议、员工职务发明协议、知识产权质押贷款协议等是否存在风险	1. 分析引进技术与专利组合的全面性，避免技术拥有方未把密切相关技术一并转让，由此导致技术引进后不能实施或者实施有风险； 2. 分析技术二次开发的制约与权属约定； 3. 分析第三方的竞价风险，在引进技术时，尚需要注意技术出口方是否向第三方发出要约邀请，以引入竞争机制，而抬升目标价格的可能性。同时亦要关注是否存在其他同行的主动参与竞标行为； 4. 分析技术管制风险，特别关注是否符合技术出口国相关的技术出口管制相关政策	评估签署相关技术引进协议时可能存在的与合同或协议相关的风险

续表

模块名称	模块定义	组件名称	组件定义	所解决的问题
潜在技术侵权风险	调查实施相关技术时可能存在的风险	分析技术引进后实施的潜在侵权风险	主要包括主要发明人的流动风险及技术实施的潜在侵权风险，可以通过对该重点技术的未来产品制造、销售等区域的相关专利进行全盘摸底了解、比对分析来加以分析确认	技术引进完成后，如果技术引进方实施被引进的技术、技术引进方将被引进方的技术整合应用于未来的产品或者实施在被引进技术基础上进一步研究开发获得的新技术、新产品时，可能的侵权风险

15.1.5　技术引进后的知识产权整合与布局

通过技术引进后的知识产权整合与布局工作，探寻技术引进获得的技术与企业已有技术的融合发展方向，制定整合后知识产权整体发展战略，进而实现预期的知识产权协调效应，从而真正起到“1 + 1 > 2”的效果。技术引进后的知识产权整合与专利布局如表 15-5 所示：

表 15-5　技术引进后的知识产权整合和专利布局

模块名称	模块定义	组件名称	组件定义	所解决的问题
分类 / 分级管理	对引进技术进行梳理	对技术引进后的知识产权进行分类 / 分级管理	1. 对技术引进后的知识产权按照内部的管理规范进行分类 / 分级管理 2. 对技术引进后的知识产权按照技术的重要性进行分类 / 分级管理	对技术引进后的知识产权与原有知识产权进行融合
技术二次开发与专利二次布局	挖掘引进技术的价值	以引进技术为基础，进行技术二次开发，并对二次开发结果进行专利二次布局	1. 对于重点专利可通过优先权、PCT 申请、连续案、部分连续案及分案等形式进行二次专利布局； 2. 基于技术引进前后的知识产权布局规划未来的研发方向，对重点专利进行二次开发，以及重点发明人的留才工作 / 基于重点技术的研发管理而同步进行的相关知识产权组织架构设计，相关知识产权提案、申请提出、管理和应用的配套制度、流程和系统设计等	对技术引进后的知识产权进行规划和利用，实现技术引进的初衷

续表

模块名称	模块定义	组件名称	组件定义	所解决的问题
技术二次开发与专利二次布局	挖掘引进技术的价值	以引进技术为基础，进行技术二次开发，并对二次开发结果进行专利二次布局	3. 对技术引进后的知识产权进行整体应用策略的规划，如技术引进方可结合已有知识产权与现行或未来全球产业发展及技术结构的关系，以及其所处的产业地位，来具体规划未来知识产权的出售、许可、作价投资、商业化实施、侵权赔偿、技术标准、专利池运作等	

15.2 分析评议方法

分析评议方法是进行专利信息分析的基础，是实现专利信息分析工作的目标和手段。对专利信息进行分析的方法有许多种，针对技术引进知识产权分析评议用的分析方法有定量分析、定性分析和图表分析等方法。本章节对专利信息分析方法的实际应用进行重点描述，对于第 7 章涉及的方法，本章节不再重复，仅描述区别于人才引进知识产权分析评议的分析评议方法。

15.2.1 技术生命周期分析

技术生命周期是描述一项技术发展情况，一般分为 4 个阶段：导入期、成长期、成熟期、衰退期。技术生命周期分析主要是确定拟引进技术所处的发展阶段，以评价技术的发展前景。技术生命周期图法是利用某技术领域的专利申请量与专利申请人数随时间变化来分析，可以通过利用专利数量测算法计算技术生长率 γ、技术成熟系数 α、技术衰老系数 β 和新技术特征系数 N 的值测算专利技术生命周期。如果技术生长率连续几年持续增大，说明该技术处于生长阶段；如果技术成熟系数逐年变小，说明该技术处于成熟期；如果技术衰老系数逐年变小，说明该技术处于衰老期；如果在某一技术领域如果新技术特征系数越大，说明新技术的特征越强。

举例：生物农药制备技术生命周期

全球生物农药技术专利申请人数量和专利申请量变化关系曲线（图 15-1），即生命周期曲线，可以反映生物农药技术的研发活跃度。从图中可以看出生物农药的研发经历了 3 个阶段，分别是萌芽期、成长期和成熟期。1963—1973 年，生物农药研究刚刚起步，专利申请人数量和专利申请量都处于较低水平，但总体呈上升趋势。因为有机汞、有机砷农药的毒性问题引起世人的关注，人们开始研发生物农药。1973—2003 年为成长期，表现为技术研发活跃，申请人数量和专利申请量出现迅速增长。经历一个成长期后，从 2003 年开始，专利申请量增长，而专利申请人数量减少，进入成熟期。

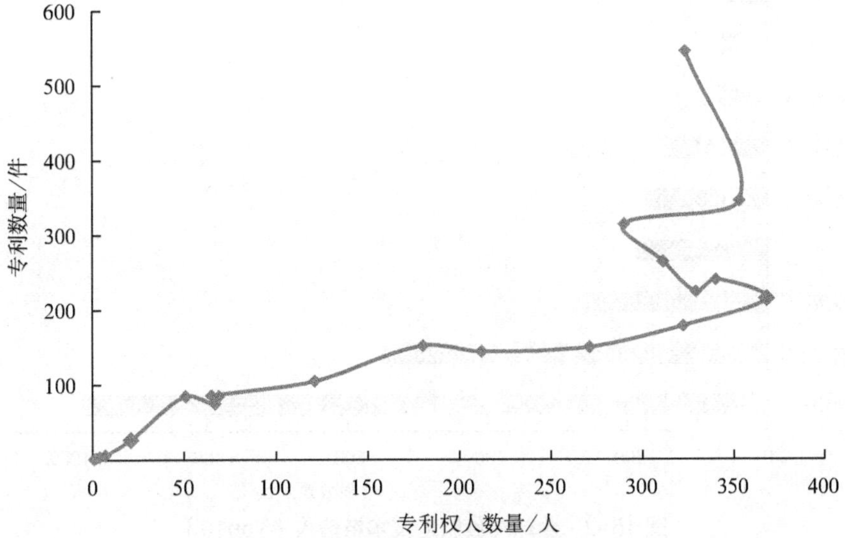

图 15-1 生物农药技术生命周期曲线

15.2.2 竞争态势分析

15.2.2.1 主要竞争对手分析

主要竞争对手分析是按专利申请人或专利权利人的申请量或授权量进行统计和排序，进而研究相关技术领域中活跃的企事业单位和个人，了解竞争对手的技术优势、专利战略、技术实力、市场规划策略等信息，预测竞争对手未来的目标、市场力量和战略，为筛选技术引进对象提供支撑。

举例：焊丝制备技术竞争态势分析

专利由焊丝生产企业及焊丝原材料供应商持有。为反映全球焊丝制造关键技术机构的总体情况，对全球焊丝制造技术申请人进行了前 10 名的排名分析（图 15-2）。全球焊丝的专利申请主要集中在焊丝生产企业及焊丝原材料供应商手中，神户制钢、新日铁株综合实力排名前 2 位，林肯电气的专利申请量居全球第 4 位。随着焊接自动化水平的提高，焊丝已广泛应用于钢结构、轮船制造、石油管道、压力容器、汽车制造、集装箱、铁路、机械制造等领域，伴随焊丝应用范围的扩大，焊丝的制备技术也随之蓬勃发展，与之相关的专利申请也随之增加。新日铁株和神户制钢作为焊丝原料制造商出现在焊丝制造技术排名前十的专利申请人中，可见焊丝材料成分研究已经成为生产厂家的研发重点。排名前十的专利申请人中，中国占 3 个，分别为武汉钢铁集团公司、四川大西洋焊接材料股份有限公司、宝钢集团有限公司。

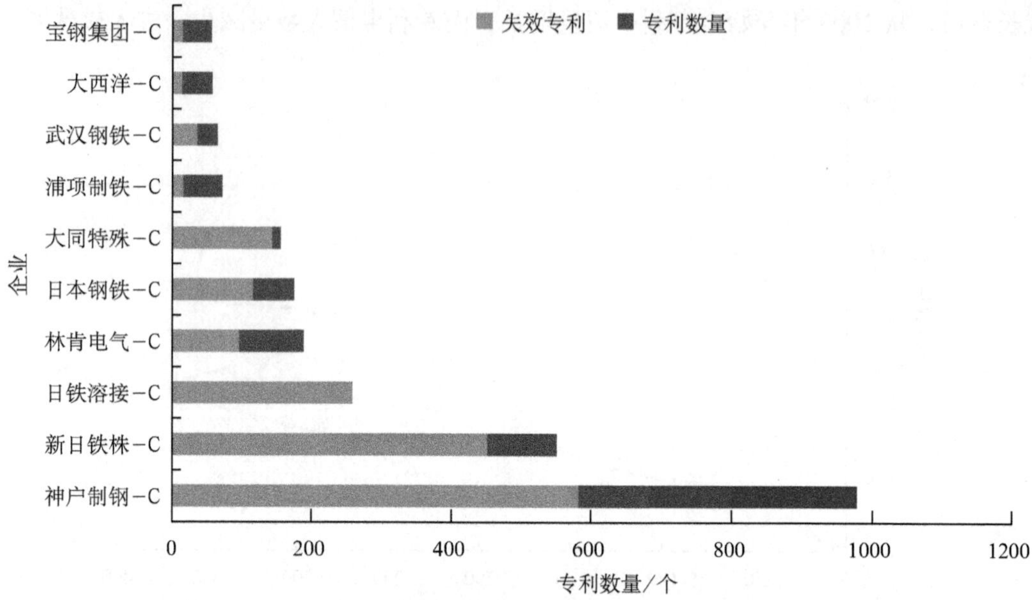

图 15-2　全球焊丝制造技术申请人（Top10）

国外申请人失效专利占比高，国内企业可充分利用失效专利进行二次技术创新。为了反映全球排名前十的专利申请人拥有的专利技术质量，进行了失效专利统计分析。由图 15-2 可见，国内企业更注重专利申请质量，失效专利占比基本在 50% 以下，而国外企业失效专利占比基本在 50% 以上。其中武汉钢铁失效专利占 54.6%。大西洋公司失效专利占 22%，宝钢集团失效专利占 25%. 日铁溶接失效专利占比 100%，新日铁株失效专利占比 81%，大同特殊失效专利占比 91%，林肯电气失效专利占比 50%，神户制钢失效专利占比 59%。相对国外企业，国内企业更注重专利申请质量。由于我国整体科技技术水平和发达国家的差距及我国现阶段的经济发展形势，应该重视失效专利的应用，将失效专利转化为生产力，通过失效专利了解市场动态，并进行二次开发，促进我国企业与国际接轨。

15.2.2.2　主要国家或地区的技术竞争态势分析

通过对主要国家或地区的技术竞争态势分析，了解不同国家或地区的拟引进技术实力。

举例：焊丝制备技术区域竞争态势分析

日、美、中、韩、德五大技术来源国家。优先权国家通常是技术产出所在的国家。所以，通过分析焊丝制造技术的专利申请优先权国家，反映区域或国家整体技术的产出实力（图 15-3）。全球焊丝制造技术实力最强的为日本和美国，全球焊丝制造技术有优先权的数量为 1956 件，日本和美国两国有优先权技术的申请为 998 件，两国数量占全球总量的 51%；其次为中国 303 件、苏联 151 件、韩国 116 件、德国 85 件、法国 55 件、英国 36 件。排名前五国家的优先权技术产出数量占全部总量的 80.1%，表明相关区域都在积极开展焊丝关键技术研发，专利竞争激烈。

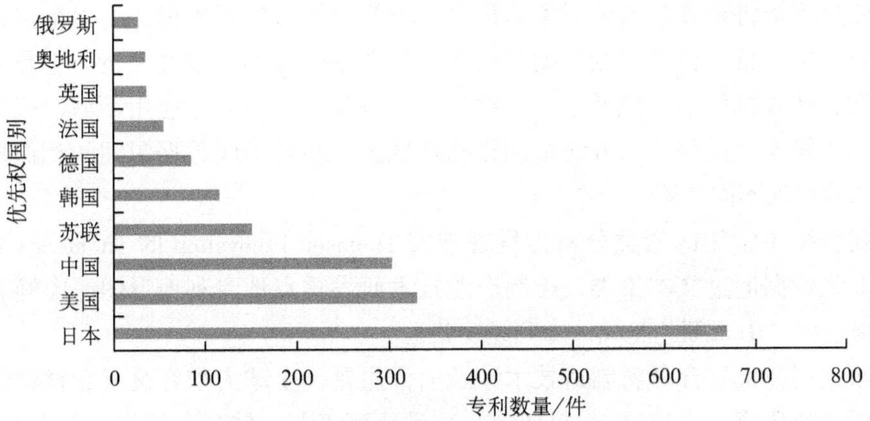

图 15-3 各国焊丝专利技术产出情况

中国、日本、美国、韩国是焊丝制造商的主要竞争目标市场。与专利优先权（专利族）数量不同，专利申请数量包括了同一项专利技术在不同国家申请的所有专利数量，它受到优先权的产生、不同国家申请 2 个因素的影响，二者分别反映了技术发展和市场发展的情况，因此可以大致表征产业发展的热度。专利公开数量与专利申请数量基本上对应，只是存在时间差（专利申请到专利公开通常为 18 个月之内）。全球焊丝制造技术市场竞争最激烈的中国和日本。全球焊丝制造技术专利申请公开数量为 9471 件，中国和日本两国专利申请公开数量为 5693 件，占全球总申请量的 60.1%；其次为美国 360 件、韩国 349 件、俄罗斯 154 件（图 15-4）。排名前五的国家的专利产出数量占全部专利数的 69.2%，表明以上相关区域为焊丝主要生产厂商的竞争市场区域。

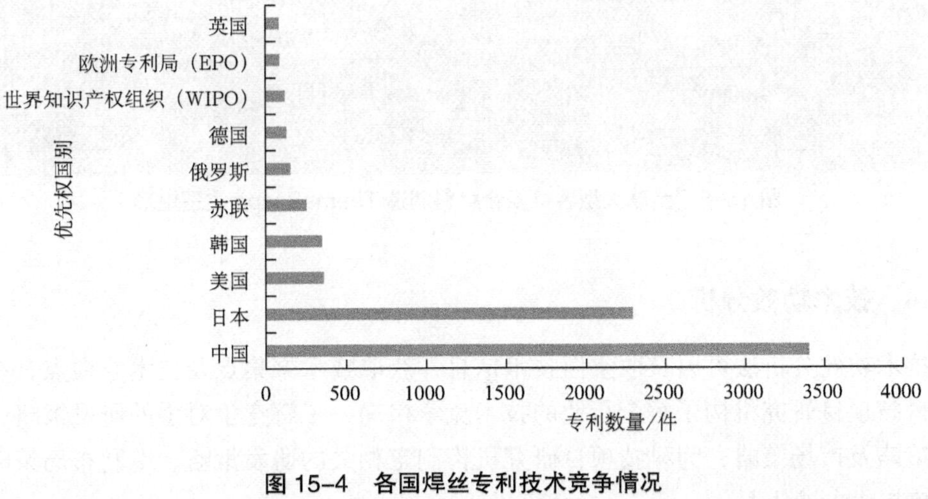

图 15-4 各国焊丝专利技术竞争情况

15.2.3 聚类分析

聚类分析指将物理或抽象对象的集合分组为由类似的对象组成的多个类的分析过程。聚类分析的目标就是在相似的基础上收集数据来分类。聚类分析源于很多领域，包括数学、计算机科学、统计学、生物学和经济学。在不同的应用领域，很多聚类技术都得到了发展，这些技术方法被用作描述数据，衡量不同数据源间的相似性，以及把数据源分类到不同的簇中。

专利分析中常用的聚类分析为科睿唯安 Thomson Innovation 的 ThemeScape 图，该图是将专利数据通过文本聚类，绘制产业技术研发重点地专利地形图，山峰表示专利技术的集中区，山峰颜色越浅，专利越密集。

全球大型客机复合材料制造技术涉及七大主题。全球大型客机复合材料制造关键技术包括非热压罐（真空袋）、热压罐、自动成型工艺（铺丝、铺带、复合带铺设）、热塑性复合材料工艺、复合材料无损检测、复合材料零件整合及复合材料修理等技术七大主题（图 15-5）。

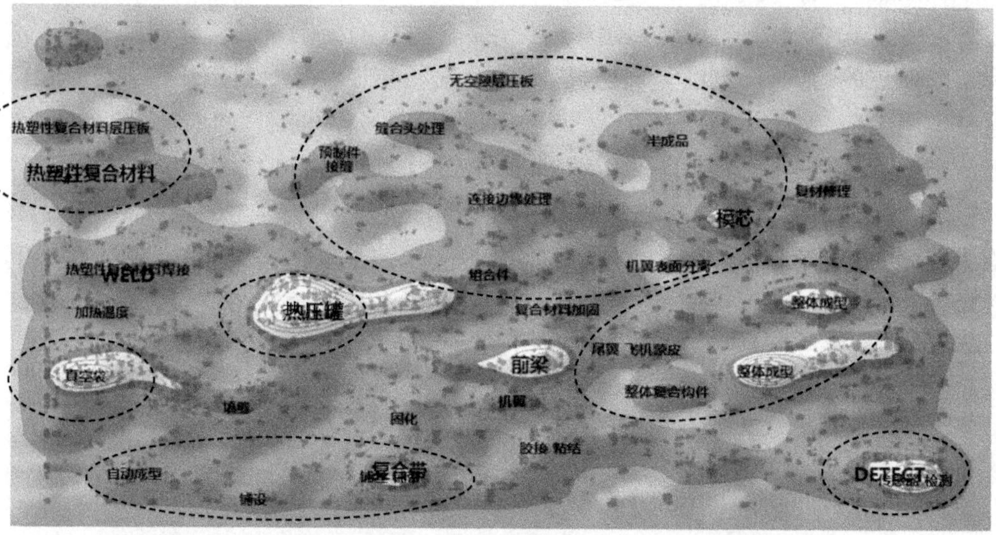

图 15-5　全球大型客机复合材料制造 ThemeScape 主题地形

15.2.4 技术功效分析

技术功效分析法可以获取空白技术信息，获取技术聚集点及技术空白点，有利于帮助科技项目研究机构了解全行业的技术竞争格局，了解竞争对手的研发策略、专利布局策略及市场策略，为科技项目研究机构制定相关的研发策略、专利布局策略、市场策略提供参考依据。

举例：唐山开诚公司专利申请技术功效分析

图 15-6 为唐山开诚科技有限责任公司专利技术功效。从图中可以看出，唐山开诚公司申请专利保护主要集中在检测装置 / 提高安全性，其次是电控装置 / 提高生产效率。由此可见，检测装置 / 提高安全性是唐山开诚公司专利保护的重点。

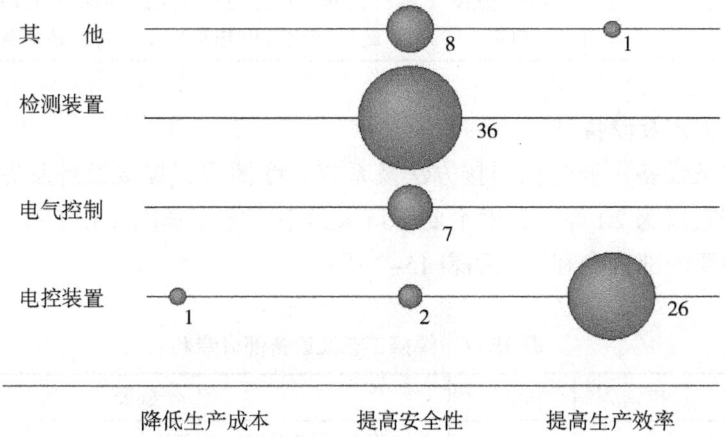

图 15-6 唐山开诚公司专利申请技术功效

15.2.5 热点技术分析

热点技术分析是对某技术领域近年来的全球范围、主要国家、领军机构或领军发明人的专利申请技术方向的分析，可以获取该技术领域的最新研发热点，为技术引进提供方向。其主要分析方法包括：近年内词频较高的专利技术；近年内专利引证率较高的专利技术；近年内同族专利申请数量较高的专利技术。

举例：大型客机热塑性复合材料制备热点技术

将 2016—2018 年申请的专利定义为本产业或技术领域的近年热点专利。全球热塑性复合材料热点专利总共 51 件。按照人工标引的方式，将其分为热塑性复合材料预制件成型工艺及设备，焊接工艺及设备。部分专利概况分别如表 15-6、表 15-7 所示。

（1）热塑性复合材料预制件成型工艺及设备

热塑性复合材料预制件成型工艺及设备主要为热模压成型、缠绕成型、拉挤成型、压缩成型等。总共专利申请数量为 22 件，主要申请人为波音公司（19 件），占总申请数量的 86%。主要的部分专利概况如表 15-6 所示。

表 15-6　热塑性复合材料预制件成型工艺及设备部分专利

公开 / 公告号	申请人	标题	摘要
CN108422682A	波音公司	制造热塑性复合结构的方法及用于其中的预浸料带	本申请涉及制造热塑性复合结构的方法及用于其中的预浸料带。通过使复合预制件固结并成形为期望形状而生产热塑性复合结构。所述预制件包括高熔化温度热塑性预浸料的层片，通过固定配准地使所述层片黏附在一起的低熔化温度热塑性塑料将所述层片结合到一起

（2）焊接工艺及设备

焊接工艺及设备主要包括焊接方法及系统、摩擦焊、焊接设备及焊接修复工艺。总共专利申请数量为 20 件，其中主要申请人是空客客车集团（15 件），其占总申请数量的 75%。主要的部分专利概况如表 15-7 所示。

表 15-7　焊接工艺及设备部分专利

公开 / 公告号	申请人	标题	摘要
CN106273425A	波音公司	焊接热塑性结构	本发明涉及用于焊接热塑性结构的方法和设备。所述设备包括基部、盖和通道。所述基部由对 30 kHz 到 350 kHz 范围内的频率不透磁的材料形成。所述盖由所述材料形成。所述通道在所述基部和所述盖之间延伸
EP3088163A1	空客公司	热塑性塑料搅拌摩擦焊	一种根据本发明用于制造部件的方法包括：（第一）边缘（101，111）一种热塑性含第一部件（100，110，120）和第二边（201，211）的热塑性含第二部件（200，210，220）彼此没有任何重叠。第一和第二通过搅拌摩擦焊接边相互连接。涉及搅拌摩擦焊接摩擦旋转的搅拌摩擦焊针（301，311，321）靠着至少一根金属物（102，112，202，212，411）。根据本发明的装置用于连接含热塑性部件通过搅拌摩擦焊接，包括底座板（400，420）和至少一个金属部分（421），该板设计成接触接合部件（120，220）相互连接。所述装置还包括可转动的搅拌摩擦焊钉（321），包括尖端（323），其设计为摩擦所述金属部分（421）的基板通过搅拌摩擦焊的过程
US20170165928A1	MTU 航空发动机公司	修复由可焊接热塑性材料制成的飞机发动机部件损坏的方法	本发明公开了一种修复由可焊接热塑性材料制成或包括可焊接热塑性材料的飞机发动机部件的损伤的方法，该方法包括将焊接填充材料焊接到初始制备的损伤区域中。本发明还公开了塑料焊接技术在修复由可焊接热塑性材料制成的受损飞机发动机部件中的应用

15.3 分析评议案例

甘肃省酒泉市人民政府计划引进中国建材集团的碲化镉薄膜太阳能发电玻璃项目，该项目是否在甘肃省酒泉市落地，对甘肃省新能源产业今后的发展尤为关键。为此，受甘肃省人民政府和甘肃省科学技术厅委托，甘肃省情报研究所围绕碲化镉薄膜太阳能电池的专利申请趋势、国家 / 地区分布、重点研发机构、重点研发人物、产业政策、市场分析等方面进行了分析研究，对碲化镉薄膜太阳能电池项目的引进计划给出了意见和建议，为政府决策提供了有力支撑，大大降低了技术引进的潜在风险。

15.3.1 技术趋势

自 1954 年美国贝尔实验室研制出第一块现代半导体太阳能电池以来，太阳能电池已经进入了第三代电池研发。第一代太阳能电池发展最早，技术也最为成熟，是目前世界太阳能市场上的主流产品，主要有单晶硅电池、多晶硅电池、非晶硅薄膜太阳能电池。第二代太阳能电池主要以薄膜太阳能电池为主，主要有多晶硅薄膜太阳能电池、碲化镉薄膜太阳能电池、铜铟镓硒太阳能电池、砷化镓薄膜太阳能电池等，具有转换效率高、节约材料、衬底成本低、性能稳定等优点，近年来得到了快速发展与应用。第三代电池涉及有机物、纳米科技和新电池结构，有光化学太阳能电池、染料敏化太阳能电池、高分子太阳能电池、纳米结晶太阳能电池、量子点太阳能电池等。就目前发展而言，第三代太阳能电池还处于基础研究阶段，离大规模应用还有一定距离。

碲化镉薄膜太阳能电池是有应用前景的第二代光伏电池，已经实现了规模化生产。具有以下 3 个优点：① CdTe 是直接带隙材料，禁带宽度 1.45eV，其能隙宽度与太阳能光谱能很好地匹配，转换效率高，理论转换效率高达 27%；②受温度影响小，性能稳定；③ CdTe 薄膜太阳能电池被公认为最佳薄膜太阳能电池，商业化前景好，特别适合特殊环境应用，如荒漠、外太空环境等。

即便如此，CdTe 薄膜太阳能电池也存在一些问题，包括：①碲是稀有元素，地球上储量有限，价格贵，不宜用于规模化生产；②含有重金属元素镉，若大规模应用将对环境造成影响；③ CdTe 薄膜是在 CdS 薄膜基础上制备的，CdS 薄膜质量直接影响 CdTe 薄膜质量，从而影响电池的实际转换效率和使用寿命。

通过对碲化镉薄膜太阳能电池相关专利进行检索和分析，得出以下结论：

碲化镉薄膜太阳能电池专利申请量最多的国家 / 地区依次是美国、中国、韩国、日本、德国、加拿大、中国台湾、英国和法国。其中，美国、中国、韩国、日本 4 个国家在该技术领域的专利约占全球专利申请量的 82%，是全球碲化镉薄膜太阳能电池主要的技术研发国之一。

通过对碲化镉薄膜太阳能电池相关技术领域的国际专利数据中的前 18 位专利权人

统计，其中美国有7家企业和1家高校，企业多为跨国公司，可见美国在该技术领域拥有一定的优势。

前18位专利权人中美国的机构间存在一定的合作关系，第一太阳能公司与PRIMESTAR SOLAR公司、通用电气及ALLIANCE SUSTAINABLE ENERGY公司有共同申请相关专利，但碲化镉薄膜太阳能电池技术领域合作关系相对较弱。

15.3.1.1　碲化镉薄膜太阳能电池专利申请趋势分析

从碲化镉薄膜太阳能电池专利的年度变化趋势图（图15–7）可以看出碲化镉薄膜太阳能电池技术发展大致分3个阶段：

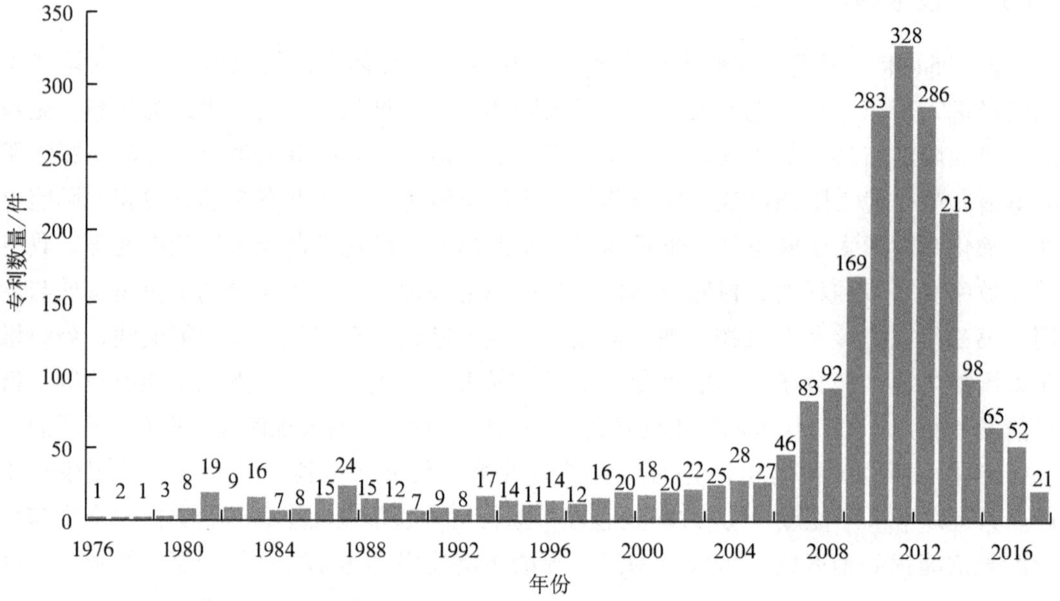

图15–7　碲化镉薄膜太阳能电池专利的年度变化趋势

（1）萌芽期（1976—2005年）

这一阶段的专利申请量相对较少，年申请量不超过30件，主要来自日本和美国，全球最早的碲化镉薄膜太阳能电池专利是1976年美国MONOSOLAR公司申请的专利，涉及在金属或者半导体衬底上采用电化学沉积法制备IIB–VIA族化合物半导体薄膜太阳能电池（US4435194和US440244）。

（2）快速增长期（2006—2011年）

自2006年起，碲化镉薄膜太阳能电池专利申请呈现快速增长趋势，2009年全球申请量已经突破100件，2012年专利年申请量为328件，达到峰值，说明碲化镉薄膜太阳能电池技术发展迅速。此阶段中国和韩国的专利申请较多，均超过日本。

（3）回落期（2012 年至今）

自 2012 年起，全球碲化镉薄膜太阳能电池专利年度申请数量有所下降，主要原因是专利公开时间滞后，同时明显看出，美国、中国、韩国等在该技术领域的专利申请正在下降，说明该领域的相关技术已较为成熟，此外由于碲原料的价格不断攀升，导致碲化镉薄膜太阳能电池的生产成本不断增加，电池的经济性不断降低。

15.3.1.2　碲化镉薄膜太阳能电池专利国家 / 地区分布

从碲化镉薄膜太阳能电池技术专利的来源看，碲化镉薄膜太阳能电池专利申请量最多的国家 / 地区依次是美国、中国、韩国、日本、德国、加拿大、中国台湾、英国和法国。其中，美国的专利申请量占总量的 40.19%，中国占 14.66%，韩国占 13.69%，日本占 13.42%，这 4 个国家在该技术领域的专利约占全球专利申请量的 82%，是全球碲化镉薄膜太阳能电池主要的技术研发国（图 15–8）。

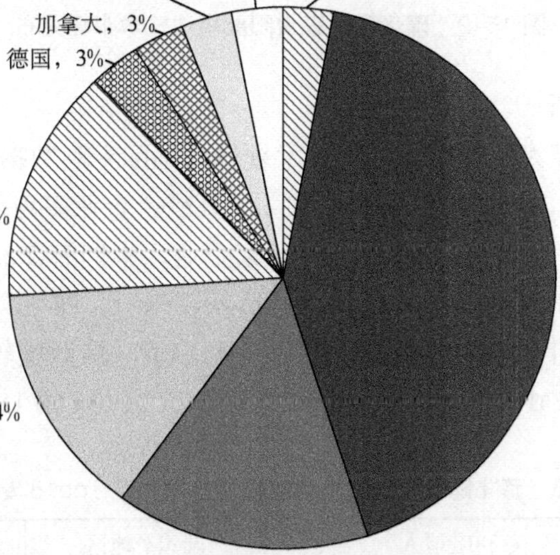

图 15–8　碲化镉薄膜太阳能电池技术专利来源

从碲化镉薄膜太阳能电池技术专利的市场分布看，美国、东亚和欧洲是主要的技术市场国家 / 地区。排名前 10 位的国家 / 地区均在除本国外的多个国家 / 地区进行了专利布局，其中美国和韩国均有 55% 左右的专利在全球进行布局，而我国有 9% 的专利通过了 PCT 途径申请，表明美国和韩国更为重视专利技术的保护和技术全球布局（图 15–9）。

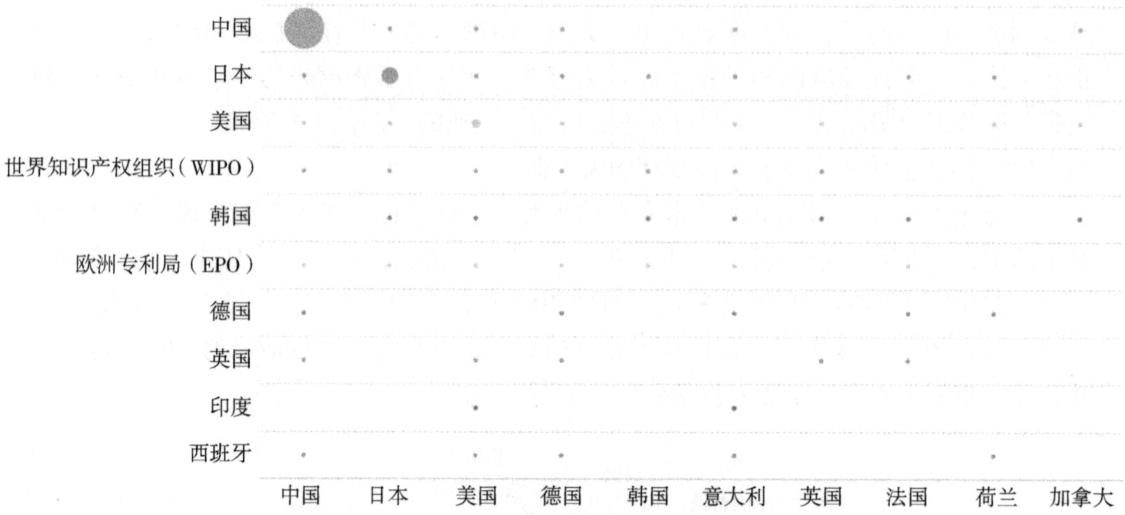

图 15–9　碲化镉薄膜太阳能电池技术市场分布

15.3.1.3　重点机构分析

通过对碲化镉薄膜太阳能电池相关技术领域的国际专利数据中的前 18 位专利权人统计（表 15–8），其中，美国有 7 家企业和 1 家高校，企业多为跨国公司，可以看出美国在该技术领域拥有一定的优势。日本有 4 家企业，中国有 2 家企业，韩国、中国台湾、法国和德国各有 1 家机构。从专利申请活跃度来看，排名第 2 位的松下电器和第 18 位的富士胶卷近 3 年在该技术领域无相关专利申请，活跃度较低。而日东电工株式会社（第 8 位）和 ALLIANCE SUSTAINABLE ENERGY 公司（第 15 位）则相对较为活跃。

表 15–8　碲化镉薄膜太阳能电池相关技术领域 Top18 专利权人

全球排名	专利申请人	国家 / 地区	专利数量 / 件
1	第一太阳能公司	美国	138
2	松下电器	日本	105
3	通用电气公司	美国	49
4	PRIMESTAR SOLAR 公司	美国	38
5	三星集团	韩国	35
6	杜邦公司	美国	32
7	中国台湾工业技术研究院	中国台湾	16
8	日东电工株式会社	日本	16

续表

全球排名	专利申请人	国家 / 地区	专利数量 / 件
9	加利福尼亚大学	美国	16
10	IBM 公司	美国	15
11	圣戈班集团	法国	15
12	SUMITOMO 住友集团	日本	15
13	NANOSOLAR 公司	美国	13
14	上海太阳能电池研究与发展中心	中国	13
15	ALLIANCE SUSTAINABLE ENERGY 公司	美国	12
16	无锡尚德太阳能电力有限公司	中国	12
17	巴斯夫公司	德国	11
18	富士胶片株式会社	日本	11

举例：美国第一太阳能（First Solar）公司

First Solar 作为目前全球唯一掌握气相输运沉积（VTD）技术的企业，凭借着气相输运沉积（VTD）技术镀膜速度快、均匀性高、产量大、材料利用率高等优势，率先实现碲化镉薄膜太阳能电池技术产业化，其产量占据了全球 95% 以上的份额。由此可见，First Solar 对碲化镉薄膜太阳能电池的绝对垄断地位。

First Solar 近年来不断提升过去被视为低转换率的碲化镉薄膜太阳能产品转换率，2014 年已达到 20.4%，突破 20% 大关，而 2015 年 2 月更进一步突破，宣布达到 21.5%，并预期 2015 年内突破 22%。First Solar 表示，此次突破转换率新高的送验样品，所使用的材质是适于商业量产的材料，2015 年底，First Solar 量产产品转换率能与市面上晶矽产品的平均转换率相当，至 2017 年量产品达 19.5% 转换率。

2015 年 2 月 11 日，苹果公司宣布以 8.5 亿美元联手美国第一太阳能公司，共建太阳能农场，规模达到了 280 MW，苹果公司由此获得 130 MW 的电力。该项目将于 2015 年中旬开工建设，将于 2016 年底竣工。

15.3.1.4 重要人物

（1）中国科学技术大学王德亮教授[①]

王德亮，中国科学技术大学教授、博士研究生导师；1989 年毕业于北京科技大学物理系；1992 获中国科学院固体物理研究所硕士学位；1997 年获德国 Goettingen 大学自然哲学博士学位。中国科学技术大学合肥微尺度物质科学国家实验室研究员。

① http：//dsxt.ustc.edu.cn/zj_js.asp?zzid=753。

王德亮先后在德国 Goettingen University、日本原子技术联合研究中心、美国和香港科技大学等地学习和工作 10 年，一直在国际上的一流研究机构从事研究工作。回国后，建立了国内先进的半导体薄膜和器件制备实验室。自 1993 年以来，王德亮在 SCI 收录的较高影响因子刊物上共发表 60 余篇学术论文，并被引用近 700 次。发表的刊物包括：*Applied Physics Letters*、*Journal of Applied Physics*、*IEEE Electronic Device Letter* 等。多次被邀请在大型国际会议作口头报告。目前该课题组制备的 CdTe 太阳能电池转化效率达到 15.2%，处于国际领先水平。

（2）四川大学冯良桓教授①

冯良桓，四川大学教授、博士研究生导师。四川大学太阳能材料与器件研究所所长，后续能源材料与器件教育部工程研究中心主任，中国硅酸盐学会材料与晶体生长专业委员会委员。

自 1980 年以来，冯良桓开展了非晶硅薄膜及太阳电池的研究。作为课题负责人完成了四川省重点项目“非晶硅氢薄膜异质结阳光电池的研究”、“七五”科技攻关项目“非晶硅薄膜太阳电池的稳定性研究”、国家自然科学基金课题“微晶 / 非晶硅超晶格的制备及物理效应”等多个课题。20 世纪 90 年代，率先在我国开展Ⅱ－Ⅵ族化合物半导体薄膜材料和光伏器件（即太阳能电池）的研究。发现碲化锌多晶薄膜具有反常的电导行为，经过系统的基础研究，发明了有复合背接触层的碲化镉太阳电池新结构，并发展了相应的制备及后处理技术，被以沈德忠院士为首的专家评价为世界领先的成果。此外，在冯良桓的领导参与下，在 CdS 薄膜、CdTe 薄膜、CdTe 源的制备、含镉尾气的处理等方面取得了一系列重要创新，研制出了转换效率为 11.6% 的碲化镉太阳电池。冯良桓教授作为第一完成人获得 2001 年度中国高校技术发明二等奖，为我国碲化镉太阳电池的发展做出了开创性的贡献。

（3）中国科学院物理研究所孟庆波研究员②

孟庆波，1987 年毕业于吉林大学物理系，1997 年在中国科学院长春应用化学研究所获得博士学位。1999—2002 年分别任日本科技厅特别研究员（STA Fellow）、东京大学和日本神奈川科学技术研究院专任研究员。2001 年入选中国科学院“百人计划”，2002 年回到中国科学院物理研究所工作。2005 年获中国科学院“百人计划”优秀奖，2007 年获国家杰出青年基金，2010 年获国务院政府特殊津贴，2011 年获得东京理科大学校长奖，2013 年入选“科技北京”百名领军人才。现任中国科学院物理研究所研究员、博士研究生导师、太阳能材料与器件研究组（E02 组）组长，中国科学院物理研究所清洁能源实验室主任，中国科学院清洁能源前沿研究重点实验室主任，新能源材料与器

① http：//inelt.scu.edu.cn/news/news-show.php?id=257&type_id=121，http：//mse.scu.edu.cn/about_48_16.aspx。
② http：//hre.iphy.ac.cn/bdinfo3.asp?id=505。

件北京市重点实验室主任。中国可再生能源学会理事，中国可再生能源学会光化学委员会委员，国家自然科学基金委员会第十三、十四届工程与材料科学部专家评审组成员，中国科学院“太阳能行动计划”执行专家组成员。*Electrochemistry Communications* 和 *Green*: *The International Journal of Sustainable Energy Conversion and Storage* 编委。

孟庆波的主要研究方向是太阳能材料的设计、制备与相关器件研究。主要工作及获得的成果如下：①利用复杂晶体化学键理论研究了 YBCO 系列高温超导体的化学键性质，从化学键的表象对这类高温超导体的超导机理给予了合理的解释；②发现了不同粒径纳米粒子的协同自组装效应，发展了一种最简便的组装大面积、高质量纳米尺寸的三维周期孔结构（光子晶体）的新方法，这一组装方法正在受到国内外同行的广泛关注；③首次利用 TiO_2 三维周期孔膜组装了液态染料太阳能电池，取得比较理想的结果；④组装的全固态染料太阳能电池效率达到世界先进水平。论文发表后，得到了染料太阳能电池的创始人瑞士联邦工学院 M.Graetzel 教授的好评；⑤首次在钙钛矿太阳能电池对电极和空穴材料之间引入 Al_2O_3 绝缘层，降低了背电极处的电荷传输势垒，电池效率提高了 54%，所制备的无空穴传输层钙钛矿电池达到了最高值 10.5%；⑥自主研制了太阳能电池 IPCE 测量系统，并将其推广应用到清华大学、中国石油大学、德州学院、厦门大学、北京航空航天大学、北京信息科技大学等多所高等院校。

近年来，在国际知名高水平杂志 *J.Am. Chem. Soc.*、*Environ. Energ. Sci.*、*Adv. Mater.*、*Adv. Funct. Mater.*、*Appl. Phys.Lett.*、*J. Appl.Phys.*、*Phys. Rev. B*、*Chem. Comm.*、*Chem.Mater.*、*Langmuir*、*J.Phys. Chem.B* 等发表论文 130 余篇，论文被引用 3300 余次，个人 h 因子达到 33。申请 60 余项中国发明专利和 1 项日本发明专利，授权 34 项。近 5 年在重要国际、国内学术会议上做报告 40 余次。研究组与国内外相关的著名大学和研究所有较密切的合作关系。

（4）龙焱能源科技（杭州）有限公司董事长吴选之教授①

吴选之教授，在太阳能电池领域从事研究达 30 余年，曾先后就职于中国有研科技集团有限公司和美国国家可再生能源实验室（NREL），同时拥有多项世界级专利成果，并在 2001 年创造碲化镉太阳能电池转化效率世界纪录。2008 年，吴选之从美国来到杭州经济技术开发区，率领一支海归团队，成立了龙焱能源技术（杭州）有限公司，致力于将碲化镉薄膜技术在中国实现产业化。龙焱能源技术（杭州）有限公司建成了有完全自主知识产权的、全自动化、全国产化、年产能力达 30 MW 的碲化镉组件生产线，并实现了稳定量产，组件平均效率达 12%，平均输出功率达 80W，并通过了欧洲 TUV 认证、美国 UL 认证和中国金太阳认证。

① http：//www.advsolarpower.com/index.php/zh/company-zh/aboutuszh。

15.3.2 产业政策

薄膜发电技术作为一项重大的工程科技创新，已经创造了一个全新产业。它具有“高科技＋能源”双重属性，既是技术密集型产业，又是资本密集型产业，实现了先进制造业和生产性服务业的创新结合。因其具有市场规模大、产业链条长、产品更多样、环境更友好、技术进步更快等5大特点，因而成为欧美国家“再工业化”进程中大力扶持的新领域。

目前，欧洲、美国、日本等发达经济体正在加快薄膜太阳能研发，抢占技术和产业制高点。2016年5月，欧盟将铜铟镓硒（CIGS）薄膜发电技术纳入其Sharc25项目开发，由德国太阳能氢能研究中心牵头，集科研机构、大学及产业界之合力，目标是在2020年前将铜铟镓硒（CIGS）薄膜电池的转化率提升至25%。美国麻省理工学院前不久发布了研究报告，并呼吁美国政府转向支持这种“面向未来”的技术。企业层面，在美国能源部等机构的80多亿美元的金融支持下，美国First Solar的碲化镉（CdTe）薄膜电池转换效率一再突破，达到创纪录的18.6%。德国老牌设备制造商Manz不久前宣布其量产铜铟镓硒（CIGS）薄膜太阳能组件的转换效率突破了16%。中国企业也认识到了薄膜技术的战略意义。除了汉能新材料科技有限公司，中国建材集团有限公司宣布未来5年内打造10GW铜铟镓硒（CIGS）薄膜太阳能生产能力，第一条年产300 MW的薄膜太阳能电池生产线已于今年下半年在安徽蚌埠动工。

在“十三五”期间，薄膜发电产业完全可以担当稳增长、调结构、转方式的“新推手”和实现可持续发展的“新引擎”。目前，我国已经具备了大力发展薄膜发电产业的技术条件和产业化基础，做大做强我国薄膜发电产业，对促进我国经济转型升级、持续健康发展具有重要战略意义。

15.3.2.1 我国薄膜发电行业政策汇总

2012年2月24日，工业和信息化部印发《太阳能光伏产业“十二五”发展规划》，将高纯多晶硅、硅碇/硅片、晶硅电池、薄膜电池、高效聚光太阳能电池、BIPV组件、光伏生产专用设备、配套辅料、并网及储能系统、公共服务平台建设等10项列为发展重点。其中对薄膜电池的发展重点介绍是重点发展非晶与微晶相结合的叠层和多结薄膜电池。降低薄膜电池的光致衰减，鼓励企业研发5.5代以上大面积高效率硅薄膜电池，开发柔性硅基薄膜太阳电池卷对卷连续生产工艺等。及时跟进铜铟镓硒和有机薄膜电池的产业化进程，开发并掌握低成本非真空铜铟镓锡薄膜电池制备技术，磁控溅射电池制备技术，真空共蒸法电池制备技术，规模化制造关键工艺。

2012年3月27日，科技部印发了《太阳能发电科技发展“十二五”专项规划》，明确提出的目标包括：促进太阳能发电的规模化应用，晶硅电池效率20%以上，硅基薄膜电池效率10%以上，碲化镉、铜铟镓硒薄膜电池实现商业化应用，装机成本1.2

万～1.3万元/kW，初步实现用户侧并网光伏系统平价上网，公用电网侧并网光伏系统上网电价低于0.8元/kW·h，基本掌握多种光伏微网系统关键部件及设计集成技术，实现示范应用。太阳能热发电具备建立100 MW级太阳能热发电站的设计能力和成套装备供应能力，无储热电站装机成本1.6万元/kW；带8小时储热电站装机成本2.2万元/kW，上网电价低于0.9元/kW·h。

《太阳能发电科技发展“十二五”专项规划》非常系统、全面，对太阳能发电科技进行了全产业链规划布局，材料、器件、系统及装备4个方向都有详细布局：一是材料方面，太阳能级硅材料位于光伏产业链最上游，生产技术含量高、投资大。多晶硅材料与太阳电池关键配套材料生产制备技术的发展有利于降低光伏电池生产成本和光伏发电成本、实现硅材料生产的环境友好和可持续发展。二是器件方面，太阳能电池是太阳能发电系统的重要组成部件，太阳能电池转化效率的提高和生产成本的降低将直接影响光伏发电系统的整体效率与成本。逆变器是光伏系统中的核心部件，它的好坏直接关系发电能力和电能质量，在规划中也有布局。三是系统方面，光伏规模化利用的成套关键技术与装备技术的突破，将改变我国近年来光伏产业和市场发展的反差，有效推动光伏发电技术在我国的大规模应用。开展自主知识产权的太阳能热利用关键装备和系统集成科技攻关，依托规模化示范工程建设，将推动太阳能热利用技术与产业发展。四是装备方面，太阳光伏生产设备是贯穿整个产业链的基础。目前，亟须提高我国太阳能光伏生产设备的国产化能力，为形成具有自主知识产权的太阳能电池完整生产线奠定基础。

2016年12月10日，国家发展和改革委员会印发《可再生能源发展“十三五”规划》，关于光伏发电明确提出：一是推动太阳能多元化利用。全面推进分布式光伏和“光伏+”综合利用工程。继续支持在已建成且具备条件的工业园区、经济开发区等用电集中区域规模化推广屋顶光伏发电系统；积极鼓励在电力负荷大、工商业基础好的中东部城市和工业区周边，按照就近利用的原则建设光伏电站项目；结合土地综合利用，依托农业种植、渔业养殖、林业栽培等，因地制宜创新各类“光伏+”综合利用商业模式，促进光伏与其他产业有机融合；创新光伏的分布利用模式，在中东部等有条件的地区，开展“人人1千瓦光伏”示范工程，建设光伏小镇和光伏新村。二是有序推进大型可再生能源基地建设。结合在建输电通道的建设进度，有序推进甘肃酒泉、内蒙古、山西、新疆准东等地的可再生能源项目建设，有效扩大消纳范围，最大限度地提高外送可再生能源电量比重。

2016年12月16日，国家能源局印发了《太阳能发展“十三五”规划》，将产业升级、降低成本、扩大应用，实现不依赖国家补贴的市场化自我持续发展的基本任务。确立了到2020年的发展目标，太阳能发电装机达到1.1亿千瓦以上，其中，光伏发电装机达到1.05亿千瓦以上；光伏发电成本持续降低，到2020年，光伏发电电价水平在

2015 年基础上下降 50% 以上。先进晶体硅光伏电池产业化转换效率达到 23% 以上，薄膜光伏电池产业化转换效率显著提高。在重点任务中，提出加快技术创新和产业升级，实施太阳能产业升级计划。重点以推动我国太阳能产业化技术及装备升级为目标，推进全产业链的原辅材、产品制造技术、生产工艺及生产装备国产化水平提升。光伏发电重点支持 PERC 技术、N 型单晶等高效率晶体硅电池、新型薄膜电池的产业化及关键设备研制；太阳能热发电重点突破高效率大容量高温储热、高能效太阳能聚光集热等关键技术，研发高可靠性、全天发电的太阳能热发电系统集成技术及关键设备。

2016 年 12 月 30 日，国家能源局印发《能源技术创新“十三五”规划》，重点任务中提出：一是在可再生能源高效利用领域，集中攻关类开展新型高效低成本光伏发电关键技术。2016—2020 年研究目标为研制出新型高效低成本光伏电池，突破大型光伏电站设计集成和运行维护关键技术，掌握 GW 级光伏电站集群控制技术。研究内容主要包括碲化镉、铜铟镓硒薄膜、硅薄膜等太阳能电池产业化技术研发、大面积柔性硅基薄膜电池组件的规模化生产工艺研发，以及Ⅲ－Ⅴ族化合物电池、铁电－半导体耦合电池及铁电－半导体耦合 / 晶体硅叠层电池、钙钛矿电池、染料敏化电池、量子点电池、新型叠层电池、硒化锑电池、铜锌锡硫电池等新型电池的研究和探索，着力提高效率和降低成本；研究多类型分布式光伏系统设计集成技术及示范，开展大型光伏电站及光伏发电站集群的设计、控制、运维及并网技术研究。二是在电池材料方面，集中攻关类提出新型钙钛矿材料制备太阳能电池研究、高能量密度电池用聚合物薄膜材料研究。试验示范类提出光伏组件用高分子材料开发及应用、晶硅太阳能电池的银电极浆料技术、化合物半导体能源材料应用示范。其中，明确提出 2015—2023 年研究目标为开发大面积碲化镉薄膜太阳能电池组件的规模化制造技术；研发出稳定、环保、低成本铜铟镓硒（CIGS）产业化技术；研制出高效、高稳定性的高倍聚光Ⅲ－Ⅴ族太阳能电池芯片、接收模块和模组；建成 MW 级染料敏化太阳能电池幕墙应用示范；建成高功率 LED 封装胶国产化应用示范。研究内容为研究低成本 CIGS 膜太阳电池产业化成套关键技术，实现效率高于 13% 的 CIGS 薄膜太阳电池组件的规模化生产；系统研究Ⅱ－Ⅵ族三元系半导体的制备方法；研发高纯硫化锌、硒化锌等Ⅱ－Ⅵ族化合物高纯材料的规模化制造技术，研究Ⅲ－Ⅴ族光伏材料的制备技术；研究大面积染料敏化太阳能电池批量制备，建成 MW 级染料敏化太阳能电池幕墙应用示范；研究 8 英寸碳化硅衬底材料稳定制备技术，实现 6 英寸碳化硅晶体衬底材料批量生产；发展击穿电压大于 5kV 的 GaN 单晶生长技术，实现 6 英寸 GaN 单晶衬底的量产，研究高功率 LED 封装胶低成本国产化关键技术。三是在能源基础材料技术方面，提出开发钙钛矿类光电材料、光伏组件用高分子材料、银电极材料和碲化镉薄膜材料，以适应高性能光伏电池发展的需要。开展新型高效储能材料研制，开展电池储能系统用聚合物薄膜材料、微纳米制电极材料的开发，发展完善各类催化剂材料，以智能电网为导向开展先进电力电子器件研究。

2016 年 6 月 21 日，国家发展和改革委员会、工业和信息化部、国家能源局三部门印发《中国制造 2050- 能源装备实施方案》，主要任务中提出，在太阳能发电装备领域的光伏产业中，重点开展薄膜及其他新型光伏电池及组件技术攻关，研发可量产的效率 20% 以上的碲化镉薄膜电池、效率 21% 以上的 CIGS 薄膜电池，43% 以上的ⅢⅤ族化合物电池、钙钛矿电池等新型太阳能电池、染料敏化电池、有机太阳能电池、量子点电池、叠层电池和高效砷化镓电池。

2017 年 5 月 19 日，工业和信息化部办公厅印发《太阳能光伏产业综合标准化技术体系》，提出光伏产业综合标准化技术体系框架主要包括基础通用、光伏制造设备、光伏材料、光伏电池和组件、光伏部件、光伏发电系统及光伏应用等 7 大方向、35 小类（图 15–10）。

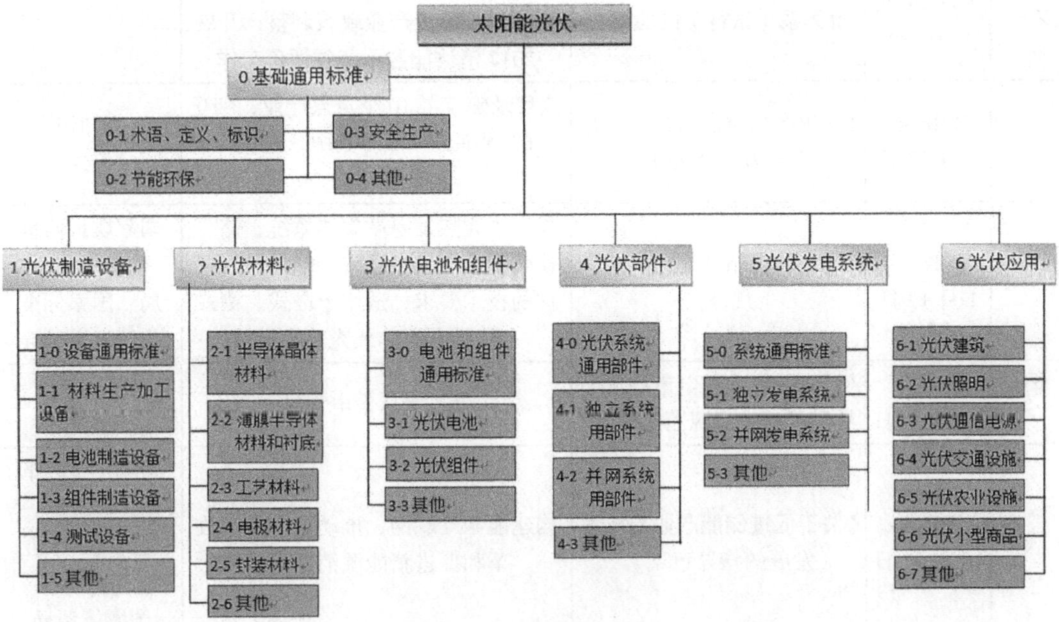

图 15–10　光伏产业综合标准化技术体系框架

2018 年 2 月 26 日，国家能源局印发《2018 年能源工作指导意见》，提出稳步发展风电和太阳能发电。强化风电、光伏发电投资监测预警机制，控制弃风、弃光严重地区新建规模，确保风电、光伏发电弃电量和弃电率实现“双降”。有序建设重点风电基地项目，推动分散式风电、低风速风电、海上风电项目建设。积极推进风电平价上网示范项目建设，研究制定风电平价上网路线图。健全市场机制，继续实施和优化完善光伏领跑者计划，启动光伏发电平价上网示范和实证平台建设工作。稳步推进太阳能热发电示范项目建设。优化可再生能源电力发展布局，优先发展分散式风电和分布式光伏发电，鼓励可再生能源就近开发利用。

15.3.2.2　我国光伏产业政策大汇总

2005 年以来，我国光伏产业发展相关政策有 18 项（表 15–9）。

表 15–9　2005 年以来我国光伏产业发展相关政策

序号	时间	政策	主要内容	出处
1	2018 年 2 月 2 日	国家发展改革委发布《关于核定区域电网 2018—2019 年输电价格的通知》	电量电价岁区域电网实际交易结算点亮收取，由购电方承担；容量电价随各省级电网终端销售电量收取	国家发展改革委
2	2018 年 1 月 19 日	《国家能源局关于建立清洁能源示范省（区）监测评价体系（试行）的通知》	建立定期评价专享检测机制、清洁能源示范省检测评价体系；检测评价结果用于指导各省清洁能源项目建设规模及产业政策调整；开展 2017 清洁能源示范省评价工作	国家能源局
3	2018 年 1 月 17 日	《知识产权重点支持产业目录（2018 年初）》	该目录确定了 10 个重点产业，细化了 62 项细分领域。其中，光伏与光热入选	国家知识产权局
4	2018 年 1 月 12 日	《光热发电站性能评估技术规范》	规定了光热发电站集热系统、储、换热系统、发电系统和电站性能评估的技术要求，适用于塔式、槽式和线性菲涅尔式光热发电站	国家质量监督检验检疫总局、国家标准化管理委员会
5	2017 年 10 月 31 日	《研究分布式发电市场化交易和可再生能源消纳方案》	促进光伏发电消纳	国家发展改革委
6	2017 年 10 月 11 日	《关于促进储能产业与技术发展的指导意见》	构建能源互联网、推动电力体制改革和促进新能源消纳可用	国家发展改革委、财政部、科技部、工业和信息化部、国家能源局
7	2017 年 10 月 9 日	《智能光伏产业发展行动计划 2018—2020 年》	推动生产线智能化、开发智能光伏产品、发展智能光伏系统集成和运维、推广智能光伏特色应用、优化智能光伏发展环境	电子信息司会同相关部门
8	2017 年 9 月 26 日	《关于支持光伏扶贫和规范光伏发电产业用地的意见》	加强光伏扶贫用地保障，切实加强光伏发电项目用地监督	国土资源部、国务院扶贫办、国家能源局三部委

续表

序号	时间	政策	主要内容	出处
9	2017年9月22日	《关于推进光伏发电“领跑者”计划实施和2017年领跑者基地建设有关要求的通知》	推动6.5 GW的领跑者基地建设	国家能源局
10	2017年9月8日	《关于减轻可再生能源领域涉企税费负担的通知》	对纳税人销售自产的利用太阳能生产的电力产品，实行增值税即征即退50%的政策，从2018年12月31日延至2020年12月31日	国家能源局综合司
11	2017年8月22日	《关于建立光伏电站开发市场环境监测评价体系（试行）的通知》	督促各地区为光伏发电创造有利条件，引导光伏发电开发企业理性投资	国家能源局综合司
12	2017年8月8日	《关于“十三五”光伏扶贫计划编制有关事项的通知》	加快推进光伏扶贫计划，保障光伏项目的扶贫效果	国家能源局、国务院扶贫办
13	2017年8月5日	《关于可再生能源发展“十三五”规划实施的指导意见》	明确各省“十三五”期间新增装机规模	国家能源局
14	2017年7月22日	《关于提高主要光伏产品技术指标并加强监管工作的通知》	自2018年1月1日起，新投产并网运行的光伏发电项目的光伏产品供应商应满足《光伏制造行业规范条件》要求	国家能源局、工信部、国家认监委
15	2017年4月25日	《太阳能光伏综合标准技术体系》	充分发挥标准对光伏产业发展的指导、规范、引导和保障作用	工业和信息化部
16	2017年1月18日	《关于实行可再生能源率电力证书核发及自愿认购交易制度的通知》	引导全社会绿色消费，扩大补贴资金来源	国家发展改革委、财政部、国家能源局
17	2015年5月8日	《中国制造2025》	支持一批光伏企业开展智能制造试点示范	国务院
18	2015年3月25日	《光伏制造行业规范条件》	公示拟公告的第六批符合规范条件企业名单；公示拟撤销第一批规范条件名单；开展《光伏制造行业规范条件》修订工作	工业和信息化部

在整个太阳能发电行业，各省（自治区、直辖市）出台政策相对较少。本次共统计14个省（自治区、直辖市）出台22条相关政策（表15-10）。

表 15-10 2005 年以来我国光伏产业发展相关政策

序号	省(自治区、直辖市)	政策	详情
1	北京	《北京市分布式光伏发电项目奖励名单(第五批)》	分布式光伏发电项目奖励名单共 37 个项目，总计 12517.84 MW，以及公布了项目更变名单
2	上海	《上海市可再生能源和新能源发展专项资金扶持办法》	审核确认分布式项目的用电性质(分工商业拥护、学校拥护、优惠电价拥护 3 类)和申请补贴标准
3	湖北	《省能源局 省扶贫办关于下达 2017 年光伏扶贫建设规模指标的通知》	枝江市、当阳市、安远县、兴山县、夷陵区、点军区等 6 个县(市、区)33 个扶贫电站项目，其中已建成扶贫电站规模指标 2.356 MW，拟新开工扶贫电站规模指标 23.644 MW
4	河南	《关于支持深度贫困地区脱贫攻坚的实施意见》	以深度贫困地区为重点实施范围，以村级电站为主要模式。到 2019 年实现有条件的深度贫困地区光伏全覆盖
		《关于做好光伏扶贫村级电站项目建设(推进批)前期工作的通知》	2018 年光伏扶贫电站建设计划。2018 年郸城县将在 106 个建档立卡贫困村建设 106 个光伏扶贫村级电站
5	内蒙古	《达拉特光伏应用领跑基地 2017 年项目竞争优选方案》	本次规划的基地场址位于昭君镇库布齐沙漠中，共划分 4 个单体项目，装机容量为 100 MW，10 MW、100 MW 及 200 MW
6	山西	《大同二期光伏发电应用领跑基地 2017 年项目竞争优选工作方案》	本期共 5 个单体项目，各项目规模均为 100 MW 场址范围涉及大同市左云县南郊区和浑源县
		《关于促进农村地区分布式光伏发电示范应用财政扶持意见》	电价补贴：除享受国家发电政策补贴外，市级财政补贴为 0.2 元 / 千瓦时 建设安装补贴：按建设安装容量予以 3 元 / 瓦的一次性建设安装补贴
		《寿阳光伏发电应用领跑基地 2017 年项目竞争优选工作方案》	本期共 5 个单体项目，各项目规模均为 100 MW，场址范围涉及寿阳县松塔镇、景尚乡、羊头崖乡、上湖乡、西洛镇等乡镇
7	陕西	《陕西渭南光伏发电应用领跑基地 2017 年项目竞争优选方案(公告)》	该项目规划 1 GW、2018 年建设完成 500 MW。项目设计建设除要求技术领跑外，还应具有“光伏 + 农业”符合开发经验
8	广东	《关于做好 2016 年度光伏发电应用项目奖励和补助资金发放工作的通知》	佛山市海南区 2016 年分布式光伏发电应用项目奖励和补助资金目录，供给 198 项，相关申请人员按时提交材料

续表

序号	省（自治区、直辖市）	政策	详情
8	广东	《关于开展分布式光伏发电项目施工质量自查自检工作的通知》	对发现瞒报工程质量问题或整改不及时、不到位的企业，对情节严重的企业，2 年内不予纳入施工企业名单
9	江苏	《泗洪光伏发电应用领跑基地 2017 年项目竞争优选方案》	本期泗洪光伏发电应用领跑基地共 5 个单体项目，各项目规模均为 100 MW，场址范围涉及天岗湖乡和峰山乡
10	河北	《京津冀一体化可再生能源消纳实施方案》	方案实施时间为每年富风季，每年十月至次年四月，2018 年 2 月 1 日开始执行
		《河北海兴县光伏发电应用领跑基地 2017 年项目竞争优选方案》	本期领跑基地共 4 个单体项目，各项目的容量分别为 145 MW、115 MW、130 MW、110 MW，共计 500 MW
		《关于开展分布式光伏发电市场化交易试点的通知》	分布式光伏项目与电力用户直接交易；项目单位委托单位企业代售电；电网企业按国家核定上网电价收购电量
11	辽宁	《关于停止执行“先建先得”政策后续有关事项的通知》	在光伏扶贫政策出台前，辽宁省各市和有关项目业主要暂缓推进需要占用年度规模指标的光伏项目进程
		《辽宁省普通光伏电站项目投产纳入 2017 年建设规模情况的公示》	本批公示设计 17 个项目，5 个月内实际并网容量合计 275.01 MW。本批公示项目及实际并网容量拟纳入 2017 年全省光伏建设规模
12	吉林	《白城光伏发电应用领跑基地 2017 年项目竞争优选工作方案》	本期应用领跑者基地场址分为 2 处：大安乐胜片区和镇赉莲泡片区，共计 5 个项目，总装机量 500 MW
13	青海	《青海格尔木印发光伏发电“领跑者”应用示范基地项目管理办法》	规定了电池组件转换效率、首年系统效率及逆变器的效率和电压等技术标准，以及光伏用电部分等
14	甘肃	《甘肃省推进绿色生态产业发展规划》	甘肃省将语序推动风光电发展。到 2020 年全省建成并合并网光电装机 990 万 kW、光热装机 110 万 kW
		《甘肃省电力辅助服务市场运营规则（试行）》	在风电场、光伏电站计量出口内建设的电储能设施，其充电能力优先由所在风电场和光伏电站使用，由储能设施投资运营方与风电场光伏电站协商确定补偿费用

15.3.3 市场分析

15.3.3.1 碲化镉薄膜电池市场分析

从太阳能电池市场的竞争情况来看，2011 年，全球碲化镉薄膜电池产量占全球薄膜太阳能电池产量的比重为 61.5%，产量为 2995.05 MW；2012 年，全球碲化镉薄膜电池产量有所下滑，为 2012 MW；2013 年，全球碲化镉薄膜电池产量进一步下滑为 1660 MW，占比下降为 45.36%（图 15-11）。

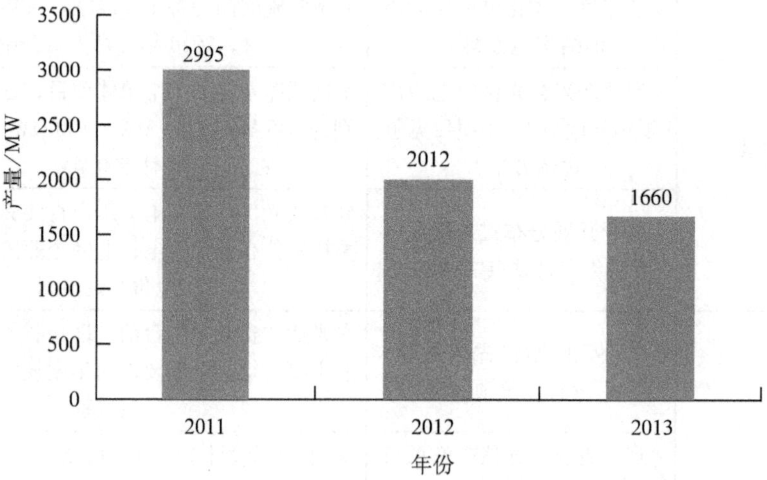

图 15-11 2011—2013 年全球碲化镉薄膜电池产量情况[①]

根据德国弗朗霍夫（Fraunhofer）研究所 2012 年 12 月报告数据显示，在薄膜太阳能电池市场中以碲化镉（CdTe）薄膜太阳能电池产量最大，其市场占有率在 2009 年达到峰值；排名第二的是铜铟镓硒（CIGS）薄膜太阳能电池。2007 年以来，伴随着部分 CIGS 厂商的技术突破、转换效率的不断提高，CIGS 薄膜光伏电池再度得以快速发展，其所占市场份额在 2011 年超过非晶硅薄膜电池，位居第二；2006 年前，非晶硅薄膜太阳能电池产量所占市场份额排名第一，但由于转换效率低且存在光致衰退的固有缺陷，其市场占有率从 2000 年开始逐步萎缩，并最终排名第三。2011 年，全球薄膜太阳能电池的产量约为 3383 MW，其中碲化镉（CdTe）、铜铟镓硒（CIGS）及非晶硅（a-Si）等薄膜电池的产量分别约为 2081 MW、694 MW、608 MW，所占比重分别为 61.5%、20.5%、18.0%。

① First Solar 垄断加强 碲化镉薄膜电池未来前景堪忧，https：//www.qianzhan.com/analyst/detail/220/140909-ba3fc5e7.html。

自从2009年薄膜太阳能电池市场份额达到高峰后一路下行，2013年薄膜电池市场份额仅为9%左右，薄膜电池的产量整体有所下降；近年来，铜铟镓硒薄膜电池的快速增长，又进一步挤压了碲化镉薄膜电池的市场空间。在晶硅电池和铜铟镓硒薄膜电池的双重夹击下，为碲化镉薄膜电池前景蒙上了一层阴影。

15.3.3.2　产业链上游市场分析

从原材料的稀缺性角度考虑，碲（Te）的天然蕴藏量有限，将会制约碲化镉薄膜太阳能电池的长期发展。碲是一种银白色的稀有金属元素，主要伴生于铜、铅锌等金属矿产中，广泛应用于冶金、电子、化学、玻璃等产业领域。工业上，碲主要是从电解铜或冶炼锌的废料中回收得到。据美国地质调查局（USGS）数据显示，全球碲的储量仅为2.4万吨左右，主要分布在美国、秘鲁、加拿大等国家和地区。而国内相关报道认为，全球碲的地质储量为14.9万吨，我国碲储量约为2.2万吨，居全球第三位，主要集中于广东、江西、甘肃等省份。我们姑且认为，全球碲的储量在2.4万～14.9万吨。如果按照制造1 MW薄膜太阳能电池组件需130～140千克碲来测算的话，那么根据碲的上述探明储量范围为2.4万～14.9万吨，地球上的碲资源可以供100个年生产能力为100 MW的生产线用17～115年。因此，乐观看来，全球碲资源储量是可以满足生产需求的。但如果从经济层面考虑，碲原料价格的不断上涨却成为碲化镉电池产业发展的一大桎梏。2000年，当全球碲化镉薄膜太阳能电池还没有大规模生产时，碲原料价格每千克仅为34.4美元，全球产量为110吨。随着碲化镉薄膜电池产业的快速发展，碲原料的价格不断攀升，2011年全球碲原料平均市场价格为每千克349.0美元。12年间，全球碲原料价格上涨了十多倍（图15-12）。目前，全球只有美国First Solar量产碲化镉电池，年产量约为1900 MW。如果今后新的厂家大量涌现，全球碲化镉电池的产能不断扩大，那么碲的市场价格会疯狂上涨，继而导致碲化镉薄膜电池的生产成本不断增加，电池的经济性也将不断降低。

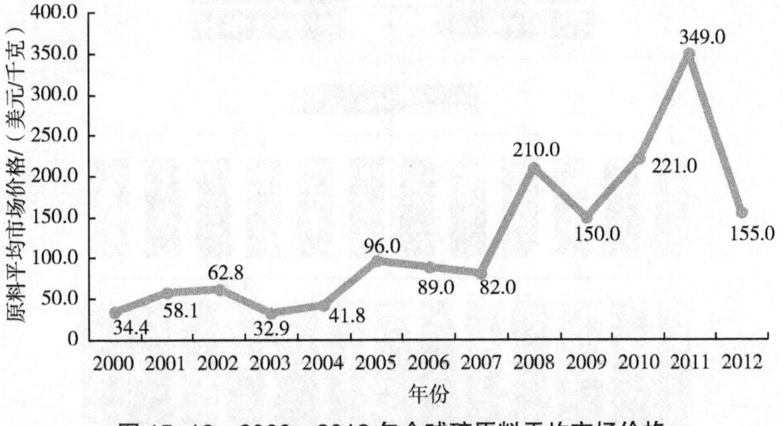

图15-12　2000—2012年全球碲原料平均市场价格

15.3.4 中国建材科技集团公司

15.3.4.1 集团公司概况

中国建材集团有限公司（简称“中国建材集团”）是经国务院批准，由中国建筑材料集团有限公司与中国中材集团有限公司重组而成，是国务院国有资产监督管理委员会直接管理的中央企业。

中国建材集团集科研、制造、流通为一体，是全球最大的建材制造商和世界领先的综合服务商，连续 12 年荣登《财富》世界五百强企业榜单。资产总额近 6000 亿元，员工总数 25 万人，年营业收入超过 3000 亿元。拥有 15 家上市公司，其中海外上市公司 2 家。水泥熟料产能 5.3 亿吨、商品混凝土产能 4.3 亿立方米、石膏板产能 20 亿平方米、玻璃纤维产能 195 万吨、风电叶片产能 16 GW，均居世界第一；在国际水泥工程市场和余热发电市场领域处于世界第一。拥有 26 家国家级科研设计院所，3.8 万名科技研发人员，33 个国家行业质检中心，10 000 多项专利，11 个国家实验室和技术中心，18 个标委会。

中国建材集团的战略愿景是致力于成为具有全球竞争力的世界一流建材企业，战略定位是行业整合的领军者、产业升级的创新者、国际产能合作的开拓者，重点打造基础建材平台、国际产能合作平台、三新产业发展平台、国家级材料科研平台、国家级矿山资源平台、金融投资运营平台等六大业务平台（图 15-13）。

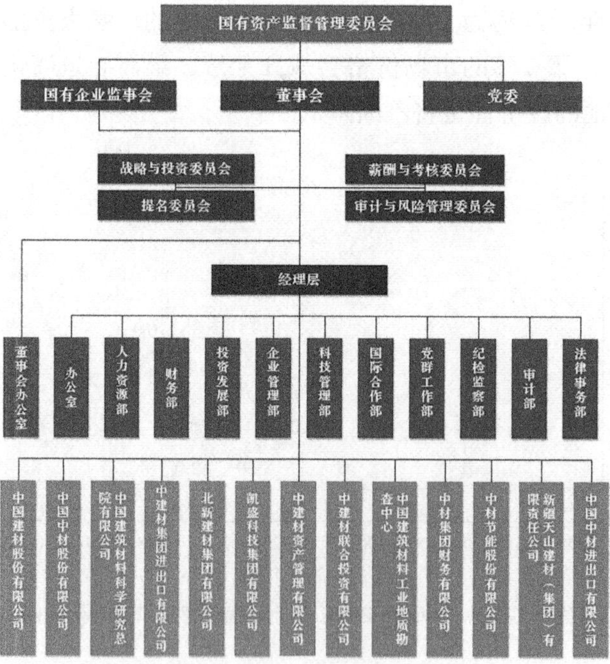

图 15–13 中国建材集团概况

15.3.4.2 成都中建材光电材料有限公司概况

成都中建材光电材料有限公司位于双流区西航港经济开发区空港二路 558 号，成立于 2009 年 12 月 16 日，注册资本 2.337 亿元，系央企控股高科技企业。公司依托中国建材集团在世界建筑材料行业的领先技术与市场优势，致力于碲化镉弱光发电玻璃的研发与产业化，高纯金属半导体材料的生产与销售及光伏系统的设计、安装和运营。在国家战略的引领下，公司完成了光电材料上下游产业链整合，未来将形成以碲化镉弱光发电玻璃为核心，稀散金属材料和石墨烯材料为重要支撑的三大业务板块，打造四川新的经济增长点，助力中国新能源、新材料产业腾飞。

公司拥有世界第一条拥有自主知识产权工业 4.0 的年产 100 兆瓦碲化镉弱光发电玻璃示范生产线，也是世界第一条能够制备大面积碲化镉发电玻璃的生产线，解决了高纯光电材料合成、镀膜、热处理、封装等方面的技术难题，是建材领域的一场技术革命，打破了西方的技术封锁，填补了我国没有规模化碲化镉弱光发电玻璃生产线的技术空白。这条生产线使中国从建筑玻璃大国提升到电子玻璃强国，为下一步进入半导体强国做好了技术准备，引领出一个全新的智能化的新型绿色建材新工业。生产线已获得国家发改委“增强制造业核心竞争力重大工程”专项支持 1.59 亿元。

成功下线的碲化镉弱光发电玻璃是最有希望实现完全平价上网的新能源产品，在新型建筑材料领域具有巨大的发展空间，是用科技创新推动供给侧结构性改革的典范。公司的大尺寸碲化镉发电玻璃一经问世就引起全球的广泛关注，我们的技术引领了碲化镉产业界的一个新的世界技术潮流。现已实现实验室转换效率 17.8%，小组件转化效率 14.5%，为国内领先水平。

15.3.4.3 成都中建材光电材料有限公司知识产权情况

申请专利 24 件，授权 4 件（发明授权专利 1 件，使用新型授权专利 3 件），审中 20 件（表 15–11）。

表 15–11 成都中建材光电材料有限公司专利清单

序号	专利名称	专利类型及授权日期
1	一种新型碲化镉薄膜太阳能电池组件的制备方法	发明专利，授权日期 2018 年 3 月 27 日
2	一种碲化镉薄膜太阳能电池	实用新型专利，授权日期 2017 年 9 月 1 日
3	一种柔性碲化镉薄膜电池	实用新型专利，授权日期 2017 年 9 月 1 日
4	一种碲化镉薄膜太阳电池	实用新型专利，授权日期 2018 年 3 月 27 日

15.3.5 总体结论

碲化镉薄膜太阳能电池是有应用前景的第二代光伏电池，已经实现了规模化生产。针对碲化镉薄膜太阳能电池的研究主要集中在美国、中国、韩国、日本4个国家。美国、中国、韩国、日本4个国家在该技术领域的专利总和约占全球专利申请量的82%，是全球碲化镉薄膜太阳能电池主要的技术研发国。

15.3.5.1 技术现状

全球技术趋势大致分为3个阶段。第一阶段为萌芽期（1976—2005年），1976年，美国MONOSOLAR公司申请了全球最早的碲化镉薄膜太阳能电池专利；第二阶段为快速增长期（2006—2011年），2012年，专利年申请量达到了峰值（328件），说明碲化镉薄膜太阳能电池技术发展迅速，此阶段中国和韩国的专利申请较多，均超过了日本。第三阶段为回落期（2012年至今），美国、中国、韩国等在该技术领域的专利申请逐步下降，说明该领域的相关技术已较为成熟。

我国研究碲化镉（CdTe）薄膜电池的重要人物有中国科学技术大学王德亮教授、四川大学冯良桓教授、中国科学院物理研究所孟庆波研究员、龙焱能源科技（杭州）有限公司董事长吴选之教授。20世纪80年代初，内蒙古大学、新疆大学、云南师范大学等采用蒸发技术、溅射等方法研究和制备碲化镉薄膜电池。20世纪90年代后期，四川大学承担了科技部攻关计划，采用近距离升华沉积技术研究制备CdTe薄膜电池，光电转化率突破13.38%。2006年9月，四川大学建成年产300 kW的中试生产线。2011年9月，建成中国第一条拥有完全自主知识产权的25 MW全自动碲化镉组件生产线。2018年1月，中国建材集团生产的世界第一块大面积（单片面积1.92 m^2）碲化镉薄膜弱光电玻璃成功下线。

15.3.5.2 主要生产企业及技术对比

目前，美国第一太阳能（First Solar）公司是国际上规模化生产碲化镉薄膜太阳能电池的龙头企业。国内产业化生产碲化镉薄膜太阳能电池的代表企业有成都中建材光电材料有限公司（中国建材集团控股），公司研发团队代表为公司总经理潘锦功；龙焱能源科技（杭州）有限公司，公司研发团队代表为吴选之教授。

第一太阳能公司采用气相输运沉积（VTD）技术率先实现碲化镉薄膜太阳能电池技术产业化，其产量占据了全球95%以上的份额。2015年2月宣布光电转换率达到21.5%。

龙焱能源科技（杭州）有限公司采用改良型近距离升华法（CSS）沉积大面积CdTe薄膜技术生产的CdTe薄膜太阳能电池组件，尺寸达到1.2 m × 0.6 m，组件平均光电转化率超过12.5%。该公司申请了“一种CdTe薄膜太阳能电池”发明专利，目前已经授权。

成都中建材光电材料有限公司采用近空间升华法（CSS）或气相输运法生产的镉薄膜太阳能电池组件，尺寸达到 1.2 m × 1.6 m，光电转化率为 17.8%。该公司申请了“一种碲化镉薄膜太阳能电池和制备方法”发明专利，目前未授权。该公司生产的碲化镉薄膜太阳能电池组件光电转化率为国内同领域最高水平。

15.3.5.3　产业政策

在“九五”期间，科技部资助了科技攻关计划，支持四川大学采用近距离升华法沉积技术研究制备 CdTe 薄膜电池。在“十五”期间，CdTe 薄膜电池研究被列入国家高技术研究发展计划（863 计划）。2013 年，随着国务院《关于促进光伏产业健康发展的若干意见》（国发〔2013〕24 号）的发布，国家发展改革委、工业和信息化部、财政部、能源局等行业主管部门纷纷出台一系列配套政策，支持光伏产业及市场发展的政策体系初步建立。2014 年是政策实施过程中不断完善的一年，光伏政策体系逐步完善。2014 年 6 月 27 日，中国光伏行业协会成立大会在北京召开，标志着我国光伏行业将逐步走上行业自律、协调可持续的发展之路。

15.3.5.4　市场分析

相关报告显示，碲化镉薄膜太阳能电池在薄膜太阳能电池市场中产量最大，其市场占有率在 2009 年达到峰值。自从 2009 年市场份额达到高峰后一路下行。近年来，铜铟镓硒薄膜太阳能电池的快速增长，进一步挤压了碲化镉薄膜太阳能电池的市场空间。

15.3.5.5　可能存在问题

一是碲化镉碲化镉本身的局限性。碲化镉载流子浓度低，薄膜电阻率大，因而影响电池的电流输出；碲化镉的功率函数高，与背电极层的金属材料难以形成欧姆接触。

二是原料碲的供应不足。不同调查机构数据显示，全球碲的储量在 2.4 万～ 14.9 万吨，主要分布在美国、秘鲁、中国、加拿大等国家，我国主要集中于广东、江西、甘肃等省。如果按照制造 1 MW 薄膜太阳能电池组件需要 130 ～ 140 千克碲来测算，地球上的碲资源可以供 100 个年生产能力为 100 MW 的生产线使用 17 ～ 115 年。因此，全球碲资源天然蕴藏量将会制约碲化镉薄膜太阳能电池的长期发展。

16 科技成果知识产权分析评议

科技成果是一种智力产物，是人类为了探索自然和社会奥妙及规律，为解决人类自身发展需要过程中的问题，运用已有科学知识，通过调查、观察、试验或辩证的思维活动，所取得的对社会进步、经济发展具有学术意义或使用价值的创造性智力劳动的结果。科技成果是科学技术的载体、依托和物化形式。“科技成果”从字面意思理解是指某项科学技术研究活动取得的具有价值的结果。按照这种定义，科技成果的特征包括两个方面：一方面是科学技术研究活动；另一方面是取得了具有价值的结果。“科技成果”一词已经成为我国科技管理方面约定俗成的用语。目前在我国，大量项目或课题在未得到检验之前也自称为“科技成果”，而多数西方国家一般不采用“成果”这一层次的统称，取而代之的是具体的称呼。国内学术界关于“科技成果”的定义，具有代表性的主要有 3 种：一是 1986 年中国科学院在《中国科学院科学技术研究成果管理办法》中将“科技成果”定义为对某一科学技术研究课题，通过观察实验、研究试制或辩证思维活动取得的，并经过鉴定具有一定学术意义或实用意义的结果；二是指为提高生产力水平，通过辩证思维、实验研究、调研考察、开发实践，取得新的成就并通过技术鉴定或得到社会认可，具有一定学术意义或实用价值的创造性智力劳动结果；三是指人们在认识自然与改造自然活动中，经过实验研究、设计试制或调查考察后，所得到的经过鉴定的、具有学术意义或实用价值的创造性结果。

目前比较一致的认识是科技成果是某一科学研究课题经过调研考察、实验研究、设计试验和辩证思维活动，取得新的成就并经过技术鉴定或社会实践承认，具有一定学术意义或实用价值的创造性劳动结果。科技成果是对科研活动结果的总称，它既包括基础研究和软科学研究的结果，也包括应用技术方面的新产品、新技术、新工艺、新材料、新设计和生物、矿产新品种等。根据科学研究类型，科技成果相应地分为基础类研究成果、应用类研究成果及开发类研究成果。因此，科技成果有如下特点：

（1）基本特征

科技成果的基本特征主要是科技成果的科学性、新颖性、先进性、实用性等。

①科学性。各类科技成果都必须通过考察、试验、研制、观测等一系列科学研究活动而取得，都是科学技术工作者对特定领域的科学技术问题进行研究或通过实践而总结出的科学结论，表示成果的客观真实和系统严密的程度。

②新颖性。科技成果的创新性，即要求必须具有新理论、新方法、新产品，在发现新物质、阐述物质运动规律方面有新的创见，对已知原理的应用有新的突破。

③先进性。科技成果的学术水平和技术水平应超过已有的成果，新的科技成果应具有突出的特点和明显的进步。

④实用性。成果对某一领域或学科的发展具有学术意义和价值，或在生产实践中应用能够取得较好的社会效益或经济效益。

（2）无形资产特征

从一般意义上讲，科技成果并不一定是资产，但是当科技成果需要量化其内在价值时，应将它视同资产来考虑。应用型的科技成果在商业化的过程中需要量化其内在价值，特别是科技成果在面临转让和投资时候，科技成果本身是被现实地作为无形资产进行交易的。因此科技成果具有无形资产的一般特点：非实体性、垄断性、收益性、附着性、共益性等。

①非实体性。科技成果没有物质实体形态，是隐形存在的资产。有些也可以用样品等有形财产表现出来，但这只是无形资产的结晶或载体。科技成果必须通过鉴定、验收、评估、评价或在刊物上公开发表等方式获得社会的承认或实践的检验。

②垄断性。科技成果可以以论文论著、专利、发明等形式，由其作者、申请者、发明者及其所在机构垄断持有，并通过适当的手段和方法取得广泛而普遍的法律保护，或借助法律保护并以长期生产经营服务中的信誉得到社会的公认。

③收益性。并非任何无形的事物都是无形资产，成为无形资产的前提是其必须能够以一定的方式，直接或间接地为投资者创造效益，而且必须能够在较长时期内持续产生经济效益。

④附着性。无形资产往往附着于有形资产而发挥其固有功能，各种知识性的资产一般都要物化在一定的实体中。

⑤共益性。一篇高水平的论文论著，可供全世界的研究者参考；一项先进技术可以使一系列企业提高产品质量、降低产品成本一项技术专利在一个企业使用的同时，并不影响转让给其他企业使用。

（3）科技成果作为资本的高风险特征

科技成果作为技术资本，其承担的风险不同于一般资本，而使技术资本表现出高风险性。一般资本只承担市场风险，而技术资本由于技术障碍的存在，需承担更大的风险，如技术成果在投入使用后才暴露出它在应用中存在的无法弥补的缺憾而不能继续使用，或需要支付更多的精力去修补完善该技术，使技术投资双方受损。如高科技产业的发展是从单个企业的技术创新开始的，而技术创新的不确定性决定了这一过程投资具有特殊性，即投入的初始阶段仅是净投入，后阶段继续大量投入后才有可能产出，收益时间的滞后和不确定性，是高科技产业的融资的又一特征。

（4）科技成果转化

科技成果仅作为一种以知识形态存在的产品，需要同生产力中其余构成要素相结合，在生产中得到转化和应用，才能够形成新产品、新工艺等，完成产品商业化、产业化，以创造出更高的劳动生产率，推动经济的增长。中国工程院常务副院长朱高峰院士认为，科技成果转化是我国特有的一种现象，是在计划经济体制长期作用下形成的，实质就是技术创新或企业创新；科技部发展计划司黄伟认为，科技成果转化的根本目的是将科学技术转化为现实生产力；东北大学技术与社会研究所教授远德玉认为，科技成果转化为社会生产力的过程既包括科学形态的转化，也包括技术形态的转化。根据《中华人民共和国促进科技成果转化法》，科技成果转化是指为提高生产力水平而对研究与技术开发所产生的具有实用价值的科技成果所进行的后续试验、开发、应用、推广直至形成新产品、新工艺、新材料，发展新产业等活动。

国外并没有"科技成果转化"这一概念，国外科技人员通常把科技成果转化叫作"技术创新及生产力的实现""科技经济一体化""科技经济产业化"等，多使用"技术转移（Technology transfer）"或"技术创新（Technology innovation）"等进行表述。美国大学技术经理人协会（AUTM）认为，技术转移是科学研究机构向其他机构团体转移新技术和创新的使用和商业化的权利。目前，国外学者对"科技成果转化"的研究已不仅仅局限于理论方面的探讨，往往从企业和产业的角度对科技成果转化的机制、战略、障碍等进行研究。

综上所述，国内外对于科技成果转化内涵的理解具有一个共同点，即强调科技成果转化是一个动态的创新过程，是将科研成果转变成社会生产力的市场化过程，具体表现为科技成果的产业化和商业化，其本质是通过接受新知识、消化新知识而进行知识的再创造，形成新产品、新工艺、新产业。科技成果不仅有其自身的科研价值，而且拥有无限的潜在价值，其潜在价值只有通过转化才能显现出来。

自21世纪以来，现代国家、区域之间的竞争日益体现为科技的竞争。党的十八大确立了创新驱动发展战略，2014年，国务院政府工作报告中也指出创新是经济结构调整优化的原动力，把创新摆在国家发展全局的核心位置，促进科技与经济社会发展紧密结合，推动我国产业向全球价值链高端跃升。推进科技成果转化是实现创新驱动发展的根本途径，其转化能力强弱直接关系到区域经济发展的后劲、影响区域创新体系的构建。党的十九大报告关于建设创新型国家的论述中，再一次强调了要加速科技成果的转化。习近平总书记指出，"广大科技工作者要把论文写在祖国的大地上，把科技成果应用在实现现代化的伟大事业中"，只有把科技成果转化为生产力，才能更好地为国家富强、民族兴旺、人民幸福服务。

自2000年以来，我国在科技研发领域的投入以每年20%的速度增长，2011年，研发领域投资额达到近9000亿元人民币。随着科技资源投入迅速增长，科技成果产出数必然随之增加。科技成果的产出是经济发展的基础，一个区域拥有先进的科技成果不等于其能自然推动地区经济和社会的发展，科技成果仅作为一种知识形态存在的产品，需要同生产力中其余构成要素相结合，在生产中得到转化和应用，才能够形成新产品、新工艺等，完成产品商业化、产业化，以创造出更高的劳动生产率，推动经济增长。从这个意义上来说，科技成果转化的数量、质量和周期对区域经济的发展起着决定性的作用。因此，科技成果转化水平是区域经济发展的关键影响因素。

然而，科技成果转化过程中会遇到因知识产权问题而导致国有资产流失、侵权纠纷等诸多问题。知识产权评议是指综合运用情报分析手段，对经济科技活动所涉及的知识产权，尤其是与技术相关的专利等知识产权的竞争态势进行综合分析，对活动中的知识产权风险、知识产权资产的品质价值及处置方式的合理性、技术创新的可行性等进行评估、评价、核查与论证，根据问题提出对策建议，为政府和企事业单位开展经济科技活动提供咨询参考。对科技成果知识产权进行评议具有特别重要的意义：

（1）规避知识产权风险

知识产权保护制度的完善与如何应对其他领域的风险，是企业发展和保持绝对竞争力的核心。一个优秀的企业必然十分重视知识产权管理的保护，预测与预防来自其他竞争对手的威胁，并将知识产权战略全面贯彻于企业的创造与经营管理之中。只有将知识产权评议贯穿于整个经济科技活动过程中，才能提升知识产权保护与防范意识，完善知识产权风险预测与防范制度。

（2）提升科技成果转化效率

知识产权评议是促进科技成果转化的中介和助推器。科技成果转化是将创新成果转化为有市场竞争力的产品或通过商业化运作直接获取市场收益的行为。在技术成果交易过程中会出现许多不确定性，交易双方可能对知识产权的交易价格产生分歧，会使得科技成果的市场转化效率变低。如果有一个权威的评议机构对科技成果进行公正合理的评议，就能够促进科技成果转化为生产力。通过在科技成果转化过程中推广和运用知识产权评议，提高科技成果价值评估的准确度，实现科技成果供需双方的信息互通，促进科技研发与产业需求的精准对接，从而营造有利于科技成果转化的市场环境。

（3）扩大商贸活动市场

知识产权评议有助于掌握经济科技活动涉及的知识产权状况，提高重大经济科技活动在各个环节的预见性和管理效率，规避知识产权风险，形成良性有效的市场竞争策略。因而建立完善的知识产权评议机制，能够客观衡量具体科学技术的市场价值，有助于规范技术交易的市场，扩大技术的引进与出口规模，并促使我国企业不断积累技术贸易经验。

因此，建立知识产权评议机制，探索知识产权评议方法，对于营造良好的知识产权制度环境，防止在科技成果转化活动中因知识产权问题而导致国有资产的流失，对维护国家和企业的合法权益等方面都具有重要的意义。

根据科技成果涉及的不同领域，可以将科技成果分为科学理论成果（包括基础理论和实验结果）、应用技术成果（包括实用产品与技术方法等），以及软科学成果3类，本章侧重于科技成果的转化，主要是针对应用技术成果开展知识产权分析评议活动。

16.1 分析评议指标

16.1.1 指标体系的构建原则

科技成果知识产权评议通常包括2个相关方：委托方、实施方。委托方主要是指科技成果主管部门，应当配合实施方开展工作；实施方是评议的具体承担方，由具备专业资质的知识产权评议团队负责，既可以是企事业单位的相关部门，也可以是从事知识产权服务的专业机构，在实施过程中需要与委托方密切交流。科技成果知识产权评议指标体系的构建必须着力服务于科技成果转化这一目的，要综合考虑在转化过程中涉及的各方面因素，还要遵循科学性、可操作性和独立性等原则。

（1）科学性原则

指标体系的选择必须具有科学性，要围绕科技成果转化这个中心，把所选的各个评议指标有机结合起来，全面、客观地反映待转化科技成果的技术先进性和创新性、知识产权法律环境及风险、市场前景等。在构建评价指标体系的过程中，要结合科技成果项目的实际情况，从科学的角度出发，尽可能选取能反映科技成果转化前景的衡量指标，以求评价的真实、可靠。

（2）可操作性原则

构建科技成果知识产权分析评议的指标体系，目的是为了能在分析评议过程中得到应用，指标的选择必须具有可操作性。因此，指标的选取要能客观地反映科技成果项目的特征，指标体系应层次分明而简洁，指标订立应符合科技成果实际研究情况，方便信息的采集。

（3）独立性原则

科技成果知识产权分析评议是一个复杂的过程，主要目标是对科技成果知识产权做出综合全面的分析，并给出相应的对策建议。这就要求在设计评价指标体系时，要尽量多地考虑到影响转化效果的主要因素。所选取的各项指标间应该尽可能地独立，即每个指标能够单独地反映出成果转化的效益高低、技术难易、风险大小等。

16.1.2 指标选取

16.1.2.1 按照情报类型划分

根据《国家知识产权分析评议工作指南》第二章第五条的规定，知识产权分析评议的内容主要包括法律类分析模块、技术类分析模块和市场类分析模块，从这 3 个方面构建分析评议指标体系，包括法律类指标、技术类指标和市场类指标。

（1）法律类指标

根据文件中法律类分析模块所包括的内容，选取了以下指标：知识产权法律信息、知识产权权属关系、知识产权法律风险、知识产权权利义务、知识产权法律环境、知识产权协议条款、知识产权稳定性、知识产权保护强度。

法律信息审查的范围涵盖我国目前知识产权领域的所有现行法律、行政法规、司法解释、部委规章、地方行政法规、国际条约等，内容上要包括综合、专利、商标、著作权、互联网及计算机软件、其他国内法部分及国际条约部分。

权属关系查证即知识产权权利归属查证，核查科技成果自主拥有、受让或实施他人的知识产权所获得授权或登记的证明文件，证明文件上有相关机关的印章，如商标注册证、专利证书、著作权登记证书等。如商标存在续展、变更等情况，需提供续展、变更等证明文件；如专利所有人存在变更或专利存在转让，也需提供变更，转让证明文件。

法律风险分析分为内部和外部两个方面，内部知识产权法律风险包括知识产权主体的维护和实施，其知识产权的效力等方面。如未通过法律规定的程序所获的知识产权的风险或是未效开发与实施知识产权的风险抑或是审查员的不当行为带来的知识产权被侵犯的风险。外部知识产权法律风险主要包括侵权诉讼的风险、知识产权被抢占的风险、法律法规不健全所带来的风险及各国知识产权制度规定的差异带来的风险。

知识产权权利义务调查，TRIPS 第 50 条规定的知识产权诉前临时措施中有一个重要原则，即权利义务制衡原则，临时措施实际是权利人让权利得到执行的一种手段。由于知识产权具有无形性、地域性及独占性等特点，其权利人的专有权被他人侵犯的机会和可能性就比物权等权利大得多。

知识产权法律环境调查，知识产权法律体系可以分为立法体系、执法体系与司法体系3部分。它们互相关联又相辅相成，为形成良好的知识产权法律环境提供了支撑。在这些环节中，立法是基础，执法是手段，司法是保障。健全的知识产权法律环境包括健全的知识产权立法、有力的执法手段与公正严格的司法制度。当涉及一些产品或技术出口时，知识产权分析评议是了解目标地区或国家知识产权保护制度和知识产权保护环境的重要手段，因而要全面掌握科技成果所覆盖辖区的知识产权法律环境和知识产权保护条例，做到全面了解、及时防范。

知识产权协议条款审查，知识产权许可协议限制性条款一般表现为许可人对被许可人的不合理限制，其法律特点是以知识产权的合法垄断性的一定保障为借口，被许可人的行为进行各种限制，从而限制对方的竞争力，促进商品或过时技术销售和高额的研发成本回收。我们认为，可以给限制性条款作如下定义：即指在知识产权许可协议中，知识产权许可人凭借其优势地位对被许可人利用、吸收知识产权、改进相关技术及销售知识产品所施加的、法律所禁止的限制，从而损害被许可人利益的条款。

知识产权稳定性指该项知识产权在法律规定的有效保护期限内被权利人控制及受法律保护的程度。重大经济活动知识产权评议过程中，其知识产权的价值会受到诸多因素的影响，而这些因素是不确定的、动态的，它会使知识产权的价值存在较大的不稳定性，加强对科技成果知识产权稳定性方面的评议显得尤为重要。

知识产权保护强度，强有力的知识产权保护既是科技成果开展的保护伞，又是助力车，由于知识产权保护涉及立法、司法及执法等因素，直接评价难度较高，可以结合问卷调查、立法评分法和综合评分法。

（2）技术类指标

根据文件中技术类分析模块所包括的内容，选取了以下指标：专利技术趋势、专利技术竞争热度、创新空间、创新启示、技术替代性、技术核心度、技术创新度、技术成熟度。

专利技术趋势分析是指利用时间序列分析方法，在一定的样本数据库中研究专利申请量或专利授权量及专利技术逐年变化情况，进而分析不同领域的技术发展趋势。专利量逐年变化分析常和技术生命周期分析相结合，研究整体的技术发展的态势生命周期；专利分类号逐年变化分析研究排名靠前专利分类号对应的专利量的逐年变化情况来表征重点技术的发展趋势，或技术热点变化。

专利技术竞争热度分析，基于专业数据库，专利数据库，利用数据挖掘等分析工具，对某一领域相关专利进行统计分析，进而揭示该领域相关专利技术的研发和竞争态势。

创新空间分析，科技进步加速发展的大经济背景下，大批涌现的新材料、新产品、新设备促使各部门重视提高技术创新力度、采用新工艺、研发新产品，这种技术自身发展的趋势及其可能性为技术创新提供了宽广的空间，在评议时，这项指标要结合科技成果的特殊性去考量。

创新启示分析，是指以知识产权分析为基础，结合政策、市场、行业等宏观环境因素开展竞争情报分析，最终形成供创新活动借鉴的启示。宏观环境信息的分析主要包括：政策信息分析、市场信息分析、行业信息分析。创新启示分析应给出具体的创新定位、创新路径、创新方向、创新模式等。

技术可替代性分析，通常在对某项知识产权进行评议时，类似或更好的替代品则会对评议对象的价值造成一定的威胁，致使该项目的预期收益大打折扣。在技术可替代性评价中，可利用专利信息检索，分析当前是否存在解决相同或类似问题的替代技术方案，这些技术相比目标专利技术，是否具有更便利的可实施性，更低的成本，更好的效果等。

技术核心度调查有助于从科技成果的多种技术中把握关键技术，衡量一项技术的核心度主要包括 2 个标准：该项技术对企业价值链创造的重要程度；企业在该项技术上的能力相对于竞争对手的独特性程度。

技术创新度评价，创新度是指被评议对象的技术性知识产权与现有技术相比是否有足够的新颖性和创造性，但也不意味着技术越是创新，其知识产权价值就越高。当一项技术过于超前，相应与之配套的设备成本也必然增加，很可能会降低销量。因此技术创新性并非所有情况下都与其价值呈正相关性，我们只认为创新性是对技术进行评议的重要指标。

技术成熟度调查，技术是否成熟通常是衡量它能否达到其应用目标的标准。任何技术类知识产权的发展都必须经历一系列的过程，如胚胎期、生长期、成熟期、衰退期。因此，在调查时应划分为明确的阶段。

（3）市场类指标

根据文件中市场类分析模块所包括的内容，选取了以下指标：产业知识产权竞争状况、知识产权关联度、目标对象知识产权策略及实力、知识产权资产审计与评估、知识产权经济效益。

产业知识产权竞争状况调查，知识产权是产业持续竞争优势的来源，其竞争状况表现在竞争力上，因而在分析评议时调查的内容包括现拥有的知识产权数量和质量及对知识产权的开发、运营和保护能力。

知识产权关联度调查，即研究科技成果知识产权相关联的经济要素的各关联系数的平均值。求平均值是为了化繁杂的关联系数，分散的信息为简单数值，便于比较。关联度值越接近 1，说明相关性越好。

目标对象知识产权策略及实力评价，具体而言，一方面实施方是否具备良好的知识产权意识，在评议筹备阶段是否应做好关于知识产权的布局与防御，是否奠定了牢固的知识产权管理基础；另一方面全面梳理评议目标对象的知识产权，以及其拥有的知识产权权利，要获得合法许可或授权，避免临时出现问题。

知识产权资产审计与评估是指依据相关法律、法规和资产评估准则，对科技成果在评估基准日特定目的下的知识产权价值进行审计、估算并发表专业意见的行为和过程。

知识产权经济效益调查，有的知识产权以个人经营或合作经营的方式投入生产，获得生产收益；有的被直接转让或出售给他人，变成了销售收入；还有的留在自己手中，并未转化成真正的经济效益。

16.1.2.2 按照评议对象环境划分

由于基于情报类型划分的分析评议指标主要是基于国家知识产权局印发的《知识产权分析评议工作指南》进行划分，该指南是针对所有的知识产权分析评议活动的指导性文件，对于具体的知识产权评议活动缺乏针对性，科技成果知识产权分析评议工作不宜完全采用上述指标。因此，我们按照评议对象环境进行划分，将分析评议指标划分为非专利类分析指标和专利类分析指标。

（1）非专利类分析指标

综合考虑影响科技成果转化的多方面因素，非专利类分析指标主要选取技术创新性、技术先进性、产业环境和市场前景 4 个指标。

技术创新性可以用来定性判断科技成果的技术创新水平，技术创新水平越高，说明科技成果在此项技术上能进行创新的空间越大。科技成果的技术创新性是其能否顺利实现转化与产业化的决定性因素。以高等院校为例，高等院校的绝大多数科技成果的产业化都是由企业实现和完成的，只有技术创新程度高、能带来丰厚利润和巨大市场的高新技术成果，才能为企业所青睐。

技术的先进性可以用来定性判断科技成果的技术先进水平，是判断一项科技成果价值的前提。技术的先进性是指与现有的技术或此前的同类成果相比较，该项科技成果具有突出的特点和明显的进步。技术的先进性主要从技术原理、技术构成、技术效果 3 个方面进行评价。

产业环境泛指对处于同一产业内的各相关组织都会产生影响的各种外部环境，包括经济环境、技术环境、社会环境等。每项科技成果都有对应的产业，科技成果的转化必然会受到产业内部各种因素的影响。因此，需要重点摸清目前产业的技术水平、市场状况及产业的政策法规。

科技成果主要是面向市场进行转化的，科技成果转化得到的产品在市场上是否具备竞争力，或科技成果的专利技术在市场上是否能被企业接纳，对科技成果能否顺利转化都至关重要，因此需要对产品或技术的市场前景做出准确判断。

（2）专利类分析指标

专利是企业发展核心竞争力的体现，申请专利从而保护自身技术是公司持续良性发展的重要策略。专利类分析指标选取了知识产权保护度、知识产权风险、专利技术发展趋势、专利技术竞争格局、专利技术可替代性和知识产权转化模式等 6 个指标。

知识产权保护度指的是专利、商标、著作权和商业秘密等知识产权对科技成果特定技术或产品保护的严密程度，强有力的知识产权保护既是科技成果转化的保护伞，又是科技成果转化的助推器。

知识产权风险是指专利、商标、商业机密等在研发、生产经营、使用过程中产生的被非法占有、流失、遭受侵权纠纷等，从企业的角度来看，即是在企业生产经营的过程中有意或无意对他人知识产权构成侵权或由于多种原因给自身造成的知识产权侵权风险。企业知识产权风险主要有知识产权无效预警、知识产权流失、知识被非法占有和遭受侵权纠纷。

专利技术发展趋势分析是指在所采集的分析样本数据库中，利用时序分析方法，研究专利申请量（或授权量）或排名靠前的专利技术（专利分类号或技术主题）随时间逐年变化情况，从而分析相关领域专利技术的发展趋势或技术领域中重点技术的发展趋势。目的是了解科技成果所属技术领域的发展态势、发展方向，评判科技成果的市场前景及所处的技术生命周期。

专利技术竞争格局分析有利于科技成果研究机构了解全行业的技术竞争格局，了解竞争对手的研发策略、专利布局策略、市场策略；为科技成果研究机构制定相关的研发策略、专利布局策略、市场策略提供参考依据。当成果转化实施单位需要合作研发配套技术的情况下，有助于寻找合适的技术合作开发对象。

专利技术可替代性是指专利技术的可替代程度，开展专利技术可替代性分析有利于定性判断科技成果专利技术的价值。专利技术的可替代程度越高，专利技术价值越低；反之，专利技术价值越高。

开展科技成果知识产权分析评议的首要目的是促进科技成果的转化，而采用何种转化模式对评议委托方更为有利也是评议实施机构需要重点考虑的问题。

16.2 分析评议方法

16.2.1 开展分析评议的工具方法

16.2.1.1 文献调研法

文献调研是针对国内外权威非专利数据库和权威专利数据库开展调研。国内外权威非专利数据库包括：EBSCO（学术全文数据库）、SpringerLink（全文期刊库）、IEEE全文期刊、PQDT（国际学位论文）、TABLEBASE（市场统计数据库）、CA（化学文摘）、SA、EI（工程索引）、NTIS（美国政府报告文摘题录数据库）、JOIS（日本科学技术情报中心联机情报检索系统）、CSA（剑桥科学文摘数据库）、MEDLINE（生物医药文献数据库）、BA（生物学文摘）、AGRI（农业文献数据库）、AIAA（美国航空航天学会数据库）、维普、清华同方、万方等。国际先进的专利数据库和专利分析工具包括：汤森路透 Thomson Innovation 知识产权平台、Thomson Data Analyzer 数据分析工具、DERWENT 世界专利索引、Dialog Innography 专利检索系统、Dialog Proquest 专利数据库平台、QUESTEL-ORBIT 专利信息检索和分析数据库、STN 国际联机检索系统、中国国家知识产权局专利检索与分析系统、IncoPat 平台、台湾连颖专利分析系统、恒和顿

HIT专利分析系统、东方灵盾专利系统。

16.2.1.2　实地调研法

实地调研是相对于文献调研而言的，在某些情况下，文献调研无法满足调研目的，收集的资料不够及时准确，就需要适时地进行实地调研来解决问题，取得第一手的资料和情报，使调研工作有效地顺利开展。所谓实地调研，是指对第一手资料的调查活动。实地调研的方法包括：

（1）访问法，是指将拟调查的事项，以当面或电话或书面向被调查者提出询问，以获得所需资料的调查方法。

（2）观察法，是指调查者在现场从侧面对被调查者的情况进行观察、记录，以收集市场情况的一种方法。

（3）实验法，是最正式的一种方法。它是指在控制的条件下，对所研究的对象从一个或多个因素进行控制，以测定这些因素间的关系，主要有产品试销和市场实验等方法。

16.2.1.3　专利地图分析

专利地图分析是根据专利信息的著录项目，如发明人、申请人、国家、申请件数、竞争公司等情况进行总结归纳，对知识产权分析评议项目技术领域的主要竞争国家分布和竞争公司进行统计和分析，包括竞争公司的实力分析及该发明技术的集中申请国家和地区等信息，分析结果显示与竞争对手在不同技术领域的优劣对比，为制定竞争策略提供重要依据。专利地图分析的过程和结果可以作为重要研究成果用于知识产权分析评议中，因为它们都是基于不同因素整理出来的专利及其技术的扩散情况，并形成了分析结果，且结果呈现形式直观、易于表述，可以验证委托方新想法是否落在专利密集区，从而制定合理的专利布局策略，帮助委托方规避侵权风险并把握未来的发展趋势。

16.2.1.4　专家咨询法

对由产业和专利分析得出的关于科技成果技术选择、技术借鉴、竞争合作、风险防控和专利布局等方面的初步对策建议，召集相关技术专家和科技管理专家集思广益、获取新设想与创意。应基于科技智库开展专家遴选，科技智库集成了政府科技领域各个方面的优势专家资源，能够为知识产权分析评议提供科学而具有指导性的意见和建议，通过专家对知识产权分析评议活动的把控，能够使分析评议的方向更为准确，评议工作也更有成效。

16.2.1.5　科技查新检索

科技查新是通过专业的主题词提炼和检索式编写，在中国知网、万方数据库、维普网、Web of Science、EBSCO、Gardner等权威数据库及网络上迅速找到密切相关文献。查新检索工程师具有多年的检索经验，能够快速确认分析评议课题的专利权人、发明人、法律时间状态，以及与专利保护权项内容相关的专利数量、许可、转让、诉讼、质押等重要信息，对案件有准确的定位。知识产权分析评议是在查新检索工作的基础上，对技术、法律、经济、市场等多方面因素进行的综合考虑。开展科技成果知识产权分析评议需要分析科技成果涉及的国内外知识产权保护情况，因此，就需要科技查新工作来查找相关文献，对知识产权分析评议工作进行支撑。

16.2.2 情报分析

情报分析是通过对全源数据进行综合、评估、分析和解读，将处理过的信息转化为情报以满足已知或预期用户需求的过程。知识产权分析评议的情报分析是基于评议目的开展文献调研和专利分析。

16.2.2.1 材料核查

（1）相关性核查

核查评议委托方提供的评议申请材料中科技成果与专利的相关性。包括以下几个方面：技术主题是否相同；产品技术方案是否落入专利保护范围；产品工艺技术方案是否落入工艺专利保护范围；产品部件技术方案是否落入部件专利保护范围；产品部件工艺技术方案是否落入部件工艺专利保护范围。

（2）法律状态核查

采用国家知识产权局出版社专利检索平台、IncoPat 专利数据库等平台核查科技成果的专利是否授权、是否有效、权属性（权利人与项目单位的一致性）、地域性和时间性。

16.2.2.2 非专利分析

（1）技术创新性分析

通过文献检索并进行对比分析，证明在所查范围内有无相同或类似研究，项目技术方案是否具有新颖性与创造性，对科技成果转化项目的创新性作出判断。技术创新性判断应明确科技成果的技术创新模式，并明确其技术创新等级。技术创新模式可以简单分为 4 类：原始创新、集成创新、二次创新和无创新。技术创新等级可以采用技术创新度评价等级表进行判定（表 16–1）。

表 16–1 技术创新度评价等级

评价等级	等级含义
第七级	关键技术创新点在国际范围内未见相同文献报道
第六级	关键技术创新点在国际范围内未见完全相同文献报道
第五级	关键技术创新点在国内未见相同文献报道
第四级	关键技术创新点在国内未见完全相同文献报道
第三级	关键技术创新点在省内未见相同文献报道

续表

评价等级	等级含义
第二级	关键技术创新点在省内未见完全相同文献报道
第一级	关键技术创新点在省内已有相同文献报道

（2）技术先进性分析

通常是将科技成果转化项目的性能指标、实施效果等与国内外同类技术或产品进行比较，从而判断技术先进性水平，可以采用技术先进度评价等级表进行判定。分析因素包括 8 个：①产率、质量、精度、效率等指标提高；②功能增加或性能提高；③节省能耗、原料、工序；④方便加工、操作、控制、使用；⑤环保（无毒、无三废、无噪音、无电磁辐射等）；⑥安全可靠；⑦被同行的认可（引文、论文）；⑧是否属于科学前沿的问题研究等（表 16–2）。

表 16–2　技术先进度评价等级

评价等级	等级含义
第七级	关键技术指标达到国际同领域的领先水平
第六级	关键技术指标达到国际同领域的先进水平
第五级	关键技术指标达到国内同领域的领先水平
第四级	关键技术指标达到国内同领域的先进水平
第三级	关键技术指标达到省内同领域的领先水平
第二级	关键技术指标达到省内同领域的先进水平
第一级	关键技术指标未达到上述级别要求

（3）产业环境分析

分析内容应包括：产业范畴、技术分类与重要性；主要发达国家、新兴地区及我国政府发展策略或相关政策；国内外技术现状及趋势；国内外市场现状及趋势。可以通过文献调研法，检索期刊论文数据库、市场类数据库、互联网搜索引擎等，确定科技成果对应产业的技术水平、市场状况和政策法规。

（4）市场前景

对市场前景的预测判断主要有 4 个因素：①目前同类产品在市场的状况，包括品牌、质量、价位、产品附加值等；②目前同类产品市场竞争情况分析，主要评估目前的竞争水平和市场空间；③评议委托方的产品性价比、市场营销手段、产品综合优势和市场同类产品的对比；④从上述 3 点评估得出评议委托方的产品在目前市场竞争环境下的生存空间。

16.2.2.3 专利分析

（1）知识产权保护度评价

主要评价专利、商标、著作权和商业秘密保护对特定技术或产品的严密程度，相互间的内容是否匹配，有无缺项漏项，区域布局是否合理，专利权利要求是否存在保护范围瑕疵等。具体宜评价以下内容：各项知识产权与申报项目技术或产品的关联度调查；是否存在他人通过规避设计来绕开项目相关专利的可能；是否能为项目相关的产品方案和技术成果提供完整的保护；各项知识产权的保护地域范围分析。

（2）知识产权风险分析

评价科技成果是否拥有真实有效的知识产权保护措施；知识产权是否存在权属纠纷；知识产权的稳定性如何，是否存在无效可能或本身不可实施；相关知识产权是否正被请求宣告无效和卷入诉讼，前景如何，是否形成有效应对措施；权利实施是否依赖于其他方的许可；知识产权上是否设置了其他权利（如担保等）；是否存在先合同限制等。具体应分析以下内容：法律信息查证、权属关系查证、法律风险分析、相关权利义务调查、目标市场法律环境调查、相关协议条款审查、稳定性评价、侵权风险调查。在此，着重对侵权风险调查中的专利侵权风险分析进行介绍。

专利侵权风险分析的目的是判断科技成果是否具有专利侵权风险，或者判断科技项目形成的专利成果是否会被他人侵权。分析内容通常包括：专利预警、防止专利侵权查新、被控侵权查新。

专利预警是指通过收集与分析本行业技术领域及相关技术领域的专利信息和国内外市场信息，了解竞争对手在做什么，把可能发生专利纠纷的前兆及可能产生的危害、建议采取的对策措施及时告知相关政府部门、行业组织及业内企业；发布专利被侵害的信息，建议行业组织和业内企业采取应对措施。

防止专利侵权查新是指为避免发生专利侵权纠纷而主动对某一项技术或者产品进行专利检索，目的是要找出可能受到其侵害的专利。可能受到其侵害的专利也称为侵权专利或者障碍专利，包括有效专利和具授权前景的专利申请。

防止专利侵权查新步骤包括：确定可疑侵权点；检索侵权专利；判断是否落入专利权保护范围；撰写侵权查新报告。其中，确定可疑侵权点包括 3 个步骤：①划分技术特征，将一项完整的技术方案拆解成多个技术特征；②确定必要技术特征，若缺少该技术特征，则技术方案不能实现其目的；③圈定可疑侵权点，自必要技术特征中选定怀疑存在专利的技术特征或者组合。

防止专利侵权查新应掌握 3 个要点：一是专利信息检索的依据为有效专利，因为只有有效专利才有被侵权的可能；二是专利信息检索的地域范围，因为专利是有地域性的，应依据生产、销售产品的国家或地区而定；三是检索结果的侵权判断依据，主要为权利要求书。因为目前世界上大多数国家的专利法中都规定，专利的保护范围由权利要求确定，专利说明书和说明书附图可用来解释权利要求。

主动防止侵权查新所进行的专利信息检索方法有 4 种：①专利技术主题检索——追溯检索，检索出该技术主题所有相关专利（查准、查全）；②新颖性和创造性判定，按照专利法第 22 条第 2 款新颖性和第 3 款创造性判断标准，找出相似或相近的专利；③同族专利检索，找出相似或相近专利的同族专利；④专利有效性检索，确定相似或相近专利及其同族专利的法律状态。

被控侵权查新是用户应对专利权人指控其侵犯专利权而提出诉讼开展的查新，目的是找出对受到侵害的专利提无效诉讼的依据。

被控侵权查新所进行的文献信息检索应包括 3 点：①侵权专利的有效性检索，检索该侵权专利是否有效，包括是否在有效期内续缴年费；②新颖性检索与判断，根据该专利权利要求的技术特征，检索可以影响其新颖性的相关文献并进行新颖性判断；③创造性检索与判断，根据该专利权利要求的技术特征，检索可以影响其新颖性、创造性的相关文献，多篇相关文献结合比较进行创造性判断。与主动防止侵权查新的文献范围不同，被动侵权查新的文献信息包括专利文献以外的其他各种公开出版物。

被控侵权查新实践中，应根据专利法中关于新颖性、创造性的论述，注意如下事项：首先，要明确侵权专利的申请日、专利名称、公告日、分类号、优先权等，确定检索年限为申请日及以前的任何时间为界限，不同于通常科技查新 10 ～ 20 年的时间界限。其次，要从侵权专利的独立权利要求进行分析，充分理解侵权专利的技术特征，并阅读说明书全文，明确该专利申请的目的、所属的技术领域，分析出与最接近的现有技术相比有哪些区别特征，找出需要查证的新颖性技术内容。此外，必须从检索出的高度相关文献中比较其创造性。

（3）专利技术发展趋势分析

专利分析可用于市场前景预测，基本原理为：市场规模与专利数量成正比，市场前景与专利数量趋势成正比。人们申请专利是因为看好市场，专利数量越多说明看好市场的人越多，因此可以通过专利分析预测市场。分析内容应包括：专利申请总体趋势分析、技术生命周期分析。

专利申请总体趋势分析应包括以下内容：国内外专利申请总量（或趋势）、增长量（或增长率）随时间的变化趋势；国内外申请人数量随时间的变化趋势；主要申请国家或地区的专利申请（或授权）总量随时间的变化趋势；国内外 PCT 专利申请数量随时间的变化趋势；主要申请国家或地区的 PCT 专利申请数量随时间的变化趋势；主要申请国家或地区的技术重点分析；国内外主要申请人的技术重点分析。

技术生命周期分析的目的是为了确定拟评议科技成果所涉技术当前所处的发展阶段，评价科技成果所涉技术的发展前景。常用的分析方法包括：技术生命周期图示法和专利数量测算法。技术生命周期图法可以利用某技术领域的专利申请量与专利申请人数随时间变化来分析。技术所处的生命周期可以分为初创期、成长期、成熟期和衰退期 4 个阶段。专利数量测算法通过计算技术生长率 v、技术成熟系数 α、技术衰老系 β 数和新技术特征系数 N 的值测算专利技术生命周期，如果技术生长率连续几年持续增大，说明该技术处于生长阶段；如果技术成熟系数逐年变小，说明该技术处于成熟期；如果技术衰老系数逐年变小，说明该技术处于衰老期；如果新技术在某一技术领域特征系数越大，说明新技术的特征越强。

（4）专利技术竞争格局分析

分析内容应包括：主要国家或地区的技术竞争态势分析、主要竞争对手分析、主要研发团队分析。

1）主要国家或地区的技术竞争态势分析

主要的分析内容应包括：主要国家或地区的专利申请趋势分析；主要国家或地区中本国申请人与外国申请人的专利申请态势分析；主要国家或地区的技术重点分析；主要国家或地区的目标市场专利申请及其技术领域布局分析；主要申请国家或地区的 PCT 专利申请数量的变化。

2）主要竞争对手分析

分析目的：为了了解本领域的主要竞争对手；了解竞争对手的技术优势、专利战略、技术实力、市场规划策略等信息；预测竞争对手未来的目标、市场力量和战略；为科技成果研究机构制定专利和市场布局战略提供依据。分析方法：识别竞争对手：专利申请人排名、重点专利的专利权人、专利许可和诉讼等；竞争对手分析：技术实力分析、专利布局分析、专利运营分析。

技术实力分析：分析专利申请趋势，了解其研发投入变化；分析技术领域构成，研判其重点技术和重要产品；分析技术发展路线，了解其最新技术发展；分析专利被引证情况分析，了解其技术被关注度；分析研发团队，了解其研发实力。

专利布局分析：分析重点竞争对手的专利申请目标国家或地区变化情况；分析重点竞争对手在目标国家或地区的同族专利申请情况；分析重点竞争对手的 PCT 专利申请情况。

专利运营分析：分析重点竞争对手的专利运营情况，包括专利的内部运用和外部转让、许可、质押等方面。

3）主要研发团队分析

成果转化实施者在需要合作研发配套技术的情况下，寻找合适的技术合作开发对象，可充分利用信息分析支持科技研发活动的开展。具体宜包括以下内容：国内外同类产品或技术的专利发明人和研发团队分析；国内外同类产品或技术的专利申请人（专利权人）分析；筛选主要申请人（专利权人）进行创新能力分析。

（5）专利技术可替代性分析

一方面，检索当前时间点是否存在解决相同或类似问题的替代技术方案，具体实施步骤包括：查看相关专利的问题描述；检索解决相同问题或类似问题的其他技术方案；检索该专利引用的背景技术及引用本专利的后续专利。另一方面，应判断是否存在他人通过规避设计来绕开项目相关专利的可能。

（6）知识产权转化模式

开展科技成果知识产权评议的目的是为了促进科技成果的转化，需要由评议机构给出具有建设性的知识产权转化模式。知识产权成果转化的主要模式有3种：①知识产权产业化，即自我或与他人共同实施；②知识产权商品化，包括许可、转让等内容；③知识产权资本化，是指将知识产权转化为一种资本，投入经济活动运作。

如果采取与他人共同实施的知识产权产业化转化模式，需要根据专利技术竞争格局分析结果确定合作研发团队或合作生产企业。如果采取知识产权商品化或知识产权资本化的转化模式，需要对知识产权的价值进行评估。

知识产权价值评估需遵守法定标准和规程，运用适当方法，对知识产权进行确认、计价。方法是否采取正确，将直接影响评估结论是否反映真实的价值。通常采用收益法、成本法和市场法3种方法对知识产权价值进行评估。

收益法又称为收益现值法或者利润预测法，是根据需要评估的资产合理的预期其获利能力和恰当的折现率，并且计算出资产的现值，以此来评定价值。收益法一定程度上可把控，符合知识产权资本化的目的，且应用范围涵括知识产权各种类型。收益法存在的局限性在于被评估的知识产权资产必须具备独立的计算逾期收益能力、未来收益能够以货币计量和未来收益应考虑风险收益3个条件，而由于从知识产权中产生的收益难以从整体的资产收益中加以区分，而且收益来源的市场范围也具有一定的不确定因素，因此，收益法较难进行准确的预测。

成本法又称为重置成本法，是根据所要评估的知识产权资产在全新情况下进行的重置成本，减去按照重置成本计算的已使用的年限累积的折旧额，并且充分考虑待评估知识产权资产的成新率和功能变化等多种因素来进行的价值重估。由于知识产权会随着现代技术的发展而技术相对落后，造成贬值，或者受外部环境的影响引发贬值，因此，几乎所有的知识产权都难以“重置”。随着时境变迁，使用成本法难以逐项确定重置成本，因此，该方法遭到一定程度的摒弃。

市场法又称市场价格比较法或销售比较法，是直接、简便的一种知识产权资产评估法。市场法是深入市场进行调查，选择一个或多个与所要评估的知识产权资产相同或相似资产作做为参考，针对已进行交易的知识产权和所要评估的知识产权之间的不同对其交易的价格做出适当的调整，从而得出评估价值。使用市场法时，一方面，需要尽可能确定具有可比性的参照物；另一方面，需要尽可能地收集相似的知识产权价值评估报告和历史交易的市场信息。但是，由于目前我国知识产权的市场交易体系还不够完善，缺乏相应的参照物及必要数据，使评估主体难以找到合适的参照物作为比较的客观基础。即便存在参照物，但参照物在交易过程中也带有主观影响，因此，使用市场法评估出的知识产权价值必然带有较大的主观性。

知识产权的价值是动态的，波动的幅度非常大，而且不同的知识产权各有其特殊性，尤其在知识产权资本化过程中，影响其价值的因素形形色色，因此简单套用一种单一的评估方法来评估不同种类的知识产权的价值并不能合理体现出所要评估的知识产权资产的真实性。所以，在现实中应针对所要评估的知识产权自身所具有的特性，综合考虑多种评估方法对其进行综合评估。

16.2.3　对策建议

知识产权评议通过综合运用情报分析手段，对经济科技活动中的知识产权风险、知识产权资产的品质价值及处置方式的合理性、技术创新的可行性等进行评估、评价、核查与论证，根据问题提出对策建议，为政府和企事业单位开展经济科技活动提供咨询参考。撰写对策建议是知识产权评议工作的落脚点，提出的对策建议直接决定了评议报告的质量水平，而好的对策建议是在高质量的情报分析与评议论证基础上得到的，因此，情报分析和评议论证过程就显得尤为重要。同时对策建议的撰写也讲究一定的方法，准确把握的时候才能够把这部分写好。撰写对策建议需要把握以下4个原则：

针对性：对策建议的撰写必须紧紧围绕评议委托方的需求，并且针对不同的委托机构应具有不同的侧重点。

客观性：对策建议的给出应以报告中的数据作为基础，实事求是地指出优势、劣势及努力方向。

建设性：评议委托方花钱来购买服务，评议机构提出的对策建议必须突出建设性，应具有积极意义与可操作性，有通过努力能够实现的目标。

简洁性：对策建议通常比较精炼，不宜过长、过多，以结论性的阐述为主。

16.3　分析评议案例

“灌溉用水力驱动隔膜反冲洗阀产品研发与生产工艺技术研究”成果属于现代农业领域，根据《国民经济行业分类》（国家标准 GB/T 4754—2017），该科技成果主要应用于阀门制造行业。该科技成果由大禹节水集团股份有限公司依托水资源高效开发利用项目“西部牧区高效节水灌溉技术集成与应用”（项目编号：2016YFC0400300）开展研究，研究周期为2016年8月—2018年3月，经费投入116万元。

叠片过滤器因体积小、安装方便、过滤效果好等优点更容易在农业节水灌溉中被推广使用，但在水质较差的水源地，要经常对过滤设备的滤芯进行清洗，才能保证灌水质量。目前，过滤器的清洗只能通过手动清洗来实现，这对过滤器的推广使用有一定的局限性，只有实现过滤器的自动反冲洗才能实现过滤器的大面积推广使用。为此，该科技成果研发团队针对西部牧区节水灌溉的广阔市场及高效节水技术发展的需求，利用 SolidWorks 计算机辅助设计技术进行产品的结构设计及性能分析，设计了在低启闭压力下可以实现水路自动换向的灌溉用水力驱动隔膜反冲洗阀，采用注塑成型技术以玻璃纤维增强尼龙为原料进行生产，使阀门具有密封性好、连接方便、启闭压力低、水阻低、生产成本低等优点。该成果的成功应用实现了过滤系统自动反冲洗，在地广人稀牧区节省了大量的劳动力，对节水灌溉的大面积推广具有深远的意义。

16.3.1 情报分析

16.3.1.1 材料相关核查

评议委托方提供的申请材料中科技成果名称是“灌溉用水力驱动隔膜反冲洗阀产品研发与生产工艺技术研究”，委托方获得一项与该科技成果密切相关的专利“一种自清洗叠片过滤器”，在叠片过滤器的基础上添加两位三通反冲洗阀实现过滤器的自动反冲洗功能。经核查确认，该科技成果与专利具有相近的技术主题，但反冲洗阀产品的技术方案未落入专利保护范围。

16.3.1.2 法律状态核查

采用 IncoPat 专利数据库平台核查该科技成果的专利，该科技成果获得的一项专利“一种自清洗叠片过滤器”为授权的有效发明专利，专利的权利人与项目实施单位一致，仅在中国申请了专利布局，剩余有效期 5900 余天。

16.3.2 非专利分析

16.3.2.1 技术创新性分析

该科技成果的技术创新性主要体现在阀杆的设计、夹布橡胶隔膜模具设计和隔膜配方改进设计。根据核心技术查新资料，该科技成果关键 WBE（工作分解单元）的技术创新点在国内公开发表的文献中未见完全相同的文献报道，关键技术创新度达到 4 级（关键技术创新点在国内未见完全相同文献报道）。该科技成果技术方案具有新颖性与创造性，技术创新模式为二次创新。

16.3.2.2 技术先进性分析

该科技成果的技术先进性主要体现在耐静水压性能及密封性、启闭件耐压差性能、阀门耐久性等方面。评议委托机构提供的检验报告、实验报告作为自身技术指标的证明材料，以阀类产品国家标准作为对比参照物指标的证明材料。根据指标数值对比分析，该科技成果的多数关键技术指标达到或高于国家标准中的相关指标，关键技术先进度达到4级（关键技术指标达到国内同领域的先进水平）。

16.3.2.3 产业环境分析

（1）产业范畴、技术分类与重要性

产业范畴：农业节水灌溉领域。

技术分类：阀门制造。

重要性：节水灌溉装备在提高农业用水效率、农民增产增收及生态环境建设等方面发挥着重要作用，对于缓解水资源短缺矛盾、保证国家粮食安全、推动农村经济可持续发展具有重要的战略地位。

（2）政府发展策略或相关政策

我国农业用水存在较大的浪费，主要体现为灌溉用水系数较低及水资源利用率较差。一是据我国《水利改革发展“十三五”规划》显示，我国农业灌溉水利用系数仅为0.53左右，远低于发达国家0.80的平均水平。二是在节水滴灌领域，采用喷滴灌技术的耕地的面积占所有节水灌溉耕地面积的29.01%，仅占全国有效灌溉面积的13.68%，而发达国家采用喷滴灌节水技术的比例达到70%～80%。虽然我国近年来大力投资于节水灌溉设施的建设，使农业用水效率出现了一定程度的提升，但是相比于发达国家，我国的节水灌溉能力整体仍处于较低水平。

近年来，随着水资源紧张状况日益严峻，政府接连发布节水灌溉规划，鼓励节水灌溉设备的使用。2015年5月，农业农村部印发的《全国农业可持续发展规划（2015—2030年）》中提出，“到2020年发展高效节水灌溉面积2.88亿亩；到2020年和2030年，全国农业灌溉用水量分别保持在3720亿立方米和3730亿立方米；确立用水效率控制红线，到2020年和2030年，农田灌溉水有效利用系数分别达到0.55和0.60以上。”根据上述政策，2016—2020年，我国每年喷滴灌耕地面积需新增3000万亩，喷滴灌设备市场容量为300亿～400亿元。2015年4月，国务院印发的《水污染防治行动计划》中提出，“推广渠道防渗、管道输水、喷灌、微灌等节水灌溉技术，完善灌溉用水计量设施。在东北、西北、黄淮海等区域，推进规模化高效节水灌溉，推广农作物节水抗旱技术。到2020年，大型灌区、重点中型灌区续建配套和节水改造任务基本完成，全国节水灌溉工程面积达7亿亩左右，农田灌溉水有效利用系数达0.55以上。”2016年12月，国家发展改革委、水利部、住房城乡建设部联合印发《水利改革发展“十三五”规划》提出，到2020年，农田灌溉水有效利用系数提高到0.55以上，完成434处大型灌区续建配套和节水改造规划任务，新增农田有效灌溉面积3000万亩，全国农田有效灌溉面积达到10亿亩以上，发展高效节水灌溉面积1亿亩。上述政策的实施和推广大大推动了我国节水灌溉行业的发展，对节水灌溉设备产生较大的市场需求。

（3）国内外技术现状及趋势

国外技术现状：以色列、美国、西班牙等砂石过滤器、离心过滤器和网式、叠片过滤器品种规格较全，都有手动、半自动和全自动反冲洗3种形式，自动反冲洗与自清洗连续过滤控制技术比较成熟，拥有先进的全自动盘式清洗过滤系统、全自动自吸式网式过滤器及全自动过滤站等产品，新型叠片过滤器流道采用曲面及反冲洗流道，减少了水头损失，把外壳旋转一定角度即可方便地实现反冲洗。在自控阀领域，以色列多若特管理控制阀门制造公司始创于1946年，是世界上最早专门从事自控阀门开发与制造的业界先驱之一，也是世界上为数不多的集团化阀门制造企业之一。国内有许多使用多若特阀门，多若特牌灌溉用水力驱动隔膜反冲洗阀性能稳定，有摩擦系数小、密封性能稳定、换向时间短等优点；唯一不足表现为价格高，不适用于大面积的推广使用。

国内技术现状：国内微灌净化过滤设备，由第1代的立式铜筛网、钢体过滤器2种规格，发展到多种材质类型的筛网式过滤器、不锈钢过滤器、自动反冲洗筛网过滤器、叠片式过滤器等；由单一的筛网式过滤器发展到砂石过滤器、旋流水砂分离器系列产品及组合式过滤站等。在两位三通反冲洗阀的研究方面，冯俊杰、翟国亮、邓忠从两位三通阀的结构和工作原理出发，对两位三通阀启闭过程中阀杆的受力情况进行分析计算，提出了自动叠片过滤器反冲洗时阀门阀杆上升，排污口打开时隔膜所需驱动力的计算方法；李树勋、张喜军、把桥环等提出了一种新型的无线遥控水力电磁隔膜阀，此阀具有无线遥控装置，能方便控制隔膜阀的启闭；在设计研究的过程中对阀门隔膜的受力情况做了分析，为自动控制两位三通水力阀的研究提供了新的思路，同时也提出了阀门与自动控制装置连接的方法。

目前，国内生产的灌溉用水力驱动隔膜反冲洗阀主要是使用铸铁生产的，生产加工复杂，工序烦琐，生产加工周期长，直接导致了其生产成本较高，因此阀门销售价格过高。由于使用铸铁为原料进行生产导致其搬运笨重、安装困难、不易维护，在灌溉节水领域使用容易生锈导致其使用寿命的缩减，加大了后期过滤系统运行和维护的成本。

（4）国内市场现状

据不完全统计，截至目前，国内从事节水灌溉产品制造和工程建设的企业约有500家，导致节水灌溉产品的供需市场在短时间内发生了较大的变化，但大多数企业规模较小，使得市场竞争日趋激烈。与此同时，大多数企业的生产和经营状况却是规模较小，资金较少，技术水平较低或缺乏各种专业技术人员合理搭配的较为完整的技术体系；研发和创新能力较弱，新产品难以出现；技术含量较高、制造工艺要求相对较高的产品和国外同类产品比较仍然有较大的差距；由于生产设备和管理上的原因，造成有些企业的产品质量不稳定。

根据以上产业环境分析结果可以看出，该科技成果研发团队研发的灌溉用水力驱动隔膜反冲洗阀及配有反冲洗阀的自清洗叠片过滤器具有良好的产业化前景。

16.3.2.4 市场前景

我国节水灌溉设备行业的整体竞争格局是节水灌溉行业内的企业普遍规模较小，行业集中度不高。近几年，由于国家加大了对节水农业的支持力度和资金投入，节水灌溉行业前景被看好，进入该行业的投资者逐步增多，使得行业的市场竞争趋于激烈。从全球节水灌溉设备行业来看，以色列、美国等国家在研发和制造领域始终处于世界领先地位，国际节水灌溉巨头由于价格上处于劣势，已逐步退出国内中低端节水灌溉市场的竞争，在高端节水灌溉设备市场中形成一定的垄断优势。国内节水灌溉龙头企业在产品质量和技术上不断进步，并凭借价格上的优势，已经能在中端产品领域赢得竞争并向高端产品市场发起挑战。

在节水灌溉用过滤器领域，叠片过滤器因体积小、安装方便、过滤效果好等优点更容易在农业节水灌溉中被推广使用，但在水质较差的水源地，要经常对过滤设备的滤芯进行手动清洗，在一定程度上限制了叠片过滤器的推广使用。在叠片过滤器的基础上配置两位三通的反冲洗阀实现过滤器的自动反冲洗功能，可以很好地解决这一问题。而在反冲洗阀领域，国内已有许多生产制造厂家，但其产品结构、价格各不相同。该科技成果研发团队设计了在低启闭压力下可以实现水路自动换向的灌溉用水力驱动隔膜反冲洗阀，采用注塑成型技术以玻纤增强尼龙为原料进行生产，使阀门具有密封性好、连接方便、启闭压力低、水阻低、生产成本低、使用可靠等优点，可实现过滤系统自动反冲洗，为地广人稀的牧区节省了大量的劳动力。

根据以上市场前景分析结果可以看出，该科技成果研发团队研发的灌溉用水力驱动隔膜反冲洗阀及配有反冲洗阀的自清洗叠片过滤器具有较为广阔的市场前景。

16.3.3 专利分析

16.3.3.1 知识产权保护度评价

该科技成果与其所获得专利具有一定的关联度，但需要指出的是，该科技成果的关键技术体现在反冲洗阀的结构及生产工艺改进上，而该关键技术没有在专利当中得到体现，反映出专利未能对该科技成果相关的产品方案和技术成果提供完整的保护。由于该科技成果的产品目前仅在国内市场推广应用，只在国内注册了专利。因此，该科技成果知识产权保护完善程度相对较低。

16.3.3.2 知识产权风险分析

该科技成果的专利为授权的有效发明专利，原始申请人及当前专利权人均为大禹节水集团股份有限公司、大禹节水（酒泉）有限公司和武威大禹节水有限责任公司。合享价值度评分 7 分（满分 10 分，后文同），其中技术稳定性 7 分，稳定性好，无诉讼行为发生，未发生过质押保全，申请人未提出过复审请求，未被申请无效宣告；技术先进性 4 分，该专利及其同族专利在全球被引用 0 次，先进性一般，研发人员投入 4 人，未发生许可，未发生转让；保护范围 6 分，有 5 项权利要求，剩余有效期 4867 天，在 1 个国家 / 组织 / 地区申请专利布局。因此，该科技成果现阶段无知识产权风险。

16.3.3.3　专利技术发展趋势分析

图 16–1 为专利申请趋势，展示的是灌溉用反冲洗过滤器专利申请量的发展趋势，通过申请趋势可以从宏观层面把握反冲洗过滤器在各时期的专利申请热度变化。如图 16–1 所示，反冲洗过滤器的专利申请数量从 2000—2013 年呈缓慢增加趋势，2014 年呈短暂回落之后，2015—2019 年的专利申请数量处于很高且较为稳定的水平，至 2019 年达到顶峰后开始迅速回落。

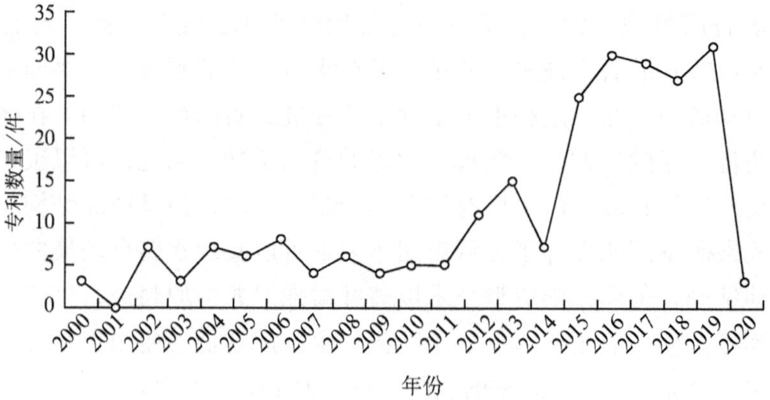

图 16–1　专利申请趋势

图 16–2 为技术生命周期分析，展示的是灌溉用反冲洗过滤器专利申请量与专利申请人数随时间的变化趋势。通过分析专利技术所处的发展阶段，可以评价专利技术的发展前景。如图 16–2 所示，该专利技术所处的生命周期为成长期，具有很好的发展前景。

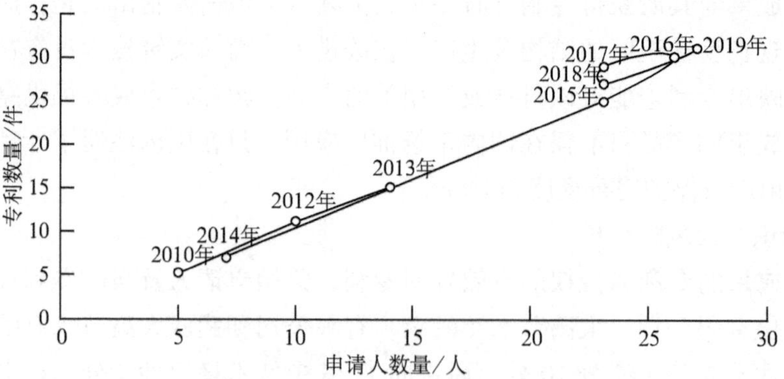

图 16–2　技术生命周期分析

图 16-3 为申请人排名，展示的是灌溉用反冲洗过滤器领域按申请人（专利权人）的专利数量统计的申请人排名情况。该分析可以发现创新成果积累较多的专利申请人，并据此进一步分析其专利竞争实力。从图中可以看出，大禹节水（天津）有限公司、中国农业科学院农田灌溉研究所、新疆水利水电科学研究院、博尔塔拉蒙古自治州永奇节水设备科技开发有限责任公司等单位在该领域申请的专利数量较多，专利竞争实力较强。

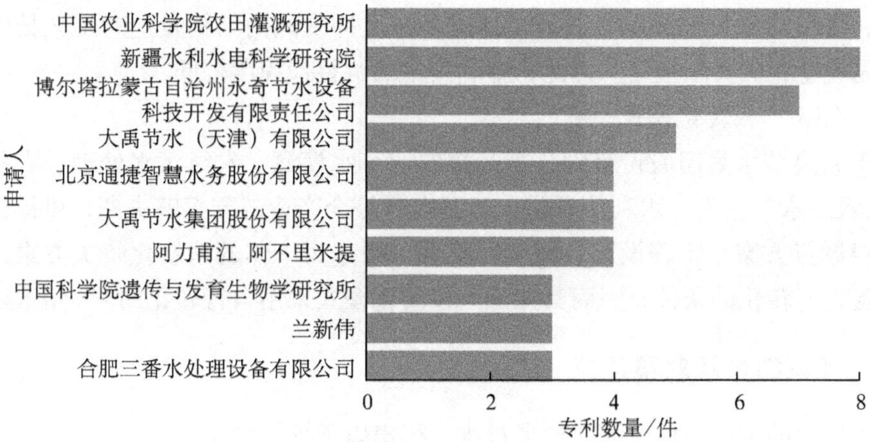

图 16-3 申请人排名

图 16-4 为申请人申请趋势，展示的是各申请人专利申请量的发展趋势。对比各申请人的专利申请趋势，有助于识别各申请人创新的启动、发力、领先、衰退的时间节点，掌握各申请人的专利申请策略和创新实力的发展情况。如图 16-4 所示，中国农业科学院农田灌溉研究所近年来专利申请数量多且申请趋势平稳；大禹节水（天津）有限公司和新疆水利水电科学研究院近年来专利申请数量较多且申请趋势平稳；博尔塔

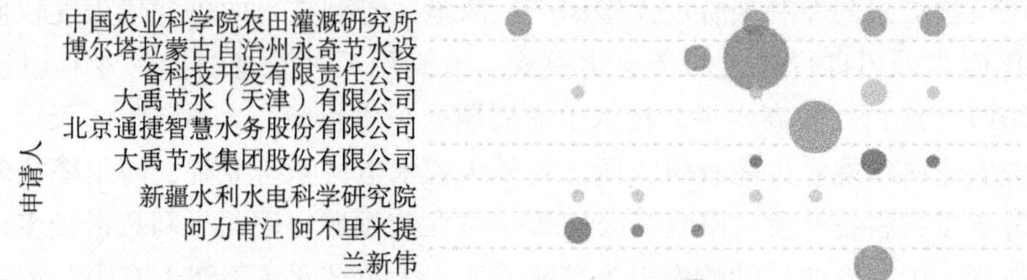

图 16-4 申请人申请趋势

拉蒙古自治州永奇节水设备科技开发有限责任公司和北京通捷智慧水务股份有限公司专利申请数量较多但集中在 1 ～ 2 年。

16.3.3.4　专利技术可替代性分析

该科技成果的专利为“一种自清洗叠片过滤器”，通过 incopat 专利库检索可以发现，在当前时间点有较多具备反冲洗功能的叠片式过滤器的专利文献。该科技成果的专利采用了全塑灌溉用水力驱动隔膜反冲洗阀，该反冲洗阀使用两片不锈钢组成中空的连动组件代替实心阀杆，并在橡胶隔膜模具的合模处增加绞牙，在模具内部增加加热装置，并且对橡胶隔膜配方进行了改进。该反冲洗阀的结构及生产工艺技术改进，国内未见完全相同文献报道。因此，专利技术的可替代程度较低。

16.3.3.5　知识产权转化模式

由于大禹节水集团股份有限公司是集农业节水灌溉、农村污水处理、农民饮水安全，“三农三水”业务、水利信息化、智慧水务等全产业链方案解决商，可提供从项目规划、投融资方案、工程设计、施工、管理、服务为一体的系统化解决方案，该公司本身具备自行转化的条件，因而其知识产权转化模式采用自行转化的产业化模式。

16.3.4　评议结论及对策建议

根据以上的情报分析及评议论证过程，得出以下评议结论：

该科技成果的关键技术创新度达到 4 级（关键技术创新点在国内未见完全相同文献报道），技术创新模式为二次创新；关键技术先进度达到 4 级（关键技术指标达到国内同领域的先进水平）。我国政府积极鼓励节水灌溉设备的使用，大禹节水集团股份公司研发的灌溉用水力驱动隔膜反冲洗阀及自清洗叠片过滤器具有良好的产业化前景。另外，该反冲洗阀具有密封性好、连接方便、启闭压力低、水阻低、生产成本低、使用可靠等优点，可实现叠片过滤器过滤系统自动反冲洗，具有广阔的市场前景。

该科技成果的关键技术没有在专利当中得到体现，知识产权保护完善程度相对较低。该科技成果的专利现阶段无知识产权风险，专利技术的可替代程度较低，知识产权转化模式采用自行转化的产业化模式。灌溉用反冲洗过滤器的专利申请数量在 2015—2019 年维持在较高水平，技术生命周期处于成长期。大禹节水（天津）有限公司、中国农业科学院农田灌溉研究所、新疆水利水电科学研究院、博尔塔拉蒙古自治州永奇节水设备科技开发有限责任公司等单位在该领域申请的专利数量较多，专利竞争实力较强。中国农业科学院农田灌溉研究所、大禹节水（天津）有限公司和新疆水利水电科学研究院近年来专利申请数量较多且总体趋势平稳，持续创新实力较强。

根据以上评议结论，对知识产权分析评议委托单位提出了以下对策建议：

（1）加强知识产权保护

评议委托单位的科技成果名称是“灌溉用水力驱动隔膜反冲洗阀产品研发与生产

工艺技术研究”，但其关键技术没有在专利当中得到体现，应当对其反冲洗阀的结构及生产工艺技术改进予以保护，可以通过专利或商业秘密的形式进行保护。

（2）继续加大创新力度

创新是引领企业发展的第一动力。在节水灌溉领域，国际节水灌溉巨头在高端节水灌溉设备市场形成一定的垄断优势，而在中低端市场，国内厂家竞争异常激烈。单从专利申请数量来看，灌溉用反冲洗过滤器领域的专利申请数量前 10 名均为国内企业、科研单位或个人，技术竞争也很激烈。要想在激烈的竞争中始终保持领先地位，就需要持续不断地开展科技创新。

17 附 录

附录 1 《知识产权分析评议工作指南》

第一章 总则

第一条 为指导经济科技活动中的知识产权分析评议行为，保证知识产权分析评议质量，贯彻《深入实施国家知识产权战略行动计划（2014—2020 年）》（国办发〔2014〕64 号）、《国务院关于加快科技服务业发展的若干意见》（国发〔2014〕49 号）和《关于加强战略性新兴产业知识产权工作的若干意见》（国办发〔2012〕28 号）相关部署，特制定本指南。

第二条 知识产权分析评议是指综合运用情报分析手段，对经济科技活动所涉及的知识产权，尤其是与技术相关的专利等知识产权的竞争态势进行综合分析，对活动中的知识产权风险、知识产权资产的品质价值及处置方式的合理性、技术创新的可行性等进行评估、评价、核查与论证，根据问题提出对策建议，为政府和企事业单位开展经济科技活动提供咨询参考。

第三条 本指南适用于实施知识产权分析评议的所有相关方，包括分析评议的委托方、实施方、应用方等。

委托方主要指知识产权分析评议的组织者，可以是政府部门和企事业单位，主要任务是明确需求、组织协调、提供保障，并将分析评议成果吸纳体现到决策活动中。对于重大经济科技活动，委托方一般应由经济科技活动的行政主管部门和知识产权行政管理部门联合组成，知识产权行政管理部门还需负责监督并指导分析评议的实施满足质量要求；

实施方受委托方委托，在应用方的参与和配合下完成分析评议任务，是分析评议的具体承担者，一般指从事分析评议服务的知识产权服务机构或企事业单位内部的知识产权专门团队；

应用方是指分析评议成果的实践应用者，一般指经济科技活动的具体实施者，负责将分析评议成果具体付诸实践。

第四条 实施知识产权分析评议的基本原则：

目标性。应从委托方经济科技活动的知识产权切实需求和实际问题出发。

科学性。应根据委托方需求确定分析评议的任务，科学全面地开展法律、技术、市场方面的信息检索与情报分析。

综合性。应立足经济科技活动的实施要求，在系统分析知识产权相关情报的基础上，结合产业环境、市场环境和法制政策环境等信息，进行综合研究与判断。

建设性。应针对经济科技活动中的知识产权竞争态势特点、问题和风险，提出具可操作性的策略建议。

第二章 知识产权分析评议的类别内容

第五条 知识产权分析评议的适用类别包括公共管理活动和工商管理活动。知识产权分析评议的内容主要包括法律类分析模块、技术类分析模块和市场类分析模块。实施方应根据经济科技活动的适用活动特点和具体要求，选择组配具体分析模块开展分析评议工作。

第六条 知识产权分析评议适用但不限于如下公共管理活动：科技创新计划管理、科技产业化计划管理、科技奖励评审认定、高新技术企业及新产品认定、技术标准制修订审批、国有资产重组与剥离审批、重大投资项目审批、重大技术项目引进、企业上市监管、技术创新人才引进、科技创业人才引进、技术进出口管理、行业战略规划重点项目及产业政策制定等。

第七条 知识产权分析评议适用但不限于如下工商管理活动：研发项目管理、创新人才引进及管理、技术标准制修订或技术标准采用、技术 / 知识产权许可或转让、企业供应链构建、产品上市及出口、工业展会参展、企业无形资产管理、企业上市辅导、企业兼并购活动、企业资产重组与剥离、企业破产清算、企业战略规划编制、商业融资投资活动、知识产权维权、知识产权侵权应对等。

第八条 知识产权分析评议的法律类分析模块包括：知识产权法律信息查证、知识产权权属关系查证、知识产权法律风险分析、知识产权相关权利义务调查、目标市场知识产权法律环境调查、知识产权相关协议条款审查、知识产权稳定性评价、知识产权保护强度评价等。

知识产权分析评议的技术类分析模块包括：专利技术趋势分析、专利技术竞争热度分析、创新空间分析、创新启示分析、技术可替代性分析、技术核心度调查、技术创新度评价、技术成熟度调查等。

知识产权分析评议的市场类分析模块包括：产业知识产权竞争状况调查、知识产权关联度调查、目标对象知识产权策略及实力评价、知识产权资产审计与评估、知识产权经济效益调查等。

第九条 公共管理活动中，开展知识产权分析评议的主要目的在于提高重大经济科技活动的可预见性和管理效率，规避知识产权风险，维护投资安全，确保投资收益。

工商管理活动中，开展知识产权分析评议的主要目的在于提高企事业单位的创新效率和质量，妥善解决工商管理活动中的知识产权问题，规避知识产权风险，形成有效的市场竞争策略。

第十条 公共管理活动开展知识产权分析评议的工作重点是结合产业和区域规划、创新发展水平等要素，对重大经济科技活动的立项方向、知识产权风险、计划和项目的知识产权绩效、公共政策的可实施性等进行分析评议和综合研究，为重大经济科技活动的管理和决策提出合理化建议。

工商管理活动开展知识产权分析评议的工作重点是结合企事业单位的商业目标、资源状况、竞争环境等因素，对具体经济科技活动中的知识产权竞争态势、知识产权风险、知识产权资产状况、知识产权绩效等进行预测、评估、审计和评价，寻找创新空间，支撑知识产权布局，协助纠纷处理，为商业活动的顺利实施保驾护航。

第三章　知识产权分析评议的具体实施

第十一条 在公共管理活动中，一般由行政主管部门直接委托第三方提供知识产权分析评议服务，或要求管理相对方提供有一定资质的服务机构出具的知识产权分析评议报告。行政主管部门作为知识产权分析评议的直接委托方时，通常采取购买服务的方式，既可自行委托，也可与知识产权行政管理部门联合委托。

企事业单位可采取内部组建专门团队自行承担，或委托从事分析评议服务的知识产权服务机构承担的方式，通过建立知识产权分析评议工作机制，将分析评议纳入原材料/零部件采购、生产制造、市场营销、人才管理、研发创新、资产经营与管理等相关工作体系。

第十二条 知识产权分析评议的实施应根据委托方的性质、特点和具体需求，建立针对性强、操作性好的工作机制和流程规范，形成个性化的解决方案。

第十三条 知识产权分析评议通常包括需求分析与任务确定、分析评议准备、方案实施、成果交付、交付反馈、后续服务等环节。

第十四条 在需求分析与任务确定环节，实施方应与委托方就知识产权分析评议的背景和需求进行充分沟通，在对经济科技活动的情境条件及具体要求、产业领域特点等进行综合分析的基础上，明确分析评议的任务目标。

第十五条 在分析评议准备环节，实施方应根据既定任务目标、所属行业领域竞争状况、分析评议类型及其实施特点，制定工作方案与工作计划，组建工作团队，并开展前期的资料搜集与调研。委托方应积极配合实施方提出的信息需求，提供所需的行业资讯和项目背景资料。

第十六条 在方案实施环节，实施方应按照工作方案和工作计划，根据分析评议的类别内容选择合适的分析模块进行组配。实施方应做好分析评议的时间管理、质量管理、成本管理、沟通管理和风险管理，保障团队投入时间，配置专业分析工具，确保采用信息准确完备，逻辑推理周延客观，分析结论有理有据，对策建议合理有效。

第十七条 实施方应按照既定的计划安排，交付阶段性成果和最终成果。实施方应主动就阶段性成果与委托方进行沟通，委托方对于实施方提供的阶段性成果，应及时参与讨论并予以确认。

第十八条 分析评议终成果的形式包括文本成果和非文本成果。文本成果包括分析评议最终报告、过程文档、基础数据、分项报告、引用文件等；非文本成果包括咨询建议、应用培训、实施辅导等。

第十九条 分析评议最终报告应根据委托方和应用方的使用要求，确定报告的呈现形式和内容重点。面向决策者的报告，应简明、准确地阐述问题，给出明确结论和对策建议；面向应用方具体实施人员的报告，应详尽、全面地阐述问题，给出具体、可操作的策略建议。

第二十条 分析评议最终报告一般包括正文和附录。

报告正文一般包括经济科技活动的基本信息、分析评议的任务目标、分析评议模块的内容构成、主要结论及应对策略建议。分析评议模块内容组成应当紧扣项目需求，进行逐条评议。分析评议结论应当明确、简明。策略建议应具有针对性和可操作性。

附录可根据委托方的具体需求设定，包括分析评议过程中产生的过程文档、基础数据、分项报告、引用文件等。

第二十一条 分析评议成果交付后，对于委托方提出的合理要求，实施方应积极响应并与委托方沟通解决方案。实施方应积极完成与之相关的咨询建议、应用培训、实施辅导等后续服务。

第二十二条 实施方应建立分析评议质量控制体系，在分析评议过程中和成果交付后收集委托方和应用方的评价反馈信息，分析自身质量问题，确定改进目标，形成整改方案加以改进。

知识产权行政管理部门应指导实施方的质量控制体系建设，实施方应积极配合。

第四章 知识产权分析评议的实施团队

第二十三条 知识产权分析评议的具体实施一般由具备分析评议能力的专业服务

机构或企事业单位内部的专门团队承担。承担分析评议任务的专业服务机构应当组建分析评议实施团队，根据需要亦可要求委托方或应用方派驻专家进入实施团队。分析评议团队应能够检索世界知识产权组织规定的专利合作条约（PCT）中最低文献量和主要国家知识产权法律状态信息，获取相关产业的市场竞争信息，拥有了解技术及产业现状、精通知识产权和相关外语的各类分析评议人员。

第二十四条 知识产权分析评议实施团队通常由项目负责人、信息检索人员、分析研究人员、技术和行业专家等组成，根据需要，可适时引入法律、技术和商业方面的外部专家，外部专家须遵守保密义务。

第二十五条 知识产权分析评议实施团队的项目负责人应具备项目统筹规划能力，能够进行项目团队管理和资源调配；具备知识产权分析评议质量控制能力；具备预防、处理知识产权分析评议过程中可能出现问题的能力；满足分析评议成果顺利交付的沟通能力。

第二十六条 信息检索人员应具备知识产权信息检索等相关的专业知识和外语能力，熟练掌握数据检索工具；能够独立进行技术分解，制定检索策略，能够查全、查准信息；能够开展数据清洗与数据标引。

第二十七条 分析研究人员应具有分析评议项目的专业背景和相应外语能力；具有掌握分析评议项目所处行业状况和技术背景的能力；具备系统解读、综合分析、评估评价知识产权相关信息、并敏锐地发现知识产权风险与问题的能力；具备针对风险和问题提供解决方案的能力；具备撰写报告和口头表述的能力。

第二十八条 行业专家应掌握分析评议项目所处的行业现状与发展趋势，了解行业政策和行业特点；具备评价行业技术难点和热点的能力。

第二十九条 实施方在实施知识产权分析评议时，应与委托方或应用方签署保密协议，遵守保密义务。在未经委托方或应用方事前允许的情况下，不得以任何方式向第三方透露相关保密信息。

第五章　附 则

第三十条 本指南由国家知识产权局负责解释。

第三十一条 本指南自发布之日起实施。

国家知识产权局办公室

2014 年 12 月 23 日

附录 2　知识产权分析评议流程

为指导经济科技活动中的知识产权分析评议行为，保障知识产权分析评议质量，甘肃省科学技术情报研究所规范了知识产权分析评议流程（附图 2-1）。

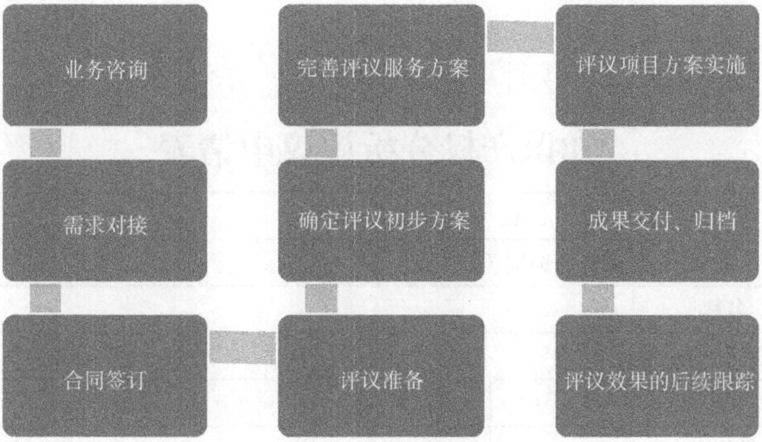

附图 2-1　知识产权分析评议流程

附录 3 《知识产权分析评议申请表》

编号：

收费
发票号
付款日期

知识产权分析评议申请表

<table>
<tr><td colspan="2" rowspan="2">查新项目名称</td><td colspan="5">中文：必填</td></tr>
<tr><td colspan="5">英文：选填</td></tr>
<tr><td rowspan="5">委托单位</td><td>名称</td><td colspan="5"></td></tr>
<tr><td>通信地址</td><td colspan="5"></td></tr>
<tr><td>邮政编码</td><td></td><td>电子信箱</td><td colspan="3"></td></tr>
<tr><td>项目负责人</td><td></td><td>电　话</td><td></td><td>传　真</td><td></td></tr>
<tr><td>联系人</td><td></td><td>电　话</td><td></td><td>手　机</td><td></td></tr>
<tr><td rowspan="7">开票资料</td><td>发票单位</td><td colspan="5"></td></tr>
<tr><td colspan="6">带 * 处为开具增值税专用发票所需填写栏目（网上注册时填全，则系统自动会显示）</td></tr>
<tr><td>* 税号</td><td colspan="5"></td></tr>
<tr><td>* 发票单位地址</td><td colspan="5"></td></tr>
<tr><td>* 发票单位电话</td><td colspan="5"></td></tr>
<tr><td>* 开户银行</td><td colspan="5"></td></tr>
<tr><td>* 账号</td><td colspan="5"></td></tr>
<tr><td rowspan="5">评议机构</td><td>机构名称</td><td colspan="3"></td><td>网址</td><td></td></tr>
<tr><td>通信地址</td><td colspan="5"></td></tr>
<tr><td>邮政编码</td><td></td><td>电子信箱</td><td colspan="3"></td></tr>
<tr><td>机构新负责人</td><td></td><td>电话 1</td><td></td><td>电话 2</td><td></td></tr>
<tr><td>联系人</td><td></td><td>电话</td><td></td><td>传真</td><td></td></tr>
<tr><td colspan="7">一、知识产权评议项目介绍
1. 技术背景：国内外背景、主要技术内容、技术特征、技术参数、指标、新旧对比、应用范围等。

2. 协作单位、技术来源、知识产权归属。</td></tr>
</table>

二、知识产权评议内容和要求 1. 知识产权评议内容   2. 知识产权评议要求 检索范围：国内外
三、知识产权评议目的 选自以下一种： 人才引进、技术引进、政府投资、政策制定、企业投资、企业并购、资产重组、企业上市、产品进出口、展览展示活动、科技成果转化、科技成果鉴定 / 验收 / 报奖、科技成果转化、高新技术企业认定、项目研发、技术许可 / 转让。
四、委托人提供的主题词 提供的主题词包括主题词、关键词、自由词、术语、商品名、俗名、专利号、化学物质登记号等。
五、保密责任 ●需要保密　　　　○不需要保密
六、收费标准、银行账号及注意事项 1. 收费标准见甘肃省科技情报检索（成果评价）中心网站，以最后商定为准。 2. 银行账号 账户名（收款单位）： 开户银行： 注意事项 （1）本委托单仅供委托人填写检索委托材料保存用，正式委托时，进入 http：//www.gskjpj.cn/ 进行网上委托。 （2）提供开具发票的信息一定要正确，一旦开错，不能更改。 （3）同一项目，请不要反复提交委托；如需要对项目进行修改，请重新登录后修改或致电受托人（联系电话以网页上人员名字后面的电话为准）。

附录 4 《知识产权分析评议技术服务合同》

合同编号：

知识产权分析评议技术服务合同

成果名称：

委托方（甲方）： ________________（盖章）
受托方（乙方）： ________________（盖章）
签订合同日期： 年 月 日
签订地点：

为了推动科学技术的发展，依据国家有关法律法规和政策的要求，甲方委托乙方为其＿＿＿＿＿＿＿项目进行知识产权分析评议。甲乙双方经友好协商，就乙方为甲方提供知识产权分析评议服务达成以下协议：

第一条 评议内容

1. 知识产权分析评议内容包括该成果的技术成熟度、创新度、先进度、知识产权情况（现有技术成果的侵权分析及专利的稳定性评价）、社会经济效益等。

2. 评价目的：＿＿＿＿＿＿＿＿＿＿＿＿。

第二条 工作时限

1. 甲乙双方签订本合同后，乙方收到甲方本项目评价费用起20个工作日完成知识产权分析评议；

2. 如委托评价事项遇特殊的技术问题，或需补充评价材料的，评价时限顺延。

3. 评价时限从评价费用到账第二个工作日起算。

第三条 双方权利义务

1. 甲方应积极配合乙方开展评价工作，并及时提供成果评价所需的有关资料和数据。因甲方配合不当或未及时提供甲方能够提供的有关资料文件，导致乙方未能按时完成评价工作的，责任由甲方自负。

2. 科技成果相关技术资料和数据的真实性承担经济和法律责任，并为履行以上约定专门指定负责协调信息资料提供的联系人。

3. 甲方要求咨询专家回避的，应在乙方选聘咨询专家前以书面形式提出回避申请。

4. 乙方依法独立、客观、公正地从事知识产权分析评议服务，自主完成评价工作，对依据甲方提供的技术资料所做的评价结论负责。

5. 在收到甲方提交的技术资料及其支付的款项后，按照约定的时间、方式向甲方交付《评价报告》及相关结论材料；因甲方延期提交技术资料或延期支付评价费用与委托项目款项的，乙方向其交付评价结论及相关资料的时间相应顺延。

6. 乙方对甲方提供的资料及甲方的商业秘密和知识产权具有保密责任，未经甲方允许不得提供给第三方。

7. 乙方有权要求甲方补充评价所需材料，对确需补充而甲方无法补充的，乙方有权终止合同。

8. 乙方按期提供甲方知识产权分析评议报告一式两份。

9. 因不可抗力致使评价无法继续进行的，乙方有权终止合同。

第四条 评议费用

1. 本项目评价费用总额＿＿＿＿，在乙方提供服务前，甲方向乙方一次性付清；其他委托事项所需款项由甲方在本合同签订后五日内预付，评价结束时乙方凭第三方收款票据与甲方结算。

2. 以上款项汇入乙方指定的账户或以其他乙方可以接受的方式支付。转账交易等相关的银行费用，由甲方承担。

3. 评价费用的计算方式：乙方为完成委托事项所付出的劳务支出和实际支出的费用，包括专家咨询费、情报咨询费，以及与之相关的其他税费等。

4. 乙方按合同约定收取评价费用，评价费用的多少不随最终评价结论而变动。

第五条　评议风险

1. 评价活动遵循独立、客观、公正的原则，评价结论属于专业性意见，与委托人的预期可能并不一致。

2. 知识产权分析评议结论不具有行政效能，仅属咨询性意见。依据评价结论做出的决策行为，其后果由行为决策者承担。

第六条　违约责任

1. 任何一方单方面解除合同、违约或不履行本合同规定的义务和责任给对方带来的一切经济损失，由解除合同方或违约方赔偿。

2. 因乙方原因导致不能及时做出评价结论或评价结论有误，乙方退还所收取的技术服务费。乙方及其工作人员未经甲方同意，擅自披露、使用或向他人提供和转让被评价科技成果的关键技术，应依法承担法律责任。

3. 乙方工作正式启动后，无不可抗力因素，甲方单方面终止合同履行的，乙方所收取的评价费不予退还。甲方未按乙方的要求及时提供成果评价所需要的技术资料，致使评价项目的评价结果不准确，乙方不承担责任，所收取的评价费用亦不予退还。

4. 特别约定：如果在未经乙方书面同意的情况下，甲方将项目交由其他第三方从事知识产权分析评议，乙方所收取的评价费用不予退还。

5. 甲乙双方签订本合同后，应在 5 个工作日内完成缴费，未按期限完成缴费，本合同无效。

第七条　其他

1. 评价结论发送方式为甲方自取，乙方应及时通知甲方。

2. 评价过程中如需要变更合同内容，由甲乙双方协商确定。

3. 本合同未尽事宜，双方协商解决或依据国家有关法律法规处理。

4. 本合同一式 肆 份，骑缝 A3 装订，加盖合缝章（骑缝章），甲乙双方各持 贰 份。在甲乙双方签字、盖章起生效。

甲方（签章）： （代表签字） 开票信息： 单位名称：（盖章） 纳税人识别号： 地址： 电话： 开户行： 账号： 年 月 日	乙方（签章）： （代表签字） 户名：（盖章） 开户行： 账号： 年 月 日

附录 5 《知识产权分析评议业务审批单》

报告编号			
名称			
业务委托机构			
金额	元	费用到账日期	年 月 日
合同签订日期	年 月 日	起始日期	年 月 日
咨询会召开日期	年 月 日	交付日期	年 月 日
业务受理 初审意见	签字： 年 月 日		
评价机构 审批意见	签字： 年 月 日		
评价师	签字： 年 月 日		
初审	签字： 年 月 日		
评价机构审核意见	签字： 年 月 日		
报告领取人		领取时间	年 月 日

附录6 《知识产权分析评议咨询专家选用签批单》

<table>
<tr><td colspan="2">咨询项目</td><td colspan="3"></td></tr>
<tr><td colspan="2">所属领域</td><td colspan="3"></td></tr>
<tr><td colspan="2">委托机构</td><td colspan="3"></td></tr>
<tr><td colspan="5">拟选用专家名单（共5人）</td></tr>
<tr><td>序号</td><td>姓 名</td><td>工 作 单 位</td><td>现从事专业</td><td>职称 / 职务</td></tr>
<tr><td>1</td><td></td><td></td><td></td><td></td></tr>
<tr><td>2</td><td></td><td></td><td></td><td></td></tr>
<tr><td>3</td><td></td><td></td><td></td><td></td></tr>
<tr><td>4</td><td></td><td></td><td></td><td></td></tr>
<tr><td>5</td><td></td><td></td><td></td><td></td></tr>
<tr><td>6</td><td></td><td></td><td></td><td></td></tr>
<tr><td>7</td><td></td><td></td><td></td><td></td></tr>
<tr><td>8</td><td></td><td></td><td></td><td></td></tr>
<tr><td colspan="2">承办人意见</td><td colspan="3">承办人：　　　年　　月　　日</td></tr>
<tr><td colspan="2">评价机构意见</td><td colspan="3">负责人：　　　年　　月　　日</td></tr>
<tr><td colspan="2">备注</td><td colspan="3"></td></tr>
</table>

附录 7 《知识产权分析评议专家咨询意见》

<table>
<tr><th>评议内容</th><th>评分</th><th>细目</th><th>分值</th></tr>
<tr><td>被评议单位基本状况</td><td></td><td>企业信用情况；企业主营范围</td><td>20</td></tr>
<tr><td rowspan="4">被评议单位现有知识产权状况</td><td rowspan="4"></td><td>现有知识产权类别（专利、商标、版权、著作权）、数量等真实性核查</td><td rowspan="4">30</td></tr>
<tr><td>现有知识产权类别（专利、商标、版权、著作权）的权属归属核查</td></tr>
<tr><td>现有知识产权类别（专利、商标、版权、著作权）的权力有效性、续存期</td></tr>
<tr><td>现有知识产权与企业主营范围、研发方向的关联度</td></tr>
<tr><td rowspan="4">被评议单位知识产权竞争状况</td><td colspan="3">对被评议单位所属领域的专利申请数量与趋势的意见</td></tr>
<tr><td colspan="3">对被评议单位所属领域的专利申请类型与区域分布的意见</td></tr>
<tr><td colspan="3">对被评议单位所属领域的主要竞争对手的意见（专利层面 – 主要申请人）</td></tr>
<tr><td colspan="3">对被评议单位所属领域的人才 / 技术引进思路的意见</td></tr>
</table>

被评议单位知识产权竞争状况	对被评议单位所属领域重要专利列表的意见
	对被评议单位在本领域的发展定位的意见
评议结论及建议	评议对企业的指引作用
专家建议	

附录 8 《科技项目知识产权分析评议报告》模板

项目名称	
承担单位	

一、科技项目概述

二、评议论证

1. 申报项目的知识产权保护完善程度评价
2. 申报项目的技术产业化前景评议
3. 申报项目的知识产权风险评议
4. 申报方的创新能力评议
5. 项目确立后的技术再开发评议
6. 项目确立后的技术合作评议
7. 项目成果验收评议

三、评议结论

阶段	评议需求	评议结论	评议建议
立项审批	申报项目的知识产权保护完善程度评价	对特定技术或产品的专利、商标、著作权和商业秘密保护是否严密	不完善：建议不批准立项 存在问题：建议改进方向
	申报项目的技术产业化前景评议	先进性、可替代性、技术成熟度和完善性、转化可实现性、市场接受度情况	前景不佳：建议不批准立项 存在问题：建议加强措施
	申报项目的知识产权风险评议	专利侵权、合同限制、法律限制等情况	高风险：建议不批准立项 中低风险：建议预警、应对策略
	申报方的创新能力评议	知识产权管理、研发投入、技术储备、发明团队、技术标准、技术优势等情况	总体能力弱：建议不批准立项 部分能力弱：建议加强措施
项目实施	技术再开发评议	国内外创新路径、创新借鉴	技术方案优化建议、技术借鉴建议
	技术合作评议	领先发明人创新能力情况	技术合作开发对象、开发方案、权益分配方案建议
项目验收	项目成果验收评议	创新性、先进性、转化后形成新的知识产权、侵权风险	符合 / 不符合验收条件建议

附录 9 《人才引进知识产权分析评议报告》模板

<table>
<tr><td>项目名称</td><td></td></tr>
<tr><td>承担单位</td><td></td></tr>
<tr><td colspan="2">拟引进人才简单概述</td></tr>
<tr><td colspan="2">拟引进人才的科研经历，发表论文或申请专利情况</td></tr>
<tr><td colspan="2">评议论证</td></tr>
<tr><td colspan="2">（1）招揽阶段：专利权人 / 发明人分析，论文单位与作者分析，人才库或专家库检索等；
（2）评估阶段：拟引进人才知识产权真实性审查，人才创新能力评估，人才专业背景与单位契合度评估，风险评估；
（3）面评阶段：考察人才对其专业领域的国内外技术格局、专利布局和竞争热点的了解程度；考察人才对知识产权的重视程度及其管理水平</td></tr>
<tr><td colspan="2">评议论证</td></tr>
<tr><td colspan="2">了解目标人才分布格局，形成人才备选库，制定人才引进方案，契合度评估、风险评估结论</td></tr>
</table>

附录 10 《技术引进知识产权分析评议报告》模板

<table>
<tr><td>项目名称</td><td></td></tr>
<tr><td>承担单位</td><td></td></tr>
<tr><td colspan="2">拟引进技术的简单概述</td></tr>
<tr><td colspan="2">拟引进技术国内外情况</td></tr>
<tr><td colspan="2">评议论证</td></tr>
<tr><td colspan="2">调研产业技术发展现状和趋势，建议技术引进方向；分析产业内重点企业，建议引进目标企业；企业知识产权真实性、有效性、先进性核查；与原有产品或技术的关联性；引进技术价值分析、侵权分析；目标企业所在地对相关技术 / 产品 / 设备保护的管理政策法规</td></tr>
<tr><td colspan="2">评议论证</td></tr>
<tr><td colspan="2">给出引进产品、设备、技术的建议</td></tr>
</table>

附录 11 《科技成果知识产权分析评议报告》模板

<table>
<tr><td>项目名称</td><td></td></tr>
<tr><td>承担单位</td><td></td></tr>
<tr><td colspan="2">一、宏观上对本成果国内外知识产权分析</td></tr>
<tr><td colspan="2">本成果涉及的技术已有知识产权情况描述，已有知识产权分布特点，预测现有知识产权未来发展趋势</td></tr>
<tr><td colspan="2">二、本成果国内外知识产权分析</td></tr>
<tr><td colspan="2">成果所达到的技术水平概述，关机技术要点，技术效果</td></tr>
<tr><td colspan="2">三、本成果知识产权保护方式与布局分析</td></tr>
<tr><td colspan="2"></td></tr>
<tr><td colspan="2">四、本成果知识产权分析初步结论</td></tr>
<tr><td colspan="2">本部分基于调查分析，针对评议目的，凝练形成知识产权评议结论。建议具有可操作性</td></tr>
<tr><td colspan="2">附件 A：检索与方法
1. 文献检索范围
2. 数据库和检索策略（总则－基本规定；分则－必须要检索的专门数据库，以免费数据库为主，收费数据库不制订进来）
3. 专利分析工具
4. 数据加工
5. 采用的情报方法</td></tr>
</table>

附录 12　知识产权分析评议委托方技术资料目录

环节	评议申请材料
科技项目	1. 项目申请书 2. 与项目相关的知识产权清单 3. 包含知识产权条款的相关协议 4. 项目所形成产品的相关资质（有关检测机构 2 年内出具的产品质量性能检测报告，产品质量证书） 5. 用户试用或使用报告、环保达标证明等 6. 项目承担单位或者部门内部知识产权管理、研发投入、发明团队等证明材料
科技成果	1. 项目任务书 2. 项目技术总结报告 3. 项目新增知识产权清单 4. 项目经济社会效益证明 5. 项目承担单位或者部门内部知识产权管理、研发投入、发明团队等证明材料
人才引进	1. 拟引进人才的工作经历、研发领域 2. 拟引进人才的知识产权基本信息 3. 拟引进人才的知识产权纠纷情况
技术 / 产品 / 设备引进	1. 拟引进技术 / 产品 / 设备的说明文件 2. 拟引进技术 / 产品 / 设备的相关知识产权基本信息 3. 拟引进技术 / 产品 / 设备的知识产权纠纷情况 4. 产品的技术说明文件 5. 产品的相关知识产权基本信息 6. 产品的相关知识产权纠纷情况 7. 产品的相关合同情况 8. 目标国家或地区及其知识产权保护制度环境 9. 竞争对手的基本信息

附录 13 知识产权分析评议案例目录（部分）

2015—2017 年支撑政府决策的部分知识产权分析评议服务项目

年份	项目名称	委托方
2015	磁保持电器铁装置专利分析报告	甘肃省知识产权局
2015	甘肃省“十三五”科技发展规划编制	甘肃省科学技术厅
2015	兰白科技创新改革试验区发展规划编制	甘肃省科学技术厅
2015	先进装备制造和现代服务业领域专利预警分析	甘肃省知识产权局
2015	基于专利地图的光热发电领域专利分析研究	甘肃省科学技术厅
2016	青藏地区奶牛专用营养舔砖及其制备方法专利分析报告	甘肃省知识产权局
2016	甘肃省战略性新兴产业总体攻坚战第二批 21 家骨干企业技术路线图编制	甘肃省发展改革委
2016	甘肃省“十三五”科技创新规划编制	甘肃省科学技术厅
2016	白银市“十三五”科技创新规划编制	白银市科学技术局
2016	酒泉市“十三五”科技创新规划编制	酒泉市科学技术局
2016	元胡滴丸专利组合研究及企业竞争对手分析	国家知识产权局
2017	一种网络安全管理装置专利分析报告	甘肃省知识产权局
2017	德国 orgafox 机械制造有限公司液压缸生产技术知识产权分析评议报告	兰州新区“飞地经济”产业园区
2017	镀铬零排放绿色生产技术科技查新检索报告	兰州新区“飞地经济”产业园区
2017	碲化镉薄膜太阳能电池创新成果技术检索与分析报告	酒泉市人民政府

2015—2017 年支撑企业创新的部分知识产权分析评议服务项目

年份	项目名称	委托方
2015	中空纤维纳滤膜制备技术专利分析报告	甘肃省膜科学技术研究院
2015	缓冲离合式气动执行机构知识产权分析评议报告	中国石油集团渤海石油装备制造有限公司兰州石油化工机械厂
2015	循环流化床锅炉防磨技术创新成果技术检索与分析报告	中电建甘肃能源华亭发电有限责任公司
2015	甘肃省地膜污染综合防控技术研究科技查新检索报告	甘肃省农业科学院土壤肥料与节水农业研究所
2016	MDCK 细胞生产流感疫苗技术专利分析报告	西北民族大学
2016	滑移轨道组合装置知识产权分析评议报告	中电建宁夏工程有限公司

续表

年份	项目名称	委托方
2016	油田采油注水系统阻钡锶垢剂组合物及其制备方法创新成果技术检索与分析报告	甘肃黑马石化工程有限公司
2017	钛白粉生产废液中高纯钪的提取回收工艺技术科技查新检索报告	白银万山稀贵金属科技有限责任公司
2017	高铁牵引电机冷却风机用三相异步交流电动机专利分析报告	兰州万里航空机电有限责任公司
2017	燃气增压站热开孔工艺知识产权分析评议报告	中国电建集团山东电力建设有限公司
2017	苦咸水淡化技术创新成果技术检索与分析报告	甘肃省膜科学技术研究院
2017	“黄土高原沟壑防空组合土障技术”科技成果评价报告	西北师范大学
2017	“SCR 脱硝催化剂及配套技术在庆阳石化 FCC 装置上的工业应用”科技成果评价报告	中国石油天然气股份有限公司兰州化工研究中心

附录 14 《知识产权分析评议计划书》

知识产权分析评议
计划书

活动名称

承担单位

评议单位

甘肃省科学技术情报研究所

二〇一九年制

续表

<table>
<tr><td>单位名称</td><td colspan="4"></td><td colspan="2">注册时间</td><td colspan="2"></td></tr>
<tr><td>通信地址</td><td colspan="4"></td><td colspan="2">邮政编码</td><td colspan="2"></td></tr>
<tr><td rowspan="2">法人代表</td><td>姓名</td><td colspan="2">电话 / 手机</td><td>传真</td><td colspan="4">E-mail</td></tr>
<tr><td></td><td colspan="2"></td><td></td><td colspan="4"></td></tr>
<tr><td rowspan="2">联系人</td><td>姓名</td><td colspan="2">电话 / 手机</td><td>传真</td><td colspan="4">E-mail</td></tr>
<tr><td></td><td colspan="2"></td><td></td><td colspan="4"></td></tr>
<tr><td>开户银行</td><td colspan="3"></td><td>单位账号</td><td colspan="4"></td></tr>
<tr><td>评议目的</td><td colspan="8">（写明评议拟解决的问题）</td></tr>
<tr><td>评议预期成果和形式</td><td colspan="8"></td></tr>
<tr><td>开展评议的工作基础</td><td colspan="8"></td></tr>
<tr><td>计划进度安排</td><td colspan="8"></td></tr>
<tr><td rowspan="2">评议经费预算
（万元）</td><td>总预算</td><td></td><td>申请资助</td><td></td><td>自筹</td><td></td><td>其他</td><td></td></tr>
<tr><td colspan="8">（说明预算资金安排明细）</td></tr>
<tr><td>评议单位
承诺及意见</td><td colspan="8">本单位保证所提供资料真实有效，并自愿承担可能引起的一切后果。

法人代表（签名）：　　　　评议单位（盖章）：
年　月　日</td></tr>
<tr><td>专家组意见</td><td colspan="8">专家组组长：
年　月　日</td></tr>
<tr><td>市知识产权局意见</td><td colspan="8"></td></tr>
</table>

参考文献

[1] 朱一飞.知识产权评议法律化的理论逻辑[J].知识产权，2018（12）：53–61.

[2] 谭利华，李玲，侯圣君.新形势下重大经济科技活动知识产权评议研究[J].中国发明与专利，2020，17（8）：6–10.

[3] 范月蕾，毛开云，陈大明，等.知识产权评议在企业并购中的应用[J].竞争情报，2016，12（4）：18–24.

[4] 孟海燕.知识产权分析评议基本问题研究[J].中国科学院院刊，2013，28（4）：427–434.

[5] 吉久明，陶冶，王兴旺，等.知识产权评议协同分析模型构建初探[J].竞争情报，2016，12（4）：12–17.

[6] 张小丹，濮雪莲.南通市重大经济科技项目知识产权评议的研究[J].江苏科技信息，2016（30）：11–14.

[7] 周淦.重大经济活动知识产权评议制度的建构[D].湖南：湘潭大学，2013.

[8] 邱洪华.产业集群知识产权评议机制研究：基于专利技术的视角[J].西北大学学报（哲学社会科学版），2017，47（1）：63–69.

[9] 郑丽容，林甫，张忠榕.海峡两岸知识产权分析评议机制比较研究[J].情报杂志，2016，35（6）：96–101.

[10] 吴冲.重大经济科技活动知识产权评议问题探究[J].法制与社会，2019（20）：62–63.

[11] 李心蕊.基于AHP–FCE的重大经济科技活动知识产权评议研究[D].郑州：郑州大学，2018.

[12] 刘可迅.浅议知识产权评议在引进人才中的作用[J].电子知识产权，2018（11）：104–108.

[13] 王江艳.论我国知识产权分析评议服务产品的法律效力[D].武汉：华中科技大学，2014.

[14] 邝溯琼，汪恒，刘放，等.科研立项中的知识产权分析评议[J].科技与创新，2020（1）：143–144.

[15] 林志坚，储晓露，谌凯，等.重大经济活动知识产权评议机制国内外情报综述及比较分析[J].竞争情报，2015，11（5）：21–29.

[16] 代霄燕，靳强.信息情报机构开展知识产权分析评议服务的研究[J].图书情报导刊，2019，4（4）：46–51.

[17] 李宇华.浅谈项目立项中的知识产权分析评议[J].中国发明与专利，2016（5）：57–58.

[18] 孙英伟，王翔，郝家宝.高层次科技人才引进中的知识产权分析评议制度[J].中

国高校科技，2020（5）：45–49.
[19] 丁明磊，王春梅 . 在科技计划管理中健全知识产权审查评议机制的研究建议 [J]. 科学管理研究，2016，34（4）：25–28，37.
[20] 梁栋 . 建立政府指导型重大经济活动知识产权评议机制研究 [J]. 法制博览，2013（2）：77–79.
[21] 林志坚，王嘉珏，谌凯，等 . 国内外重大经济科技活动知识产权评议发展现状及其对浙江省的启示 [J]. 江苏科技信息，2016（3）：1–3.
[22] 肖正强，王松，尹钢，等 . 如何提升重大科研项目立项的知识产权分析评议效果？ [J]. 法制博览，2016（29）：38.
[23] 香小敏，侯小星，莎薇 . 科技计划项目立项评审环节建立知识产权分析评议机制研究 [J]. 科技管理研究，2017，37（14）：213–217.
[24] 李曦 . 知识产权分析评议基本问题研究 [J]. 进出口经理人，2016（5）：15.
[25] 高月红 . 企业上市的知识产权分析评议 [J]. 竞争情报，2016，12（4）：25–30.
[26] 徐开成 . 产业集群知识产权评议机制的分析：基于专利技术的视角 [J]. 魅力中国，2016（50）：273.
[27] 方兴未艾的知识产权评议：访上海科学技术情报研究所肖沪卫团队 [J]. 竞争情报，2016，12（4）：4–11.
[28] 李乐 . 济南市生物医药产业知识产权分析评议项目研究 [J]. 山东工业技术，2017（11）：247.
[29] 张国锋 . 安徽省发布首批重大经济科技活动知识产权评议成果 [J]. 安徽科技，2014（10）：7.
[30] 知识产权综合协调处 . 浙江省 3 项知识产权评议试点项目通过国家局验收评审 [J]. 今日科技，2014（5）：20.
[31] 张忠榕，曹玉婷 . 农业创新活动中的知识产权分析评议框架构建与实证分析 [J]. 现代情报，2019，39（8）：159–170.
[32] 孙英伟，王翔 . 人才引进中的知识产权分析评议之我见 [J]. 学周刊，2020（10）：189–190.
[33] 上海市科学技术情报学会组织召开 2017 年知识产权分析评议推进会 [J]. 竞争情报，2017，13（3）：54.
[34] 沈方英 . 浙江省首次公开采购重大科技活动知识产权评议项目 [J]. 今日科技，2016（9）：40.
[35] 贵州省科学技术厅 . 贵州省重大经济活动知识产权评议办法 [J]. 遵义科技，2018，46（1）：34.
[36] 张忠榕，郑丽容 . 政府科技项目立项的知识产权分析评议：背景、关键问题及框架设计 [J]. 情报科学，2019，37（6）：61–68.
[37] 中国科学院国家科学图书馆入选知识产权分析评议服务示范创建机构 [J]. 图书情

报工作，2013（S2）：1.
[38] 2017年知识产权分析评议方法与应用学术研讨会召开[J].竞争情报，2017，13(2)：23.
[39] 知识产权分析评议方法与应用学术研讨会主题发言征集和论文征稿[J].竞争情报，2016，12（1）：58.
[40] 洪积庆赴德清调研知识产权评议试点工作[J].今日科技，2016（6）：33.
[41] 国家专利导航试点工程研究组．专利导航的理论研究与实践探索[J].专利代理，2020（3）：3–11.
[42] 周静，贾宏君，乔开文，等．虚拟现实技术专利导航分析综述[J].中国科学（信息科学），2019，49（11）：1451–1471.
[43] 陈燕，孙全亮，孙玮．新时代专利导航的理论构建与实践路径[J].知识产权，2020（4）：16–31.
[44] 韩黎敏．专利导航产业发展探究[J].合作经济与科技，2016（20）：30–31.
[45] 聂玮心，但永吉，周锦．专利导航产业发展存在的问题及路径分析[J].中外交流，2019，26（51）：91.
[46] 郑洪洋．企业专利导航服务对策研究：以大连市为例[J].中国发明与专利，2019，16（8）：67–70.
[47] 徐文生．卫星导航定位系统技术专利分析[J].数字通信世界，2019（12）：18–19.
[48] 施蕾．英美卫星导航信号专利纠纷及其对中国北斗专利布局的影响[J].数字通信世界，2013（12）：16–19.
[49] 黄岑宇，王宇航，陆介平．专利导航产业发展对地方产业的影响：以镇江市为例[J].江苏科技信息，2016（32）：11–12.
[50] 臧宇杰，肖卫平，王宇航，等．地方财政推进专利导航产业发展的路径分析[J].江苏科技信息，2015（3）：15–16.
[51] 李琪，陈仁松．浅谈专利导航产业发展的方法和路径[J].中国发明与专利，2015（8）：21–23.
[52] 冉泰阳．系统工程方法在专利导航工程中的应用研究[J].中国科技纵横，2017（4）：32.
[53] 范新晖．浅析陶瓷产业专利导航的运用[J].陶瓷，2019（7）：22–23.
[54] 江丽娇．微观专利导航视角下的高价值专利组合培育[J].科技视界，2019（16）：80–83，90.
[55] 王美莉，成胤，刘昊，等．“专利微导航”浅析[J].中国科技信息，2016（23）：99–100.
[56] 张安安，王健．导航地图领域的中国专利申请状况分析[J].电视技术，2015，39（1）：120–121，126.
[57] 陈改平，朱海业．扫地机器人自主导航专利技术综述[J].中国科技投资，2018

（26）：279.
[58] 王婷婷，丰学民 . 卫星导航终端中射频前端的专利现状 [J]. 卫星应用，2014（8）：65–68.
[59] 王宇航，臧宇杰，肖卫平，等 . 地方开展专利导航产业发展工作的路径探讨以镇江市为例 [J]. 江苏科技信息，2015（2）：3–4.
[60] 李娣，孙铭君 . 北斗卫星导航天线专利技术分析 [J]. 军民两用技术与产品，2018（12）：23.
[61] 柴华奇，姜文博 . 专利导航视角下宝鸡钛及钛合金产业转型突破路径研究 [J]. 世界科技研究与发展，2015，37（4）：437–442.
[62] 李晓艳，张茵 . 中国石油石化专利信息平台三级导航的开发和运用 [J]. 科技传播，2012（14）：208–209.
[63] 周璐璐，李苏宁，杨世兴 . 北斗卫星导航产业专利现状分析及相关建议 [J]. 中国发明与专利，2015（9）：44–48.
[64] 黄佩芬 . 创新驱动发展背景下广东省专利导航产业的发展路径 [J]. 广东科技，2015，24（18）：20–25.
[65] 王宇航，臧宇杰，肖卫平，等 . 地方开展专利导航产业发展工作的问题和思路 [J]. 江苏科技信息，2014（24）：7–8，13.
[66] 李晓艳，张茵 . 中国石油石化专利信息平台三级导航的开发和运用 [J]. 科技传播，2012（14）：2.
[67] 张娴，朱月仙，许海云，等 . 深海潜水器导航技术专利分析 [J]. 科学观察，2014，9（5）：1–12.
[68] 首批国家专利导航项目研究和推广中心开建 [J]. 河南科技，2017（16）：5.
[69] 周磊，张玉峰，杨威 . 专利服务导航产业突破性创新的机制研究 [J]. 图书馆学研究，2016（17）：91–96.
[70] 石蕊，刘清泉，丁文佳 . 卫星导航专利分析报告之四：卫星导航混合定位技术（上）[J]. 数字通信世界，2015（8）：337–338，340.
[71] 阳杨 . 车载导航专利技术综述 [J]. 城市建设理论研究（电子版），2016（9）：931.
[72] 石蕊，刘清泉，丁文佳 . 卫星导航专利分析报告之四：卫星导航混合定位技术（下）[J]. 数字通信世界，2015（2）：30–34.
[73] 王丹，陈仁松 . 专利导航产业发展的模式探索与实践：以武汉东湖高新区为例 [J]. 中国发明与专利，2019，16（5）：38–42，48.
[74] 葛慧磊，余翔，李永垒 . 基于 AHP–SWOT 的中国卫星导航专利技术产业化发展战略研究 [J]. 情报杂志，2019，38（5）：42–48，101.
[75] 石蕊，施蕾 . 卫星导航专利分析报告之一：接收机微带天线 [J]. 数字通信世界，2014（2）：30–35.
[76] 赵欢 .GNSS/INS 组合导航专利技术分析 [J]. 建筑工程技术与设计，2017（24）：